20 23

COORDENADORES

MARCUS VINÍCIUS **MONTEIRO DOS SANTOS**
MARIO LUIZ **SARRUBBO**
MICHEL **BETENJANE ROMANO**
PATRICIA **DE CARVALHO LEITÃO**
ROBERTO LUÍS **DE OLIVEIRA PIMENTEL**

MINISTÉRIO PÚBLICO
ESTRATÉGICO

TUTELA ESTRUTURAL DA ORDEM URBANÍSTICA E DO DIREITO À MORADIA

ANGELA **SEIXAS PILOTTO** • ANNA **TROTTA YARYD** • ARTHUR **A. T. MOREIRA BARBOSA** • BIANCA **TAVOLARI** • CAMILA **MANSOUR MAGALHÃES DA SILVEIRA** • DENISE CRISTINA **DA SILVA** • JOANA **FRANKLIN DE ARAUJO** • KARLA **RAMOS DA CUNHA** • KELLY CRISTINA **ALVARES FEDEL** • LUCAS **MARTINS BERGAMINI** • MARCUS VINICIUS **MONTEIRO DOS SANTOS** • PATRICIA **DE CARVALHO LEITÃO** • ROBERTO LUÍS **DE OLIVEIRA PIMENTEL** • SAYLON **ALVES PEREIRA** • SUSANA **HENRIQUES DA COSTA**

Dados Internacionais de Catalogação na Publicação (CIP) de acordo com ISBD

C732

Ministério Público Estratégico: Tutela Estrutural da Ordem Urbanística e do Direito à Moradia / Angela Seixas Pilotto ... [et al.] ; coordenado por Mario Luiz Sarrubbo ... [et al.]. - Indaiatuba, SP : Editora Foco, 2023.

280 p. ; 16cm x 23cm. – (v.6)

Inclui bibliografia e índice.

ISBN: 978-65-5515-830-4

1. Direito. 2. Ministério Público. 3. Tutela Estrutural da Ordem Urbanística. 4. Direito à Moradia. I. Pilotto, Angela Seixas. II. Yaryd, Anna Trotta. III. Barbosa, Arthur A. T. Moreira. IV. Tavolari, Bianca. V. Silveira, Camila Mansour Magalhães da. VI. Silva, Denise Cristina da. VII. Araujo, Joana Franklin de. VIII. Cunha, Karla Ramos da. IX. Fedel, Kelly Cristina Alvares. X. Bergamini, Lucas Martins. XI. Santos, Marcus Vinicius Monteiro dos. XII. Leitão, Patricia de Carvalho. XIII. Pimentel, Roberto Luís de Oliveira. XIV. Pereira, Saylon Alves. XV. Costa, Susana Henriques da. XVI. Sarrubbo, Mario Luiz. XVII. Romano, Michel Betenjane. XVIII. Título.

2023-1758   CDD 340   CDU 34

Elaborado por Vagner Rodolfo da Silva - CRB-8/9410

Índices para Catálogo Sistemático:

1. Direito 340

2. Direito 34

COORDENADORES

MARCUS VINÍCIUS **MONTEIRO DOS SANTOS**
MARIO LUIZ **SARRUBBO**
MICHEL **BETENJANE ROMANO**
PATRICIA **DE CARVALHO LEITÃO**
ROBERTO LUÍS **DE OLIVEIRA PIMENTEL**

MINISTÉRIO PÚBLICO
ESTRATÉGICO

TUTELA ESTRUTURAL DA ORDEM URBANÍSTICA E DO DIREITO À MORADIA

ANGELA **SEIXAS PILOTTO** • ANNA **TROTTA YARYD** • ARTHUR **A. T. MOREIRA BARBOSA** • BIANCA **TAVOLARI** • CAMILA **MANSOUR MAGALHÃES DA SILVEIRA** • DENISE CRISTINA **DA SILVA** • JOANA **FRANKLIN DE ARAUJO** • KARLA **RAMOS DA CUNHA** • KELLY CRISTINA **ALVARES FEDEL** • LUCAS **MARTINS BERGAMINI** • MARCUS VINICIUS **MONTEIRO DOS SANTOS** • PATRICIA **DE CARVALHO LEITÃO** • ROBERTO LUÍS **DE OLIVEIRA PIMENTEL** • SAYLON **ALVES PEREIRA** • SUSANA **HENRIQUES DA COSTA**

2023 © Editora Foco

Coordenadores: Marcus Vinícius Monteiro dos Santos, Mario Luiz Sarrubbo, Michel Betenjane Romano, Patricia de Carvalho Leitão e Roberto Luís de Oliveira Pimentel

Autores: Angela Seixas Pilotto, Anna Trotta Yaryd, Arthur A. T. Moreira Barbosa, Bianca Tavolari, Camila Mansour Magalhães da Silveira, Denise Cristina da Silva, Joana Franklin de Araujo, Karla Ramos da Cunha, Kelly Cristina Alvares Fedel, Lucas Martins Bergamini, Marcus Vinicius Monteiro dos Santos, Patricia de Carvalho Leitão, Roberto Luís de Oliveira Pimentel, Saylon Alves Pereira e Susana Henriques da Costa

Diretor Acadêmico: Leonardo Pereira

Editor: Roberta Densa

Assistente Editorial: Paula Morishita

Revisora Sênior: Georgia Renata Dias

Capa Criação: Leonardo Hermano

Diagramação: Ladislau Lima e Aparecida Lima

Impressão miolo e capa: FORMA CERTA GRÁFICA DIGITAL

DIREITOS AUTORAIS: É proibida a reprodução parcial ou total desta publicação, por qualquer forma ou meio, sem a prévia autorização da Editora FOCO, com exceção do teor das questões de concursos públicos que, por serem atos oficiais, não são protegidas como Direitos Autorais, na forma do Artigo 8º, IV, da Lei 9.610/1998. Referida vedação se estende às características gráficas da obra e sua editoração. A punição para a violação dos Direitos Autorais é crime previsto no Artigo 184 do Código Penal e as sanções civis às violações dos Direitos Autorais estão previstas nos Artigos 101 a 110 da Lei 9.610/1998. Os comentários das questões são de responsabilidade dos autores.

NOTAS DA EDITORA:

Atualizações e erratas: A presente obra é vendida como está, atualizada até a data do seu fechamento, informação que consta na página II do livro. Havendo a publicação de legislação de suma relevância, a editora, de forma discricionária, se empenhará em disponibilizar atualização futura.

Erratas: A Editora se compromete a disponibilizar no site www.editorafoco.com.br, na seção Atualizações, eventuais erratas por razões de erros técnicos ou de conteúdo. Solicitamos, outrossim, que o leitor faça a gentileza de colaborar com a perfeição da obra, comunicando eventual erro encontrado por meio de mensagem para contato@editorafoco.com.br. O acesso será disponibilizado durante a vigência da edição da obra.

Impresso no Brasil (07.2023) – Data de Fechamento (07.2023)

2023

Todos os direitos reservados à
Editora Foco Jurídico Ltda.
Rua Antonio Brunetti, 593 – Jd. Morada do Sol
CEP 13348-533 – Indaiatuba – SP

E-mail: contato@editorafoco.com.br
www.editorafoco.com.br

PREFÁCIO

Apontam os especialistas, como funções da cidade, a circulação, o trabalho, a habitação e a recreação. No entanto, bem sabemos que nem sempre haverá, na vida urbana, a necessária harmonização entre tais funções, de modo a se garantir sadia qualidade de vida.

Assim, o adequado desenrolar das múltiplas relações que se estabelecem na urbe, a adaptação, para tanto, de seus sistemas de funcionamento e, como consequência, o bem-estar de seus habitantes, dependem de políticas públicas bem planejadas e, além disso, colocadas efetivamente em prática, sempre com um viés de adaptabilidade ao dinamismo próprio das atividades que nascem e se desenvolvem no meio urbano.

Todos esses elementos trazem, em si, um intenso, e facilmente perceptível, caráter estrutural. Se os desafios para tanto são significativos, para a sociedade civil como para o poder público, tanto mais o serão para o Ministério Público, no exercício da atribuição de preservar e garantir o respeito à ordem urbanística (Lei Federal nº 7.347/1985, art. 1º, inciso VI).

Sob essa ótica, impõe-se que a atividade estratégica da Instituição, por meio de suas Promotorias de Justiça de Habitação e Urbanismo, contemple, analise e, quando o caso, interfira na realidade social, promovendo a incorporação, em suas rotinas, do panorama mais amplo, abrangente e propositivo representado pela atuação estrutural. Este livro pioneiro tem por tema, justamente, o enfoque estrutural da atuação do Ministério Público na área em referência. Não estamos, no entanto, diante de projetos teóricos ou de cartas de intenção.

Os textos com os quais o leitor se deparará a partir desta apresentação representam o que concretamente se tem feito, no âmbito do Ministério Público de São Paulo, para modernizar a atuação na área de interesses difusos e coletivos e, mais especificamente, quanto ao tema de Habitação e Urbanismo, na Promotoria de Justiça Especializada da Capital, que de maneira corajosa e inovadora, passou a priorizar esse enfoque na sua atuação prática.

A tal experiência, narrada em artigos nos quais se delineiam os critérios, desafios, caminhos e sistemática adotados para tanto, somam-se trabalhos de especialistas na área, de dentro e de fora da Instituição.

A obra consiste, portanto, em um retrato vivo de como o Ministério Público, diante dos desafios que a complexidade dos assuntos, conflitos e problemas com os quais se depara, pode encontrar caminhos e soluções para um atuar novo e eficiente, que contribua, como deve ser, para a preservação e garantia de direitos, para a promoção do bem-comum e para o constante aprimoramento do exercício da cidadania e das relações sociais.

Mário Luiz Sarrubbo

Procurador-Geral de Justiça Ministério Público do Estado de São Paulo.

APRESENTAÇÃO

A presente obra reúne artigos que sinalizam uma necessária e moderna atuação estratégica para o enfrentamento de antigos e novos desafios que constituem a conhecida ordem urbanística.

A busca pela solução de conflitos e pela tutela de interesses metaindividuais nessa seara passa pela superação de arcaicos modelos de investigação e de postulações judiciais pontuais, diante da constatação da existência de um estado de desconformidade, de ilicitude contínua e permanente, com violações sistemáticas a direitos fundamentais.

É imperioso implementar uma reforma estrutural para se realizar uma determinada política pública ou resolver litígios complexos, estabelecendo-se um estado ideal de coisas que se pretende seja implementado (fim) e o modo pelo qual esse resultado deve ser alcançado (meios).

A solução dos conflitos, quando tentada ainda pela via extrajudicial, exige novas aplicações em sede de inquérito civil, em que se busque a resolutividade, inclusive mediante técnicas de autocomposição, perpassando pela negociação e mediação.

Já na esfera judicial, deve-se abandonar a perspectiva de se compor o litígio com apenas um único ato, com uma decisão que reconheça um direito e imponha obrigações, sendo imprescindível uma intervenção contínua do juiz para promover uma reorganização ou uma reestruturação da situação posta em juízo, de modo a se buscar uma transição desse estado de desconformidade para um estado ideal de coisas, com decisão que reestruture o que estava desorganizado.

Os autores, com sua larga experiência e visão de vanguarda, convidam o leitor a abandonar antigos paradigmas e enveredar por caminhos irreversíveis. Esta a proposta desta obra.

Jose Carlos de Freitas

Procurador de Justiça.

SUMÁRIO

PREFÁCIO

Mário Luiz Sarrubbo V

APRESENTAÇÃO

Jose Carlos de Freitas VII

ABANDONANDO ANTIGOS PARADIGMAS: O PROJETO MP-ID

Marcus Vinicius Monteiro dos Santos e Roberto Luís de Oliveira Pimentel... 1

MINISTÉRIO PÚBLICO E ATUAÇÃO ESTRUTURANTE

Susana Henriques da Costa... 19

AMPLIANDO O FOCO: OS INQUÉRITOS CIVIS ESTRUTURAIS

Camila Mansour Magalhães da Silveira, Marcus Vinicius Monteiro dos Santos e Roberto Luís de Oliveira Pimentel 31

MEDIDAS EXTRAJUDICIAIS ESTRUTURAIS

Arthur A. T. Moreira Barbosa 53

ESTRUTURAL *VERSUS* PONTUAL: UMA VISÃO ESTRATÉGICA SURGIDA DA EXPERIÊNCIA PRÁTICA DA PROMOTORIA DE JUSTIÇA DE HABITAÇÃO E URBANISMO DA CAPITAL

Camila Mansour Magalhães da Silveira e Denise Cristina da Silva 75

O DIREITO À MORADIA E SEUS ASPECTOS ESTRUTURAIS – O PROJETO ESTRATÉGICO MP-MORADIA

Marcus Vinicius Monteiro dos Santos.. 91

OCUPAÇÕES EM ÁREAS DE RISCO: REFLEXÕES E PROPOSTAS PARA ATUAÇÃO DO MINISTÉRIO PÚBLICO

Joana Franklin de Araujo 109

POPULAÇÃO EM SITUAÇÃO DE RUA E O DIREITO À "ARQUITETURA GENTIL"

Anna Trotta Yaryd e Lucas Martins Bergamini.. 125

A TUTELA CONSTITUCIONAL DO DIREITO À MORADIA NA PANDEMIA: A ATUAÇÃO DO MINISTÉRIO PÚBLICO ESTADUAL NAS RECLAMAÇÕES CONSTITUCIONAIS AJUIZADAS COM FUNDAMENTO NA ADPF 828

Bianca Tavolari e Saylon Alves Pereira.. 145

CORRUPÇÃO URBANÍSTICA E PLANOS DIRETORES: ATUAÇÃO RESOLUTIVA DO MINISTÉRIO PÚBLICO

Kelly Cristina Alvares Fedel.. 171

AUTOCOMPOSIÇÃO E GESTÃO DE CONFLITOS DIFUSOS, COLETIVOS E ESTRUTURAIS – NEGOCIAÇÃO, MEDIAÇÃO E OUTROS MÉTODOS. APLICAÇÃO EM CONFLITOS URBANÍSTICOS.

Roberto Luís de Oliveira Pimentel.. 193

MEDIAÇÃO COMUNITÁRIA. UMA FERRAMENTA EFETIVA PARA QUESTÕES QUE ENVOLVEM CONFLITOS SOCIOAMBIENTAIS E DE MORADIA COLETIVA (VIZINHANÇA)

Karla Ramos da Cunha.. 215

O MINISTÉRIO PÚBLICO E AS CONFERÊNCIAS COMUNITÁRIAS COMO INSTRUMENTO DE DIÁLOGO E CONSTRUÇÃO COLETIVA DE SOLUÇÕES EM DISPUTAS SOCIOAMBIENTAIS E PELA POSSE DA TERRA

Patricia de Carvalho Leitão.. 227

MOBILIDADE URBANA: CONSIDERAÇÕES NO CONTEXTO DA POLÍTICA DE DESENVOLVIMENTO URBANO E DA GARANTIA DO DIREITO A CIDADES SUSTENTÁVEIS

Angela Seixas Pilotto 251

ABANDONANDO ANTIGOS PARADIGMAS: O PROJETO MP-ID

Marcus Vinicius Monteiro dos Santos

Mestre em Gestão e Políticas Públicas pela FGV. Especialista em interesses difusos e coletivos pela ESMP/SP. Coordenador do Centro de Apoio Operacional de Habitação e Urbanismo do MPSP desde 2020. Promotor de Justiça em São Paulo.

Roberto Luís de Oliveira Pimentel

Especialista em interesses difusos e coletivos pela ESMP/SP. Pós-graduado em Filosofia pela PUCRS. Mediador e conciliador judicial e extrajudicial nos termos da Resolução 125/2010 do CNJ. Facilitador de círculos de construção de paz pela AJURIS. Autor do livro *Negociação e mediação: conflitos difusos e coletivos*. Promotor de Justiça em São Paulo.

Sumário: 1. Contornos gerais – 2. Implementação e adaptação das técnicas de trabalho integrado e em equipe frente aos princípios e rotinas institucionais – 3. Georreferenciamento: inteligência geográfica para apoio à tomada de decisão – 4. Conclusão – 5. Referências.

> *"Não são as finanças. Não é a estratégia. Não é a tecnologia. O que continua resultado em maior vantagem competitiva é o trabalho em equipe"*
>
> Patrick Lencioni

1. CONTORNOS GERAIS

A atuação na área de interesses difusos por parte Ministério Público, depois das décadas iniciais de aplicação da Lei da Ação Civil Pública (de 1985), da Constituição Federal de 1988 e do Código do Consumidor (de 1990), entre outros diplomas, permitiu uma acumulação de experiências pelos Promotores de Justiça, passada de membro para membro da Instituição ao longo dos anos. Cuida-se de uma história bem-sucedida, de relevantes serviços prestados à sociedade.

Como todo processo desse tipo, no entanto, tal vivência não deve prescindir de um olhar voltado para o aprimoramento constante. Uma conjuntura a indicar claramente tal necessidade está na crescente apresentação de demandas ao Ministério Público, reflexo, inclusive, do aumento da complexidade das relações sociais e, naturalmente, da complexidade dos conflitos, notadamente aqueles envolvendo a violação de direitos fundamentais.

A resposta mais imediata – mas não necessariamente a melhor – ao desafio que essa conjuntura representa consistiu, e ainda consiste, muitas vezes, na criação de novos cargos em Promotorias de Justiça, especializadas ou cumulativas. Se em um primeiro momento tal alternativa, em alguns casos, representa um alívio para a vazão da demanda, o tempo demonstrou, claramente, que se trata de uma tentativa cega e estéril de reação às pressões por eficiência que a realidade impõe ao dia a dia do Ministério Público.

Sem um efetivo planejamento e sem diretrizes claras sobre como atuar, os quadros de pessoal aumentam de tamanho, assim como os gastos institucionais para manutenção da máquina, sem que haja ganhos efetivos de qualidade no exercício da atividade-fim.

Uma das causas para tanto consiste na realização do diagnóstico de tal problema – aumento da demanda – apenas sob um dos vários pontos de vista possíveis, justamente o mais aparente e óbvio, que é o quantitativo, sem que se observe, de forma efetiva e minimamente profunda, seus aspectos qualitativos.

As consequências disso se fazem sentir, de um lado, na perpetuação de rotinas de trabalho muitas vezes ultrapassadas, mas multiplicadas nos novos cargos e especialidades criados e, de outro, na reprodução de um círculo vicioso, e totalmente reativo, representado pelo periódico aumento de quadros à medida em que se verifica o incremento da quantidade de serviço.

Tais rotinas de trabalho envolvem, por tradição, um determinado isolamento funcional: cada profissional, senhor absoluto de seu acervo e das decisões a respeito de como manejá-lo, oficia em seus casos de maneira compartimentada, insular, sem comunicação de qualidade com os demais. O corolário disso é uma instituição, à medida do passar do tempo, mais distante da realidade fática e social, com o grave risco de se ver, futuramente, alienada em sua própria burocracia interna.

Nesse sentido, percebe-se, diante das conjunturas social e institucional atuais, que se mostra essencial que a visão acerca da atuação do Ministério Público, particularmente na tutela dos direitos da coletividade, se impregne, mais do que nunca, de valores como o da *atuação integrada*, da *reorganização do trabalho e do planejamento estratégico*, com o uso, em todos esses aspectos, de ferramentas e métodos mais modernos, ainda que, para tanto, tenham que ser buscados em outras fontes ou esferas de atividade e adaptados à realidade institucional.

Isso porque é fato sabido, há décadas, em ambientes profissionais e corporativos em geral, que o investimento de tempo no desenvolvimento de equipes operacionais e de uma cultura multifacetada de trabalho resulta, invariavelmente, em maior criatividade na construção de soluções e de inovação e, consequentemente, em melhores resultados. No caso do Ministério Público, tais resultados se traduziriam em melhoria na capacidade da Instituição de, à vista de um contexto social complexo e de questões de origens multifatoriais, encontrar caminhos para o uso mais eficaz das ferramentas jurídico-constitucionais postas à sua disposição, e, portanto, em maior eficiência funcional.

Com efeito, é fato que da abertura de novos horizontes, nesse sentido, podem surgir novos paradigmas e novas maneiras, mais eficientes, de se desempenharem as funções da Instituição.

Assim, por exemplo, o estabelecimento de rotinas de trabalho que levem em conta, de uma forma proposital e planejada, o *melhor aproveitamento das competências e aptidões individuais* por Promotorias, *equipes* ou grupos de Promotores de Justiça, de uma forma conjunta e orgânica, e o uso da *inteligência geográfica*, como meios de alcançar resultados mais efetivos.

Basta observar que, de um eventual abandono gradual do paradigma de trabalho compartimentado, é natural que, cada vez mais, percebam-se nuances, proximidades e similitudes de situações e casos concretos sob indesejável apuração apartada e estanque. Além disso, vislumbrar a inconveniência do prosseguimento de investigações separadas sobre situações que, concretamente, convergem ou se ramificam mutuamente *também significa perceber,* simultaneamente, que os encaminhamentos e soluções respectivos não serão encontrados nos paradigmas tradicionais de trabalho mencionados.

Isso porque tais paradigmas, que incluem um processo de constante, intensa – e muitas vezes necessária – especialização de funções, favorecendo rotinas isoladas e compartimentadas, dificultam uma melhor compreensão do emaranhado de fatos e relações contemporâneos.

Da percepção de tais convergências, surge a necessidade de se observar, no espaço territorial e no campo temático, quais seriam as proximidades e similitudes a ser trabalhadas nas atividades ministeriais e, a partir disso, empregar esforços conjuntos na criação de encaminhamentos e soluções funcionais.

Assim é que, na Promotoria de Justiça de Habitação e Urbanismo da Capital, diante de enormes dificuldades e desafios impostos pela prática diária, envolvendo grande complexidade de temas, urgência na adoção de providências, excesso de serviço envolto num número excessivo de representações, e ainda a necessidade de uma visão espacial mais completa e inteligente acerca da atuação do órgão, foi concebido, no primeiro semestre do ano de 2019, um projeto de modernização, apresentado aos órgãos da Administração Superior, registrado formalmente e desde então aplicado na rotina da Promotoria de Justiça (projeto *MP-ID – Moderna Promotoria de Interesses Difusos*).

Tal projeto, como mencionado, gira em torno de dois aspectos principais, que se conjugam e se complementam: uma reorganização da Promotoria de Justiça, centrada nos valores de *trabalho integrado entre os membros*, passando os órgãos de execução, portanto, a funcionar como uma *equipe*, com aplicação de técnicas e métodos destinados a potencializar os resultados de tal forma de trabalho (ou seja, modernização institucional, com aplicação do trabalho em equipe como paradigma de atuação, de forma proposital e técnica), e a aplicação concreta, de outro lado, da *inteligência geográfica* como uma ferramenta destinada a propiciar uma melhor visão acerca dos resultados e das necessidades de atuação (*georreferenciamento* de procedimentos e ações civis públicas).

O uso conjugado desses dois fatores, um comportamental e outro instrumental/tecnológico (trabalho em equipe e inteligência geográfica) permitiria, consoante concebido, um planejamento mais eficaz e resolutivo na atuação da Promotoria de Justiça.

2. IMPLEMENTAÇÃO E ADAPTAÇÃO DAS TÉCNICAS DE TRABALHO INTEGRADO E EM EQUIPE FRENTE AOS PRINCÍPIOS E ROTINAS INSTITUCIONAIS

A implementação do projeto se iniciou no primeiro semestre de 2019, com alteração consciente, entre os membros da Promotoria, em sua rotina diária. Passou-se a adotar, como paradigma de trabalho, o espírito de colaboração e integração, com discussão dos casos mais relevantes em busca de soluções que, pelo aproveitamento das capacidades dos Promotores de Justiça, de suas visões, experiências e aptidões pessoais, trouxessem caminhos mais inovadores e efetivos para tanto.

Entre as técnicas propostas para adaptação e aplicação conjunta e consciente pelos membros da equipe, é possível mencionar, como exemplos, o uso constante de *brainstorming*, valorização e retenção de talentos, mapeamento de habilidades e aptidões pessoais, eleição conjunta de temas prioritários para atuação integrada, *benchmarking*, utilização de técnicas de círculos de construção de paz para fortalecimento do espírito de equipe, entre outras.

A seguir, algumas considerações sobre elas e em como se propõe sua adaptação para as rotinas das Promotorias de Justiça, sem violação aos princípios institucionais que regem sua atuação.

O uso da técnica de *brainstorming*, nesse sentido, revelou-se, vale dizer, como algo natural e, pode-se afirmar, intuitivo.

Cabe, aqui, um breve panorama histórico, que permitirá ilustrar tal fato, além da própria importância da ferramenta: no ano de 1941, um executivo norte-americano, Alex Faickney Osborn, encontrava dificuldades, nas reuniões de trabalho convencionais que coordenava, para motivar sua equipe a gerar novas ideias regularmente. Ele percebeu que essas reuniões, ao invés de estimular, acabavam por tolher a criação de novas ideias.

Resolveu, então, propiciar ao grupo um senso de liberdade para que os indivíduos componentes pudessem pensar e agir sem barreiras, o que é essencial na criação e revelação de novas ideias. Inicialmente, ele chamou tal técnica de "think up". Embora o termo não tivesse maior apelo, na prática, houve bons resultados. Posteriormente, Osborn publicou um livro, "Your Creative Power", no qual, no capítulo 33, intitulado "Como organizar uma equipe para criar ideias" (em tradução livre), discutia esse método de trabalho.

Anos depois, em um livro de 1953, denominado "Applied Imagination", Osborn popularizou o termo "brainstorming", descrevendo-o como "uma técnica de conferência por meio da qual um grupo tenta achar uma solução para um problema específico acumulando ideias espontaneamente colocadas pelos seus membros" (tradução nossa).

As diretrizes que ele traçou para o brainstorming têm por objetivo permitir que os membros de uma equipe passem a pensar sem o medo de serem julgados. Encoraja-se a criação de ideias exageradas ou mesmo desproporcionais, até potencialmente tolas, mas que têm o poder de despertar outras ideias, extremamente úteis e inovadoras, em razão das mudanças trazidas para o processo de pensamento do grupo.

Atualmente, a técnica existe em quase todas as organizações e um largo espectro de departamentos e áreas utilizam o brainstorming como ferramenta auxiliar para superar uma grande variedade de situações e, de modo criativo, resolver muitos problemas complexos e de difícil abordagem e solução.

Questões intrincadas, complexas e de difícil trato são a matéria-prima de trabalho das Promotorias de Justiça de Interesses Difusos. Encontrar soluções para o seu encaminhamento com a utilização dos métodos tradicionais e ferramentas jurídico-legais existentes pode consistir num difícil desafio. A prática do brainstorming, como praxe de trabalho entre os Promotores de Justiça diante de casos concretos complexos e inéditos, por exemplo, pode propiciar a obtenção de caminhos inovadores na utilização dos referidos métodos e ferramentas de trabalho, obtendo-se soluções que melhor atendam ao interesse público. A utilização da técnica, uma vez tornada rotineira no dia a dia da Promotoria de Justiça, pode ser provocada por qualquer dos membros da equipe que esteja a enfrentar um caso concreto complexo ou pouco usual, e, com o prévio compromisso de colaboração mútua assumido pelos demais, obterá apoio e auxílio para o enfrentamento da questão.

O princípio institucional sensível na hipótese consiste no princípio do Promotor de Justiça Natural. No entanto, percebe-se facilmente que não há, com o uso proposto da técnica, qualquer violação à diretriz em referência, na medida em que os encaminhamentos serão feitos pelo Promotor Natural do caso. As ferramentas tradicionais para sua aplicação podem ser reuniões ordinárias e extraordinárias de Promotoria, pedidos de designação conjunta ao Procurador-Geral de Justiça, além, evidentemente, da realização de reuniões virtuais. Nesse sentido, cabe observar que as aplicações tecnológicas de reuniões à distância favorecem sobremaneira a utilização do brainstorming.

A valorização e retenção de talentos, por sua vez, consiste em prática pouco usual, infelizmente, em nosso País, particularmente no setor público. A busca de profissionais talhados para uma determinada função não se insere, geralmente, nas rotinas administrativas do Ministério Público. Em parte, isso é resultado do sistema legal de preenchimento de cargos, que acaba, de certa forma, por engessar a possibilidade de se ter maior flexibilidade na movimentação de carreira.

Dito isso, buscou-se, na implementação do projeto MP-ID, trazer para o âmbito da Promotoria de Justiça a prática de se observar e reconhecer os talentos e aptidões de membros não titulares. Com efeito, há situações em que a equipe se deparará, por exemplo, com a designação de membro para preenchimento temporário de cargo não ocupado pelo titular, por exemplo, por afastamento. A adaptação à matéria de atribuição da Promotoria de Justiça por parte de tal membro temporário, a própria adaptação à equipe e o bom trabalho desempenhado devem ser levados em conta para que seu mérito seja reconhecido e sua designação seja mantida, até, se o caso, por tempo indeterminado.

Para que isso se torne possível, a devida atenção para o reconhecimento e a valorização de talentos, portanto, deve estar sempre nos horizontes dos membros titulares da equipe. O próximo passo é a retenção de tais talentos, pelo tempo que se mostrar necessário, a bem do interesse público, na medida em que tal prática fortalecerá, inclusive, o próprio senso de trabalho em grupo e a utilização das demais técnicas.

Com isso, a médio e longo prazo, surge a possibilidade de se auxiliar no surgimento de uma gradual mudança de cultura institucional, de início com a sensibilização da Procuradoria-Geral de Justiça na busca de aptidões e talentos para o momento da designação de Promotores de Justiça de cargos numerados e Promotores de Justiça Substitutos, que possivelmente poderá resultar, mais à frente, na alteração de paradigmas no que diz respeito ao reconhecimento do merecimento, por critérios públicos e objetivos, em provimento de cargos por remoção e promoção.

As possibilidades de uso de ferramentas tradicionais para aplicação da técnica residem, por exemplo, nas designações de Promotores de Justiça de cargos numerados, ou de Promotores de Justiça Substitutos, para permanência por tempo indeterminado em cargos cujos titulares estejam afastados, uma vez reconhecida perfeita adaptação à equipe e à área de atuação, e o bom trabalho efetuado. Também em gestões junto à Procuradoria-Geral de Justiça para mitigação da prática de designações rotativas de Promotores de Justiça Substitutos (ou seja, exceções à regra geral, por decisão da Administração Superior, fundada em critérios concretos), uma vez reconhecido, em hipóteses específicas, o interesse público na permanência de longo prazo em determinado cargo específico. A técnica também deve abranger servidores e estagiários, pois, não raro, esses profissionais possuem conhecimentos e habilidades que contribuem em muito para a melhor atuação da Promotoria no âmbito de suas atribuições.

Assim, sempre que possível – diante das circunstâncias concretas e das necessidades e dificuldades enfrentadas pela Administração Superior –, a Promotoria de Justiça, na implementação do projeto, procurou prestigiar e manter em seus quadros provisórios membros designados que demonstraram engajamento, vontade, criatividade e aptidão, favorecendo, assim, o próprio espírito colaborativo em construção na unidade, com ótimos resultados.

Ao lado da retenção de talentos, também a identificação e mapeamento de talentos e aptidões, inclusive entre membros titulares, tem propiciado um salto de qualidade no trabalho desempenhado pela Promotoria de Justiça, tendo resultado, por exemplo, na elaboração de manifestações, petições iniciais, comparecimento a reuniões e audiências com prévio planejamento acerca da atuação de cada um dos membros, sempre respeitado o princípio do Promotor Natural, segundo divisões de tarefas para melhor aproveitamento de tais aptidões e habilidades.

Tal vivência permitiu, inclusive, a elaboração de uma proposta inicial e preliminar de critérios para o mapeamento e a identificação de talentos e aptidões, com o objetivo de fomentar e facilitar divisões de tarefas mais produtivas.

Esta proposta procura adaptar a ideia da divisão entre *hard skills* (habilidades técnicas) e *soft skills* (habilidades comportamentais), muito utilizada no mercado de trabalho para o gerenciamento de recursos humanos, para o âmbito do Ministério Público, de forma a se construir uma base para avaliação de aptidões e habilidades entre os membros das Promotorias de Justiça.

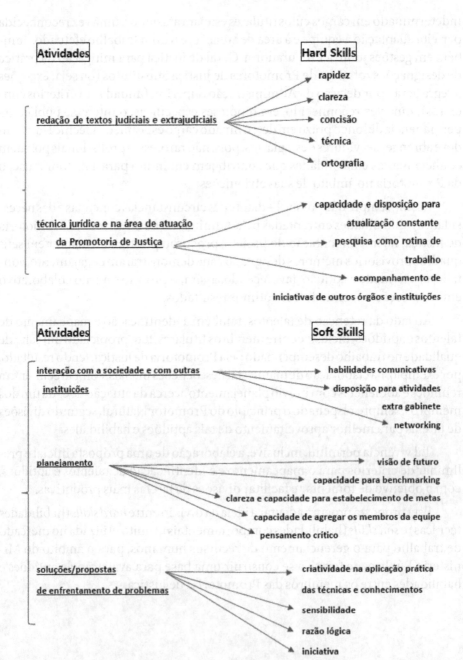

Figura 1: proposta inicial de critérios para o mapeamento e identificação de aptidões e habilidades entre membros da Promotoria de Justiça (fonte: projeto MP-ID)

A eleição conjunta de temas prioritários para atuação integrada é rotina intimamente ligada aos horizontes abertos pela própria atuação em equipe. Cuida-se, é possível dizer, de uma consequência natural da alteração de paradigmas que se encontra no cerne dessa nova visão institucional. Isso porque o desempenho cooperativo das funções dos membros da unidade permite vislumbrar, de maneira muito mais clara, quais os fatos, conjunturas e conflitos mais relevantes ou com maiores reflexos na sociedade em determinado período. Como exemplo simples disso, temos a possibilidade de percepção conjunta da existência de procedimentos em grande número, com andamento em paralelo, relativos à mesma temática, com a consequente busca conjunta de encaminhamentos e soluções.

Não há conflito – ou seria ele apenas aparente – entre tal prática e os planos gerais de atuação, na medida em que nada impede, nem tem impedido, sua observância pela equipe, seja em paralelo à eleição de temas, seja de maneira convergente. Ao contrário, pode haver um fortalecimento e maior efetividade na concretização do plano geral, ou mesmo contribuições concretas e fincadas na realidade social com relação a seu conteúdo.

O *benchmarking* pode ser definido como uma prática de comparação de serviços e rotinas empresariais, entre outros aspectos. É imprescindível que a equipe da Promotoria de Justiça mantenha-se informada e em constante atualização com relação ao desempenho de outras Promotorias de Justiça, inclusive de outros Estados da Federação, bem como do Ministério Público Federal, de outras Instituições assemelhadas e de órgãos jurídicos de Governos, Secretarias e outros, e ainda de escritórios especializados e departamentos jurídicos de corporações que atuem nas mesmas áreas e acerca dos mesmos temas.

O acompanhamento das alterações de entendimentos, procedimentos e estratégias do Ministério Público é comum em diversos outros órgãos, que, com isso, acabam, por vezes, por se antecipar na adoção de seu planejamento e de suas ações. Isso tem particular importância, por exemplo, na formação de jurisprudência e na interação e comunicação com a sociedade civil. As ações e o planejamento poderão ter um ganho de qualidade com o uso dessa ferramenta, destacando-se, por exemplo, a programação de audiências públicas e estratégias de judicialização de casos, entre outros.

A própria interação e o estabelecimento de linhas de comunicação com outras instituições têm sido favorecida pela mudança de cultura funcional propiciada por esse olhar atento para o que ocorre fora das fronteiras da Promotoria de Justiça.

A utilização de técnicas de construção de paz, típicas dos círculos restaurativos (o que poderíamos denominar, sem muita precisão, mas para facilitação de entendimento, como algo semelhante aos chamados "círculos de conversa"), para fortalecimento do espírito de equipe também se mostra como ferramenta poderosa para que determinados obstáculos ao bom funcionamento da equipe enquanto tal sejam superados.

Cuida-se da aplicação de ferramentas, com a presença de um facilitador, que propiciarão melhor conhecimento das tendências, pensamentos, receios e dificuldades de cada membro da equipe, em um momento de confidencialidade entre os participantes, de abertura e de diálogo franco e respeitoso – ou seja, com observância de determinadas regras previamente explicadas e ajustadas –, que resulta em maior confiança mútua e melhor trabalho em conjunto.

A aplicação desta e de outras técnicas tem permitido, gradualmente, que sejam enfrentados alguns pontos indicados como verdadeiros entraves ao bom funcionamento de equipes.

Em meio à implementação do projeto, com utilização desses e de outros recursos, houve automaticamente uma mitigação, gradual e definitiva, do antigo paradigma de atuação estanque de membros da Instituição, propiciando-se uma visão mais moderna de trabalho, cooperativa e colaborativa. As atividades em geral passaram a ocorrer, com relação aos casos mais relevantes, de maneira integrada e conjunta, e em nome da Promotoria de Justiça, não deste ou daquele membro.

Foram apresentadas recomendações conjuntas e propostas ações em conjunto, sendo que a própria instauração de inquéritos civis mais relevantes, envolvendo temas sensíveis e de ampla repercussão social ou no território do Município, é decidida em conjunto, pela equipe de Promotores de Justiça, em reuniões de Promotoria.

Como exemplos dessas iniciativas:

i) implementação da plataforma de georreferenciamento de procedimentos e ações da Promotoria de Justiça;

ii) as dezenas de ações civis públicas, propostas na mesma data (25/04/2019) – cujas iniciais, igualmente, foram integralmente elaboradas de forma colaborativa –, com relação aos prédios ocupados na região central do Município de São Paulo, visando sua requalificação de segurança, investigação essa iniciada em decorrência do desabamento do Edifício Wilton Paes de Almeida, em maio de 2018;

iii) a ação civil pública proposta em 12/03/2019, elaborada de forma colaborativa, em face do Município de São Paulo, por conta das condições de segurança de todas as pontes de viadutos do Município, investigação essa decorrente do parcial desabamento de viaduto na Marginal do Pinheiros em outubro de 2018;

iv) elaboração colaborativa e propositura em conjunto de ações civis públicas estruturais referentes às políticas públicas de urbanização de favelas e de elaboração do plano de gerenciamento de áreas de risco no Município de São Paulo, respectivamente nos anos de 2021 e 2022.

v) instauração de inquéritos civis estruturais referentes às mais diversas políticas públicas de interesse para a ordem urbanística e para o direito à moradia no Município de São Paulo. São exemplos os inquéritos civis estruturais referentes às políticas de fiscalização de segurança em edificações, fiscalização de funcionamento de estabelecimentos, parâmetros e legalidade dos Projetos de Intervenção Urbana (PIUs) do Município de São Paulo, zeladoria de áreas públicas, efeitos de demandas possessórias no território do Município, aplicação de verbas do FUNDURB (Fundo de Desenvolvimento Urbano), políticas públicas de fiscalização de parcelamentos do solo, entre outros, com ajuizamento conjunto, pelos membros da Promotoria de Justiça, de ações civis públicas, elaboração e expedição conjunta de recomendações, realização de reuniões conjuntas, entre outras providências.

vi) realização de reuniões, audiências judiciais e audiências públicas pela Promotoria de Justiça, sempre mediante prévio estabelecimento de estratégias e participação nas solenidades em conjunto e de forma integrada e colaborativa.

Em continuidade à implementação do projeto e em busca de transparência, dentro do espírito de integração e de colaboração adotado, o projeto de modernização foi apresentado à Procuradoria-Geral de Justiça e ao Conselho Superior do Ministério Público, em reunião ordinária do órgão, bem como à Corregedoria-Geral da Instituição.

Em tais oportunidades, a equipe de Promotores de Justiça apresentou aos órgãos de Administração Superior a nova visão de trabalho, esclarecendo acerca da inexistência de violações aos princípios institucionais e dos ganhos de efetividade representados pela proposta.

Cuida-se, é claro, de um trabalho em implementação e evolução, permeado por constantes aprendizados e correções de rumo.

O que se percebe claramente, no entanto, é que não se mostra possível imaginar um retorno às antigas práticas. Hoje, o campo de visão dos complexos objetos de trabalho da Promotoria de Justiça de Habitação e Urbanismo da Capital/SP é mais completo, amplo e harmônico com os aspectos multifatoriais e multicausais das violações e conflitos característicos das áreas de moradia e de defesa da ordem urbanística.

Essa visão, em grande parte, é potencializada pelo uso da inteligência geográfica, materializada na ferramenta de georreferenciamento concebida pela Promotoria de Justiça de Habitação e Urbanismo e desenvolvida pelo CAEx – Centro de Apoio à Execução do MPSP, sob coordenação e supervisão da Promotoria.

Trataremos, a seguir, da referida ferramenta.

3. GEORREFERENCIAMENTO: INTELIGÊNCIA GEOGRÁFICA PARA APOIO À TOMADA DE DECISÃO

> *"Você me acha um homem lido, instruído?"*
> *"Com certeza", respondeu Zi-gong. "Não é?"*
> *"De jeito nenhum", replicou Confúcio.*
> *"Simplesmente consegui achar o fio da meada".*
>
> Sima Qian. Confúcio.

A necessária compreensão do território fornece suporte analítico necessário para explicar as dinâmicas de desenvolvimento da sociedade, tendo como pressuposto o espaço social e as relações de poder nele operantes. Permite descrever e entender como pessoas e grupos de organizam e se relacionam.

Em um ensaio publicado em 2002, Milton Santos fez a seguinte afirmação:

A geografia alcança neste fim de século a sua era de ouro, porque a geograficidade se impõe como condição histórica, na medida em que nada considerado essencial hoje se faz no mundo que não seja a partir do conhecimento do que é Território. O Território é o lugar em que desembocam todas as ações, todas as paixões, todos os poderes, todas as forças, todas as fraquezas, isto é onde a história do homem plenamente se realiza a partir das manifestações da sua existência. A Geografia passa a ser aquela disciplina mais capaz de mostrar os dramas do mundo, da nação do lugar.[1]

Há muito tempo, contudo, percebeu-se que não bastava o conhecimento sobre a localização de um dado objeto, de um lugar ou de um fenômeno em um sistema de coordenadas. Era preciso compreender essas correlações e, a partir daí, dar respostas e soluções aos problemas sociais. As políticas públicas implementadas nas mais diversas áreas passaram a ser basear em análises territoriais.

O Ministério Público, na tutela da ordem urbanística, sempre atuou em situações em que o "elemento" território era um dos pontos determinantes da situação conflituosa. Casos envolvendo ocupações de áreas públicas ou privadas, desrespeito às leis de zoneamento e de uso e ocupação do solo, implantação de parcelamentos do solo em áreas de proteção ambiental, dentre tantos outros exemplos que poderiam ser citados aqui, sempre demandaram análises espaciais.

---

1. O dinheiro e o território. In Território Territórios. Programa de Pós-graduação em Geografia da Universidade Federal Fluminense – Associação dos Geógrafos Brasileiros. Niterói, 2002.

Na Promotoria de Justiça de Habitação e Urbanismo da Capital, historicamente, essas análises territoriais levavam em conta casos isolados, que eram investigados a partir de representações encaminhadas por cidadãos. Inquéritos civis, portanto, eram instaurados, em regra, para apurar problemas pontuais (ainda que de grande repercussão social), sem que se fizesse uma análise mais ampla e contextualizada do problema.

Agindo de forma reativa e pautada por interesses privados (legítimos), a Instituição deixou de alcançar resultados mais expressivos em favor da sociedade. Essa estratégia causou problemas internos, pois estava desvinculada de planos gerais de atuação e de planos de Promotorias e, também, problemas externos, pois a atuação pontual e sem qualquer organicidade contrariava, muitas vezes, o planejamento feito pela administração pública para enfrentar questões complexas.

Refletindo sobre essa situação Luiz Roberto Proença consignou que

> (...) a necessidade de o Ministério Público dar respostas à provocação formal de terceiros, deixando de lado o seu próprio poder de iniciativa, denuncia uma tradição de mimetismo cultural em relação ao Poder Judiciário, inerte por natureza, mimetismo este deslocado e prejudicial, dadas as diferenças intrínsecas entre estas Instituições. O critério de seleção baseado no atendimento dos casos trazidos por terceiros, ademais, tem-se mostrado um mau critério, pois nada garante que estes casos sejam os mais relevantes para a sociedade, não se justificando, dessa forma, restrinja-se a eles a atuação do Ministério Público.[2]

Essa atuação fragmentada e sem planejamento vem gerando, por outro lado, desconfiança da sociedade que, além de não compreender a "lógica" do trabalho desenvolvido pela Instituição na tutela dos interesses difusos, também vê nela pouca eficácia.

A clareza sobre as prioridades deveria fazer parte da rotina das Promotorias de Justiça, pois, como já afirmado na primeira parte deste artigo, quase sempre os recursos materiais e humanos são escassos para o atendimento de todas as demandas submetidas à análise do Ministério Público. Concentrar esforços na identificação dos problemas que requerem maior atenção da Instituição é parte necessária do seu planejamento (formulação da agenda).

Ao discorrer sobre esse assunto a professora Maria Paula Dallari Bucci faz o seguinte comentário:

> Esse problema decorre, em parte, da estruturação do Ministério Público. Em virtude da captura política que havia no passado, a Constituição de 1988 optou por um modelo de autonomia e independência funcional praticamente absoluta, por emulação direta das condições dos juízes. Não há hierarquia em relação a chefia, o que previne, até certo ponto, a manipulação política do direito de ação e intervenção ampliados com os novos instrumentos. Contudo,

---

2. PROENÇA, 2001, p. 161.

isso gerou um 'vácuo de coordenação' no âmbito do Ministério Público, com pulverização de ações ancoradas muitas vezes exclusivamente na visão pessoal do autor-promotor, nem sempre relevantes ao que seria de esperar em termos de controle de políticas públicas. (...) Há um processo de aprendizagem institucional a ser promovido pelas partes envolvidas, em especial o Ministério Público, detentor, por substituição, de parcela do contraditório social, com base na compreensão sistemática do sentido e alcance das ações e medidas intentadas.[3]

A partir de todas essas constatações, a Promotoria de Justiça de Habitação e Urbanismo da Capital reorganizou sua atuação, tornando claros seus métodos e objetivos e, utilizando-se da *inteligência geográfica* para embasar suas decisões, passou a focar uma atuação proativa nos casos complexos e de grande conflituosidade.

Se os dados sobre a realidade externa – fartamente disponíveis – já haviam sido incorporados no dia a dia do trabalho de Promotores de Justiça, os dados internos sobre as investigações e ações civis em andamento, sua temática, divisão por cargos, por ano de instauração ou ajuizamento, qualificação dos representantes e dos representados, sua localização no território da cidade e desfechos não eram globalmente conhecidos e, portanto, ignorados no processo de tomada de decisão.

Viu-se a necessidade urgente de se trabalhar todos esses dados de forma sistematizada, visando dar mais qualidade às preciosas informações dispersadas em centenas de casos pontuais e, com isso, reavaliar o trabalho para o desenvolvimento de novas estratégias.

No ano de 2019, então, a Promotoria deu início ao georreferenciamento de todos os casos em andamento como ponto de partida para estudar metodologicamente componentes e variáveis de natureza espacial capazes de explicar e traduzir fenômenos urbanos que, em princípio, poderiam merecer tratamento diferenciado dada sua complexidade. Isso, portanto, ocorreu antes dos Conselhos Nacional de Justiça e do Ministério Público editarem a Resolução Conjunta CNJ/CNMP 8, de 25 de junho de 2021, para instituir o painel interativo nacional de dados ambiental e interinstitucional – SireneJud. Nesse momento, a Promotoria já havia georreferenciado seus casos e criado um banco de dados na área urbanística.

Com o auxílio técnico do CAEx – Centro de Apoio à Execução do Ministério Público, o modelo proposto pela Promotoria para plotagem dos casos a partir dos endereços, com possibilidade de filtros por cargos, temas principais, anos, nomes de representantes, nomes de investigados e por subprefeitura, foi posto em prática, a custo zero para a Instituição. Atualmente já foram tabulados mais de 8.670 casos:

---

3. BUCCI, 2013, p. 196 e 197.

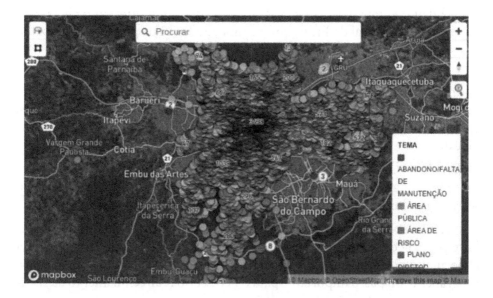

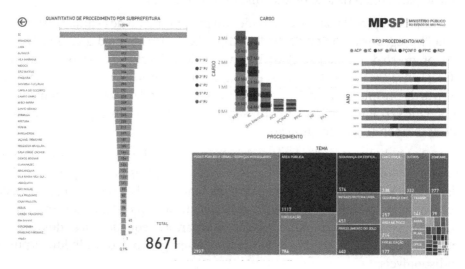

Figuras 2 e 3: plataforma de georreferenciamento. Promotoria de Justiça de Habitação e Urbanismo da Capital/SP

Para muito além do georreferenciamento buscou-se, desde o início, a estruturação dos dados, sobre bases metodológicas sólidas, visando superar a antiga visão fragmentada de casos e, assim, utilizar as informações para geração de novos conhecimentos, de modo a permitir soluções mais adequadas para velhos problemas.

Essa iniciativa agregou "qualidade" às informações, propiciando ganhos de qualidade na tomada de decisões a partir de um planejamento estratégico consolidado no Plano de Atuação da Promotoria. Houve um salto gigantesco na produtividade real da Promotoria e uma mudança de patamar no trabalho desempenhado.

O olhar ampliado sobre velhos problemas, a partir da inteligência geográfica, permitiu – e vem permitindo – à Promotoria de Justiça de Habitação e Urbanismo da Capital trabalhar as "causas" de graves problemas sociais e não mais, apenas, enfrentar suas *consequências*. A atuação estrutural, por meio de inquéritos civis e de ações civis públicas estruturais, parece revelar o futuro do trabalho a ser desenvolvido pelo Ministério Público nas mais diversas áreas.

Os resultados já produzidos são mencionados no artigo "Ampliando o Foco – Os Inquéritos Civis Estruturais", que é parte integrante deste Livro.

A busca por maior resolutividade e eficiência na atuação do Ministério Público passa necessariamente pela quebra de velhos paradigmas. Não é possível almejar resultados diferentes mantendo as mesmas atitudes. O uso da inteligência geográfica é um passo importante para o necessário redirecionamento da Instituição para concretização de sua missão constitucional.

Após amplos debates e discussões no procedimento de estudos instaurado pela Corregedoria Nacional, em sessão pública ocorrida no dia 22.09.2016, no 7º Congresso de Gestão do CNMP, a Corregedoria Nacional e as Corregedorias-Gerais dos Estados e da União celebraram um acordo, aprovando a chamada "Carta de Brasília", que estabelece diretrizes para a modernização do controle da atividade extrajurisdicional do Ministério Público, bem como, para o fomento à atuação resolutiva da Instituição.

Pretendeu o Conselho Nacional do Ministério Público, na ocasião, priorizar um modelo de Ministério Público de atuação extrajurisdicional para a efetividade da função resolutiva, principalmente tendo em vista que o Judiciário está sobrecarregado, com milhões de processos em tramitação. Para tanto, imperioso o aperfeiçoamento do trabalho institucional para a adequada defesa dos direitos ou interesses difusos, coletivos, individuais homogêneos e os individuais puros indisponíveis.

Cita-se aqui a primeira diretriz traçada naquela Carta, que estabelece a necessidade de

> Desenvolvimento de uma nova teoria do Ministério Público, embasada nos direitos e nas garantias constitucionais fundamentais, que possa produzir práticas institucionais que contribuam para a transformação da realidade social.

E esse é o objetivo do Projeto MP-ID. Diagnosticar as carências sociais a partir de dados objetivos e mapeados. Utilizar métodos inovadores de trabalho, aproveitando as aptidões dos Promotores e servidores envolvidos no projeto.

Construir soluções para problemas complexos conjuntamente com os demais atores da sociedade civil. A proatividade é a marca desse trabalho, visando sempre a adoção de posturas resolutivas, amparadas no compromisso com ganhos de efetividade na atuação institucional.

4. CONCLUSÃO

A tendência que se abre, claramente, diante dessa nova maneira de visualizar as conjunturas envolvendo os direitos coletivos *lato sensu*, é de que o Ministério Público, prosseguindo sua caminhada na tutela dos interesses sociais, evolua para uma instituição cuja atuação se torna cada vez mais lúcida, inclusiva e completa, na medida em que, além de meramente apurar responsabilidades e buscar a punição por condutas ilegais e a reparação de danos difusos ou coletivos, poderá o MP, imergindo ao cerne das questões e conflitos mais relevantes para a sociedade e compreendendo as suas verdadeiras causas, buscar, também como órgão colaborador, somar-se na busca de soluções, catalisando o diálogo entre setores interessados e fomentando a inovação e a busca de caminhos que rompam com a desigualdade e com a prática de ilegalidades em grande escala como subterfúgio para a manutenção, disfarçada ou não, de situações contrárias ao ordenamento jurídico.

Acredita-se, enfim, que com a concepção e implementação do projeto descrito neste texto, a Promotoria de Justiça de Habitação e Urbanismo da Capital/SP tenha colaborado e registrado ideias que, somando-se, modestamente, a outras, poderão contribuir para esse amadurecimento e para a história do Ministério Público brasileiro.

5. REFERÊNCIAS

AKDENIZ, Can. *Learn and Understand Brainstorming*. E-book. Introbooks, 2016.

BATTAGLIA, M. da G. B. *A inteligência competitiva modelando o sistema de informação de clientes*. Finep. v. 28, Brasília, 1999.

BROWN, Tim. *Design Thinking*: uma metodologia poderosa para decretar o fim das velhas ideias. Rio de Janeiro: Alta Books, 2020.

BUCCI, Maria Paula Dallari. *Fundamentos para uma Teoria Jurídica das Políticas Pública*. São Paulo: Saraiva, 2013.

CEREDA JÚNIOR, Abimael. *Inteligência Geográfica e Transformação Digital* – competências básicas na Gestão do Território Alavancando Oportunidades Profissionais. Geografia das Coisas.com. br/artigos-publicações/?_page=2.

LENCIONI, Patrick. *Os 5 desafios das equipes*. Rio de Janeiro: Sextante, 2015.

PRANIS, Kay. *Processos circulares de construção de paz*. São Paulo: Palas Athena, 2010.

PROENÇA, Luiz Roberto. *Inquérito Civil*: atuação investigativa do Ministério Público a serviço da ampliação do acesso à justiça. São Paulo: Ed. RT, 2001.

ROSENBERG, Marshall B. *Comunicação não violenta*. Técnicas para aprimorar relacionamentos pessoais e profissionais. São Paulo: Ágora, 2021.

SANTOS, Milton. O dinheiro e o território. *Território Territórios*. Programa de Pós-Graduação em Geografia da Universidade Federal Fluminense – Associação dos Geógrafos Brasileiros. Niterói, 2002.

ZEHR, Howard. *Trocando as lentes*. Justiça Restaurativa para o nosso tempo. São Paulo: Palas Athena, 2008.

MINISTÉRIO PÚBLICO E ATUAÇÃO ESTRUTURANTE

Susana Henriques da Costa

Doutora e Mestre em Direito pela Universidade de São Paulo. Professora Doutora em Processo Civil da Faculdade de Direito da Universidade de São Paulo. Pesquisadora visitante no Global Legal Studies Center da University of Wisconsin – Madison Law School, com supervisão do professor Marc Galanter, e pesquisadora visitante na Università degli Studi di Firenze, com supervisão do professor REMO CAPONI. Atualmente é promotora de justiça e Chefe de Gabinete da Procuradoria-Geral de Justiça no Ministério Público do Estado de São Paulo. É membro do Centro Brasileiro de Estudos e Pesquisas Judiciais, do Instituto Brasileiro de Direito Processual, da Rede de Pesquisa Justiça Civil e Processo Contemporâneo (PROCNET) e da Law and Society Association. É mãe de uma filha de 5 anos e de um filho de 2 anos. É atuante na causa das mulheres na ciência.

Sumário: 1. Introdução – 2. Processo estrutural e capacidade institucional – 3. A posição privilegiada do Ministério Público como ator de reforma estrutural – 4. Desafios para a atuação estruturante pelo Ministério Público: estratégia e participação – 5. Considerações finais – 6. Referências.

1. INTRODUÇÃO

Esse artigo tem por objetivo propor breves reflexões a respeito da atuação do Ministério Público como um ator relevante na promoção do processo/reforma estrutural. A intenção é posicionar o *Parquet* como um ator privilegiado no sistema de justiça brasileiro e, a partir da identificação das limitações de capacidade institucional próprias da arena jurisdicional, pensar nos desafios postos à instituição para atuar na solução de problemas complexos e persistentes.

2. PROCESSO ESTRUTURAL E CAPACIDADE INSTITUCIONAL

Apesar de não ser um tema novo nem na literatura, nem da prática judiciária nacional e internacional,[1] a discussão sobre as potencialidades transformadoras da sociedade pelo direito, via Poder Judiciário, ganhou novos contornos com o desenvolvimento, na doutrina processual pátria, da teorização acerca do chamado processo estrutural.

---

1. A título de exemplo, v. GRINOVER e WATANABE, 2013 e GRINOVER, WATANABE e COSTA, 2017.

O termo, uma tradução livre realizada no Brasil do que Fiss chamou de *strutural reform*[2] no direito americano,[3] conceitua um modelo ideal de processo que seria apto a superar entraves procedimentais e institucionais que dificultam a intervenção judicial em burocracias públicas e privadas responsáveis por violação permanente de direitos. Em suma, o processo estrutural seria capaz de, em tese, capacitar o Judiciário a promover mudanças sociais estruturantes, impulsionadas pela aplicação eficaz de normas constitucionais e infraconstitucionais.[4]

Desenhado para a solução de problemas complexos, o processo estrutural tem como características a multipolaridade, a recomposição institucional e a prospectividade.[5] Para garantir a efetividade da tutela jurisdicional, ainda, o processo estrutural demanda a ruptura do modelo processual tradicional e impõe alterações de regras processuais voltadas à redução da preclusividade e da rigidez formal do processo, bem como o incremento dos mecanismos de participação direta e indireta na relação jurídica processual. Impõe, também, uma nova postura ao Judiciário, que atua menos como instituição adjudicatória de direitos e mais como articuladora entre os Poderes do Estado/grandes conglomerados econômicos, atores do sistema de justiça e grupos sociais envolvidos.[6]

A discussão sobre reforma estrutural, porém, não pode ser encarada como uma discussão meramente processual. Embora se reconheça que a alteração do modelo de processo possa aprimorar a efetividade da tutela jurisdicional estruturante, a discussão sobre as potencialidades do direito e do Judiciário de promover transformação social é, antes de mais nada, uma discussão sobre desenho e capacidade institucionais. Isso porque, ao contrário da arena política majoritária (Legislativo e Executivo), que lida cotidianamente com questões de justiça distri-

---

2. Segundo o autor, a "chamada reforma estrutural – o assunto desse artigo – é um tipo de adjudicação, distinto pelo caráter constitucional dos valores públicos e, principalmente, pelo fato de envolver um embate entre o Judiciário e as burocracias estatais. O juiz tenta dar significado aos valores constitucionais na operacionalização dessas organizações. A reforma estrutural reconhece o caráter verdadeiramente burocrático do Estado moderno, adaptando formas de procedimentos tradicionais para a nova realidade social. A reforma estrutural é baseada na noção de que a qualidade de nossa vida social é afetada de forma significativa pela operação de organizações de grande porte e não somente por indivíduos, agindo dentro ou fora dessas organizações. É também baseada na crença de que os valores constitucionais norte-americanos não podem ser totalmente assegurados, sem que mudanças básicas sejam efetuadas nas estruturas dessas organizações. O processo judicial de caráter estrutural é aquele no qual um juiz, enfrentando uma burocracia estatal no que tange aos valores de âmbito constitucional, incumbe-se de reestruturar a organização para eliminar a ameaça imposta a tais valores pelos arranjos institucionais existentes". (FISS, 2017, p. 120-121/1979).
3. FISS, 2017/1979.
4. Vitorelli conceitua processo estrutural como "um processo coletivo no qual se pretende, pela atuação jurisdicional, a reorganização de uma estrutura, pública ou privada, que causam fomenta ou viabiliza a ocorrência de uma violação de direitos, pelo modo como funciona, originando um litígio estrutural" (VITORELLI, 2021, p. 64).
5. ARENHART, OSNA e JOBIM, 2021.
6. COSTA, 2017.

butiva, envolvendo escolhas sobre a distribuição de recursos escassos, o Judiciário é uma instituição talhada para a resolução de conflitos a partir da lógica de justiça comutativa, reparatória, voltada ao restabelecimento do *status quo ante*.[7]-[8]

Portanto, por mais que se alterem regras procedimentais, é forçoso reconhecer que há limites estruturais na utilização do Judiciário como arena de resolução de conflitos distributivos de alta complexidade. É necessário, portanto, perquirir sobre quando, como e em que circunstâncias o Judiciário pode ser uma arena eficiente para o equacionamento de litígios estruturantes,[9] como forma de evitar intervenções que agravem a situação posta, ao invés de solucioná-la.

KOMESAR (1994), ao analisar as características das instituições decisórias da sociedade americana (*taking institutional choice seriously*), comparava a arena política (Legislativo e Executivo) com as Cortes e com o mercado. Sustentava que todas as arenas seriam imperfeitas e que a escolha sobre qual arena deva decidir sobre que tipos de questões deveria levar em conta a capacidade institucional de cada uma delas.[10]

No Brasil, a Constituição Federal de 1988 redesenhou as instituições então vigentes. Seguindo a tendência mundial da época,[11] apostou no fortalecimento não só do Judiciário, mas de todo o sistema de justiça como uma forma de garantir direitos fundamentais e impedir novos arroubos autoritários do Executivo, conforme ocorrido nas décadas anteriores.

Ampliaram-se os temas passíveis de judicialização, bem como os instrumentos processuais de controle dos atos dos demais poderes pelo Judiciário. A possibilidade de *judicial review* foi ampliada por mecanismos como ação civil

---

7. LOPES, 2006.
8. Para Lopes, "A justiça distributiva diz respeito a regras de apropriação individual de recursos comuns (...). Tais regras, pela sua generalidade, não podem ser definidas para um só caso. Daí o ar de injustiça de que padecem as decisões judiciais que contrariam as regras geralmente estabelecidas e aceitas, pois rompem com a regra formal da justiça: que todos que pertençam à mesma classe sejam tratados igualmente. Como o Judiciário só procede se provocado, suas decisões só valem para o caso que se encontra sob sua apreciação (...), as decisões que pretendem fazer justiça distributiva, ou que sob o pretexto de fazer justiça comutativa estão de fato envolvidas em questões distributivas, geram tratamento desigual, retirando de uma classe um certo indivíduo" (LOPES, 2006, p. 132).
9. MARINHO, 2018.
10. Segundo Marinho, "Komesar afirma que processos de massa e interativos são difíceis de reformar e as escolhas serão sempre imperfeitas. A comparação institucional possibilita analisar em que medida, em um dado contexto, um defeito pode ser corrigido pela instituição substituta. Desse modo, o autor não se opõe à revisão judicial, contudo sustenta que a análise institucional comparativa, para uma tomada de decisão mais robusta e realista, é imprescindível para que as cortes façam escolhas alocativas no lugar de outra instituição (KOMESAR, 1994, p. 273-274). A teoria de Neil Komesar aponta para a necessidade de uma efetiva comparação institucional dos méritos e fraquezas de ambas as instituições que estão disputando quem poderá dar a melhor solução para o caso concreto, pois só deste modo será possível afirmar que a intervenção das cortes, de fato, é a melhor resposta (MARINHO, 2018, p. 62-63).
11. CAPPELLETTI, 2017/1976 e SANTOS, 2013.

pública, ação popular, mandado de injunção, ações de constitucionalidade, dentre outros. A Constituição Federal, portanto, ampliou a capacidade institucional das Cortes e deu legitimidade política ao Judiciário para resolução de conflitos de interesse público.

O reconhecimento de limites na capacidade do Judiciário de resolução de litígios complexos distributivos, portanto, não significa a ilegitimidade da intervenção judicial estruturante, algo que é garantido no Brasil pelo próprio desenho constitucional do sistema de justiça. Significa, todavia, que é necessário pensar a arena judicial sem a ingenuidade de imaginar que uma sentença judicial terá o condão de, por si, resolver um problema estruturante. Significa que é preciso olhar o Judiciário como uma arena possível, porém imperfeita[12] e utilizá-la ciente dos seus limites, muitas vezes não para solução integral do conflito de interesse público, mas, *estrategicamente*, como forma de destravar bloqueios existentes em outras arenas e avançar em uma mudança estrutural mais ampla que envolva múltiplas instituições. Significa, por fim, reconhecer que, eventualmente, a solução extrajudicial possa ser mais eficiente que a judicial.

3. A POSIÇÃO PRIVILEGIADA DO MINISTÉRIO PÚBLICO COMO ATOR DE REFORMA ESTRUTURAL

O empoderamento do sistema de justiça, realizado pela Constituição Federal de 1988, não se limitou ao Judiciário. Especialmente no Brasil, desenhou-se um modelo de Ministério Público autônomo e independente dos demais Poderes do Estado que não encontra paradigma nos sistemas jurídico ocidentais. Alçado a defensor dos interesses indisponíveis da sociedade, o Ministério Público consolidou conquistas obtidas nos anos anteriores à Constituinte e se tornou o principal porta voz dos interesses difusos e coletivos no sistema de justiça.[13]

O papel de intermediário entre Estado e sociedade do Ministério Público, porém, não está restrito à atuação na seara jurisdicional. As mesmas normas processuais que legitimam o Ministério Público a tutelar judicialmente interesses transindividuais (Lei 7347/85 e Lei 8078/90), permitem que ele busque soluções extrajudiciais, especialmente as pautadas na consensualidade, que se mostrem mais adequadas para equacionar a complexidade dos conflitos sociais que lhe são trazidos. A resolutividade, nesse sentido, é um objetivo que pauta nacionalmente a atuação do Ministério Público (CNMP, Carta de Brasília, 2016) e que implica muitas vezes a busca por soluções à margem do Judiciário, especialmente tendo em vista suas limitações institucionais, como acima descrito.

---

12. KOMESAR, 1994.
13. ARANTES, 2002.

O Ministério Público tem condições de galgar a chamada pirâmide da litigância descrita por Felstiner, Abel e Sarat (1980/1981), – que compreende os processos de nomeação de lesões a direitos (*naming*), imputação da responsabilidade ao violador (*blaming*) e reinvindicação (*claiming*), – na promoção da reforma estrutural. Ele é um ator que, por desenho constitucional, tem organização, expertise e independência para identificação de situações complexas de violações contumazes de direitos transindividuais (*naming*) por grandes burocracias públicas ou privadas (*blaming*) e, a partir deste diagnóstico, pode planejar o encaminhamento para as melhores soluções possíveis (*claiming*), pautado pela identificação das capacidades institucionais das arenas decisórias existentes.

Se alterarmos nossa lente para, ao invés de olharmos para as regras e instituições, olharmos para os atores do sistema de justiça, veremos que o Ministério Público é ator que detém uma posição privilegiada para a atuação estruturante. Ele é um jogador habitual,[14]-[15] que pode tirar vantagens da sua posição em prol da concretização de direitos e transformação social. Ele é um agente da reforma estrutural e pode funcionar de forma eficiente como articulador entre poderes/instituições/corporações e sociedade, às vezes à margem do próprio Judiciário,

---

14. GALANTER, 2018/1974.
15. Galanter arrola as potenciais vantagens que os jogadores habituais (JHs) podem auferir: "1. Os JHs, por já terem feito isso antes, têm conhecimento prévio. Eles são capazes de estruturar a transação seguinte e construir um registro. O JH é aquele que redige o modelo do contrato, que exige o depósito de garantia e assim por diante. JHs desenvolvem expertise e têm pronto acesso a especialistas 2. Eles desfrutam de economias de escala e têm baixos custos iniciais em qualquer caso. 3. JHs têm oportunidades para desenvolver relações informais facilitadoras com os encarregados institucionais. O JH precisa estabelecer e manter sua credibilidade como um combatente. O interesse que possui em sua "reputação de negociador" serve como um recurso para estabelecer "compromissos" a respeito de suas posições. Sem uma reputação desse tipo a manter, o PE (participantes eventuais) tem mais dificuldade em se envolver de maneira convincente na negociação10 (...). 4. JHs podem jogar com as probabilidades 5. Quanto mais o caso em questão vai sendo revelado para o PE, mais provavelmente ele irá adotar uma estratégia "minimax" (minimizar a probabilidade de perda máxima). Uma vez que a aposta é relativamente menor para os JHs, eles podem adotar estratégias calculadas para maximizar o ganho relacionado a uma longa série de casos, mesmo quando isso envolve o risco de perda máxima em alguns deles. JHs podem disputar tanto regras quanto ganhos imediatos. Para eles vale a pena, antes de tudo, despender recursos a fim de influenciar a elaboração das regras relevantes por meio de métodos tais como o lobby. (E a expertise que acumulam lhes permite fazê-lo persuasivamente.) 7. JHs também podem disputar as regras da própria litigância, ao passo que é improvável que um PE o faça. Isto é, existe uma diferença em relação ao que eles consideram como resultado favorável. Dado que sua aposta no resultado imediato é alta e que por definição um PE é despreocupado com o resultado de semelhante litígio no futuro, ele terá pouco interesse naquele elemento do resultado que pode influenciar a disposição do julgador da próxima vez. Para o JH, por outro lado, qualquer coisa que favoravelmente influencie os resultados de casos futuros vale a pena. Para um jogador qualquer, quanto maior for a aposta e quanto menor a probabilidade de repetição da disputa, menos provável que se preocupe com as regras que governarão futuros casos do mesmo tipo. Considere dois pais que disputam a custódia de seu único filho, um peso pesado versus o setor de cobrança da Receita Federal, um condenado em face da pena de morte. Por outro lado, o jogador com pouco interesse no caso presente e com a perspectiva de enfrentar uma série de outros similares (a Receita Federal, a agência de adoção, o promotor) pode ter mais interesse no estado do direito" (GALANTER, 2018/1974).

na medida em que, na sua atuação extrajudicial, não se encontra premido pelos rigores formais do processo judicial.[16]

4. DESAFIOS PARA A ATUAÇÃO ESTRUTURANTE PELO MINISTÉRIO PÚBLICO: ESTRATÉGIA E PARTICIPAÇÃO

Se o Ministério Público pode ser considerado um jogador habitual no sistema de justiça brasileiro e, a partir dessa posição, auferir vantagens, também é verdade que, para tanto, ele deve enfrentar uma série de desafios que têm potencial de mitigar essas vantagens.[17] Especialmente no tocante a sua atuação como agente promotor da reforma estrutural, há dois desafios centrais a serem superados: visão estratégica e ampliação de canais de diálogo com a sociedade.

Como visto acima, é pressuposto para uma atuação estruturante reconhecer as limitações e potencialidades das arenas decisórias (sua capacidade institucional), especialmente do Judiciário. Feito esse reconhecimento, torna-se imprescindível desenvolver visão estratégica para escolher qual o melhor encaminhamento a seguir. Por exemplo, diante de um problema urbanístico complexo, que envolva ausência ou déficit de políticas públicas minimamente estruturadas, qual a melhor estratégia? Buscar um diálogo com os poderes majoritários para tentar uma solução consensual? Judicializar a questão? Judicializar a questão para tentar uma liminar que abra espaço para um diálogo extrajudicial com os poderes majoritários? Judicializar questão e utilizar o espaço do Judiciário para avançar na solução do problema via um processo estrutural? São todas possibilidades que devem ser analisadas a partir das características do caso concreto e dos riscos envolvidos.

De toda a sorte, adotar uma visão estratégica importa superar posturas dogmáticas, que apostem somente na resposta adjudicatória judicial como forma de avançar na solução de problemas complexos.[18] Atuar de forma estruturante, nesse sentido, significa ser capaz de realizar o diagnóstico da situação problema, planejar formas de encaminhamento, a partir de análise dos riscos envolvidos. Essa atuação pressupõe um Ministério Público independente e acessível, que consiga dialogar com demais poderes e com grandes corporações e que tenha capacidade

---

16. A maior liberdade de atuação do Ministério Público, porém, não significa ausência de normatividade e de regulação na sua atuação. São inúmeras as normas que regulam a atuação do Parquet na atuação investigativa e autocompositiva.

17. ALMEIDA, 2019.

18. Em trabalho empírico realizado no Ministério Público do Estado de São Paulo, Almeida localiza como possíveis causas de mitigação a uma atuação estratégica: a organização territorial por comarcas; Não desenvolvimento ou o desenvolvimento brando de uma atuação seletiva; descontinuidade na atuação; reduzido direcionamento institucional das atividades ou de um "querer" do Ministério Público de São Paulo; Destaque da pessoa do membro; obrigatoriedade da atuação; independência funcional; engessamento e forma de preenchimento de cargos, dentre outros fatores (ALMEIDA, 2018, p. 314 e ss.).

criativa para pensar em novas soluções práticas e interpretações jurídicas. Essa atuação pressupõe que o Ministério Público seja capaz de fazer litígio estratégico de interesse público.[19]-[20]

Se a visão estratégica pode ser entendida como um desafio de *efetividade* para a atuação do Ministério Público de forma estruturante, há uma outra espécie de desafio que se relaciona com a própria *legitimidade política* dessa atuação: o incremento dos mecanismos de diálogo e participação da sociedade civil na estruturação do litígio estratégico.[21]

O Ministério Público, como já visto, alcançou seu atual desenho constitucional de independência e autonomia por ter se consolidado publicamente como o porta voz dos interesses da sociedade.[22] A prática, porém, tem trazido desafios para o exercício dessa função, especialmente quando se trata de conflitos complexos estruturantes, em que a multipolaridade e a existência de interesses internos conflitantes são mais frequentes.[23] O principal desafio é não ser capturado por interesses mais concentrados, que, em regra, tem mais facilidade de organização e vocalização de seus pleitos. É necessário desenvolver mecanismos de oitiva qualificada que evitem a sub-representação de alguns interesses, – geralmente os mais dispersos, cujas coletividades são especialmente vulneráveis, – em detrimento de outros.

A aproximação da sociedade civil demanda o investimento em mecanismos diferenciados de diálogo tanto com movimentos sociais, quanto com a comunidade científica. O contato com os movimentos sociais permitirá o real dimensionamento dos problemas que a burocracia estatal ou privada gera nas vidas das pessoas e, por esse motivo, a adoção de soluções mais eficientes e passíveis de equacionamento adequado do conflito. Ao serem ouvidos e, ao terem suas demandas refletidas nos acordos celebrados e ações ajuizadas, os movimentos

---

19. ALMEIDA, 2017 e CARDOSO, 2011.
20. Segundo Almeida, a "noção de litígio estratégico está associada à utilização mais eficiente do sistema de justiça para a solução de problemas complexos e persistentes. O adjetivo estratégico significa que o caso a ser trabalhado no sistema de justiça terá a capacidade de oferecer respostas para além daquelas esperadas em um litígio comum, ou seja, seu impacto e sua relevância serão maiores. Não há, entretanto, um único modelo de litígio estratégico, já que tudo dependerá do problema que se pretenda ver enfrentado. O diagnóstico da situação e a identificação da origem do problema jurídico a ser resolvido são exercícios fundamentais" (ALMEIDA, 2017, p. 527-528).
21. Tratando especificamente da arena judicial, Arenhart, Osna e Jobim sustenta que "se os processos estruturais são uma realidade irrenunciável, é essencial que eles sejam tratados de forma adequada, garantindo-se um mínimo de aderência entre os resultados obtidos e os anseios dos interesses e dos grupos envolvidos. É, também, indispensável que as pessoas e os interesses possam ter voz, a ponto de não ser negligenciados pela atividade jurisdicional. E, assim, ferramentas de participação e de representação têm papel inafastável na elaboração do procedimento correto para o exercício dessa forma de atuação do Estado-juiz" (ARENHART, OSNA e JOBIM, p. 117)
22. ARANTES, 2002 e ALMEIDA, 2018.
23. COSTA, 2009.

sociais se sentirão representados e a legitimidade política do Ministério Público como intermediário entre sociedade e Estado/grandes corporações se fortalece.

Se na teoria parece clara a necessidade de aprimoramento da participação, na prática, as dificuldades são inúmeras e vão desde a desconfiança que alguns grupos sociais possuem com relação ao Ministério Público,[24] até barreiras de ordem organizacional e financeira que inviabilizam a participação de grupos mais vulneráveis em audiências públicas e escutas sociais. Nesse sentido, há relatos de atuações ministeriais bastante importantes, em casos extremamente complexos, que sofreram críticas de alguns grupos envolvidos no conflito que se sentiram sub-representados.[25] A construção de alternativas para a ampliação dos mecanismos de participação dos movimentos sociais, portanto, ainda é um processo em curso no *Parquet*.

O diálogo com a comunidade científica, por fim, permite ao Ministério Público, como ator estruturante, ter acesso ao conhecimento especializado mais atual sobre os problemas complexos enfrentados e suas respectivas soluções. Como se sabe, problemas estruturais são, em regra, transdisciplinares, e exigem, no seu enfrentamento, soluções criativas, flexíveis, constantemente submetidas a avaliações, avanços e retrocessos. O operador do direito, especialmente o membro do Ministério Público, ciente dos limites da sua formação eminentemente jurídica, não pode renunciar aos demais saberes científicos necessários para a solução adequada de demandas sociais de alta complexidade.

No âmbito do Ministério Público de São Paulo, iniciativas como as Câmaras Temáticas de Interesses Difusos do Núcleo de Incentivo em Práticas Autocompo-

---

24. Em relatório de pesquisa apresentado à Secretaria de Reforma do Judiciário sobre advocacia de interesse público no Brasil, o CEBRAP relata que "outra percepção do Ministério Público é a de que a instituição, em alguns casos, atua de forma isolada da sociedade civil, não tem uma grande interlocução com ela, está "encastelada". Assim, foi mencionado em algumas das entrevistas que o Ministério Público tem uma cultura de atuar "sozinho". Algumas entidades apontaram a necessidade de haver um diálogo mais próximo do Ministério Público com os movimentos sociais, comunidades e grupos que compõem o "público" com o qual essas entidades trabalham, de a instituição estar mais aberta e sensível para suas demandas. Outros entrevistados relatam uma mudança mais recente do Ministério Público em alguns Estados, na medida em que este está procurando se aproximar mais da sociedade, realizando audiências públicas para ouvir demandas ou mesmo para apresentar suas diretrizes de atuação. Isso se deve, em partes, pela própria pressão da sociedade civil que atua de forma próxima a esta instituição, por exemplo, por meio das denúncias e representações encaminhadas para o Ministério Público. No entanto, há outro grupo de entrevistados que vê no Ministério Público uma atuação bastante próxima da sociedade civil, havendo a possibilidade de se realizar um trabalho articulado e com uma interação mais profunda com as entidades. Como afirmado no item anterior, muitos dos entrevistados apontaram para uma postura bastante conservadora, criminalizadora e repressiva de alguns promotores e procuradores em sua atuação. Outros, porém, afirmam que há promotores bastante progressistas e combativos, que são verdadeiros parceiros das entidades de defesa de direitos entrevistadas" (BRASIL, 2013, p. 84).

25. Disponível em: https://g1.globo.com/mg/minas-gerais/desastre-ambiental-em-mariana/noticia/acordo-foi-feito-sem-a-participacao-dos-atingidos-diz-mab-em-relacao-a-termo-sobre-desastre-de-mariana.ghtml. Acesso em: 26 jul. 2021.

sitivas (NUIPA-Difusos),[26] – voltada à solução extrajudicial negociada, dentre outros, de conflitos estruturais; – bem como as Redes de Valorização da Diversidade, de Enfrentamento ao Racismo e de Defesa da Vida do Jovem,[27] – estruturadas para enfrentar temas transdisciplinares complexos, – inauguram modelos inovadores de enfrentamento dos desafios postos.

5. CONSIDERAÇÕES FINAIS

Este artigo se propôs a, a partir da literatura do processo e da reforma estruturais, inverter a lente do telescópio[28] e, ao invés de olhar para regras e instituições, analisar um dos atores que, no desenho do sistema de justiça brasileiro, recebeu o dever de representar a sociedade e de, a partir do uso do ordenamento jurídico, promover a transformação social pela implementação de direitos.

O desenho diferenciado do Ministério Público no Brasil lhe dá posição privilegiada no sistema de justiça e possibilita que ele, em tese, planeje e promova litígios estratégicos de interesse público. Nesse ambiente, é dada ênfase à possibilidade de soluções extrajudiciais que tragam o acompanhamento e solução de problemas complexos estruturais para arenas menos formais que o Judiciário e que, portanto, permitam soluções consensuais criativas que superem os seus limites de capacidade institucional.

Para assumir a posição de litigante estratégico do sistema de justiça, apto a atuar de forma estruturante, o Ministério Público precisa ser capaz de se organizar internamente para realizar diagnósticos, planejar atuação, a partir de análise dos riscos envolvidos. Precisa também, ampliar e aprimorar seus mecanismos de diálogo com a sociedade civil, especialmente com os movimentos sociais e a comunidade científica, como forma de se afirmar como verdadeiro porta voz mediador dos interesses envolvidos em um conflito estruturante complexo.

6. REFERÊNCIAS

ALMEIDA, Ananda Palazzin de. *O Ministério Público como litigante habitual*: uma atuação estratégica? Dissertação de Mestrado apresentada na Faculdade de Direito da Universidade de São Paulo, sob a orientação da Professora Doutora Susana Henriques da Costa, 2019.

---

26. Disponível em: http://biblioteca.mpsp.mp.br/PHL_img/pgj/2559-prt%202021.pdf;http://biblioteca.mpsp.mp.br/PHL_img/pgj/2558-prt%202021.pdf;http://biblioteca.mpsp.mp.br/PHL_img/pgj/2557-prt%202021.pdf;http://biblioteca.mpsp.mp.br/PHL_img/pgj/2517-prt%202021.pdf. Acesso em: 27 jul. 2021.

27. Disponível em: http://www.mpsp.mp.br/portal/page/portal/redes/valorizacao_diversidade; http://www.mpsp.mp.br/portal/page/portal/redes/enfrentamento_racismo;http://www.mpsp.mp.br/portal/page/portal/redes/defesa_vida_jovem. Acesso em 27 jul. 2021.

28. GALANTER, 2018/1974.

ALMEIDA, Eloísa Machado de. Litígio estratégico e articulação entre jurisdições: o caso Guerrilha do Araguaia. GRINOVER, Ada Pellegrini, WATANABE, Kazuo e COSTA, Susana Henriques da (Coord.). *O processo para a solução de conflitos de interesse público*. Salvador: JusPodivm, 2017.

ARANTES, Rogério Bastos. *Ministério Público e política no Brasil*. São Paulo: EDUC: Editora Sumaré, Fapesp, 2002.

ARENHART, Sérgio Cruz e JOBIM, Marco Félix (Coord.). *Processos estruturais*. Salvador: JusPodivm, 2017.

ARENHART, Sérgio Cruz, OSNA, Gustavo e JOBIM, Marco Félix. *Curso de processo estrutural*. São Paulo: Ed. RT, 2021.

BRASIL. Secretaria de Reforma do Judiciário (SRJ). Advocacia de interesse público no Brasil: a atuação das entidades de defesa de direitos da sociedade civil e sua interação com os órgãos de litígio do Estado / Centro Brasileiro de Análise e Planejamento (CEBRAP): Ministério da Justiça, 2013.

BRASIL. Conselho Nacional do Ministério Público (CNMP). Carta de Brasília, disponível em: https://www.cnmp.mp.br/portal/images/Carta_de_Bras%C3%ADlia-2.pdf, 2016. Acesso em: 31 jul. 2021.

CAPPELLETTI, Mauro. Vindicating the public interest through the Courts. GRINOVER, Ada Pellegrini, WATANABE, Kazuo e COSTA, Susana Henriques da (Coord.). *O processo para a solução de conflitos de interesse público*. Salvador: JusPodivm, 2017 (Obra originalmente publicada em 1976).

CARDOSO, Evorah. Ciclo de vida do litígio estratégico no sistema interamericano de direitos humanos: dificuldades e oportunidades para atores não estatais. *Revista Eletrónica del Instituto de Investigaciones*. Ambrosio L. Gioja 5, p. 363-378, 2011.

COSTA, Susana Henriques da. O controle judicial da representatividade adequada: uma análise dos sistemas norte-americano e brasileiro. In: SALLES, Carlos Alberto de. (Org.). *As grandes transformações do processo civil brasileiro*: homenagem ao Professor Kazuo Watanabe. São Paulo: Quartier Latin, 2009.

COSTA, Susana Henriques da. A imediata judicialização dos direitos fundamentais sociais e o mínimo existencial: relação direito e processo. GRINOVER, Ada Pellegrini, WATANABE, Kazuo e COSTA, Susana Henriques da (Coord.). *O processo para a solução de conflitos de interesse público*. Salvador: JusPodivm, 2017.

COSTA, Susana Henriques da. Acesso à justiça: promessa ou realidade? Uma análise do litígio sobre creche e pré-escola no município de São Paulo. GRINOVER, Ada Pellegrini, WATANABE, Kazuo e COSTA, Susana Henriques da (Coord.). *O processo para a solução de conflitos de interesse público*. Salvador: JusPodivm, 2017.

FELSTINER, William L.F., ABEL, Richard L. e SARAT, Austin. The Emergence and Transformation of Disputes: Naming, Blaming, Claiming…, *Law & Society Review*, v. 15, n. 3/4, p. 631-654, 1980-1981.

FISS, Owen. As formas da justiça. GRINOVER, Ada Pellegrini, WATANABE, Kazuo e COSTA, Susana Henriques da (Coord.). SALLES, Carlos Alberto de. SILVA, Daniel Godinho da e RÓS, Melina Medeiros (Trad.). *O processo para a solução de conflitos de interesse público*. Salvador: JusPodivm, 2017 (Obra original publicada em 1979).

GALANTER, Marc. *Por que "quem tem" sai na frente: especulações sobre os limites da transformação no Direi*to: especulações sobre os limites da transformação no direito. CHASIN, Ana Carolina (Org. e trad.). São Paulo: FGV Direito SP, 2018 (Obra original publicada em 1974).

GRINOVER, Ada Pellegrini e WATANABE, Kazuo (Coord.). *O controle jurisdicional de políticas públicas*. 2. ed. Rio de Janeiro: Forense, 2013.

GRINOVER, Ada Pellegrini, WATANABE, Kazuo e COSTA, Susana Henriques da (Coord.). *O processo para a solução de conflitos de interesse público*. Salvador: JusPodivm, 2017.

KOMESAR, Neil K. *Imperfect Alternatives*: choosing institutions in law, economics and public policy, Chicago: The University of Chicago Press, 1994.

LOPES, José Reinaldo de Lima. *Direitos sociais*: teoria e prática. São Paulo: Método, 2006.

MARINHO, Carolina Martins. *Judicialização de direitos sociais e processos estruturais: reflexões para a jurisdição brasileira à luz da experiência norte-americana*. Tese de doutorado apresentada na Faculdade de Direito da Universidade de São Paulo, sob a orientação do professor doutor Marcos Paulo Veríssimo, 2018.

SANTOS, Boaventura de Sousa. *Pela mão de Alice*: o social e o político na pós-modernidade. 9. ed. Coimbra: Almedina, 2013.

VITORELLI, Edilson. *Processo civil estrutural*: teoria e prática. 2. ed., Salvador: JusPodivm, 2021.

AMPLIANDO O FOCO:
OS INQUÉRITOS CIVIS ESTRUTURAIS

Camila Mansour Magalhães da Silveira

Promotora de Justiça de Habitação e Urbanismo da Capital/SP desde outubro de 2013. Assessora da Corregedoria-Geral do Ministério Público de São Paulo de 2007 a 2010.

Marcus Vinicius Monteiro dos Santos

Mestre em Gestão e Políticas Públicas pela FGV. Especialista em interesses difusos e coletivos pela ESMP/SP; coordenador do Centro de Apoio Operacional de Habitação e Urbanismo do MPSP desde 2020. Promotor de Justiça de Habitação e Urbanismo da Capital/SP desde outubro de 2013.

Roberto Luís de Oliveira Pimentel

Especialista em interesses difusos e coletivos pela ESMP/SP. Pós-graduado em Filosofia pela PUCRS. Promotor de Justiça de Habitação e Urbanismo da Capital/SP desde março de 2017. Mediador e conciliador judicial e extrajudicial nos termos da Resolução 125/2010 do CNJ; facilitador de círculos de construção de paz pela AJURIS. Autor do livro 'Negociação e mediação: conflitos difusos e coletivos'.

"O todo não é idêntico à soma de suas partes"

(Aristóteles, Tópicos, Livro VI)

Sumário: 1. Breve introdução – 2. Questões estruturais – 3. Inquéritos civis estruturais – 4. Conclusões – 5. Referências

1. BREVE INTRODUÇÃO

A busca por maior eficiência no trato das questões difusas, por natureza alastradas em todo o corpo social e, muitas vezes, por todo o território de cidades, regiões metropolitanas, bacias hidrográficas etc., tem levado a reflexões sobre a própria maneira de atuar do Ministério Público.

O *apego* a ritos e a rotinas que, ao longo de décadas, sedimentaram-se como parte do dia a dia dos membros da Instituição, mas, muitas vezes, tornaram-se – ou se encontram no caminho de se tornar –, como consequência da crescente complexidade das relações e conflitos, ultrapassados ou passíveis de revisão, com efeito, tem-se mostrado como um *entrave* para a inovação e para a obtenção de resultados efetivos na tutela dos direitos sociais.

A própria compreensão desse fenômeno, no entanto, é algo que acaba por se mostrar, por vezes, dificultado pela aplicação mecânica de princípios e regras garantidores do controle interno e externo das atividades institucionais. O desafio que surge, assim, está em se *modernizar* a atuação garantindo-se, de outro lado, a *estrita observância* de tais princípios, ou seja, sem violações ao regramento constitucional vigente.

De se acrescentar, ainda, que o rompimento com a visão tradicional contraria, muitas vezes, visões retrógradas e acomodadas sobre o papel da Instituição no enfrentamento de problemas estruturais e complexos, pois é muito mais fácil conservar do que inovar, além de exigir menos criatividade, ânimo e reflexão.

Dito isso, cabe observar que a tutela da ordem urbanística e do direito social de moradia acaba por representar um exemplo, em meio à gama de temas relacionados às atividades do Ministério Público na área de interesses metaindividuais, de área desafiadora e cuja complexidade se intensifica de modo contínuo, sendo campo, portanto, profícuo para a busca de novas maneiras de atuar e de interpretar as relações, danos e conflitos de interesse social.

Nesse sentido, em meio à implementação de projeto de modernização da atuação da Promotoria de Justiça de Habitação e Urbanismo da Capital/SP, envolvendo a aplicação de técnicas para efetividade de trabalho em equipe e a inteligência geográfica (projeto MP-ID – de que tratamos no primeiro texto deste livro) – o que acabou por resultar, naturalmente, numa alteração na amplitude do foco sobre os casos em análise no órgão – percebeu-se, na prática e de maneira natural, a necessidade de se buscarem, de modo prioritário, as *verdadeiras causas* de situações repetitivas de violações da legislação e de direitos, abandonando-se, gradualmente, determinadas rotinas que acabavam por perpetuar uma visão pontual e compartimentada de casos.

Em um primeiro momento, tais casos pontuais, em razão de sua similitude, passaram a ser, aos poucos, objeto de verificação conjunta e, portanto, mais orgânica e refletida, seguindo-se o estabelecimento cooperativo de estratégias e, a seguir, a instauração de procedimentos que, desde a portaria inaugural, já contavam com tal visão mais ampla, buscando-se, neles, a incorporação de casos pontuais para uma melhor compreensão dos fenômenos sociais e jurídicos de origem. A tais procedimentos deu-se, de início, o nome de *inquéritos civis de amplo alcance.*

As primeiras experiências com inquéritos civis dessa espécie consistiram em procedimentos instaurados, por exemplo, para apuração sobre o fenômeno de buracos em vias públicas, edificações sem auto de vistoria do Corpo de Bombeiros e estabelecimentos desprovidos de alvará de funcionamento (afastando-se, assim, da ideia de se apurarem tais situações exclusivamente de forma pontual).

A estratégia construída para tanto consistiu em se estabelecer, já nas portarias inaugurais, como objeto precípuo de investigação, as políticas públicas existentes a respeito dos fatos sob apuração e as causas da reiteração de violações à legislação ou a direitos por ela garantidos.

MINISTÉRIO PÚBLICO DO ESTADO DE SÃO PAULO

PORTARIA
Nº MP 43.0279.0000068/2019-0

Considerando a deliberação unânime tomada pelos integrantes desta Promotoria de Justiça em reunião ordinária realizada no dia 11.02.2019, no sentido da instauração de inquérito civil visando apurar as razões pelas quais o Poder Público não tem exercido, de maneira eficaz, seu poder de polícia no que toca à falta ou à não renovação de Autos de Vistoria ou Certificado de Licença do Corpo de Bombeiros (AVCB/CLCB) para as edificações deste Município,

Considerando que tal deliberação teve por fundamento o fato de que, na Promotoria de Justiça de Habitação e Urbanismo da Capital, tramita um grande número de procedimentos relacionados à falta de AVCB em edificações, o que conduz à realização de investigações pontuais, fracionadas, voltadas à verificação de condições de segurança de maneira individual e pulverizada,

Considerando que tal fato resulta na possibilidade de desvirtuamento das funções institucionais do Ministério Público, e a um consequente apequenamento da Instituição enquanto órgão público destinado à investigação e adoção de providências judiciais e extrajudiciais para a defesa de interesses metaindividuais, não lhe cabendo, portanto, substituir-se à Administração

MINISTÉRIO PÚBLICO DO ESTADO DE SÃO PAULO

Pública em seu papel de exercer o poder de polícia, fiscalizando o exercício das atividades em geral,

Considerando, nesse diapasão, que o Ministério Público, enquanto instituição, não deve, em hipótese nenhuma, aceitar tal apequenamento, ou mesmo o papel de substituir-se à Administração Pública, ou então suprir, na prática, as deficiências do Poder Executivo em seus setores de fiscalização, devendo ter a coragem institucional de assumir seu verdadeiro papel constitucional,

Considerando, portanto, que o assunto "segurança em edificações", necessariamente, sem prejuízo de eventual atuação pontual em casos em que tal se mostre eventualmente relevante, deve ser tratado, pelo Ministério Público, como uma questão efetivamente difusa, ou seja, investigado de maneira global, sob o ponto de vista de eventuais deficiências do Poder Público no cumprimento de deveres de fiscalização e exercício do poder de polícia previstos na legislação, as causas de tais deficiências e as providências cabíveis para encaminhamento de soluções,

Dou por instaurado **Inquérito Civil**, que terá por objeto, portanto, "*apuração sobre a estrutura existente na Administração Pública Estadual e na Municipal para o exercício de fiscalização e de poder de polícia acerca da ausência de AVCB em edificações nesta cidade de São Paulo e adoção das providências administrativas decorrentes, visando adoção de medidas, dentro da esfera de atuação do Ministério Público, que propiciem melhorias em tal serviço e*

Figura 1: exemplo das considerações fundantes de portaria de instauração de inquérito civil estrutural – políticas públicas de fiscalização sobre edificações sem auto de vistoria do Corpo de Bombeiros (IC 68/2019-PJHURB-Capital/SP)

Ao lado disso, para estrita observância do princípio da obrigatoriedade, ajustou-se a incorporação de casos pontuais aos procedimentos de amplo alcance, de modo a se garantir o acompanhamento e a adoção de providências, e, ao mesmo tempo, sempre que o caso, a compilação e o planilhamento de dados. Para tanto, foram criadas rotinas próprias, que se encontram em constante aprimoramento.

Tais inquéritos prosseguem em andamento, com resultados bastante interessantes tanto no campo procedimental como em matéria de efetiva adoção de providências, ou seja, expedição de recomendações, propositura de ações civis públicas estruturais, realização de reuniões etc., que já remontam às dezenas.

Em seguida, como natural desdobramento dessa maneira de atuar, a Promotoria deparou com a evolução jurisprudencial e doutrinária relacionada ao chamado *processo estrutural*.

2. QUESTÕES ESTRUTURAIS

Os litígios estruturais encontram sua origem nos Estados Unidos da América, mais especificamente no famoso caso *Brown v. Board of Education of Topeka*, litígio que, na década de 1950, época de seu julgamento pela Suprema Corte daquele país, resultou em uma alteração no sistema educacional de ensino, que previa uma separação entre crianças negras e brancas.

Nos anos seguintes, também passou a se utilizar a cultura de decisões estruturantes para litígios envolvendo o sistema prisional e, nas décadas que se seguiram, disseminaram-se as intervenções judiciais no sistema de saúde e habitacional, entre outros.

No dizer de Camila Almeida Porfírio,[1]

os litígios são chamados de 'estruturais' porque os tribunais se envolvem na gestão de estruturas administrativas e assumem certo nível de supervisão sobre instituições públicas (...).

Com efeito, a decisão estrutural é aquela que busca realizar reformas em uma instituição, com o objetivo de concretizar um direito fundamental, efetivar determinada política pública ou resolver litígios complexos.

No mesmo sentido a conceituação de Didier Jr., Zaneti Jr. e Oliveira (2017):

A decisão estrutural (structural injunction) é, pois, aquela que busca implantar uma reforma estrutural (structural reform) em um ente, organização ou instituição, com o objetivo de concretizar um direito fundamental, realizar uma determinada política pública ou resolver litígios complexos. Por isso, o processo em que ela se constrói é chamado de processo estrutural.

A implementação ou o aperfeiçoamento de políticas públicas por meio de provimento judicial, muito embora, atualmente, se encontrem superados os entendimentos no sentido de sua impossibilidade, tem, historicamente, encontrado alguns obstáculos, relacionados com os limites entre a vinculação ou discricionariedade por parte do administrador público quanto à maneira de fazê-lo, questões orçamentárias e perplexidades ocasionadas por alegações de violação ao princípio da separação entre os poderes.

Há muito a doutrina e a própria jurisprudência têm encarado a efetivação de direitos e garantias fundamentais como objetivos em relação aos quais há possibilidade do reconhecimento de atuação ou omissão ilegal ou inconstitucional dos

---

1. 2018, p. 40.

poderes públicos de todos os níveis, com a consequente viabilidade da imposição, via adjudicação jurisdicional, de obrigações de fazer, como, por exemplo, a inclusão de previsões orçamentárias e a implementação efetiva de políticas públicas.

Outro aspecto interessante em litígios estruturais é que as demandas respectivas terão, em si, um caráter cambiante, uma certa fluidez, no que diz respeito ao seu objeto, às obrigações tendentes à tutela do bem da vida e, como consequência inevitável, ao próprio exercício da atividade jurisdicional.

Todos esses aspectos já se mostravam presentes na atuação da Promotoria de Justiça de Habitação e Urbanismo da Capital/SP ao se implementar seu projeto de modernização e, via de consequência, ao se ampliar o foco de suas investigações. Notou-se, assim, na prática, a pertinência de se adotar uma *visão estrutural* para o enfrentamento das complexas questões colocadas diante de seus membros enquanto equipe de Promotores especializados.

De particular interesse, nesse campo, passaram a ser as situações a ilustrar o chamado *estado de coisas inconstitucional*, matéria típica dos processos estruturais.

Chama-se estado de coisas inconstitucional a uma determinada conjuntura social que traduz constante ou reiterada violação, em escala transindividual, de direitos ou garantias fundamentais.

Como requisitos básicos para se tal situação se configure, costumam-se mencionar a reiterada violação, transgressão ou desconsideração de direitos fundamentais, a constatação de uma incapacidade do poder público em reverter tal situação, bem como a necessidade de que as soluções sejam construídas por uma pluralidade de atores.

> O Estado de Coisas Inconstitucional se trata de um instituto que visa à defesa da dimensão objetiva dos direitos fundamentais. Mais que o direito fundamental subjetivo de cada um, ao se declarar o ECI defende-se o núcleo não apenas da Constituição, mas de todo o sistema jurídico, visando com uma só ação o alcance do maior número de cidadãos possível.[2]

Consoante, ademais, anotado pelo Supremo Tribunal Federal no acórdão de julgamento da ADPF 347 MC/DF:

> Controvérsias teóricas não são aptas a afastar o convencimento no sentido de que o reconhecimento de estarem atendidos os pressupostos do estado de coisas inconstitucional resulta na possibilidade de o Tribunal tomar parte, na adequada medida, em decisões primariamente políticas sem que se possa cogitar de afronta ao princípio democrático e da separação de poderes.

---

2. LIRA, 2019, p. 17.

A forte violação de direitos fundamentais, alcançando a transgressão à dignidade da pessoa humana e ao próprio mínimo existencial justifica a atuação mais assertiva do Tribunal. Trata-se de entendimento pacificado, como revelado no julgamento do aludido Recurso Extraordinário 592.581/RS, da relatoria do ministro Ricardo Lewandowski, no qual assentada a viabilidade de o Poder Judiciário obrigar a União e estados a realizarem obras em presídios para garantir a integridade física dos presos, independentemente de dotação orçamentária. Inequivocamente, a realização efetiva desse direito é elemento de legitimidade do Poder Público em geral.

Em sua atuação prática, como mencionado, mostrou-se, assim, natural a percepção, pela equipe da Promotoria de Justiça de Habitação e Urbanismo da Capital/SP, no sentido da possibilidade de se vislumbrarem encaminhamentos para diversas questões envolvendo panoramas desse tipo por meio de uma *atuação estrutural*.

Vale dizer, nesse passo, aliás, que a atuação do Ministério Público, extrajudicial ou judicialmente, mostra-se crucial especificamente para que os direitos sociais garantidos na Constituição Federal encontrem sua almejada efetividade, já que, consoante anotado por Camila Almeida Porfírio,[3] "(...) inúmeros estudos a respeito da crescente onda de judicialização dos direitos sociais têm indicado que os principais beneficiários dessas ações são, na verdade, indivíduos pertencentes às classes média e alta". Isso porque se verifica, na prática judicial, enorme ênfase em litígios individuais.

Assim, não apenas os direitos fundamentais previstos pelo art. 5º da Constituição, mas também os direitos sociais elencados no art. 6º, podem ser tema de tutela estrutural, conforme salienta Adriana Costa Lira:[4]

> Quando se fala em quadro de violação massiva persistente de direitos fundamentais ao tratar do Estado de coisas inconstitucional, não se quer referir, no caso do Brasil, apenas ao artigo 5º da Constituição da República de 1988. Isso porque não se pode afirmar que o rol de direitos fundamentais se esgote nesse dispositivo. O artigo 6º enumera os direitos sociais. São eles: educação, saúde, alimentação, trabalho, moradia, transporte, lazer, segurança, previdência social, proteção à maternidade e à infância e assistência aos desamparados. Contudo, esse rol não pode ser considerado taxativo. (...) podem ser considerados direitos sociais, também, aqueles elencados no artigo 7º (...).

Inicia-se, então, a instauração de *inquéritos civis estruturais* e, a seguir, a propositura de *ações civis públicas estruturais*.

---

3. 2018, p. 14.
4. 2019, p. 33.

3. INQUÉRITOS CIVIS ESTRUTURAIS

O inquérito civil teve embasamento legal com a edição da Lei Federal 7.347/85, que no seu art. 8º, § 1º, dispõe que: "O Ministério Público poderá instaurar, sob sua presidência, inquérito civil, ou requisitar, de qualquer organismo público ou particular, certidões, informações, exames ou perícias, no prazo que assinalar, o qual não poderá ser inferior a 10 (dez) dias úteis."

Três anos depois, com a promulgação da Carta Magna de 1988, ganhou status constitucional: "Art. 129: São funções institucionais do Ministério Público: III – promover o inquérito civil e a ação civil pública, para a proteção do patrimônio público e social, do meio ambiente e de outros interesses difusos e coletivos".

A partir do regramento constitucional do instituto, outros diplomas legais também previram o inquérito civil em seus respectivos textos normativos, tais como a Lei Federal 7.853/1989 e o Estatuto da Criança e do Adolescente (Lei 8.069/1990). Também Leis Orgânicas dos Ministérios Públicos Estaduais e do Ministério Público da União encerraram disposições concernentes ao tratamento do inquérito civil.

Esse valioso instrumento foi consagrado inicialmente pela doutrina como aquele utilizado pelo Ministério Público, basicamente, para a colheita de elementos de convicção objetivando eventual propositura de ação civil pública.[5] Essa visão acerca da natureza do inquérito civil, evidentemente, é consectária de seu tempo e reforçava a equivocada tese de que os problemas deviam ser resolvidos sempre na esfera judicial. Com o passar do tempo, entretanto, ele deixou de ser visto apenas e tão somente como um procedimento administrativo investigatório apto a embasar o ajuizamento de ações civis públicas, passando a servir também como preparação para o exercício das diversas atribuições inerentes às funções institucionais do Ministério Público.

Como bem ponderou Antonio Augusto de Camargo Ferraz,

A larga utilização e sucesso do inquérito civil – quando a doutrina ainda não soube afirmar com clareza nem mesmo o conceito jurídico de interesse difuso – superaram sem dúvida as previsões mais otimistas que a respeito se pudesse ter no momento de sua inclusão na Lei de Ação Civil Pública.[6]

Para que o Ministério Público consiga desempenhar eficazmente sua missão constitucional de defesa dos interesses da sociedade, o inquérito civil precisa ser utilizado na sua plenitude. Essa excepcional ferramenta de trabalho deve estar apta

---

5. MAZZILLI, 2003, p. 370.
6. Inquérito civil: dez anos de um instrumento de cidadania. *Ação Civil Pública*. São Paulo: Ed. RT, 1995, p. 63.

para atender às atuais necessidades da Instituição, funcionando, principalmente, como instrumento de participação da sociedade civil na busca por soluções negociadas para graves situações de conflituosidade. Repensar rotineiramente seu formato e alcance para acompanhar as grandes transformações sociais e, assim, garantir sua utilidade e eficiência, é uma necessidade.

Para o enfrentamento de *problemas estruturais*, no entanto, algumas características que historicamente foram atribuídas ao instrumento, hoje parecem não mais se adaptar a ele. Citam-se aqui quatro delas: (a) caráter inquisitorial; (b) existência de investigado; (c) prazo para conclusão; (d) sujeição ao princípio da obrigatoriedade.

O caráter inquisitório do inquérito civil, ou seja, sem possibilidade de exercício do contraditório, sempre foi defendido pelos Promotores de Justiça como uma necessidade, uma vez que, em se tratando de um instrumento voltado à colheita de provas, o contraditório era entendido como algo desnecessário e que apenas atrasaria a conclusão das investigações. Em dadas situações isso pode fazer sentido, mas em outras, ao contrário, isso é improdutivo e acaba cerceando o direito básico de acesso à justiça – valor fundamental da democracia – e que deve ser preservado adequadamente pelo Ministério Público, inclusive na fase pré-processual.

Em casos complexos, de extrema conflituosidade, verificou-se ao longo do tempo a necessária – e até imprescindível – participação, no âmbito do inquérito civil, de todos os atores envolvidos em prol da construção de soluções possíveis. Isso tem o condão, inclusive, de evitar judicializações açodadas e desnecessárias de situações em que os desfechos dos processos judiciais representam apenas e tão somente "meras formalidades jurídicas", incapazes de interferir na realidade social.

Para além disso, a cultura "adversarial" que historicamente marcou a atuação do Ministério Público na tutela dos interesses metaindividuais não se mostrou adequada ao longo do tempo. Nem sempre será possível – e adequado – falar-se em "investigado" no inquérito civil.

Interesses contrapostos são revestidos, invariavelmente, de inúmeras circunstâncias desconhecidas vividas e experimentadas por outros atores, mas que precisam ser trazidas ao debate. Assim, o inquérito civil deve ser voltado a garantir substancialmente o acesso à justiça, permitindo, na seara extrajudicial, a que todos os envolvidos tenham voz e participem da construção de soluções para aqueles problemas que os afetam diretamente. Buscar a dialética do consenso no âmbito do inquérito civil é um objetivo a ser perseguido. O modelo cooperativo, marcado pela compartição, lealdade e boa-fé, deve, sempre que possível, ser adotado em casos complexos e de difícil solução.

Nesse sentido, como bem observa Bruno Cavaco:

O pluralismo das sociedades pós-modernas e o consequente dissenso racional acerca dos standards mínimos dos valores fundamentais não permite, pois, que os cidadãos (individualmente ou reunidos em comunidades ou coletividades) sejam obstados a resolverem de forma desjudicializada seus próprios conflitos.[7]

Quanto à existência de um "tempo para conclusão do inquérito civil", imagina-se que essa medida pode – e deve – ser adotada para casos mais simples, envolvendo questões rotineiras e pontuais. Nos procedimentos que apuram questões estruturais, no entanto, essa delimitação temporal não faz qualquer sentido, justamente porque os problemas investigados são antigos, crônicos e complexos, tanto que não foram resolvidos pelo poder público ao longo de décadas.

A estipulação de um tempo de duração nestes casos somente serviria para inibir uma atuação efetiva nesse sentido. Com receio de punição pelos órgãos de controle, muitos Promotores podem continuar optando pela investigação tradicional, a despeito da sua baixa resolutividade, ao invés de optarem por essas investigações complexas, que têm por objetivo, como referido, interferir nas causas dos graves problemas sociais e não apenas nos seus efeitos.

Por fim, quanto à observância do *princípio da obrigatoriedade*, que impõe aos membros da Instituição o dever de agir sempre que constatada lesão ou ameaça de lesão a direitos sociais ou individuais indisponíveis, cumpre dizer que, a nosso ver, ele não precisa ser mitigado ou desconsiderado, mas apenas reinterpretado. O *dever de agir* imposto pela lei não engessa o Promotor de Justiça quanto à *forma de agir*. Vale dizer, a opção por investigar um caso pontual ou o conjunto de casos semelhantes que evidenciam um problema estrutural é uma decisão que cabe ao Promotor de Justiça, que poderá optar pela melhor estratégica de acordo com sua independência funcional.

Diante de tal panorama, e pensando sempre no aprimoramento da sua atuação em prol da sociedade, notadamente daqueles mais necessitados e que menos acesso tem à Instituição, a Promotoria de Justiça de Habitação e Urbanismo da Capital – considerando objetivamente a baixa efetividade da atuação tradicional – passou, portanto, como mencionado, a utilizar os chamados "inquéritos civis estruturais" no enfrentamento dos grandes problemas existentes na cidade de São Paulo. A denominação "estrutural" serviu apenas para seguir a designação dada pela doutrina aos processos judiciais que tratam dos mesmos fenômenos.

Importante frisar que inquéritos dessa natureza não são novidade. Sua utilização é conhecida em diversas outras áreas de atuação há décadas. O que se buscou

---

7. CAVACO, Bruno de Sá Barcelos. *O inquérito civil como instrumento efetivo e resolutivo na tutela dos interesses transindividuais* – Desjudicialização, contraditório e participação. https://www.mprj.mp.br/documents/20184/1275172/Bruno_de_Sa_Barcelos_Cavaco.pdf.

na PJHURB da Capital/SP foi padronizá-lo e sistematizá-lo à luz das normativas vigentes, permitindo-se, assim, sua utilização sistemática e estratégica.

A partir do georreferenciamento[8] de todos os procedimentos investigatórios em andamento na Promotoria de Justiça foi possível identificar concretamente uma série de casos semelhantes, originados a partir de situações parecidas e que se reproduziam por todo o território da cidade. Embora essas investigações estivem correndo individual e paralelamente, foi possível identificar que cada fato ali apurado de forma fragmentada representava apenas uma fração das *consequências* de profundas lesões à ordem urbanística. Era preciso, assim, atacar suas *causas*.

Um dos primeiros temas identificados para uma apuração sob a perspectiva estruturante foi o da "moradia".

Não obstante os inúmeros inquéritos civis em andamento e as várias ações civis públicas ajuizadas ao longo dos últimos anos envolvendo aquela temática, verificou-se que, numa cidade complexa como São Paulo, marcada por profundas desigualdades sócio territoriais e onde o déficit habitacional gravita em torno de 500.000 moradias, onde 385.000 famílias ainda vivem em loteamentos clandestinos/irregulares, 37.000 famílias vivem em áreas de risco alto e muito alto, 30.000 pessoas vivem em situação de rua e 4.000 famílias vivem em prédios abandonados, era necessário organizar e sistematizar uma forma orgânica de investigação, capaz de compreender a chamada "crise habitacional" em sua completude e, assim, deflagrar outras formas concretas de atuação.

A atuação do Ministério Público brasileiro, no que se refere a garantia do direito social à moradia, nunca foi uniforme. Ao contrário, sempre careceu de uma sistematização que, de forma racional, pudesse atacar o problema em todas as suas vertentes.

Com base no Projeto Estratégico MP – Moradia (objeto de artigo específico deste Livro) foi instaurado na PJHURB da Capital um procedimento investigatório que busca enfrentar o problema por meio de três eixos de atuação: políticas públicas; cumprimento da função social da propriedade; e conflitos fundiários urbanos.

Cada eixo de atuação contempla uma série de procedimentos e rotinas que, resumidamente, pretendem fazer um diagnóstico da situação no Município, verificação das políticas existentes – produção habitacional, urbanização de favelas, requalificação de segurança de edificações, auxílio-aluguel, identificação de imóveis descumpridores da função social da propriedade, aplicação dos instrumentos

---

8. Sobre o assunto, sugere-se a leitura do artigo "Abandonando velhos paradigmas: o projeto MP-ID", constante deste livro.

do PEUC, mediação de conflitos fundiários etc. – sua implementação (ou falta de) e execução orçamentária.

Foi possível, a partir dessa investigação estrutural, verificar que o Município de São Paulo criou o *Programa de Moradia Adequada*, composto das seguintes "Ações" (Projetos/Atividades): • A ação 2635 – Serviço de Moradia Transitória • Ação 3014 – Projetos de Habitação Oriundos de Recursos de Desestatizações e Parcerias • Ação 3353 – Ampliação, Reforma e Requalificação de Unidades Habitacionais • Ação 3354 – Construção de Unidades Habitacionais • Ação 3356 – Regularização Fundiária • Ação 3357 – Urbanização de Favelas • Ação 3358 – Locação Social • Ação 5403 "Casa da Família – Programa de Metas 19.

O aprofundamento das apurações em relação a cada uma daquelas ações revelou situação antes desconhecida, em detalhes, da Promotoria, no que tange ao volume de recursos não empenhados pela Prefeitura, para futura tomada de providências:

Programa	2018		2019		2020		2021		TOTAL (2018-2021)	
	Planejado (R$ milhões)	Empenhado (%)	Planejado (R$ milhões)	Empenhado (%)	Planejado (R$ milhões)	Empenhado (%)	Planejado (R$ milhões)	Empenhado (%)	Planejado (R$ milhões)	Empenhado (%)
3002	1.182,22	50,44	1.265,61	55,69	1.199,41	66,40	868,96	-	4.516,20	46,44
3005	109,28	90,10	64,32	193,42	97,01	14,90	86,80	-	357,41	66,40
3011	3,20	5,62	0,00	8.299,36	-	-¹	-	-	3,20	10,50
3024	171,41	86,05	177,96	85,80	184,88	86,82	193,80	-	728,05	63,28
Total da Função	1.466,11	57,46	1.507,89	65,12	1.481,30	65,58	1.149,56	-	5.604,86	49,88

Figura 2: fonte: PPA 2018-2021, e-TCM 6568/2020 e Sistema Ábaco – Acesso em: 18 maio 2021.

Mas não é só. Apurou-se também – em outra frente – que até o ano de 2.013 o Município de São Paulo não tinha um único proprietário de imóvel notificado por descumprimento da função social da propriedade; atualmente há cerca de 1.200 imóveis já notificados, vários em que já houve implantação do IPTU progressivo e alguns já em fase de desapropriação para fins de moradia.

Além disso, no procedimento estrutural foram mapeadas, em parceria com a Faculdade de Arquitetura e Urbanismo da USP, as ações possessórias em andamento no Município, já com decisões provisórias ou definitivas emanadas, visando aferir o atendimento habitacional que está sendo dispensado às famílias removidas forçadamente.

Ainda na área de moradia, para citar mais um exemplo, foi instaurado um inquérito civil estrutural para verificação das favelas existentes no Município de São Paulo. Nele apurou-se que na cidade existem 445.112 domicílios num total de 1.730 favelas cadastradas e que, a despeito de um programa municipal específico para urbanização daqueles núcleos precários, a Prefeitura não o implantou adequadamente ao longo dos anos.

Comprovou-se ali através de informações obtidas junto ao Tribunal de Contas do Município que os investimentos no programa foram reduzidos ano a ano, passando de 1.717 famílias beneficiadas em 2.014 até zero família atendida em 2.017, num período em que a arrecadação municipal aumentou consideravelmente. Esse inquérito civil deu ensejo, posteriormente, ao ajuizamento de uma ação civil pública estrutural ainda em andamento.

Outro tema alvo de *reavaliação de estratégias e correção de rumos* foi o de "parcelamentos do solo".[9] Consistem eles na prática da divisão de glebas, urbanas ou não, para *fins* urbanos (notadamente de moradia), sem as autorizações exigidas por lei, sem a apresentação de projetos e sua submissão a aprovação pelo poder público, ou mesmo, por vezes, na não execução de projetos aprovados no prazo especificado. As causas do fenômeno giram em torno do alto preço da terra regular ou regularizada em nosso país, na pressão para que populações inteiras de baixa renda ocupem as franjas urbanas, na deficiência de programas habitacionais e na falta de fiscalização por parte, particularmente, dos Municípios (já que o Município é o ente federativo encarregado de tal tarefa, nos termos do disposto no art. 30, inciso VIII da Constituição da República).

As consequências disso, de outro lado, são, em linhas gerais, o crescimento desordenado das cidades, sobrecarga da infraestrutura urbana e aumento da marginalização de parcelas de baixa renda da população.

Durante décadas, a atuação do Ministério Público nesta seara, que diz respeito, como é evidente, à tutela do meio ambiente urbano e do direito à moradia, sedimentou-se na investigação e propositura ou adoção de providências tendo como foco parcelamentos ilegais do solo individualizados.

A ideia, basicamente, consiste na responsabilização de agentes privados ou públicos que deram causa à ilegalidade do parcelamento e na condenação, incluindo-se, muitas vezes, o próprio poder público, à reparação dos danos urbanísticos e ambientais verificados.

Os resultados têm consistido na obtenção de sentenças ou títulos extrajudiciais impondo obrigações de reparação de dano difuso urbanístico e ambiental. São milhares de ações propostas nesse sentido, muitas com julgamento de procedência proferido há décadas, mas com resultados insignificantes no que diz respeito à efetiva reparação de tais danos e, menos ainda, no que toca à mudança de paradigmas de fiscalização e de planejamento urbanístico e habitacional por parte de Municípios.

---

9. Por essa razão, e pela atuação em larga escala do Ministério Público com relação ao assunto, utilizamos, além do tema da moradia, também esse exemplo para a abordagem da atuação estrutural.

Pior do que isso: hoje é comum perceber-se que tais demandas e iniciativas acabam, por vezes, por prejudicar o incipiente ou clamorosamente insuficiente planejamento existente neste sentido, pois recursos públicos acabam por ter que ser destinados, de forma caótica, desprovida de qualquer ordem ou estabelecimento mínimo que seja de prioridades, para o cumprimento de decisões judiciais que, cada uma a seu tempo, são proferidas ou transitam em julgado, num ritmo impossível de se prever.

Trata-se, portanto, de um típico caso em que a atuação estrutural pode se mostrar bastante interessante, visando a obtenção de um panorama geral acerca das causas da questão em cada região ou localidade, das deficiências na atuação do poder público e das possíveis soluções para maior efetividade no cumprimento de deveres constitucionais por Municípios e outros entes federativos.

Com esse propósito, a Promotoria de Justiça de Habitação e Urbanismo instaurou inquéritos civis estruturais relacionados à questão dos parcelamentos ilegais do solo visando, justamente, a apuração de tal panorama no Município de São Paulo, e a busca de maior racionalidade e efetividade no acompanhamento de tal conjuntura.

Deixa-se de lado, assim, a concepção de um trabalho calcado puramente na apuração de danos ocorridos e na busca dos responsáveis para, em seguida, promover-se a adoção de providências, no mais das vezes judiciais, visando, pontualmente, a correção das irregularidades e a reparação de danos, para investir-se fortemente em princípios como o da prevenção e do planejamento fundados numa visão global, ou mais ampliada, do problema.

De um lado, ao se favorecer o planejamento e a análise de tal panorama sob um ponto de vista mais amplo, racionaliza-se a atuação investigativa e o acompanhamento de tais conjunturas, evitando-se, por exemplo, que áreas degradadas ou irregularmente parceladas sejam enfocadas à medida em que, de forma quase que totalmente aleatória, os comandos judiciais a respeito se sobreponham uns aos outros, permitindo-se, assim, que prioridades sejam mais bem avaliadas e ranqueadas, a fim de se empregarem de maneira mais eficaz os recursos públicos respectivos.

De outro, prestigiam-se a autonomia e as competências do poder público (nesse caso específico, predominantemente o poder público municipal, em razão, como já referido, do disposto no art. 30, inciso VIII da Constituição Federal de 1988), que, ao se deparar com uma investigação estrutural e com o estímulo trazido pelas evidências, no sentido da necessidade de empregar de maneira mais eficaz seus recursos humanos, materiais e orçamentários, poderá, enfim, ainda que gradualmente, assumir suas responsabilidades constitucionais e legais.

Imagina-se, portanto, a possibilidade de se negociar e construir um trabalho de parcerias,[10] naquilo que se mostrar possível, entre os diversos entes envolvidos com a matéria, no sentido de, com base em inquéritos civis estruturais, conhecer-se de maneira mais profunda e tratar-se de maneira mais uniforme e equânime as complexas conjunturas que envolvem, no exemplo ora descrito, o fenômeno do uso e parcelamento do solo urbano.

O resultado esperado, ainda que não venha de forma imediata – e, nesse ponto, nenhuma desvantagem se experimentaria diante das décadas decorridas do ajuizamento de centenas de ações judiciais que, hoje, em fase de cumprimento de sentença, ainda não surtiram resultados –, será uma gradativa, mas sólida, melhoria no panorama da fiscalização e do planejamento de políticas públicas e programas ligados ao tema em referência.

Ao mesmo tempo, conjunturas correlatas, como a dos programas habitacionais, que enfocam uma das principais causas da disseminação de ilegalidades no uso da terra urbana (ou seja, consoante já aludido, a dificuldade de se produzirem lotes e unidades a preços compatíveis com o orçamento familiar das classes menos favorecidas), poderão ser acompanhadas e analisadas de forma a enriquecerem tais programas públicos e políticas fiscalizatórias e o planejamento acerca de sua implementação.

---

10. A inserção do termo "parcerias", aqui, possui um caráter intencional e um fundo técnico. O professor de Harvard e especialista em negociação Deepak Malhotra leciona: "É sempre melhor lembrar que as pessoas com as quais está lidando não são concorrentes, aliados, inimigos ou amigos; elas são só *pessoas* que, assim como você, têm interesses, restrições, alternativas e perspectivas (IRAP). Na função de negociador, seu papel é entender esses fatores e trabalhar a situação de acordo com eles. Nas minhas negociações, considero útil utilizar o rótulo *parceiro* para todos os participantes, estejam eles agindo como "amigos" ou como "inimigos", pois isso me lembra que preciso demonstrar empatia, me abre a possibilidade de colaboração até nas relações mais difíceis e abandonar pressupostos sobre o que é ou não possível".

E, mais adiante: "não é fácil quando a situação é complexa: quando há muitas partes, muitos interesses divergentes, intuições contrárias sobre a estratégia correta ou falta de clareza ou consenso sequer sobre qual deveria ser o objetivo. (...) Nessas situações, uma boa maneira de esclarecer os objetivos e escolher entre as opções é perguntar qual a solução que maximiza o valor. Focar nesse princípio ajudou imediatamente meu aluno a se concentrar na ideia de que seria possível fazer com que todos ganhassem e que não seria inteligente partir do pressuposto de que o conflito era um jogo de soma zero. (...) Mais uma vez, vemos a importância de considerar todas as partes seus parceiros, não adversários, no processo. Quando você as vê como parceiros, aumentam as suas chances de identificar e implementar soluções que criam valor" (2017, p. 175 e 176).

Tal concepção, ao ser trazida e empregada no âmbito do Ministério Público, nos parece estar em absoluta consonância com as diretrizes, ditames e recomendações da *Carta de Brasília* (Conselho Nacional do Ministério Público, 2016). Mencionamos, aqui, apenas a título de exemplo, a primeira e a terceira das diretrizes estruturantes do referido documento: "Desenvolvimento de uma nova teoria do Ministério Público, embasada nos direitos e nas garantias constitucionais fundamentais, que possa produzir práticas institucionais que contribuam para a transformação da realidade social"; e "Estabelecimento de Planos, Programas e Projetos que definam, com a participação da sociedade civil, metas claras, precisas, pautadas com o compromisso de efetividade de atuação institucional em áreas prioritárias de atuação, valorizando aquelas que busquem a concretização dos objetivos fundamentais da República e dos direitos fundamentais (art. 3º da CR/1988)".

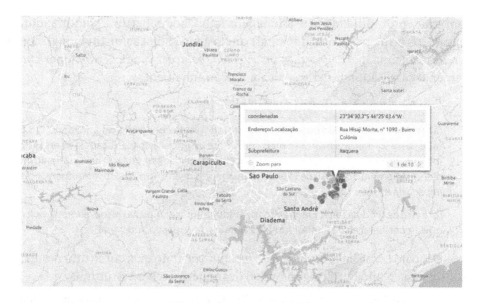

Figura 3: exemplo de levantamento de áreas ilegalmente parceladas com o objetivo de promover-se um enfoque abrangente do problema. Fonte: inquérito civil estrutural – parcelamentos do solo na Zona Leste da Capital/SP.

De todo o descrito se conclui que o inquérito civil, então, evolui, a partir de sua concepção original como *instrumento de investigação* para apuração de danos a interesses difusos, ameaças de danos aos mesmos interesses e apuração de responsabilidades para o fim de adoção de outras providências (como por exemplo a propositura de ações civis públicas), para uma *ferramenta de coleta de dados* acerca de uma conjuntura de violação de direitos ou descumprimento de deveres legais, pela ausência, ou insuficiência, de políticas públicas voltadas à observância de tais direitos e deveres. Mas *não apenas à coleta de dados*, como também de base para que, durante seu curso e à medida em que informações são obtidas, coletadas e sistematizadas, vislumbrem-se, de forma cooperativa, aberta e dialógica, sempre que possível, junto aos entes, organizações e pessoas interessadas, *a construção e o aprimoramento* de tais programas e políticas, de forma a que se atendam aos ditames constitucionais e legais que os inspiraram.

Evidentemente, o inquérito civil estrutural também se prestará à obtenção de dados, informações e provas que poderão, sempre que o caso, instruir a propositura de ações civis públicas estruturais, fato, aliás, como já mencionado, ocorrido na Promotoria de Justiça de Habitação e Urbanismo da Capital/SP.

Trata-se, assim, de um trabalho em que o presidente do inquérito civil deverá priorizar não a simples coleta de elementos para formação de convicção de forma a, em seguida, poder agir, em juízo ou fora dele, em busca da responsabilização de quem quer que seja, mas sim, por vezes abrindo mão de esquemas burocráticos já sedimentados para a referida finalidade "tradicional", passar a *observar a realidade,* com maior profundidade, sensibilidade, criatividade e abertura, para, atendidos, sempre, os princípios constitucionais que regem a atuação institucional, como já referido acima, *participar da construção de soluções* e, quiçá, funcionar como elemento catalisador da geração de tais encaminhamentos.

Percebe-se, portanto, que as ideias de:

(a) efetiva *resolução* das questões, sem protagonismos por parte do Ministério Público (que passa a atuar, assim, muito mais como ente essencial à concertação de interesses, ao fomento do diálogo, ao esclarecimento de responsabilidades e, quando necessário, ao firme reenquadramento de posições e encaminhamentos quanto à *necessidade de observância do império da lei)*, ou

(b) *busca* de graduais direcionamentos para conjunturas complexas ou de reiterada violação ou desconsideração de direitos fundamentais ou deveres constitucionais,

estão no cerne da *concepção* e da *instauração* (fato que, como dito neste trabalho, é uma realidade há alguns anos) de inquéritos civis estruturais.

As situações propícias a esse tipo de atuação são, assim, como já resta claro, as mais diversas, e um campo fértil para a evolução da atuação profissional de membros do Ministério Público e o crescimento da importância e da relevância dos papeis exercidos pela Instituição em meio à complexidade das conjunturas sociais brasileiras.

É importante anotar, ainda, que a capacitação em métodos autocompositivos, com destaque para a negociação enquanto técnica baseada em princípios,[11] nesse sentido, emerge como medida essencial para o futuro dessa atuação focada na busca da construção de soluções para conjunturas difíceis e extremamente complexas.

Em andamento, atualmente, além de inquéritos civis estruturais destinados à apuração, acompanhamento e busca de maior eficácia nas políticas e programas de moradia, de fiscalização sobre parcelamentos do solo e sobre estabelecimentos e edificações sem auto de vistoria do Corpo de Bombeiros ou licenças de funcionamento, podem-se citar outros exemplos diversos, como os inquéritos estruturais versando sobre:

regulamentação da instalação das chamadas "dark kitchens" no Município de São Paulo. "Dark kitchens" é o nome que se dá a empreendimentos destinados a abrigar dezenas de cozinhas industriais cuja atividade é o preparo de alimentos para entrega e consumo imediatos. Consistem num problema ambiental e urba-

---

11. Convidam-se aqueles que tiverem interesse em um primeiro aprofundamento no tema a leitura da obra "Como Chegar ao Sim", de Roger Fisher, William Ury e Bruce Patton, na qual os autores, expoentes da chamada "negociação de Harvard" ou negociação baseada em princípios, traçam os contornos e principais características do método.

nístico, na medida em que concentram, num só local, inúmeros focos de atividade não residencial, poluição atmosférica e sonora, concentração de tráfego de motocicletas, entre outras questões. Diante disso, deliberou-se, ao lado de possíveis investigações sobre empreendimentos específicos e suas consequências pontuais, pela apuração dessa conjuntura de forma global.

- impactos, para a segurança e para a mobilidade, do crescimento da atividade de motofrete. A entrega de mercadorias por meio de serviços de transporte por motocicletas, muitas vezes organizada por empresas de tecnologia (aplicativos) aumentou de forma drástica nos últimos anos, surgindo, por conta disso, inúmeros desafios jurídico-legais e para as autoridades de trânsito. O número de acidentes envolvendo essa espécie de atividade, e com isso o número de óbitos e sequelas incapacitantes, têm representado um complexo problema a ser enfrentado pela sociedade. Por tal motivo, a Promotoria de Justiça deliberou pela instauração de inquérito civil estrutural por meio do qual, à parte da eventual apuração de responsabilidades, tem-se procurado levantar e organizar dados sobre tal conjuntura e construir e elaborar estratégias para a busca de soluções.

- zeladoria de áreas públicas no Município e buracos em vias públicas. A apuração pontual sobre o abandono ou insuficiência da conservação de áreas públicas e áreas de uso comum do povo é típica situação de impossibilidade prática de atuação ministerial em defesa da ordem urbanística, pois implicaria na instauração de procedimentos ou inquéritos civis para situações em relação às quais, muitas vezes, sequer o próprio Município instaurará processos administrativos. Deliberou-se, então, pelo acompanhamento dos programas e políticas públicas destinados a tal finalidade, de forma a se compreender as razões de eventual insuficiência na atuação das autoridades locais neste campo. O mesmo se aplica à conjuntura de buracos em vias públicas, uma questão cujo encaminhamento não será encontrado em apurações pontuais. A única maneira de se atuar em tal hipótese, com efeito, inclusive para que não se embaralhem ou prejudiquem planejamentos baseados no estabelecimento de prioridades, consiste num acompanhamento das políticas e programas destinados ao enfrentamento dos problemas relacionados à manutenção e deterioração de vias.

- aplicação das verbas do FUNDURB (Fundo de Desenvolvimento Urbano, previsto pelo Plano Diretor Estratégico do Município de São Paulo). Cuida-se de acompanhar as políticas de aplicação das verbas destinadas, por lei, a este fundo contábil, com o objetivo de implementar melhoramentos urbanísticos, particularmente na área de habitação, no intuito

de se verificarem as fragilidades regulamentares e procedimentais que, porventura, possam levar à má ou insuficiente aplicação de tais verbas, obtidas do pagamento de outorgas construtivas no Município.
- acompanhamento da implementação de Projetos de Intervenção Urbana (PIUS) no Município. Os chamados PIUS, criados pelo Plano Diretor Estratégico do Município de São Paulo, são instrumentos de política urbana cuja função é organizar e sistematizar a aplicação dos demais instrumentos para áreas determinadas. Cuida-se de situações de extrema complexidade, que apresentam, no entanto, questões comuns que, segundo se deliberou, sem prejuízo da eventual necessidade de apuração específica quanto a determinados projetos, poderiam ser enfocadas em um único procedimento estrutural, com vistas à adoção de providências uniformes quando possível, assim como busca de soluções para tais questões recorrentes.
- apuração das consequências e causas das disputas pela posse da terra e de decisões judiciais respectivas. O apossamento de imóveis, decorrente, muitas vezes, do enorme déficit habitacional que assola o país como um todo e, particularmente, as cidades mais importantes, como as capitais dos Estados brasileiros, representa uma conjuntura ampla, cujos contornos jamais poderiam ser percebidos pela atuação fragmentada em demandas possessórias, dados, inclusive, os naturais limites cognitivos estabelecidos pelas regras processuais. Optou-se, assim, pelo enfoque efetivamente estrutural e difuso dessa conjuntura, por meio da instauração de inquérito civil próprio para tanto.

Figura 3: exemplo de mapa de calor constante do inquérito civil estrutural destinado à apuração da conjuntura envolvendo as consequências de demandas possessórias no território do Município de São Paulo.

Consoante já referido acima, como estratégia para que representações pontuais recebam o devido encaminhamento, bem assim para que as informações que contêm a respeito do inquérito civil estrutural a que se relacionam, promove-se a sua incorporação, quando constatada tal pertinência temática, ao inquérito estrutural respectivo, planilhando-se os dados respectivos e acompanhando-se as soluções e providências adotadas para regularização da situação ilegal ou administrativamente irregular apontada.

O planilhamento de dados pode, de outro lado, funcionar como fonte auxiliar de informações sobre a conjuntura global e a efetividade das políticas públicas em apuração.

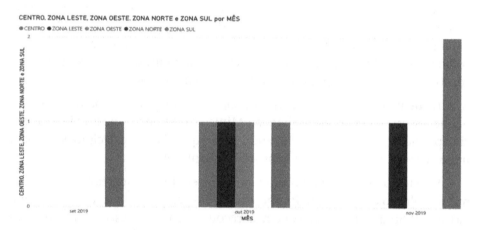

Figura 4: exemplo de quadro/tabela de controle quanto a representações pontuais incorporadas (fonte: inquérito civil estrutural referente à fiscalização de estabelecimentos sem licença municipal).

Há, ainda, diversos outros exemplos de inquéritos civis estruturais já instaurados, sendo que parte deles, conforme mencionado acima, já resultou na propositura de *ações civis públicas estruturais,* por representarem uma conjuntura carecedora, v.g., de medidas de urgência, a serem obtidas por determinação judicial.

4. CONCLUSÕES

A crescente complexidade das relações sociais, da qual decorrem maiores dificuldades para o exercício da missão constitucional do Ministério Público, representa um desafio que, avaliados os resultados da prévia atuação da instituição quanto a conjunturas sensíveis e de enorme relevância, exige um exame sereno e desapaixonado de rotinas, práticas, expedientes e metodologias tradicionalmente adotados.

A pretensão de interferir, de forma positiva e construtiva, no encaminhamento de panoramas e conflitos marcados pela multilateralidade, por um grande número de variáveis e por contextos e tessituras que se modificam, se complementam e se contrapõem todo o tempo, mostra que um caminho para a modernização e a ressignificação do papel da Instituição em meio a tais conjunturas consiste numa ampliação do foco de atuação, acompanhado de um aprofundamento no estudo e no exame dos múltiplos dados e informações (cuja obtenção, como referido, as ferramentas de apuração e investigação previstas em lei já nos propiciam), em busca das *verdadeiras causas* de estados de coisas inconstitucionais e do descumprimento de deveres constitucionais por parte do poder público em todas as esferas.

Como consequência disso, surge a concepção do inquérito civil estrutural, um procedimento cujo objetivo, mais do que buscar a apuração de um contexto de ameaça ou de lesão a interesses difusos, de forma pontual ou compartimentada, consiste na observação e na investigação de uma conjuntura complexa, bem como na busca de soluções possíveis, preferencialmente de forma cooperativa e construtiva, com participação dos demais entes interessados.

Evidentemente, e sem prejuízo disso, como colegitimado para a ação civil pública, sempre que o caso, caberá ao Ministério Público lançar mão de ações civis públicas estruturais, direcionando-se tais questões para decisão pelo Poder Judiciário, por meio do chamado processo estrutural.

Este texto buscou retratar um panorama em formação, reavaliação contínua e evolução constante na Promotoria de Justiça de Habitação e Urbanismo da Capital/SP, que de forma pioneira abraçou tais concepções, em busca de mais efetivos resultados em sua atuação, em meio à complexidade, sempre ascendente, das conjunturas com as quais a Instituição se depara em tal área de atuação.

5. REFERÊNCIAS

ARENHART, Sérgio Cruz; OSNA, Gustavo; JOBIM, Marco Félix. *Curso de Processo Estrutural*. São Paulo: Thomson Reuters Brasil, 2021.

ARISTÓTELES. *Tópicos*. E-book. Kindle edition, 2000.

ARISTÓTELES. *Metafísica*. São Paulo: Edipro, 2012.

CAVACO. Bruno de Sá Barcelos. *O inquérito civil como instrumento efetivo e resolutivo na tutela dos interesses transindividuais* – Desjudicialização, contraditório e participação. Disponível em: https://www.mprj.mp.br/documents/20184/1275172/Bruno_de_Sa_Barcelos_Cavaco.pdf.

DIDIER JR, Fredie; ZANETI JR., Hermes; OLIVEIRA, Rafael Alexandria de. Notas sobre as decisões estruturantes. *Civil Procedure Review*, v. 8, n. 1, p. 48, jan.-abr. 2017. Disponível em: https://classactionsargentina.files.wordpress.com/2017/08/zaneti-didier-cpr-2017_notas-sobre-ad-decisoes-estruturantes.pdf. Acesso em: 03 ago. 2021.

FERRAZ, Antonio Augusto Mello de Camargo. Inquérito Civil: dez anos de um instrumento de cidadania. *Ação Civil Pública*. São Paulo: Ed. RT, 1995.

FISHER, Roger, URY, William e PATTON, Bruce. *Como chegar ao sim: como negociar acordos sem fazer concessões.* Rio de Janeiro: Sextante, 2018.

LIRA, Adriana Costa. *O processo coletivo estrutural*: mecanismo de combate ao estado de coisas inconstitucional no Brasil. Belo Horizonte: Editora D'Plácido, 2019.

MALHOTRA, Deepak. *Acordos quase impossíveis.* Como superar impasses e resolver conflitos difíceis sem usar dinheiro ou força. Porto Alegre: Bookman, 2017.

MAZZILLI, Hugo Nigro. *A defesa dos interesses difusos em juízo.* São Paulo: Saraiva, 2003.

MAZZILLI, Hugo Nigro. *Inquérito Civil.* São Paulo: Saraiva, 1999.

PIMENTEL, Roberto Luís de Oliveira. *Negociação e mediação*: conflitos difusos e coletivos. Belo Horizonte: Del Rey, 2022.

PORFÍRIO, Camila Almeida. *Litígios estruturais*: Legitimidade democrática, procedimento e efetividade. Rio de Janeiro: Lumen Juris, 2018.

MEDIDAS EXTRAJUDICIAIS ESTRUTURAIS

Arthur A. T. Moreira Barbosa

Mestre e Doutorando pela Faculdade de Direito da Universidade de São Paulo (USP). Pós-graduado em Direito Penal e Processo Penal, bem como em Direito Constitucional e Administrativo pela Escola Paulista de Direito (EDP). Professor da Universidade Cruzeiro do Sul (Unicsul) e da Pós-graduação da Escola Superior do Ministério Público. Parecerista da Revista (B1) e membro da Congregação e da CPA da Escola Superior do MPSP. Promotor de Justiça do MPSP (Habitação e Urbanismo da Capital).

Sumário: 1. Introdução – 2. Inquérito civil estrutural – 3. Recomendações estruturais – 4. Compromisso de ajustamento de conduta estrutural ("TAC"); 4.1 Necessário incentivo às soluções consensuais; 4.2 Limites materiais aos TACS estruturais; 4.3 Análise prévia à possibilidade de acordo; 4.4 Caráter programático dos TACS estruturais – 5. Aproximação com a sociedade e audiências públicas – 6. Conclusão – 7. Referências.

1. INTRODUÇÃO

Nos últimos anos muito se tem falado de processos estruturais.[1] Para tratar deste complexo tema são necessárias múltiplas abordagens, desde questões iniciais a respeito dos legitimados para ingressar com tais ações e como aferir a representatividade adequada de um ator específico, passando pelas inúmeras vicissitudes[2] de todo o transcorrer de um processo civil estrutural, até chegar nas peculiaridades da fase de cumprimento de sentença. Inclusive, em 2022 o Supremo Tribunal Federal criou um Centro de Coordenação e Apoio às Demandas Estruturais e Litígios Complexos, ante a relevância do enfrentamento desses problemas estruturais.[3]

---

1. "O processo estrutural é um tipo de processo coletivo, destinado à reorganização de uma estrutura, pública ou privada, cujo funcionamento esteja ferindo direitos fundamentais da coletividade". GARCIA, Carolina Trevilini. Técnicas de Instrumentalização para o processo estrutural. In: NUNES, Leonardo Silva (Coord.). Dos *Litígios aos processos estruturais*. Belo Horizonte, São Paulo: D'Plácido, 2022. p. 102.
2. Sérgio Arenhart preconiza que as "mudanças de necessidades e de desafios do processo civil levaram a um imprescindível rearranjo de suas técnicas", e que é "preciso se pensar em um novo modelo de atuação jurisdicional". ARENHART, Sergio Cruz. OSNA, Gustavo. JOBIM, Marcos Félix. *Curso de processo estrutural*. 2. ed. São Paulo: Thomson Reuters Brasil, 2022. Capítulo 1, item 3. E-book. Disponível em: https://proview.thomsonreuters.com/launchapp/title/rt/monografias/260701231/v2/page/RB-1.3 Acesso em: 09 abr. 2023.
3. Enquanto no Brasil o estudo dos processos estruturais é mais recente, nos EUA admite-se a existência dos processos estruturais desde a década de 1950, a partir do caso sobre a eliminação da segregação racial nas escolas americanas (*Brown v. Board of Education of Topeka*), acarretando o fim da doutrina *separate but equal*, pela Suprema Corte. JOBIM, Marco Félix. *Medidas estruturantes na Jurisdição Constitucional*: da Suprema Corte Estadunisense ao Supremo Tribunal Federal. 3. ed. Porto Alegre: Livraria do Advogado, 2022. p. 113

Por outro lado, pouco se tem debatido a respeito da solução dos litígios estruturais na seara extrajudicial.

Ocorre que a possibilidade de enfrentamento dos problemas estruturais fora do processo civil tradicional apresenta inúmeras vantagens. Isso porque grande parte das dificuldades aventadas em um processo estrutural estão relacionadas ao formalismo das regras e ritos processuais estabelecidos pelo Código de Processo Civil, que normalmente são seguidos com certo grau de rigidez perante o Poder Judiciário. Já em um inquérito civil estrutural, por exemplo, há uma flexibilidade natural deste procedimento que traz de forma intrínseca inúmeros benefícios para a busca de avanços no tratamento dos litígios estruturais.

Além disso, na seara extrajudicial se mostra mais simples a realização da necessária aproximação e diálogo construtivo, contínuo e prospectivo entre os múltiplos envolvidos no caso concreto, facilitando, assim, a obtenção de consensos (o qual é outro pilar em que se deve basear a solução dos problemas estruturais)[4]. Se não bastasse, durante a tramitação deste inquérito estrutural é possível, com mais facilidade que em um processo, assegurar uma ampla participação social (com reuniões setoriais, vistorias *in locu*, consultas e audiências públicas, entre outros), bem como poderão ser expedidas recomendações estruturais e até buscar a celebração de compromissos de ajustamento de condutas de caráter estrutural.

Em casos especialmente complexos, a exemplo de questões urbanísticas e dos conflitos atinentes ao direito à moradia, mostra-se ainda mais imprescindível a utilização de medidas extrajudiciais, pois praticamente inviável a resolução de problemas históricos das cidades brasileiras sem uma séria busca por mudanças estruturais, embasadas na autocomposição[5] dos envolvidos.

Ante o crescimento desordenado das cidades brasileiras por décadas, com sistemática violação ao direito fundamental à moradia (especialmente dos mais necessitados), chegou-se a um estado de coisas inconstitucional que pode e deve ser objeto de atuação do Ministério Público, preferencialmente por meio de medidas extrajudiciais estruturais. Assim, considerando que em muitas localidades os complexos problemas urbanos estão se agravando no tempo,[6] vislumbra-se a possibilidade de melhoria do cenário atual a partir de um conjunto de medidas a

---

4. BARROS, Marcus Aurélio de Freitas. *Dos Litígios aos processos coletivos estruturais*: novos horizontes para a tutela coletiva brasileira. Belo Horizonte, São Paulo: D'Plácido, 2021. p. 94.
5. "Adoção de mecanismos de autocomposição pacífica dos conflitos, controvérsias e problemas é uma tendência mundial, decorrente da evolução da cultura de participação, do diálogo e do consenso", conforme Resolução 118/2014 do Conselho Nacional do Ministério Público.
6. Por exemplo: "Moradias em área de risco geológico avançaram 72% em doze anos na capital" Disponível em: https://vejasp.abril.com.br/cidades/sp-moradias-risco-geologico-prefeitura-defesa--civil/. Acesso em: 10 abr. 2023.

serem pactuadas entre diversos atores sociais, públicos e privados, com o fim de obtenção paulatina de progressos concretos nessa seara.

Nesse sentido, será defendido que se utilize do inquérito civil estrutural como instrumento para perquirir uma tentativa de implementação ou melhoria dos direitos difusos analisados, inclusive auxiliando na reformulação de políticas públicas[7] quando necessário. Assim, argumentar-se-á que compete às Promotorias de Justiça a busca pela resolução pacífica dos litígios estruturais, por vezes por meio da celebração de compromissos de ajustamento de condutas estruturais, após tratativas com ampla participação social, auxiliando o cumprimento gradativo dos objetivos da República Federativa do Brasil em cada localidade, notadamente quando verificadas situações em que há um estado de coisas inconstitucionais a ser alterado.

2. INQUÉRITO CIVIL ESTRUTURAL

O inquérito civil consolidou-se como o principal instrumento investigativo presidido pelo Ministério Público, no qual se colhem elementos para apurar fatos relacionados aos direitos difusos *lato sensu*, como forma de "preparação para o exercício das atribuições inerentes às suas funções institucionais".[8] Tradicional-mente é uma investigação de natureza unilateral e inquisitorial, que pode ou não ser precedido de um procedimento preparatório do inquérito civil (quando ne-cessário maior período para a Promotoria formar seu convencimento a respeito de um tema).

Como todo procedimento administrativo, o inquérito civil não deve existir *per se*, mas sim visando atingir sua finalidade o mais breve possível (no prazo de um ano, prorrogável se necessário, sob a fiscalização do Conselho Superior do Ministério Público). Hodiernamente, busca-se uma atuação com resolutividade,[9] na qual a Promotoria contribua decisivamente para a solução do problema apu-rado, seja prevenindo conflitos, seja reparando efetivamente as eventuais lesões causadas. Portanto, utilizando-se dos instrumentos legais cabíveis no inquérito, almeja-se que a atuação ministerial se dê com a máxima efetividade possível.

---

7. "Não incumbe ao Ministério Público a eleição de políticas públicas, mas sim a atuação como agente indutor, proativo e resolutivo das garantias de efetivação dos direitos fundamentais decorrentes destas políticas" (Recomendação Conjunta PRESI-CN 2/2020 do CNMP: Recomenda aos ramos e às unidades do Ministério Público brasileiro critérios de atuação na fiscalização de políticas públicas).

8. Artigo 1º da Resolução 23/2007 do Conselho Nacional do Ministério Público.

9. "A atuação resolutiva de planejamento e de gestão sistêmicos contribui decisivamente para o desen-volvimento harmônico e sustentável, principalmente nas parcerias e nas redes de cooperação, sendo convergente à missão constitucional do Ministério Público" (Recomendação 54/2017 do Conselho Nacional do Ministério Público, que dispõe sobre a Política Nacional de Fomento à Atuação Resolutiva do Ministério Público brasileiro).

Nos diversos interesses difusos e coletivos em que cabe a atuação do Ministério Público, a atual realidade que estamos inseridos muitas vezes nos traz situações com um pano de fundo deveras complexo, em que a situação atual não decorreu de um fato isolado, mas sim, do funcionamento irregular ou ineficiente de uma estrutura pública ou privada, ao longo dos anos.

Nesses casos, ao invés de apenas apurar a possível ilegalidade de um fato certo e determinado (conforme atuação tradicional), o inquérito civil estrutural deverá buscar perquirir as razões que levaram a esta realidade, normalmente de acentuada complexidade e de origem multicausal, e que demandem a alteração de estruturas por meio de distintas providências ao longo do tempo.

A partir dessa compreensão sistêmica, mais do que buscar eventual punição por eventuais pessoais físicas ou jurídicas que tenham contribuído para a situação atual, deverá focar sua atuação em verificar possibilidades de mudanças nas estruturas analisadas. Como exemplo, na grande maioria dos casos envolvendo a falta de implementação do direito à moradia ou mesmo em situações precárias do meio urbano em geral, não se comprova atuação dolosa dos gestores para com a situação específica, mas sim a manutenção de estruturas históricas e falta de investimentos que acabam por perpetuar os problemas sociais.

Em tais casos, o inquérito civil estrutural poderá ser utilizado para uma análise holística da situação, tornando possível passar a enxergar medidas prospectivas de alterações nesse quadro. Referida visão mostra-se como uma evolução do agir histórico/tradicional do Ministério Público.

No final do século XX, com o surgimento da tutela processual coletiva após o advento da Lei da Ação Civil Pública (Lei 7.347/85), do Código de Defesa do Consumidor (Lei 8.078/90), do Estatuto da Criança e do Adolescente (Lei 8.069/90), da então Lei de Improbidade Administrativa (Lei 8429/92), dentre outras, houve uma tentativa de judicialização em massa dos direitos difusos e coletivos. O inquérito civil era utilizado quase que exclusivamente como um meio para obtenção de elementos para se propor a Ação Civil Pública (atuação esta denominada de Ministério Público demandista, na lição de Marcelo Pedro Goulart[10]).

Como exemplo, só na Promotoria de Habitação e Urbanismo da Capital, foram ajuizadas centenas de Ações Civis Públicas, seja contra loteamentos irregulares, seja para prevenir acidentes em áreas de risco, ou mesmo para que houvesse adequação da situação de segurança de determinado imóvel, entre outros assuntos. Até hoje, só nesta Promotoria da capital ainda estão em anda-

---

10. GOULART, Marcelo Pedroso. *Elementos para uma teoria geral do Ministério Público*. Belo Horizonte: Arraes Editores, 2013, p. 202.

mento mais de 300 Ações Civis Públicas (bem como outras 500 só na Promotoria de Meio Ambiente).[11]

Passadas algumas décadas desse primeiro ensaio da tutela jurídica dos interesses difusos e coletivos, feito quase que exclusivamente perante o Poder Judiciário, pôde-se perceber que, embora importante a atuação dos colegitimados (especialmente do Ministério Público) nessa época de afirmação de tais direitos coletivos, mister se faz uma atualização dessa forma de atuação tradicional.

Isso porque inúmeras ações civis públicas ou não lograram êxito em suas pretensões ou, quando procedentes, não lograram melhorar a situação combatida, por inúmeras razões. Na grande maioria das vezes percebeu-se que houve uma demora grande na obtenção do provimento jurisdicional final e, quando havia a execução (atual cumprimento de sentença), a situação ou já estava consolidada ou estava muito diversa daquela que ensejou o ajuizamento da demanda, sem contar os casos em que não se encontram bens para satisfação da execução, entre outros empecilhos que tornaram baixíssima a resolutividade da atuação ministerial nessa seara.

Se não bastasse, quanto mais complexos forem os processos (tais como o são os processos estruturais), mais longas e difíceis são sua tramitação, de forma que acabam por ser evitados pelos juízes.[12]

Por outro lado, nos casos em que houve soluções consensuais para a resolução de problemas, normalmente alcançou-se uma efetividade muito maior, isto é, uma alteração da realidade concretamente considerada em um lapso temporal mais curto.

Portanto, ante a complexidade atual da sociedade, em caso de conflitos multipolares que normalmente necessitem de medidas de curto, médio e longo prazo para sua solução, o inquérito civil estrutural se mostra como instrumento apto a tratar do litígio. Até porque nele se almeja, prioritariamente, medidas consensuais obtidas a partir do diálogo entre os múltiplos envolvidos, as quais tendem a diminuir a litigiosidade do conflito e a trazer soluções mais céleres e eficazes. A tendência é que seja alcançado o mesmo fim de um processo estrutural.[13] mas em um prazo mais curto.

---

11. Disponível em: https://app.powerbi.com/view?r=eyJrIjoiNGNkZjExNDgtNmZhYy00ZDBjLWFiZ-GYtMjY5ZDhlN2JkMjUzIiwidCI6IjJkYmQ4NDk5LTUwOGQtNGI3Ni1hMzFkLWNhMzljYjNkO-GYxZCJ9. Acesso em: 02 abr. 2023.
12. VITORELLI, Edilson. *Processo Civil Estrutural*: teoria e prática. 4. ed. São Paulo: JusPodivm, 2023. p. 74.
13. "implementação de direitos fundamentais garantidos constitucionalmente sem, com isso, fomentar a concentração de poder em uma instituição. Propõe-se um debate pluralista e compreensivo acerca das condições de masterização dos direitos, compartilhando-se, entre os diversos atores interessados, a discussão e o encargo de produzir uma boa solução". VITORELLI, Edilson. *Processo Civil Estrutural*: teoria e prática. 4. ed. São Paulo: JusPodivm, 2023. p. 11.

Dentre as inúmeras possibilidades de formas de atuação nos inquéritos civis estruturais, serão destacadas algumas medidas específicas, como as recomendações estruturais, a celebração dos termos de ajustamento de conduta estruturais (uma das diversas possibilidades de autocomposição), num contexto de maior aproximação com s sociedade civil.

3. RECOMENDAÇÕES ESTRUTURAIS

O instituto da recomendação visa contribuir com a "melhoria dos serviços públicos e de relevância pública ou do respeito aos interesses, direitos e bens defendidos pela Instituição"[14] isto é, busca persuadir o destinatário para que faça (ou deixe de fazer) algo buscando a correção de eventuais condutas equivocadas, com foco em uma atuação preventiva e buscando evitar futuras responsabilidades.

Em tal instrumento deve ser fixado um prazo razoável para que seja possível a adequação recomendada, bem como deve haver uma justificativa pormenorizada acerca de seu conteúdo. Isso porque mostra-se imprescindível que o destinatário entenda as razões daquela recomendação, passando a ter maior chance de aceite de seu objeto, especialmente porque a recomendação possui um caráter não vinculativo. Logo, o seu acatamento vai depender desse convencimento do destinatário, que é feito em grande parte pela adequada fundamentação exposta no documento.

De acordo com a resolução 164/2017 do Conselho Nacional do Ministério Público, ao ser constatada uma situação irregular, antes da expedição da recomendação devem ser solicitadas informações ao órgão responsável[15] (ressalvada a impossibilidade, que deve ser motivada). E antes de se cogitar o ajuizamento de uma ação judicial, deve-se preferir a utilização da recomendação.[16] Portanto, de acordo com a orientação do Conselho Nacional, a conduta ideal, em regra, seria a de solicitar informações, depois expedir a recomendação (se o caso), e só depois ajuizar ação judicial, se necessário. Certamente referida orientação deve ser seguida sempre que possível, todavia, em havendo razões que justifiquem a expedição direta da recomendação ou até o ajuizamento imediato de uma ação, não há óbice para que sejam feitas.

A experiência prática tem demonstrado que a recomendação, quando bem utilizada, pode propiciar benefícios para a resolução da questão em que se atua. Por outro lado, importantíssimo redobrar o cuidado antes de sua utilização, pois

---

14. Artigo 3º, § 1º da Resolução 164/2017 do Conselho Nacional do Ministério Público.
15. "Preliminarmente à expedição da recomendação à autoridade pública, serão requisitadas informações ao órgão destinatário sobre a situação jurídica e o caso concreto a ela afetos, exceto em caso de impossibilidade devidamente motivada"
16. Sendo cabível a recomendação, esta deve ser manejada anterior e preferencialmente à ação judicial".

não são raras as vezes em que ela é utilizada de forma equivocada, com aspecto coercitivo, buscando impor a alguém uma determinada atuação, muitas vezes sem sequer estar a par da elevada complexidade do assunto tratado ou sem maior compreensão das consequências práticas da decisão.[17]

Sob a ótica de um problema estrutural urbano, a depender da complexidade da questão, em reuniões prévias com representantes da entidade, por exemplo, pode se aferir a necessidade de expedição de uma boa recomendação estrutural como forma de iniciar (ou impulsionar) um processo de mudanças estruturais no órgão. Muitas vezes, mesmo o gestor enxergando a necessidade de transformação da estrutura para a melhoria do serviço prestado, se vê em dificuldade de agir espontaneamente.

A primeira lei de Newton (princípio da inércia) já nos ensinava que há uma tendência natural de que as coisas permaneçam no estado em que estão: na ausência de forças, um corpo em repouso continua em repouso. E isso pode ser aplicado para instituições, pois a inércia traz um conforto na permanência das situações, sendo que qualquer tentativa de as romper é vista com desconfiança e questionamentos internos.

Logo, mostra-se viável a recomendação estrutural como essa força externa necessária contra a burocracia engessada, para quebrar o ciclo de estagnação da entidade, especialmente quando for expedida em um contexto de diálogo interinstitucional, após amplo conhecimento dos problemas existentes e dos obstáculos que merecem ser quebrados (sob pena de ser só mais uma tentativa de solução mágica que, como visto, não funciona na prática).

---

17. Como exemplo, no procedimento SEI 29.0001.0009031.2022-17 foi determinado a um Prefeito de importante cidade que, em poucos dias, fizesse a desocupação de áreas ocupadas por todos os comerciantes informais irregulares na região central da cidade. Como resposta, o Município explicou que se tratava de uma questão complexa e enraizada, na qual deveria ser ponderada também sobre a sobrevivência das centenas de famílias envolvidas, a falta de trabalho etc., "não sendo passível uma desativação unilateral, abrupta e resolutiva" com base no poder de polícia. Informaram que estava se buscando uma solução negociada com as lideranças e com a base do segmento, bem como que havia patrulhamento da GCM, sendo as unidades vazias removidas: "as medidas objeto da Recomendação a mim dirigida estão fora da possibilidade razoável de implemento, não só pelos curtíssimos prazos alinhados, mas também porque tratar a questão com pura e simples aplicação de uma força de desocupação significará "atear fogo" no centro da cidade, desencadeando eventos cuja extensão e gravidade não se tem possibilidade de antever". Ao final, por óbvio não houve qualquer tentativa de responsabilização do alcaide posteriormente, nem medida judicial para tentar impor o conteúdo da recomendação, de forma que se infere que a resposta do Município foi suficiente para justificar o não acatamento da recomendação, ante as peculiaridades do caso concreto. Ao fim, o Inquérito foi arquivado e homologado seu arquivamento pelo Conselho Superior do MPSP. Disponível em: https://wwwj.mpsp.mp.br/sei/controlador.php?acao=procedimento_trabalhar&acao_origem=protocolo_pesquisa_rapida&id_protocolo=5589109&infra_sistema=100000100&infra_unidade_atual=110001120&infra_hash=aff-82c2b03e87d9cd3d1eff17e726430bd0a88a9ad1178514c5f30a5da1c0785. Acesso em: 29 mar. 2023.

Assim, compatível a recomendação com essa busca de soluções baseadas na autocomposição dos conflitos, podendo ser utilizada para solucionar controvérsias, inclusive após reuniões, negociações, tentativas de conciliações com os múltiplos envolvidos no caso e entendimento real das estruturas que levaram ao problema e dos possíveis gargalos que podem ser objeto de atuação.

Logo, a recomendação estrutural pode ser um bom primeiro passo na correção de rumos de uma situação estrutural analisada, ou mesmo um novo impulso durante as negociações complexas, pois muitas vezes ela se mostra como a justificativa necessária para o gestor impingir as mudanças (que muitas vezes entende importante realizar, mas vê as amarras da instituição como algo praticamente imutável). Nesse sentido, a provocação formal de um órgão de controle, embora não vá resolver o litígio estrutural de forma imediata, certamente pode contribuir para dar esse estímulo necessário às modificações essenciais.

E se já forem identificados possíveis conflitos entre direitos fundamentais, para além da solicitações de informações prévias (que serão imprescindíveis para verificar como o órgão está lidando com tal contenda), importantíssimo ser realizada uma análise cuidadosa, baseada na ponderação e na proporcionalidade dos direitos que estão em (aparente) colidência, pois a postura proativa do Ministério Público, ao expedir uma recomendação, deve sempre visar, com segurança jurídica, a final promoção da justiça no caso concreto.

Nesses casos, um litígio estrutural concernente à moradia certamente não seria solucionado, cabalmente, com uma simples recomendação. Todavia, ela pode ser um valioso instrumento para alcançar progressos na solução do conflito, especialmente em casos de inércia injustificada por parte de um gestor. Esse instrumento poderia contribuir para que houvesse uma maior iniciativa de reflexão sobre um impedimento pontual de mudança. E com maior ponderação, é possível se enxergar as possíveis medidas paulatinas que passariam a romper com a estrutura anterior, criando um cenário apto à resolução progressiva da barreira detectada.

No mais, advoga em favor da utilização deste instrumento sua simplicidade procedimental, pois a facilidade da expedição de uma recomendação serve de estímulo para buscar a redução da litigiosidade de um assunto de forma mais célere, privilegiando a resolutividade da atuação, sem necessidade de maiores formalidades jurídicas.

Por fim, percebe-se que a recomendação não visa substituir uma ação civil pública, nem mesmo um compromisso de ajustamento de conduta, mas pode ser um bom aliado do inquérito civil estrutural no avanço do tratamento de alguns casos concretos que necessitem de um estímulo para as modificações aventadas.

4. COMPROMISSO DE AJUSTAMENTO DE CONDUTA ESTRUTURAL ("TAC")

4.1 Necessário incentivo às soluções consensuais

O compromisso de ajustamento de conduta (ou termo de ajustamento de conduta – conhecido como "TAC") é a principal ferramenta de materialização de um acordo dentro de um inquérito civil. Esse negócio jurídico, uma vez realizado, terá eficácia de título executivo extrajudicial[18] e servirá para adequação dos interesses difusos em jogo às exigências legais e constitucionais.[19]

O TAC serve, portanto, como um instrumento de garantia dos direitos difusos,[20] baseado em uma solução em que se substitui a atuação tradicional, judicial, de elevada litigiosidade dos polos opostos, para uma resolução da questão a partir do diálogo, alcançando a autocomposição.

Assim, a busca pela justiça do caso concreto será feita com base no entendimento entre as partes, que não necessitarão de um terceiro (juiz) para decidir a controvérsia estabelecida (caso da heterocomposição). Privilegia-se, assim, o entendimento entre os envolvidos (autocomposição), a qual pode ser feita apenas entre as próprias partes ou mesmo se valendo do auxílio de um profissional/facilitador, como um conciliador ou mediador.

O Projeto de Lei que visa atualizar o tratamento da tutela coletiva no ordenamento jurídico brasileiro (PL 1.641/21 – "PL Ada Pellegrini Grinover"), indica o compromisso de ajustamento de conduta como uma das possíveis formas de autocomposição coletiva:

> Art. 38. Os conflitos envolvendo direitos difusos, coletivos e individuais homogêneos poderão ser objeto de autocomposição parcial ou total, definitiva ou temporária, judicial ou extrajudicial, por meio de todo e qualquer mecanismo adequado de solução consensual que viabilize acordos coletivos, tais como a conciliação, a mediação, a negociação, o compromisso de ajustamento de conduta e quaisquer outros meios consensuais adequados, dependendo das peculiaridades de cada tipo de conflito.

---

18. Artigo 83, § 1º da Resolução 1.342/2021 do Ministério Público de São Paulo: O compromisso de ajustamento de conduta é título executivo extrajudicial e, para sua plena eficácia, deverá revestir-se da característica de liquidez, estipulando obrigação certa, quanto à sua existência, e determinada, quanto ao seu objeto.

19. Artigo 83, *caput*, da Resolução 1.342/2021 do Ministério Público de São Paulo: Desde que o fato esteja devidamente esclarecido em qualquer fase do inquérito civil ou no curso de ação civil pública, o presidente do inquérito civil poderá tomar dos interessados compromisso de ajustamento para adequação de sua conduta às exigências legais, impondo-lhe o cumprimento das obrigações necessárias à prevenção, cessação ou reparação do dano.

20. Artigo 14 da Resolução 23/2007 do Conselho Nacional do Ministério Público: O Ministério Público poderá firmar compromisso de ajustamento de conduta, nos casos previstos em lei, com o responsável pela ameaça ou lesão aos interesses ou direitos mencionados no artigo 1º desta Resolução, visando à reparação do dano, à adequação da conduta às exigências legais ou normativas e, ainda, à compensação e/ou à indenização pelos danos que não possam ser recuperados.

Como se vê, o Projeto de Lei segue na esteira das legislações mais recentes, notadamente o Código de Processo Civil, em que se privilegia diversos métodos alternativos de solução de conflitos.

Referida realidade ganha força no Brasil nos últimos anos em razão do elevado desgaste da solução de conflitos feitas de forma tradicional, perante o Poder Judiciário, seja pela elevada demora no desfecho do processo (notadamente os mais complexos), seja porque na fase de cumprimento de sentença muitas vezes não se obtém, concretamente, a materialização da procedência do pedido inicial da Ação Civil Pública. Nesse sentido, tem sido estimulado, dentro e fora do Ministério Público, a busca por soluções consensuais.

Como órgão de controle externo do Ministério Público, o Conselho Nacional do Ministério Público (CNMP) possui resolução na qual está expressa a "conveniência institucional de estimular a atuação resolutiva e proativa dos membros do Ministério Público para promoção da justiça e redução da litigiosidade",[21] bem como elaborou recomendação dispondo a respeito da necessária busca pela "eficiência da atuação institucional com enfoque na celeridade, na ampliação da atuação extrajudicial e em uma atuação proativa, efetiva, preventiva e resolutiva".[22] A elaboração de mais TACs certamente se alinha nessa forma de atuação ministerial, que se volta para a "necessidade de retornos para a sociedade, orientados para a defesa dos direitos fundamentais, a transformação social, a indução de políticas públicas (...), todos objetivos que supõem a produção de resultados concretos que promovam efetividade dos direitos defendidos e protegidos pela Instituição".[23]

A respeito do papel do Ministério Público na sociedade, Lenna Daher sintetizou bem a questão, recordando do órgão como "agente de transformação social para a concretização dos valores fundamentes do Estado democrático de direito", ostentando os "requisitos necessários para atuar como protagonista na obtenção de consensos para a solução extrajurisdicional dos litígios estruturais".[24] Tais consensos serão obtidos, na grande maior parte das vezes, por meio da celebração dos compromissos de ajustamento de condutas.

No caso de conflitos estruturais, em que normalmente a complexidade é muito maior que dos casos normais, mostra-se ainda mais importante que seja buscada, precipuamente, a busca por soluções fora do Poder Judiciário. O dia a dia na Promotoria de Habitação e Urbanismo tem deixado claro que muitas vezes a propositura de uma Ação Civil Pública não resolve materialmente a situação.

---

21. Resolução 179/2017 do Conselho Nacional do Ministério Público.
22. Recomendação 54/2017 do Conselho Nacional do Ministério Público.
23. Recomendação 54/2017 do Conselho Nacional do Ministério Público.
24. DAHER, Lenna Luciana Nunes. *Ministério Público resolutivo e o tratamento adequado dos litígios estruturais*. Belo Horizonte: D'Plácido, 2021. Pag. 14.

É certo que há casos em que uma ação judicial é necessária, até porque há situações de urgência, com risco às pessoas, na qual se pode obter uma medida liminar, bem como há casos de negativa peremptória de diálogo pela parte interessada, entre outras situações. Todavia, na grande parte dos grandes conflitos urbanos, naturalmente complexos, pode e deve ser tentado a via consensual. Até porque, ainda que não haja um acordo integral, muito provável que alguns dos assuntos tratados possam ser objeto de um compromisso de ajustamento de conduta preliminar ou parcial.

Nos casos de conflitos estruturais, previamente à elaboração de um TAC, deve haver especial atenção para a ampla comunicação das negociações à sociedade, divulgando a existência do procedimento que trata do assunto, notadamente quando se tratar de um conflito multipolar. Após a ciência dos principais interessados, deve-se buscar a realização de aproximação com a Promotoria, não só facultando o envio de manifestações, mas também por meio de reuniões entre as partes e até audiência pública (conforme será visto no próximo capítulo).

Fato é que um acordo estrutural será mais legítimo para resolver o litígio quando conseguir a ampla participação dos interessados, seja para que seja possível sopesar os diversos interesses envolvidos, seja para evitar futuros questionamentos a respeito do compromisso celebrado (o qual possui mais de um legitimado e sempre depende de sua homologação posterior por outro órgão).

Inclusive, se possível seria interessante a obtenção do acompanhamento das tratativas e até da assinatura conjunta do TAC estrutural com os demais interessados, sejam outros órgãos do próprio Ministério público em litisconsórcio, sejam demais colegitimados ou representantes da sociedade civil, associações, entidades etc., ainda que como anuentes.

Nesse sentido também é o artigo 3º, § 6º da Resolução 179/2017 do CNMP, a qual ganha ainda mais razão nos acordos estruturais multipolares: "Poderá o compromisso de ajustamento de conduta ser firmado em conjunto por órgãos de ramos diversos do Ministério Público ou por este e outros órgãos públicos legitimados, bem como contar com a participação de associação civil, entes ou grupos representativos ou terceiros interessados".

Agora, passa-se a fazer algumas observações pontuais a respeito de um TAC, sejam seus limites materiais, seja a análise que deve ser feita antes de sua proposição, para verificar se é conveniente ou não sua celebração.

4.2 Limites materiais aos TACs estruturais

Pode-se questionar a respeito dos limites materiais de eventual TAC estrutural, notadamente em razão dos diversos interesses difusos envolvidos e se sua natureza seria apenas de garantia mínima ou se impossibilitaria os colegitimados não pactuantes de questionarem seu conteúdo. Já há certa celeuma na doutrina sobre a possibilidade de disposição de parte do direito material em eventual acordo: enquanto a visão mais tradicional entende ser inviável qualquer tipo de renúncia aos direitos difusos por não haver titularidade sobre tais interesses,[25] só podendo o Ministério Público propor prazos e formas para o cumprimento da obrigação, um olhar mais moderno busca questionar tal dogma, dando maior autonomia para o conteúdo negocial, observado, obviamente, o interesse público.

De início, deve-se apontar para a falácia que eventual concessão de prazo não implicaria em disposição sobre o direito material. Isso porque, em muitos casos, notadamente para questões complexas em que os prazos são maiores, há uma perpetuação do dano existente no tempo até sua resolução, isto é, está sim havendo disposição do direito material durante todo esse período.

Como exemplo, em caso de descontaminação do solo, caso seja feito um acordo para remediação para o uso declarado,[26] tal como aceito pela CETESB,[27] não estaria havendo renúncia sobre a recuperação integral do meio ambiente? Ou por mais que se acorde a remediação total num prazo de X anos, é certo que haverá a manutenção dos danos ambientais enquanto não chegar no prazo final acordado. Logo, não estaria havendo a disposição do direito material por todo esse período? Enquanto houver contaminação, os produtos contaminantes seguirão comprometendo os serviços ambientais daquele solo/recurso hídrico, até a efetiva recuperação integral do meio ambiente. Ocorre que, não há como ser diferente, pois a remediação de uma área é extremamente complexa, custosa, sendo natural que a Cetesb ou o Ministério Público façam acordos fixando prazos para a obrigação, isto é, dispondo parcialmente do direito material pelo período acordado, com vistas ao elevado benefício do futuro.

E somente para citar outros exemplos, agora fora do meio ambiente, até mesmo acordos que preveem a construção de estabelecimentos de ensino (p. ex. creches), ou ampliação de serviços de saúde (p. ex. aumento do número de leitos de UTI), ou a regularização fundiária de uma área irregular, em determinados anos, acabam por não resolver a situação imediatamente. Essa obrigação principal poderá solucionar o problema no futuro, mas ainda faltarão vagas em creches por

---

25. Artigo 1º, § 1º da Resolução 179/2017 do CNMP: Não sendo o titular dos direitos concretizados no compromisso de ajustamento de conduta, não pode o órgão do Ministério Público fazer concessões que impliquem renúncia aos direitos ou interesses difusos, coletivos e individuais homogêneos, cingindo-se a negociação à interpretação do direito para o caso concreto, à especificação das obrigações adequadas e necessárias, em especial o modo, tempo e lugar de cumprimento, bem como à mitigação, à compensação e à indenização dos danos que não possam ser recuperados.
26. Área Remediada para o Uso Declarado: área, terreno, local, instalação, edificação ou benfeitoria anteriormente contaminada que, depois de submetida à remediação, tem restabelecido o nível de risco aceitável à saúde humana, considerado o uso declarado (art. 3º, V, da Lei Estadual 13.577/2009).
27. Conforme será mais bem explicado no próximo subcapítulo.

anos, faltarão vagas de UTIs, e a ocupação permanecerá irregular por anos, até que as obrigações avençadas sejam integralmente cumpridas, no futuro. Nesses casos, por mais que pareça estar negociando somente os prazos para o cumprimento da obrigação, está sim havendo uma espécie de renúncia do direito material, ao menos para aquela geração que seguirá sem creches, UTIs ou sem a regularização de seu imóvel.

Os acordos celebrados, ao garantir condições especiais para o compromissário se adequar, na prática já estão realizando certa disposição do direito material envolvido. Tais casos foram mencionados apenas para ilustrar que não deveria haver problemas em fazer concessões que acarretem, ainda que parcialmente, a disposição de certos direitos, desde que o acordo seja amplamente benéfico para a sociedade, devendo ele sempre ser mais vantajoso que as demais alternativas existentes.

Ante o princípio da máxima efetividade da tutela coletiva, é certo que um acordo estrutural deve buscar dar a melhor solução possível para resolver o litígio, no menor prazo possível, estipulando multas em caso de descumprimento.[28] E a elevada participação de atores facilitará a garantia de representatividade adequada dos grupos envolvidos diretamente, bem como que o acordo seja benéfico para toda a sociedade, dentro da realidade fática de cada situação.

4.3 Análise prévia à possibilidade de acordo

A celebração de compromissos de ajustamento de condutas não será obtida em 100% dos casos. Porém, sempre importante que a Promotoria atuante verifique, no caso concreto, quais as chances reais da viabilidade de um acordo e quais os termos que seriam possíveis se negociar. Imperiosa uma análise meticulosa do caso, a partir de um juízo de probabilidade dos cenários possíveis (dentro e fora do Poder Judiciário), antes do oferecimento da realização de um TAC para a parte contrária.

Em algumas ocasiões não haverá margem para acordo em razão de grande divergência sobre a solução a ser dada ao problema. Para ficar no primeiro exemplo da descontaminação do solo utilizado: o Ministério Público tem solicitado a completa remediação de um solo contaminado, com base no princípio do poluidor-pagador, da responsabilidade *propter rem* e da reparação integral do meio ambiente.

Ocorre que, nesses casos, a CETESB tem autorizado que a descontaminação da área não seja integral, mas apenas para o uso declarado para aquele imóvel (seja

---

28. Artigo 83, § 2º da Resolução 1.342/2021 do MPSP: Como garantia do cumprimento da obrigação principal, deverão ser estipuladas multas cominatórias, especificando a sua forma de incidência.

residencial, seja outra finalidade), com base na Lei Estadual 13.577/2009. Pela lei, permite-se que permaneça parcialmente a contaminação, desde que em níveis que não afetem a utilização do local com segurança à saúde humana.

No caso, quem celebraria um TAC com o Ministério Público se obrigando a remediar integralmente o solo, se a CETESB só vem exigindo a descontaminação parcial, de acordo com o uso declarado? Baseado só na seara administrativa, ninguém. Todavia, essa resposta pode ficar mais complexa a depender de como o Poder Judiciário estiver decidindo as Ações Civis Públicas questionando essas remediações parciais.

Se a tese ministerial estiver sendo acolhida nos Tribunais, mais sentido fará celebrar um acordo para evitar a exposição de uma ação, entre outros inconvenientes. Por outro lado, caso as demandas ajuizadas sejam majoritariamente improcedentes, ou se houver decisão contrária em sede de recurso repetitivo (e considerando que a Ação Direta de Inconstitucionalidade contra esta lei foi julgada improcedente), não haverá argumentação que convença os investigados a se submeter a um acordo que seria muito pior que o deslinde no caso pelo Poder Judiciário.

Em caso de indefinição nos julgados, outra dúvida que poderia surgir seria se valeria mais a pena ajuizar uma ação para talvez obter, num prazo normalmente grande, a remediação integral no futuro, ou que se fizesse a recuperação para o uso declarado num curto período, já eliminando os riscos à saúde das pessoas?

A princípio poderia se argumentar que o Ministério Público deveria lutar com todas suas forças pela reparação integral do meio ambiente. Todavia, muitas vezes essa decisão não se mostra tão simples, seja no caso da liminar ser negada ou se a jurisprudência se inclinar negativamente às pretensões semelhantes do MP (indicando que uma ação dificilmente teria êxito), seja por elementos do caso concreto que indiquem a baixíssima probabilidade de se obter sucesso nessa reparação após uma sentença eventualmente procedente (por exemplo: área em nome de pessoa física ou jurídica notoriamente sem bens, em processos de insolvência ou falência, em que teria que se tentar buscar responsabilizar o Estado subsidiariamente, e que houvesse um terceiro interessado naquele momento em adquirir o imóvel para remediar imediatamente a área para o uso pretendido, deixando a área contaminada sem qualquer risco à saúde humana).

Somado a isso, ao optar pela primeira opção (ajuizamento da ação) não se pode olvidar das dificuldades normalmente existentes, a exemplo de inúmeras questões técnicas que podem ser levantadas no processo, inclusive com divergência entre os *experts* do CAEx (Centro de Apoio à Execução do Ministério Público) e os técnicos da parte contrária, acarretando discussões que seriam submetidas a longas e custosas perícias, que normalmente atrasam ainda mais o deslinde do feito. Ao final, ainda haveria o risco do resultado da ação e do tempo para o trânsito em julgado de uma eventual sentença favorável, sem falar na dificuldade de uma real efetividade no cumprimento desta sentença.

Enfim, tal exemplo é somente para mostrar que a decisão a respeito de tentar uma composição não pode ser descartada sumariamente, sem uma prévia e cautelosa análise, não havendo solução pré-fabricada para as nuances dos casos concretos. Logo, a cuidadosa aferição, sopesados os juízos de probabilidade dos prós e contras de uma ação, considerados os elementos existentes, indicarão a melhor solução.

Nos conflitos estruturais, que são ainda mais complexos, tal aferição deve ser ainda mais acurada, haja vista que se mostra muito difícil avançar em mudanças de situações complexas sem colaboração das partes envolvidas. Por isso, em casos estruturais se mostra ainda mais importante a busca pelo diálogo e, se o caso, a tentativa de firmar ao menos TACs preliminares ou parciais, nos assuntos que não houver maior divergência entre as partes, como uma forma de obter pequenos avanços, em regime de colaboração entre as partes, aumentando o respeito e confiança mútuas.

Esse contexto de redução de litigiosidade, ainda que permaneçam algumas divergências, já terá produzido efeitos positivos aptos a melhorar a situação que se destina reestruturar. Ao comentar a questão, com precisão, Roberto Pimental aduz que:

> a busca, pelas próprias partes, de soluções para a questão, propicia um contínuo amadurecimento e um aprendizado que se autoalimentam no meio social, e que, a médio e longo prazos, podem significar ganhos na atuação profissional, social e comunitária dos interessados, resultando, portanto, em linhas mais amplas e gerais, na possibilidade de saltos de qualidade no exercício da cidadania.[29]

4.4 CARÁTER PROGRAMÁTICO DOS TACS ESTRUTURAIS

No mundo ideal, todos os direitos sociais previstos na Constituição seriam implementados imediatamente, tornando o Brasil um país com índice de desenvolvimento humano melhor que o dos países nórdicos. Todavia, não existe panaceia. Os direitos individuais, sociais e difusos foram construídos gradativamente no tempo, ao longo de gerações, devendo o Poder Público assegurar a implementação dos mais básicos, relacionados ao que a doutrina denomina de "mínimo existen-

---

29. PIMENTEL, Roberto Luís de Oliveira. *Negociação e Mediação*: conflitos difusos e coletivos. Belo Horizonte: Del Rey, 2022. p. 62.

cial",[30] passando, com vedação do retrocesso, a promover a complementação dos demais direitos assegurados.

Na seara habitacional, é certo que qualquer demanda judicial no sentido de exigir que o Poder Público construa imediatamente as quase 6 milhões de moradias faltantes no País[31] seria vista como motivo de chacota, ante a inexequível e quixotesca pretensão. Embora a moradia seja um direito constitucional há mais de duas décadas,[32] sendo dever dos entes públicos "promover programas de construção de moradias e a melhoria das condições habitacionais e de saneamento básico",[33] não há como o Estado resolver todo o déficit habitacional num passe de mágica.

Por outro lado, também não há razoabilidade na total inércia relacionada às políticas públicas referente à moradia. Existem programas de construção de moradia, de concessão de créditos, de regularização fundiária para núcleos urbanos informais, entre outros. E o Ministério Público não pode imiscuir-se na tomada de decisão do executivo sobre qual alternativa seguir para impulsionar a moradia em determinada localidade (salvo em caso de decisão ilegal ou na completa falta de razoabilidade). Por outro lado, o MP pode e deve demonstrar aos demais poderes que existem situações graves que demandam uma atuação compulsória.

Somente para citar um exemplo, pode-se pensar nas áreas com elevado risco geológico: se o ente público não tomar medidas para diagnosticar tais áreas, mensurar os riscos, salvaguardar a vida daqueles que estejam na iminência de serem atingidos por uma catástrofe (notadamente próximo ao período de chuvas), é papel do Ministério Público atuar nesse sentido. E essa cobrança de providências relacionadas à moradia com risco poderia ser feita judicial ou extrajudicialmente.

Ocorre que, tradicionalmente, houve quem defendesse que o papel do MP praticamente se encerrava com o ajuizamento da ação: todo e qualquer problema posterior não lhe competiria, mas sim ao Poder Judiciário. Essa solução meramente formal, todavia, não se coaduna com a atualidade.

Isso porque sabemos que as ações judiciais podem ter liminares e as vezes até resolveria um caso rapidamente, mas a experiência prática tem mostrado que, além do risco da improcedência do pedido, tem-se visto que mesmo nas ações julgadas procedentes, a quantidade de recursos existentes prolonga o trânsito em julgado por anos e o cumprimento de sentença infelizmente não tem tido a celeridade na

---

30. "Núcleo duro dos direitos fundamentais, formado pelo conjunto de prestações mínimas que devem ser concedidas para que a pessoa possa ter uma vida digna". SANTOS, Camila Perez Yeda Moreira dos. *Processo Estrutural*: controle jurisdicional de políticas públicas. São Paulo: Almedina, 2021. p. 33.

31. https://g1.globo.com/economia/noticia/2021/03/04/deficit-habitacional-do-brasil-cresceu-e-chegou-a-5876-milhoes-de-moradias-em-2019-diz-estudo.ghtml. Acesso em: 07 abr. 2023.

32. O termo moradia foi expressamente acrescentado no artigo 6º da Constituição Federal pela Emenda Constitucional 26 de 2000.

33. Constituição Federal, artigo 23, IX.

efetividade que seria esperado. Mesmo os cumprimentos de sentença provisórios não são simples, pois não é incomum que recursos aos Tribunais suspendam a decisão, ou mesmo as dificuldades materiais e processuais apresentadas pelos requeridos, sem falar na raridade de êxito na cobrança das multas quando fixadas.

Em tais casos, considerando que houve um terceiro (Estado-Juiz) que impôs a decisão unilateralmente, a tendência é que o vencido faça todo o possível para dificultar seu cumprimento, pois tentará manter a defesa de sua posição até o final, não havendo qualquer interesse na resolução do problema, mas sim em mostrar que possuía razão.

Além disso, quando se inicia o cumprimento da decisão contra um ente público, por exemplo, normalmente não há sequer orçamento prévio destacado para aquela obrigação. Depois, será necessário iniciar um procedimento licitatório, muitas vezes com edital ou o próprio certame com impugnações e recursos (legítimos ou ilegítimos), que a atrasam, entre outras dificuldades práticas da contratação.

Diametralmente opostos são os casos nos quais as próprias partes buscam uma solução consensual para resolução daquele problema, estabelecendo parâmetros possíveis, cronogramas viáveis, que vão sendo implementados paulatinamente, com participação de todos não só do planejamento da obrigação, como da própria execução do acordo em si, nas quais muitas vezes há dificuldades que precisam ser equacionadas durante o cumprimento do acordo.

Se muitas vezes uma simples obra já gera inúmeros problemas para quem está construindo ou reformando um imóvel, atrasando o prazo previsto inicialmente, mudanças mais drásticas que envolvem alteração no funcionamento estrutural de um órgão certamente gerarão grandes dificuldades, sendo impossível prever todas as minúcias nas cláusulas do acordo. A alteração de estruturas existentes, consolidadas no tempo, trata-se de obrigação na maioria das vezes supercomplexa, demandando um contínuo acompanhamento das obrigações,[34] nos próprios autos do TAC ou em procedimento específico para tanto,[35] seja com fiscalização feita diretamente pelas partes, seja por um terceiro designado para tanto, com vistas a auxiliar as partes em casos complexos.

---

34. Artigo 9º da Resolução 179/2017 do CNMP: O órgão do Ministério Público que tomou o compromisso de ajustamento de conduta deverá diligenciar para fiscalizar o seu efetivo cumprimento, valendo-se, sempre que necessário e possível, de técnicos especializados. Parágrafo único. Poderão ser previstas no próprio compromisso de ajustamento de conduta obrigações consubstanciadas na periódica prestação de informações sobre a execução do acordo pelo compromissário.

35. Artigo 10 da Resolução 179/2017 do CNMP: As diligências de fiscalização mencionadas no artigo anterior serão providenciadas nos próprios autos em que celebrado o compromisso de ajustamento de conduta, quando realizadas antes do respectivo arquivamento, ou em procedimento administrativo de acompanhamento especificamente instaurado para tal fim.

Assim, percebe-se que os acordos estruturais acabam por buscar alterar realidades complexas, possuindo um caráter programático de efetivação gradativa de direitos, sob o aspecto material. A celebração do TAC estrutural nunca será um fim em si mesmo, mas sim a possibilidade real de mudança, para melhor, da situação que fora diagnosticada anteriormente como ineficiente para atender o direito analisado.

5. APROXIMAÇÃO COM A SOCIEDADE E AUDIÊNCIAS PÚBLICAS

Conforme já pontuado, nos casos de litígios estruturais, mostra-se imprescindível para o Ministério Público ampliar o diálogo interinstitucional, bem como aproximar-se da sociedade que busca representar. A aproximação com os movimentos sociais, por exemplo, é medida incentivada pela Recomendação 61/2017 do CNMP, para que se fomente um "debate aberto, transparente, colaborativo e livre de qualquer forma de discriminação".[36]

Referida normativa institucional ainda estabelece que tais encontros objetivariam: "identificar demandas e tendências na defesa dos Direitos Fundamentais" e o conhecimento de eventuais ameaças; "contribuir para o aprofundamento da democracia e da participação social, capacitação das lideranças dos movimentos sociais sobre os serviços prestados pelo MP na defesa dos direitos e sobre o modo de acessá-los"; "estabelecer as metas institucionais em temas de reconhecida relevância social, reunindo-se esforços orçamentários e estruturais, tais como comissões, grupos de trabalho, forças-tarefa e outros, a fim de garantir o alcance de resultados"; aproximando os "membros do Ministério Público às demandas da sociedade por meio do diálogo aberto, informal, leal e transparente".[37]

A aproximação do Ministério Público com a sociedade pode ser feita tanto em uma etapa prévia, com vistas a melhor identificação dos interesses que a sociedade espera atuação da instituição, mas também quando já identificado um problema estrutural, como forma de ampliar a legitimação social do tratamento do assunto pelo órgão.

Em casos de inquéritos civis estruturais, que tratam normalmente de assuntos complexos e multifatoriais, imprescindível a ampliação desta proximidade do Ministério Público com a sociedade civil, que pode ser feita das mais diversas formas. Uma delas, com grande capacidade de engajamento social, é a audiência pública.

Inicialmente, deve-se sopesar os prós e contras da realização de uma audiência pública em cada caso concreto. A depender do assunto tratado, de sua relevância social, da eventual urgência nas medidas, do interesse de grupos so-

---

36. Artigo 4º da Recomendação 61/2017 do Conselho Nacional do Ministério Público.
37. Artigo 1º incisos I a V da Recomendação 61/2017 do Conselho Nacional do Ministério Público.

ciais em contribuir com o debate, entre outros aspectos, deverá ser tomada uma decisão justificada sobre a necessidade da realização de uma audiência pública no caso concreto.

Como aspecto negativo de sua execução é que se trata de uma medida que demanda certo tempo e uma boa organização da Promotoria para tanto. Além disso, normalmente também é necessário um relativo envolvimento prévio com os possíveis participantes, para que haja real colaboração dos interessados no conflito. Uma audiência pública mal divulgada ou malfeita por qualquer razão somente atrasaria o andamento do inquérito civil estrutural, sem contar que a baixa participação e seu esvaziamento geraria um descrédito na instituição, tendo havido um desperdício de esforços e tempo para resolução do litígio.

De outro lado, os benefícios de uma audiência pública podem ser dos mais diversos, pois em sendo necessário coletar dados, esclarecimentos, bem como oitiva da população diretamente interessada, e sendo feita a divulgação de forma adequada, sua realização certamente poderá trazer inúmeros elementos importantes (sejam os trazidos pela sociedade civil, sejam por entidades públicas ou privadas) para melhor subsidiar as futuras decisões a serem tomadas na condução da questão estrutural em comento.

Tratando-se normalmente de casos complexos e com múltiplos interesses envolvidos, na maioria das vezes os benefícios superarão as desvantagens, de forma que, em média, os inquéritos civis estruturais terão mais audiências públicas do que os inquéritos civis não estruturais.

Caso seja deliberada pela realização da audiência pública, sua organização competirá à Promotoria envolvida no caso, devendo a instituição ministerial dar subsídios para auxiliar os interessados na realização de tal ato, notadamente no que se refere a oferta de um espaço físico acessível para tanto, possibilitar a transmissão (caso seja híbrida), a gravação e a disponibilização para futuros interessados, além da ampla publicidade, visando dar ciência a maior quantidade possível de interessados.

Também se mostra possível que a aproximação do integrante do Ministério Público com a sociedade se dê a partir de sua participação em audiências públicas de terceiros, a exemplo das que rotineiramente são feitas junto às comissões nas Câmaras de Vereadores. Este intercâmbio permite não só que outros Poderes ouçam as considerações do membro do Ministério Público, com a difusão dos elementos já coletados no inquérito civil estrutural (atendendo-se ao princípio da publicidade deste procedimento), mas também traz novos subsídios para serem incorporados ao respectivo inquérito.

Portanto, o membro do Ministério Público responsável pela condução de um inquérito civil estrutural deve ter maior atenção para aumentar sua proximidade com a sociedade, seja participando de eventos que tratem deste tema no âmbito de sua comarca, seja acompanhando jornais locais e as discussões dos movimentos sociais, seja atentando-se para a agenda dos demais Poderes e entidades públicas e privadas que tratem direta e indiretamente com o tema, entre outras medias que se mostram prudentes para esta finalidade.

6. CONCLUSÃO

Como visto, o inquérito civil estrutural é um procedimento administrativo sob a titularidade do Ministério Público, no qual será possível analisar litígios estruturais. Após sua constatação, será buscada a devida compreensão do problema, normalmente de elevada complexidade, para que seja possível entender as nuances do caso e vislumbrar melhorias concretas para a sociedade. A elevada diversidade dos casos concretos impede um modelo único de atuação, devendo ser sopesados na determinada situação as possibilidades reais de melhoria do interesse envolvido, ao longo do tempo.

Tratando-se de conjunturas normalmente muito complexas, dificilmente uma análise simplista da realidade traria benefício para a solução do caso. Como exemplo, foi visto que uma recomendação apressada, sem uma visão holística do problema estrutural a ser enfrentado, acabaria por não auxiliar na resolução do caso, pois não se pode ter um olhar reducionista de um litígio estrutural. E considerando que o poder de uma recomendação advém da argumentação exposta, a fim de convencer o gestor a adotar as medidas indicadas, uma justificativa deficiente ou orientações ingênuas sobre o problema levariam o ente a não acatar a recomendação ministerial.

De outro lado, foi visto que recomendações estruturais podem e devem ser utilizadas, com cautela, para buscar impulsionar medidas que impliquem em melhorias palpáveis na entidade analisada, especialmente se procedida de reuniões prévias entre as partes e demais interessados. Da análise do caso e discussão em rede sobre o problema, algumas amarras burocráticas podem ser destravadas com recomendações, dando ao gestor a sustentação jurídica de que precisava para as alterações necessárias.

Foram trazidos, também, inúmeros apontamentos a respeitos dos Compromisso de Ajustamento de Conduta Estrutural (ou TAC Estrutural), especialmente no necessário incentivo às soluções consensuais. Formalmente, a legislação pátria e os atos normativos do Judiciário e Ministério Público tem encorajado as soluções alternativas de conflitos, com vistas a mudar uma tradição de elevada litigiosidade e baixos acordos no Brasil.

Importante, agora, que os operadores do direito não só se conscientizem dessa mudança de paradigma, como elevem os esforços para que se chegue em uma autocomposição, notadamente nos casos mais complexos. Como órgão que representa os interesses difusos, compete ao Ministério Público buscar uma solução que garanta a máxima efetividade dos direitos transindividuais, o mais célere possível.

Para tanto, somente com um diálogo institucional permanente, por meio de reuniões, consultas e audiências públicas, inspeções, entre outros, nos quais se envolva a sociedade civil e os entes públicos e privados que tratam do assunto analisado, será possível chegar a espaços de consensos, democratizando as decisões e garantindo avanços contínuos nos interesses sociais.

A busca pelo acesso à moradia digna, pela mitigação de riscos de determinados locais, pela implementação de infraestrutura suficiente, pela regularização de núcleos urbanos informais ocupados predominantemente por população de baixa renda, são algumas das batalhas a ser enfrentadas pelas Promotoria de Habitação e Urbanismo.

Em tais casos, que muitas vezes tratam de verdadeiros problemas estruturais da localidade, certamente o inquérito civil estrutural poderá ser uma das principais ferramentas da Promotoria para, em conjunto com a sociedade, auxiliar na autocomposição de tais questões complexas, alcançando-se, paulatinamente, avanços sociais, em consonância com os objetivos fundamentais da República Federativa do Brasil.

7. REFERÊNCIAS

ARENHART, Sergio Cruz. OSNA, Gustavo. JOBIM, Marcos Félix. *Curso de processo estrutural.* 2. ed. São Paulo: Thomson Reuters Brasil, 2022. E-book. Disponível em: https://proview. thomsonreuters.com/launchapp/title/rt/monografias/260701231/v2/page/RB-1.3 Acesso em: 09 abr. 2023.

BARROS, Marcus Aurélio de Freitas. *Dos Litígios aos processos coletivos estruturais*: novos horizontes para a tutela coletiva brasileira. Belo Horizonte, São Paulo: D'Plácido, 2021.

CONSELHO NACIONAL DO MINISTÉRIO PÚBLICO, Resolução 23 de 2007

CONSELHO NACIONAL DO MINISTÉRIO PÚBLICO, Resolução 118 de 2014

CONSELHO NACIONAL DO MINISTÉRIO PÚBLICO, Resolução 164 de 2017

CONSELHO NACIONAL DO MINISTÉRIO PÚBLICO, Resolução 179 de 2017

CONSELHO NACIONAL DO MINISTÉRIO PÚBLICO, Recomendação 54 de 2017

CONSELHO NACIONAL DO MINISTÉRIO PÚBLICO, Recomendação 61 de 2017

CONSELHO NACIONAL DO MINISTÉRIO PÚBLICO, Recomendação Conjunta PRESI-CN 2, de 2020.

DAHER, Lenna Luciana Nunes. *Ministério Público resolutivo e o tratamento adequado dos litígios estruturais*. Belo Horizonte, São Paulo: D'Plácido, 2021.

GARCIA, Carolina Trevilini. Técnicas de Instrumentalização para o processo estrutural In: NUNES, Leonardo Silva (Coord.). *Dos litígios aos processos estruturais*. Belo Horizonte, São Paulo: D'Plácido, 2022.

GOULART, Marcelo Pedroso. *Elementos para uma teoria geral do Ministério Público*. Belo Horizonte: Arraes Editores, 2013.

JOBIM, Marco Félix. *Medidas estruturantes na Jurisdição Constitucional*: da Suprema Corte Estadunisense ao Supremo Tribunal Federal. 3. ed. Porto Alegre: Livraria do Advogado, 2022.

MINISTÉRIO PÚBLICO DO ESTADO DE SÃO PAULO. Resolução 1.342/2021.

PIMENTEL, Roberto Luís de Oliveira. *Negociação e Mediação*: conflitos difusos e coletivos. Belo Horizonte: Del Rey, 2022.

SANTOS, Camila Perez Yeda Moreira dos. *Processo Estrutural*: controle jurisdicional de políticas públicas. São Paulo: Almedina, 2021.

SÃO PAULO, Lei Estadual 13.577/2009.

VITORELLI, Edilson. *Processo civil estrutural*: teoria e prática. 4. ed. São Paulo: JusPodivm, 2023. https://vejasp.abril.com.br/cidades/sp-moradias-risco-geologico-prefeitura-defesa-civil/. Acesso em: 10 abr. 2023. https://g1.globo.com/economia/noticia/2021/03 /04/deficit-habitacional -do-brasil-cresceu-e-chegou-a-5876-milhoes-de-moradias-em-2019- diz-estudo.ghtml. Acesso em: 07 abr. 2023. https://app.powerbi.com/ view?r=eyJrIjoiNGNkZjEx NDgtNmZhYy00ZDBjLWFiZGYtMjY5ZDhlN2JkMjUzIiwid CI6IjJkYmQ4NDk5LTUw OGQtNGI3Ni1hMzFkLWNhMzljYjNkOGYxZCJ9. Acesso em: 2 abr. 2023.

https://wwwj.mpsp.mp.br/sei/controlador.php?acao=procedimento_trabalhar&acao_ origem=protocolo_pesquisa_rapida&id_protocolo=5589109&infra_ sistema=100000100&infra_unidade_atual=110001120&infra_hash=aff82c2b03 e87d9cd3d1eff17e726430bd0a88a 9ad1178514c5f30a5da1c0785. Acesso em: 29 mar. 2023.

ESTRUTURAL *VERSUS* PONTUAL: UMA VISÃO ESTRATÉGICA SURGIDA DA EXPERIÊNCIA PRÁTICA DA PROMOTORIA DE JUSTIÇA DE HABITAÇÃO E URBANISMO DA CAPITAL

Camila Mansour Magalhães da Silveira

Promotora de Justiça de Habitação e Urbanismo da Capital/SP desde outubro de 2013. Assessora da Corregedoria-Geral do Ministério Público de São Paulo de 2007 a 2010.

Denise Cristina da Silva

Promotora de Justiça em São Paulo. Assessora do Centro de Apoio Operacional de Habitação e Urbanismo do MPSP de 2020 a 2022.

Deve-se recordar que o mais forte argumento adotado pelos reacionários de todos os países contra os direitos do homem, particularmente contra os direitos sociais, não é a sua falta de fundamento, mas a sua inexequibilidade. Quando se trata de enunciá-los, o acordo é obtido com relativa facilidade, independentemente do maior ou menor poder de convicção de seu fundamento absoluto; quando se trata de passar à ação, ainda que o fundamento seja inquestionável, começam as reservas e as oposições.[1]

A Constituição Federal prevê que são funções institucionais do Ministério Público a promoção do inquérito civil e da ação civil pública, para a proteção de interesses difusos e coletivos (art. 129, inciso III).

Ao reconhecer a existência dos direitos difusos lato sensu dentre as funções institucionais do Ministério Público, a Constituição Federal conferiu à instituição pública autônoma os meios de investigação e o instrumento de proteção judicial, destacando-se, no âmbito deste trabalho, o inquérito civil e a ação civil pública.

A ação civil pública se trata de um dos mais importantes instrumentos processuais do Direito brasileiro e, a despeito da previsão da legitimidade concorrente e disjuntiva contida no art. 5º da Lei 7.347/85, é amplamente reconhecido que o Ministério Público é o principal autor dessas demandas.

---

1. BOBBIO, Norberto, 1909. *A era dos direitos*. Nova ed. Rio de Janeiro: Elsevier, 2004. p 43.

Esta é, aliás, uma das principais conclusões da 2ª edição da Série Justiça Pesquisa – Direitos e Garantia Fundamentais – Ações Coletivas no Brasil: Temas, Atores e Desafios da Tutela Coletiva:

> Uma conclusão que merece destaque especial, por perpassar as três fases, é o fato de que, animado pela ideia de ampliação do acesso à Justiça para causas coletivas e sociais, o sistema de tutela coletiva nasceu e permaneceu sob a égide dos atores estatais, mais do que da própria sociedade civil a quem supostamente veio a abrir caminho. A decantada predominância do Ministério Público, por exemplo, confirmou-se nos resultados da pesquisa, em todas as suas frentes. A recente incorporação da Defensoria Pública, outro agente estatal, também ecoa nos principais resultados. Os dilemas derivados desse modelo significativamente dependente de instituições estatais foram registrados pelo relatório, embora novidades relevantes no que diz respeito às relações dos entes estatais com a sociedade civil também tenham aparecido, sobretudo na análise qualitativa das entrevistas e de casos emblemáticos.[2]

A atuação no processo coletivo permitiu uma acumulação de experiências. Todavia, como em todas as áreas do direito, o estudo do processo coletivo deve ser constantemente aprimorado.

Nessa perspectiva, mais recentemente, os processualistas têm se dedicado ao estudo do chamado processo estrutural que, na definição de Edilson Vitorelli,

> (...) é um processo coletivo no qual se pretende, pela atuação jurisdicional, a reorganização de uma estrutura, pública ou privada, que causa, fomenta ou viabiliza a ocorrência de uma violação a direitos, pelo modo como funciona, originando um litígio estrutural.[3]

A origem do processo estrutural é apontada pelos processualistas no caso *Brown v. Board of Education of Topeka* (1954), em que a Suprema Corte dos Estados Unidos decidiu pela inconstitucionalidade das divisões raciais entre estudantes negros e brancos em escolas públicas americanas.

No julgamento, a Corte não estabeleceu como deveria ser a solução do problema, mas determinou que o problema deveria ser solucionado e devolveu o processo aos juízes para que a decisão fosse implementada com a participação das partes envolvidas na causa.

A conclusão é importante, à medida que o processo estrutural facilita o diálogo institucional entre os poderes e, em que pese a divergência doutrinária acerca do que define o processo estrutural, se o objeto ou o objetivo, os litígios estruturais surgem da falta ou mau funcionamento de uma estrutura pública ou privada, violadora de direitos, de modo que a única solução é mudar ou implementar aquela estrutura.

---

2. Disponível em: https://www.cnj.jus.br/wpcontent/uploads/2018/01/ee3f22cd4cddac54ce99ced5bee-eaa91.pdf.

3. VITORELLI, Edilson. *Processo civil estrutural*: teoria e prática. 2. ed. Salvador: JusPodivm, 2021. p. 64.

O que se observa, seja pela origem do processo estrutural ou pela atuação prática, é que o processo estrutural surge de evidências empíricas para, num segundo momento, evoluir para o estudo teórico.

No ponto, destaca-se que malgrado não se desconheçam os projetos de lei em trâmite no país, especialmente o PL 1.641/21 (Projeto de Lei Ada Pellegrini Grinover), mesmo sem a existência de lei específica é possível que o processo estrutural seja conduzido com os instrumentos já existentes na legislação em vigor.

A esse respeito, cita-se, a título exemplificativo, a cláusula geral de negociação processual prevista no art. 190 do Código de Processo Civil[4] que vai ao encontro do estabelecido na Resolução 118, de 1º de dezembro de 2014 do Conselho Nacional do Ministério Público, que dispõe sobre a Política Nacional de Incentivo à Autocomposição no âmbito do Ministério Público e dá outras providências.[5]

E tanto é verdade que a ausência de lei específica a regulamentar o processo estrutural não impede, a toda evidência, sua existência, que há diversos processos estruturais em trâmite ou que já tramitaram no país. Nessa perspectiva, destacam-se dois importantes precedentes de processos estruturais que tramitaram no Supremo Tribunal Federal e no Superior Tribunal de Justiça (Arguição de Descumprimento de Preceito Fundamental/ADPF 709 e o Recurso Especial/ Resp – 1.854.842/CE, respectivamente).

No julgamento do Resp 1.854.842/CE, de relatoria da Ministra Nancy Andrighi, o acesso à justiça através do processo estrutural foi amplamente debatido, fixando-se o entendimento de que

> 8. Na hipótese, conquanto não haja, no Brasil, a cultura e o arcabouço jurídico adequado para lidar corretamente com as ações que demandam providências estruturantes e concertadas, não se pode negar a tutela jurisdicional minimamente adequada ao litígio de natureza es-

---

4. Art. 190. Versando o processo sobre direitos que admitam autocomposição, é lícito às partes plenamente capazes estipular mudanças no procedimento para ajustá-lo às especificidades da causa e convencionar sobre os seus ônus, poderes, faculdades e deveres processuais, antes ou durante o processo.

   Parágrafo único. De ofício ou a requerimento, o juiz controlará a validade das convenções previstas neste artigo, recusando-lhes aplicação somente nos casos de nulidade ou de inserção abusiva em contrato de adesão ou em que alguma parte se encontre em manifesta situação de vulnerabilidade.

5. Seção V – Das Convenções Processuais

   Art. 15. As convenções processuais são recomendadas toda vez que o procedimento deva ser adaptado ou flexibilizado para permitir a adequada e efetiva tutela jurisdicional aos interesses materiais subjacentes, bem assim para resguardar âmbito de proteção dos direitos fundamentais processuais.

   Art. 16. Segundo a lei processual, poderá o membro do Ministério Público, em qualquer fase da investigação ou durante o processo, celebrar acordos visando constituir, modificar ou extinguir situações jurídicas processuais.

   Art. 17. As convenções processuais devem ser celebradas de maneira dialogal e colaborativa, com o objetivo de restaurar o convívio social e a efetiva pacificação dos relacionamentos por intermédio da harmonização entre os envolvidos, podendo ser documentadas como cláusulas de termo de ajustamento de conduta.

trutural, sendo inviável, em regra, que conflitos dessa magnitude social, política, jurídica e cultural, sejam resolvidos de modo liminar ou antecipado, sem exauriente instrução e sem participação coletiva (...).[6]

Tem-se, nesse contexto, que o processo estrutural no país é uma realidade, que já conta com precedentes, inclusive, nas Cortes Superiores.

Mas em que medida os apontamentos sobre o processo estrutural têm interesse para a atuação do Ministério Público na esfera extrajudicial?

Como soa intuitivo, o ajuizamento de uma ação civil pública (ou de um processo estrutural) por parte do Ministério Público é precedido – senão em todas, ao menos na maioria das vezes – de uma investigação instrumentalizada por meio de um inquérito civil.

A instrumentalidade essencial e caracterizadora do inquérito civil foi destaque na manifestação exarada no processo alusivo ao Projeto de Lei que se converteu na Lei de Ação Civil Pública pelo então assessor do Gabinete Civil da Presidência da República Min. Celso de Mello, conforme destaque de Bruno de Sá Barcelos Cavaco, citando Fredie Didier Júnior e Hermes Zanetti Júnior.

À época, o eminente decano do Pretório Excelso asseverava que

> trata-se de procedimento meramente administrativo, de caráter pré-processual, que se se realiza extrajudicialmente. O inquérito civil, de instauração facultativa, desempenha relevante função instrumental. Constitui meio destinado a coligir provas e quaisquer outros elementos de convicção, que possam fundamentar a atuação processual do Ministério Público. O inquérito civil, em suma, configura, um procedimento preparatório, destinado a viabilizar o exercício responsável da ação civil pública.[7]

Lembra-nos Hugo Nigro Mazzilli que tal foi a importância do inquérito civil, criado efetivamente pela Lei 7.347/85, que, pouco tempo depois, o instrumento foi expressamente previsto no texto constitucional (art. 129, inciso III da Constituição Federal).[8]

O inquérito civil tem sua regulamentação na Lei Complementar 75/93, na Lei Federal 8.625/93 e nas Resoluções 1.342/21 (do Colégio de Procuradores de Justiça do Ministério Público de São Paulo) e 23/07 (do Conselho Nacional do Ministério Público).

---

6. Disponível em: https://processo.stj.jus.br/processo/revista/documento/mediado/?componente=I-TA&sequencial=1948459&num_registro=201901607463&data=20200604&formato=PDF.

7. CAVACO, Bruno de Sá Barcelos. *O inquérito civil como instrumento efetivo e resolutivo na tutela dos interesses transindividuais* – Desjudicialização, contraditório e participação.
Disponível em: http://www.mpsp.mp.br/portal/page/portal/documentacao_e_divulgacao/doc_biblioteca/bibli_servicos_produtos/bibli_boletim/bibli_bol_2006/RPro_n.247.13.PDF.

8. MAZZILLI, Hugo Nigro. *Tutela dos interesses difusos e coletivos*. 6. ed., rev., ampl. e atual. São Paulo: Damásio de Jesus, 2007. p. 144.

E é exatamente o inquérito civil que distingue o processo coletivo brasileiro dos demais.

Criado há quase quatro décadas, o inquérito civil é instrumento importante de estudo doutrinário, voltado especialmente ao aprimoramento do seu objeto.

Se, originalmente, o inquérito civil era basicamente instrumento destinado à coleta de elementos de provas para o ajuizamento responsável de ação civil pública ou a tomada de compromisso de ajustamento de conduta, atualmente

> o inquérito civil insere-se no contexto do sistema multiportas, sendo instrumento voltado à obtenção de dados para a realização de soluções extrajudiciais como a mediação, conciliação, transação etc.[9]

A citação perpassa, necessariamente, pelo contraponto entre os dois perfis institucionais do Ministério Público, que convivem e se complementam, – o demandista e o resolutivo.

No modelo demandista (que historicamente norteou a atuação do Ministério Público), a busca da resolução do conflito se dá necessariamente por meio de decisão judicial.

Já, no modelo resolutivo, a solução do conflito é buscada através da articulação, da ampliação do diálogo, da solução consensual e autocompositiva, pela via extrajudicial. É o Ministério Público proativo, cuja atuação visa a efetividade da tutela dos direitos.

Na definição de João Gaspar Rodrigues, podemos definir o Ministério Público Resolutivo

> como uma instituição que assume uma identidade proativa específica; que atua antes que os fatos se tornem irremediavelmente patológicos e conflituosos, utilizando seu poder de articulação e mecanismos extrajudiciais para equacioná-los sem a necessidade de acionar ou demandar, como *prima ratio*, a Justiça.[10]

E o incentivo à atuação resolutiva do Ministério Público tem amparo na normativa do Conselho Nacional do Ministério Público.

A Carta de Brasília, de 2017, estabelece diretrizes no sentido do controle da atividade extrajurisdicional pelas Corregedorias do Ministério Público bem como o fomento à atuação resolutiva do Ministério Público Brasileiro.

---

9. DIDIER JR., Fredie; ZANETI JR., Hermes. *Curso de direito processual civil*: processo coletivo. 13. ed. Salvador: Ed. JusPodivm, 2019. p. 287.

10. RODRIGUES, João Gaspar. Ministério Público resolutivo e um novo perfil na solução extrajudicial de conflitos: lineamentos sobre a nova dinâmica. doutrina do Ministério Público. *Justitia*, 70-71-72 (204/205/206), p. 400, São Paulo, jan./dez. 2013-2014-2015.

A Recomendação 54, de 28 de março de 2017, do Conselho Nacional do Ministério Público dispõe sobre a Política Nacional de Fomento à Atuação Resolutiva do Ministério Público brasileiro e expressamente considera que o estágio atual do movimento do acesso à justiça e o paradigma jurídico do século XXI são incompatíveis com uma atuação formal e burocrática, pontuando que o planejamento institucional do Ministério Público destina-se a promover a eficiência da atuação institucional com enfoque na celeridade, na ampliação da atuação extrajudicial e em uma atuação proativa, efetiva, preventiva e resolutiva.

Alinhada à Carta de Brasília, em 2018 foi expedida, pelo Conselho Nacional do Ministério Público, a Recomendação de Caráter Geral CNMP – CN (Carta de Aracaju), que dispõe sobre parâmetros de avaliação da resolutividade e da qualidade da atuação do Ministério Público, observando-se que o § 2º do art. 1º estabelece que serão considerados como resolutividade material os impactos sociais diretos, indiretos e reflexos da atuação jurisdicional ou extrajurisdicional das unidades ou membros correicionados.

Nos dizeres de Gregório Assagra Almeida e Rafael de Oliveira Costa, a Recomendação

> estabelece o novo 'perfil de atuação' esperado dos Membros do Ministério Público, atentando para a necessidade de uniformidade na adoção de medidas e para a busca por efetivas mudanças sociais, sempre atentado para a busca pela legitimação social da Instituição.[11]

O art. 12 da Recomendação 02/18 do CNMP estabelece o que se entende por atuação resolutiva, que é a atuação por meio da qual o Membro do Ministério Público ou a Unidade do Ministério Público, no âmbito de suas atribuições, contribui decisivamente para prevenir ou solucionar, de modo efetivo, o conflito, o problema ou a controvérsia envolvendo a concretização de direitos ou interesses para cuja defesa e proteção é legitimado o Ministério Público, bem como para prevenir, inibir ou reparar adequadamente a lesão ou a ameaça a esses direitos ou interesses e efetivar as sanções aplicadas judicialmente em face dos correspondentes ilícitos, assegurando-lhes a máxima efetividade possível por meio do uso regular dos instrumentos jurídicos que lhe são disponibilizados (Recomendação CNMP 54, de 28 de março de 2017, que dispõe sobre a Política Nacional de Fomento à Atuação Resolutiva do Ministério Público brasileiro).

A Carta de Brasília, ao prever diretrizes referentes aos membros do Ministério Público, na letra k, do item 2, pontua a necessidade de "Análise consistente

---

11. *Revista Jurídica da Corregedoria Nacional*. Qualidade, resolutividade e transformação social. Edição especial: Recomendação de Aracaju. v. VII, p. 127. – Conselho Nacional do Ministério Público. Disponível em: https://www.cnmp.mp.br/portal/images/noticias/2019/agosto/REVISTA_JURIDICA_7_WEB. pdf. Acesso em: 04 abr. 2023.

das notícias de fato, de modo a ser evitada a instauração de procedimentos ineficientes, inúteis ou a instauração em situações nas quais é visível a inviabilidade da investigação".[12]

Acerca da resolutividade no âmbito da atuação extrajudicial do Ministério Público, tem-se que os danos efetivos ou potenciais objeto de apuração no âmbito de inquérito civil e que, eventualmente, podem dar ensejo ao ajuizamento de um processo estrutural, referem-se muitas vezes à inexistência ou ao mau funcionamento de uma estrutura social, de modo que a investigação, nesses casos, deverá ter uma perspectiva abrangente, estrutural e estratégica, com vistas à obtenção de resultados socialmente relevantes.

Tal como ocorre no processo, a atuação fragmentada do Ministério Público na fase investigativa quando identificado um problema estrutural, tende a ser ineficiente.

Edilson Vitorelli ao tratar do problema das ações individuais para enfrentamento de um problema estrutural, cita os ensinamentos de Susana Henriques da Costa que, ao analisar empiricamente o litígio das creches no estado de São Paulo,

> verificou que o acesso à justiça individual é mais uma promessa que uma realidade, uma vez que o número de ações, apesar de alto, em termos absolutos, é baixo quando comparado ao tamanho do conflito, ou seja, às estatísticas de falta de vagas. Esse fato, associado à evidência de que o cumprimento dessas decisões individuais é realizado de forma não racionalizada, faz com que o déficit de vagas não diminua ao longo do tempo. De outro lado, o acesso coletivo se depara com resistência do Judiciário, que, primeiro, nega provimento a pretensões coletivas, embora julgue procedentes em processos individuais e, segundo, não encontra técnicas processuais apropriadas para implementar uma decisão coletiva de grande dimensão.[13]

Ao transportar o caso para a fase pré-processual, ou seja, à fase investigativa, invariavelmente, nos deparamos com essa problemática no âmbito do inquérito civil.

É comum que se apresentem, na Promotoria de Justiça, notícias de fato ou representações que visam à tutela de direitos individuais sobre interesses indisponíveis, a exemplo do que ocorre com a existência de buracos em vias públicas, a falta de licenciamento ou de auto de vistoria do Corpo de Bombeiros – AVCB e das inúmeras ocupações informais/parcelamentos ilegais que crescem de maneira exponencial no território urbano.

A solução do problema de forma individual, evidentemente, se, constatada a causa a justificar a intervenção do Ministério Público, deverá ser buscada pelo órgão atuante.

---

12. Disponível em: https://www.cnmp.mp.br/portal/images/Carta_de_Bras%C3%ADlia-2.pdf.
13. VITORELLI, Edilson. *Processo civil estrutural*: teoria e prática. 2. ed. Salvador: JusPodivm. 2021. p. 68.

Todavia, a reiteração na violação de direitos por parte do Poder Público como nos exemplos ilustrados, demanda uma investigação abrangente, estrutural e estratégica do problema, de modo que a questão seja tratada sob uma perspectiva efetivamente difusa.

É nesse ponto que o estudo do inquérito civil estrutural ganha contornos especiais, pois é preciso que se identifique claramente o problema estrutural (complexo) e se desenvolva um plano estratégico de atuação, que se projete para o futuro, com a construção gradual e dialogal (entre poderes e sociedade) em busca da solução necessária, observando-se que a lógica binária lícito-ilícito, por vezes, não resolve o problema estrutural, na medida em que, invariavelmente, não há soluções simples para casos complexos.

Como bem ressaltado por Edilson Vitorelli

> Se o problema coletivo não é puramente de legalidade ou ilegalidade, então o inquérito civil passa a ser não apenas uma investigação de fato para ser declarado lícito ou ilícito, mas uma técnica para interferir na realidade. E, em diversos casos, isso significa soluções intermediárias, distintas do ajuizamento de ação ou do arquivamento da investigação. São essas possibilidades, distribuídas num plexo que admite diversas nuances e combinações, que merecem ser exploradas.[14]

Como acima mencionado, a reiteração de problemas pontuais demanda uma atuação com enfoque difuso na problemática, posto que, não raras vezes, a atuação pulverizada da Promotoria de Justiça se mostra inofensiva no trato da questão.

No caso, por exemplo, do fenômeno das ocupações informais/parcelamentos ilegais no Município de São Paulo, o aumento de sua ocorrência, ao longo dos anos, em progressão geométrica, em todo o território urbano paulistano, é apenas a ponta do *iceberg*.

Dito fenômeno está relacionado, entre outros fatores, com o déficit habitacional que, no Município de São Paulo, é questão de gravidade notória, marcada pelo descompasso entre as necessidades de produção de lotes formais e regulares e o custo e tempo respectivos, o que resulta em pressão ocupacional – caracterizada pela informalidade – sobre áreas periféricas e ambientalmente protegidas e em prejuízos às diretrizes de planejamento urbano constantes do ordenamento jurídico.

Nessa linha de ideias é que a Promotoria de Justiça de Habitação e Urbanismo da Capital, em deliberação conjunta, decidiu pela instauração de inquéritos civis estruturais para enfoque da questão dos parcelamentos ilegais por um ponto de vista estrutural, na medida em que a atuação meramente pulverizada do Ministério

---

14. VITORELLI, Edilson. *Processo civil estrutural*: teoria e prática. 2. ed. Salvador: JusPodivm. 2021. p. 146.

Público, sem embargo de sua importância pontual, quanto a empreendimentos irregulares ou ilegais e ocupações informais, acaba por frustrar a obtenção de um panorama amplo da conjuntura envolvendo a utilização do território urbano por meio dessas atividades, gerando, consequentemente, dificuldades para que se acompanhem e apurem, de maneira resolutiva, à luz do disposto nos arts. 127, *caput* e 129, incisos II e III da Constituição Federal, a atuação, o planejamento, a fiscalização e as ações do poder público para cumprimento de seus deveres constitucionais e legais.

A mesma deliberação conjunta levou em consideração que a problemática envolvendo parcelamentos do solo ilegais se mostra mais intensa nas regiões sul, norte e leste do Município de São Paulo, cada qual com características próprias no que diz respeito à extensão territorial, presença de áreas de proteção ao meio ambiente natural, limites com outros municípios da Região Metropolitana de São Paulo, estrutura administrativa de fiscalização e zoneamento – sendo de particular interesse, à luz das atribuições da Promotoria e dos direitos e princípios constitu-cionais incidentes na matéria, as zonas especiais de interesse social, notadamente as ZEIS-1, existentes em cada uma dessas regiões – tendo sido instaurados, então, um procedimento estrutural para cada qual dessas regiões do território urbano paulistano.

A título de exemplo, no inquérito civil que trata dos parcelamentos ilegais da zona norte do Município de São Paulo, foi diligenciado no sentido de se obter informações junto às Subprefeituras da região norte (Casa Verde/Cachoeirinha, Freguesia do Ó/Brasilândia, Jaçanã/Tremembé, Perus, Pirituba/Jaraguá, Santana/ Tucuruvi, Vila Maria/Vila Guilherme) sobre: a relação da estrutura material e humana destinada, em cada Subprefeitura, para a fiscalização de parcelamentos ilegais do solo e ocupações informais; a existência de relação atualizada acerca dos parcelamentos ilegais e ocupações informais existentes no território administrado por cada uma das Subprefeituras, com os endereços respectivos; o estabelecimento de planejamento para a realização de tal fiscalização, cronograma respectivo para os próximos meses e critérios estabelecidos para a realização de tal planejamento, notadamente no que diz respeito à eleição e estabelecimento de prioridades para organização de cronograma. Diligenciou-se, igualmente, à Secretaria Municipal de Habitação, para remessa de levantamento acerca do número de processos de regularização de parcelamentos ilegais e ocupações informais do solo na região norte do Município de São Paulo, separados pelo número respectivo, ano de instauração, Subprefeitura, estágio de andamento (inicial, intermediário, fase de finalização), zoneamento da área (destacando-se, inclusive, se a gleba respectiva se encontra, total ou parcialmente, em ZEIS-1) e presença ou não de áreas am-bientalmente protegidas.

O procedimento segue seu curso com esse enfoque difuso e as informações recebidas até o presente momento só confirmam o que já se suspeitava: que se trata de um fenômeno multifatorial, complexo e, para que tenha um adequado encaminhamento na busca de soluções, terá que ser trabalhado de maneira estrutural e não meramente pulverizada.

Outro exemplo de atuação estratégica da Promotoria de Habitação e Urbanismo da Capital se deu, após deliberação conjunta, na instauração de inquérito civil para apurar a estrutura existente na Administração Pública Municipal, bem como no planejamento e respectiva execução para o enfrentamento do problema dos buracos em vias públicas e calçadas, além da adoção das providências administrativas decorrentes, visando à adoção de medidas, dentro da esfera de atuação do Ministério Público, que propiciem melhorias no desempenho dos deveres do Poder Público quanto ao assunto e maior segurança à população em geral.

De forma recorrente, quase que diariamente, eram apresentadas notícias de fato acerca da existência de buracos em vias públicas e calçadas, com problemas pontuais e pulverizados, reduzindo-se a eficiência e a efetividade da atuação ministerial e amesquinhando a amplitude difusa e coletiva que deve ser o norte das atividades das Promotorias de Justiça especializadas como a de Habitação e Urbanismo da Capital.

À época da instauração do inquérito civil referido, a Prefeitura do Município de São Paulo havia anunciado a implementação de um programa para reparos nos trinta e oito mil buracos catalogados na cidade de São Paulo.[15]

E a simples existência de trinta e oito mil buracos catalogados no Município de São Paulo no mês de abril de 2019 demonstrava, evidentemente, que a instauração de um inquérito civil para cada um dos buracos em ruas e calçadas no Município seria impraticável e contraproducente.

Impraticável porque essa é apenas uma das muitas demandas existentes numa Promotoria especializada, sendo forçoso concluir que toda a estrutura humana e material existente deveria se direcionar para a solução desse problema específico, o que não fazia nenhum sentido.

Contraproducente porque as irregularidades existentes em vias públicas e calçadas se relacionam diretamente com a segurança da coletividade e dos indivíduos no desempenho da atividade tipicamente urbanística da circulação, pois a manutenção de vias de circulação em geral é dever do Poder Público.

---

15. Disponível em: https://agora.folha.uol.com.br/sao-paulo/2019/04/prefeitura-de-sao-paulo-afirma--ter-38-mil-buracos-catalogados.shtml. Acesso em: 09 abr. 2023.

Esse dever não estava sendo cumprido a contento ao longo das últimas décadas, de modo que se mostrou necessário, à luz do disposto no artigo 127, *caput* e 129, inciso III da Constituição Federal, além do disposto no artigo 1º, inciso VI da Lei Federal 7.347/1985, a atuação do Ministério Público sob uma outra perspectiva, de uma maneira global, com enfoque adequado para a problemática, ou seja, sob a perspectiva efetivamente difusa, especificamente no acompanhamento do desenvolvimento do programa, bem como o desenrolar da implementação de tal programa e a distribuição dos recursos respectivos.

Nos dois exemplos acima citados e enfrentados pela Promotoria de Justiça da Capital, a causa subjacente é a mesma: um problema estrutural decorrente do mau funcionamento de uma estrutura pública, em que a atuação do Ministério Público demandará uma estratégia na atuação, com uma construção gradual e dialogal em busca de uma solução adequada e construtiva, com resultados socialmente relevantes.

Em relação à instrução de um inquérito civil complexo como é o inquérito civil estrutural, vale destacar que Marcus Aurélio de Freitas Barros, ao detalhar a dinâmica do processo coletivo estrutural em cinco passos (a) identificar, a partir do desenho da política, o problema estrutural; b) fazer um bom mapeamento do conflito e garantir a participação dos grupos atingidos; c) apostar num procedimento flexível; d) focar num plano de (re) estruturação; e, e) negociar com qualidade e profissionalismo[16]), bem a define:

> A instrução de um eventual procedimento extrajudicial (inquérito civil) ou processo judicial, por sua vez, deverá ser bifronte. Olhar para trás, no sentido de bem identificar o problema estrutural e, o que é mais complexo, se direcionar para o futuro, buscando a construção gradual, a partir de um diálogo com a gestão e sociedade, de uma alteração da realidade atual de equívoco funcionamento da política, no afã de resolver o problema a partir de um plano de (re)estruturação e um regime de transição.

Importante frisar que, na verdade, as deliberações que ensejaram a abertura das duas investigações acima exemplificadas foram precedidas de situações que, de maneira natural e gradativa, levaram a Promotoria de Justiça a alterar a amplitude do foco sobre os casos que se apresentam para análise.

Como já mencionado, o processo estrutural surgiu de evidências empíricas para, num segundo momento, evoluir para o estudo teórico. O mesmo fenômeno se deu na atuação da Promotoria de Habitação e Urbanismo da Capital.

---

16. Barros, Marcus Aurélio de Freitas. Processo coletivo estrutural na prática e os serviços de acolhimento para crianças e adolescentes. *Revista Jurídica da Escola Superior do Ministério Público de São Paulo*, v. 20, 2021: 50-52. p. 49. Disponível em: file:///C:/Users/denisesilva/Downloads/482-Texto%20do%20Artigo-340341048-1-10-20230308%20(4).pdf. Acesso em: 04 abr. 2023.

Uma dessas situações, que exigiu célere atuação da Promotoria Especializada, para se tentar equacionar problema premente e complexo que envolveu casos repetitivos de violações da legislação e de direitos, disse respeito à manutenção das obras de arte especiais (pontes e viadutos) do Município de São Paulo.

Premente, pois, embora já tivesse sido firmado, na Promotoria de Justiça, termo de compromisso de ajustamento de conduta, em que o Município de São Paulo se obrigou a realizar, de forma contínua, serviços de manutenção preventiva e corretiva em pontes e viadutos da Cidade de São Paulo e de ajuizada ação para cobrança de astreintes em virtude do descumprimento do compromisso assumido, o sinistro que consistiu no fato de um viaduto da pista expressa da Marginal Pinheiros, a quinhentos metros da Ponte do Jaguaré, zona oeste de São Paulo, ter cedido por aproximados dois metros, o que provocou abalos no trânsito e na segurança da população paulistana, demandou uma modificação na postura de atuação da Promotoria no trato da situação, que não se restringia à falta de manutenção preventiva e corretiva, pelo poder público municipal, daquela obra de arte especial em específico, mas sim, de grande parte das obras de arte especiais da Cidade de São Paulo, muitas das quais, assim como a sinistrada, apresentavam condição crítica, com risco tangível de colapso estrutural.

Vê-se, pois, que a mudança de foco no trato das situações está sendo gerada pelos próprios acontecimentos da vida, que impingem, à Promotoria de Justiça, uma modificação de postura frente aos fenômenos que se apresentam.

Daí a importância do aprofundamento e aprimoramento no estudo dos instrumentos disponíveis à atuação extrajudicial do Ministério Público.

A atuação extrajudicial do Ministério Público em problemas estruturais, por meio do uso regular dos instrumentos jurídicos que lhe são disponibilizados, deve ser estimulada, pois vai ao encontro do conceito de atuação resolutiva previsto no art. 12 da Recomendação 02/18 do Conselho Nacional do Ministério Público.

E é evidente que quando se fala em atuação extrajudicial resolutiva por parte do Ministério Público no âmbito dos interesses difusos lato sensu, a atuação não se restringe ao inquérito civil.

Na esfera extrajudicial, no âmbito da Promotoria de Justiça de Habitação e Urbanismo, ainda podem ser lembrados, no âmbito restrito deste trabalho, como instrumentos importantes para atuação do Ministério Público o procedimento administrativo, a recomendação, a audiência pública e o compromisso de ajustamento de conduta.

O procedimento administrativo, regulamentado pela Resolução 174, de 04.07.2017, do Conselho Nacional do Ministério Público, tem por objeto, entre outros, o acompanhamento e a fiscalização, de forma continuada, de políticas públicas ou instituições. O parágrafo único do art. 8º da Resolução pontua que o procedimento administrativo não tem caráter de investigação cível ou criminal de determinada pessoa, em função de um ilícito específico.

A recomendação é instrumento de atuação extrajudicial do Ministério Público por intermédio do qual este expõe, em ato formal, razões fáticas e jurídicas sobre determinada questão, com o objetivo de persuadir o destinatário a praticar ou deixar de praticar determinados atos em benefício da melhoria dos serviços públicos e de relevância pública ou do respeito aos interesses, direitos e bens defendidos pela instituição, atuando, assim, como instrumento de prevenção de responsabilidades ou correção de condutas (art. 1º da Resolução 164, de 28.03.2017, do Conselho Nacional do Ministério Público), observando-se que a resolutividade é um dos princípios que a rege (art. 2º, inciso X).

A audiência pública é importante instrumento de participação popular, pois aberta à manifestação de qualquer cidadão, representantes do setor público, privado, da sociedade civil organizada e da comunidade, para discussão de situações das quais decorra ou possa decorrer lesão a interesses difusos, coletivos e individuais homogêneos, e terá por finalidade coletar, junto à sociedade e ao Poder Público, elementos que embasem a decisão do órgão do Ministério Público quanto à matéria objeto da convocação ou para prestar contas de atividades desenvolvidas (§ 1º do art. 1º da Resolução 82, de 29.02.2012 do Conselho Nacional do Ministério Público).

Já, em relação ao compromisso de ajustamento de conduta, é importante destacar que o instrumento foi inicialmente previsto no Estatuto da Criança e do Adolescente (art. 211 da Lei 8.069/90), mas logo foi replicado em outros diplomas normativos, como no Código de Defesa do Consumidor (art. 113), que inseriu disposição semelhante na Lei de Ação Civil Pública (art. 5º, § 6º).

A disciplina do § 6º do art. 5º da Lei 7.347/85, no âmbito do Ministério Público, está prevista na Resolução 179, de 26.07.2017, do Conselho Nacional do Ministério Público que, em seus considerandos, ressalta a acentuada utilidade do compromisso de ajustamento de conduta como instrumento de redução da litigiosidade, visto que evita a judicialização por meio da autocomposição de conflitos e controvérsias envolvendo os direitos de cuja defesa é incumbido o Ministério Público e, por consequência, contribui decisivamente para o acesso à justiça em sua visão contemporânea.

Ao definir o conceito do compromisso de ajustamento de conduta, o art. 1º da Resolução 179 do Conselho Nacional do Ministério Público estabelece que é o instrumento de garantia dos direitos e interesses difusos e coletivos, individuais homogêneos e outros direitos de cuja defesa está incumbido o Ministério Público, com natureza de negócio jurídico que tem por finalidade a adequação da conduta às exigências legais e constitucionais, com eficácia de título executivo extrajudicial a partir da celebração.

O § 1º do art. 1º da referida Resolução aponta que, por não ser o Ministério Público o titular dos direitos concretizados no compromisso de ajustamento de conduta, não pode o órgão fazer concessões que impliquem renúncia aos direitos ou interesses difusos, coletivos e individuais homogêneos, cingindo-se a negociação à interpretação do direito para o caso concreto, à especificação das obrigações adequadas e necessárias, em especial o modo, tempo e lugar de cumprimento, bem como à mitigação, à compensação e à indenização dos danos que não possam ser recuperados.

É incontroverso, a nosso sentir, que a autocomposição no âmbito extrajudicial é desejável e que a tomada de um compromisso de ajustamento de conduta estrutural tende, embora, evidentemente, não seja a única forma, a efetivar os direitos ameaçados ou violados, cuja tutela incumbe ao Ministério Público.

A autocomposição e a atuação resolutiva, efetiva, preventiva e proativa, como já ressaltado acima, é uma postura institucional do Ministério Público, compatível com o atual movimento do acesso à justiça.

Nos dizeres de Fredie Didier Júnior e Hermes Zaneti Júnior,

> A justiça estatal clássica, adjudicada pelo juiz, não é mais o único meio adequado para a solução de conflitos. Ao lado desta justiça de porta única, surgem novas formas de acesso: a justiça se torna uma justiça multiportas.[17]

Os benefícios de um acordo estrutural na seara extrajudicial são intuitivos, na medida em que se evita, preventivamente, quando possível, as consequências do longo desenrolar de um processo judicial em que são apresentadas questões estruturais complexas.

Além disso, considerando os instrumentos existentes para atuação extrajudicial resolutiva do Ministério Público, a tomada do compromisso de ajustamento de conduta tem grande chance de êxito para que aquele problema estrutural decorrente da inexistência ou mau funcionamento de uma estrutura pública ou privada seja solucionado, pois a solução será construída de forma gradual e dialogal, com a participação de diversos atores sociais e sociedade.

Edilson Vitorelli aponta que

> (...) acordos estruturais não são soluções mágicas, capazes de fornecer respostas para problemas sociais complexos e duradouros. São, certamente, caminhos para avançar na tutela

---

17. DIDIER JR., FREDIE; ZANETI JR., Hermes. *Curso de direito processual civil*: processo coletivo. 13. ed. Salvador: JusPodivm, 2019. p. 356.

dos direitos ameaçados ou violados por esses conflitos, de forma mais organizada e efetiva do que as alternativas atualmente disponíveis. (...)[18]

Todavia, o compromisso de ajustamento de conduta estrutural, desejável sob o ponto de vista da tutela de direitos difusos, esbarra, muitas vezes, no sopesamento feito por parte do compromissário entre aguardar o resultado de um longo processo estrutural (cuja condenação final é incerta) ou firmar um acordo em que o compromitente, a exemplo do Ministério Público, não pode fazer concessões que impliquem renúncia aos direitos ou interesses materiais.

A questão está longe de ser pacificada.

A redação do § 1º do art. 1º da Resolução 179 do Conselho Nacional do Ministério Público é expressa em estabelecer que o objeto da negociação se restringe à interpretação do direito para o caso concreto, à especificação das obrigações adequadas e necessárias, em especial o modo, tempo e lugar de cumprimento, bem como à mitigação, à compensação e à indenização dos danos que não possam ser recuperados.

Fredie Didier Júnior e Hermes Zaneti Júnior, lembrando-nos dos ensinamentos de Ana Luíza de Andrade Nery apontam que o "espaço de negociação" não é pequeno,

> o espaço transacional possível no compromisso de ajustamento de conduta não se refere a aspectos meramente formais do negócio (...). as partes poderão entabular, no compromisso, direitos e obrigações para ambas as partes, que lhe confiram caráter de máxima eficiência para os fins pretendidos pelos celebrantes. Assim, poderão ser previstas obrigações a serem cumpridas tanto pelo particular como pela entidade pública que celebra o ajustamento.[19]

Por outro lado, há argumentos no sentido de que o estabelecido no do § 1º do art. 1º da Resolução 179 do Conselho Nacional do Ministério Público precisa ser ampliado para que a negociação não se restrinja somente à interpretação do direito, especificação das obrigações adequadas e necessárias, bem como à mitigação, à compensação e à indenização dos danos que não possam ser recuperados, ou seja, para essa parcela da doutrina a tutela adequada pode significar a negociação do próprio direito reconhecido.

O fundamento a justificar tal posicionamento decorre do entendimento de que um bom acordo coletivo é aquele que leva em conta "os coeficientes de tempo e incerteza",[20] de modo que a negociação afeta simplesmente a prazo ou modo de execução da obrigação, não necessariamente solucionará o problema estrutural.

---

18. VITORELLI, Edilson. *Processo civil estrutural*: teoria e prática. 2. ed. Salvador: JusPodivm. 2021. p. 179.
19. DIDIER JR., Fredi; ZANETI JR., Hermes. *Curso de direito processual civil*: processo coletivo. 13. ed. Salvador: JusPodivm, 2019. p. 361.
20. VITORELLI, Edilson. *Processo civil estrutural*: teoria e prática. 2. ed. Salvador: JusPodivm. 2021. p. 167.

Como já ressaltado, a questão é objeto de estudo doutrinário, com posições firmes e amplamente defensáveis nos dois sentidos, mas a conclusão não pode ser outra: a condução e solução prática para o problema estrutural ainda tem um longo caminho a ser construído, cujo enfrentamento não pode ser relegado pelo Ministério Público, diante do seu papel constitucional e de sua importância como um dos principais indutores de políticas públicas.

Um novo perfil de atuação dos membros do Ministério Público está posto e, se a atuação que historicamente os norteou já não se mostra mais capaz de solucionar a complexidade dos problemas estruturais coletivos, é preciso ter coragem para avançar.

REFERÊNCIAS

ALMEIDA, Gregório Assagra de. COSTA, Rafael de Oliveira. *Dos princípios e das diretrizes gerais para a avaliação, orientação e fiscalização da resolutividade e da qualidade da atuação dos membros e das unidades do Ministério Público*: a importância da Recomendação de Caráter Geral CNMP-CN 02/2018 (Recomendação de Aracaju). Disponível em: https://www.cnmp.mp.br/portal/images/noticias/2019/agosto/REVISTA_JURIDICA_7_WEB.pdf. Acesso em: 04 abr. 2023.

BARROS, Marcus Aurélio de Freitas. Processo coletivo estrutural na prática e os serviços de acolhimento para crianças e adolescentes. *Revista Jurídica da Escola Superior do Ministério Público de São Paulo*, v. 20, 2021: 50-52. P. 49. Disponível em: file:///C:/Users/denisesilva/Downloads/482-Texto%20do%20Artigo-340341048-1-10-20230308%20(4).pdf. Acesso em: 04 abr. 2023.

BOBBIO, Norberto, 1909. *A era dos direitos*. Nova ed. Rio de Janeiro: Elsevier, 2004.

CAVACO, Bruno de Sá Barcelos. *O inquérito civil como instrumento efetivo e resolutivo na tutela dos interesses transindividuais* – Desjudicialização, contraditório e participação. Disponível em: http://www.mpsp.mp.br/portal/page/portal/documentacao_e_divulgacao/doc_biblioteca/bibli_servicos_produtos/bibli_boletim/bibli_bol_2006/RPro_n.247.13.PDF. Acesso em 20/03/2023.

DIDIER JR., Fredie. ZANETI JR., Hermes. *Curso de direito processual civil*: processo coletivo. 13. ed. Salvador: JusPodivm, 2019.

MAZZILLI, Hugo Nigro. *Tutela dos interesses difusos e coletivos*. 6. ed., rev., ampl. e atual. São Paulo: Damásio de Jesus, 2007.

RODRIGUES, João Gaspar. Ministério Público resolutivo e um novo perfil na solução extrajudicial de conflitos: lineamentos sobre a nova dinâmica. Doutrina do Ministério Público. *Justitia*, São Paulo, 70-71-72 (204/205/206), jan./dez. 2013-2014-2015. Disponível em: http://www.mpsp.mp.br/portal/page/portal/documentacao_e_divulgacao/doc_biblioteca/bibli_servicos_produtos/bibli_informativo/bibli_inf_2006/Justitia%20n.204-206.18.pdf. Acesso em: 21 mar. 2023.

VITORELLI, Edilson. *Processo civil estrutural*: teoria e prática. 2. ed. Salvador: JusPodivm. 2021.

O DIREITO À MORADIA E SEUS ASPECTOS ESTRUTURAIS – O PROJETO ESTRATÉGICO MP-MORADIA

Marcus Vinicius Monteiro dos Santos

Coordenador do Centro de Apoio Operacional das Promotorias de Justiça de Habitação e Urbanismo do Ministério Público de São Paulo. Promotor de Justiça de Habitação e Urbanismo da Capital

Sumário: 1. Introdução – 2. O direito social à moradia – 3. O Ministério Público e a implementação do direito social à moradia – 4. O projeto estratégico MP – moradia – 5. Considerações finais – 6. Referências.

1. INTRODUÇÃO

Os desafios enfrentados pelo Ministério Público para garantir a implementação dos direitos sociais previstos na Constituição Federal de 1988 demandam, por parte da Instituição, uma constante reflexão sobre sua atuação, visando a correção de rumos sempre que essa providência se mostrar necessária para que os melhores resultados sejam alcançados.

Uma sociedade complexa, marcada pela desigualdade e pelo desrespeito aos direitos fundamentais dos mais vulneráveis, demanda cada vez mais pela busca de mecanismos eficientes de solução de problemas estruturais.

Com as funções que lhe foram atribuídas pela Constituição o MP passou a ser instrumento de transformação social e de acesso à justiça. Para cumprir essa relevante missão constitucional a Instituição necessita, de tempos e tempos, reavaliar sua atuação e os resultados que vem alcançando nas mais diversas áreas.

Formas tradicionais de enfrentamento de velhos problemas podem não ser, nos dias de hoje, as mais adequadas. A busca incessante por mais eficiência, resultados e economia de recursos materiais e humanos é uma exigência da sociedade em relação a todo e qualquer serviço do público, não podendo o Ministério Público se dar ao luxo de imaginar que está longe da positiva e necessária cobrança social. Investir, portanto, em mudanças de mentalidade e de paradigmas deve ser um objetivo concreto dos órgãos da administração superior da Instituição. A observância do *princípio da eficiência* não é uma opção.

E foi com base nessa percepção de que a atuação formal e burocrática devia ser revista, a Corregedoria Nacional e as Corregedorias-Gerais dos Ministério Públicos Estaduais e da União celebraram um acordo aprovando a chamada "Carta de Brasília". O documento, aprovado durante o 7º Congresso Brasileiro de Gestão, em setembro de 2016, explicita premissas para a concretização do compromisso institucional de gestão e atuação voltadas à atuação resolutiva, em busca de resultados de transformação social, prevendo diretrizes estruturantes do MP, de atuação funcional de membros e relativas às atividades de avaliação, orientação e fiscalização dos órgãos correicionais.[1]

2. O DIREITO SOCIAL À MORADIA

Habitar é o ponto de partida para a garantia de todos os direitos fundamentais. A ausência de um teto impede que o ser humano sobreviva dignamente, evolua como tal e exerça seu papel na sociedade.

A moradia adequada foi reconhecida como direito humano em 1948, com a Declaração Universal dos Direitos Humanos, tornando-se um direito humano universal, aceito e aplicável em todas as partes do mundo como um dos direitos fundamentais para a vida das pessoas.

O direito à moradia previsto no art. 6º da Constituição Federal integra o direito a um padrão de vida adequado. Não se resume a apenas um teto e quatro paredes, mas ao direito de toda pessoa ter acesso a um lar e a uma comunidade seguros para viver em paz, dignidade e saúde física e mental. A moradia adequada deve incluir:[2]

- *Segurança da posse*: Todas as pessoas têm o direito de morar sem o medo de sofrer remoção, ameaças indevidas ou inesperadas. As formas de se garantir essa segurança da posse são diversas e variam de acordo com o sistema jurídico e a cultura de cada país, região, cidade ou povo;

- *Disponibilidade de serviços, infraestrutura e equipamentos públicos*: A moradia deve ser conectada às redes de água, saneamento básico, gás e energia elétrica; em suas proximidades deve haver equipamentos públicos como escolas, creches, postos de saúde, áreas de esporte e lazer e devem estar disponíveis serviços de transporte público, limpeza, coleta de lixo, entre outros.

- *Custo acessível*: O custo para a aquisição ou aluguel da moradia deve ser acessível, de modo que não comprometa o orçamento familiar e permita

---

1. Disponível em: https://www.cnmp.mp.br/portal/institucional/corregedoria/carta-de-brasilia.
2. Disponível em: http://www.direitoamoradia.fau.usp.br/?page_id=46&lang=pt.

O DIREITO À MORADIA E SEUS ASPECTOS ESTRUTURAIS

também o atendimento de outros direitos humanos, como o direito à alimentação, ao lazer etc. Da mesma forma, gastos com a manutenção da casa, como as despesas com luz, água e gás, também não podem ser muito onerosos.

- *Habitabilidade*: A moradia adequada tem que apresentar boas condições de proteção contra frio, calor, chuva, vento, umidade e, também, contra ameaças de incêndio, desmoronamento, inundação e qualquer outro fator que ponha em risco a saúde e a vida das pessoas. Além disso, o tamanho da moradia e a quantidade de cômodos (quartos e banheiros, principalmente) devem ser condizentes com o número de moradores. Espaços adequados para lavar roupas, armazenar e cozinhar alimentos também são importantes.

- *Não discriminação e priorização de grupos vulneráveis*: A moradia adequada deve ser acessível a grupos vulneráveis da sociedade, como idosos, mulheres, crianças, pessoas com deficiência, vítimas de desastres naturais etc. As leis e políticas habitacionais devem priorizar o atendimento a esses grupos e levar em consideração suas necessidades especiais. Além disso, para realizar o direito à moradia adequada é fundamental que o direito a não discriminação seja garantido e respeitado.

- *Localização adequada*: Para ser adequada, a moradia deve estar em local que ofereça oportunidades de desenvolvimento econômico, cultural e social. Ou seja, nas proximidades do local da moradia deve haver oferta de empregos e fontes de renda, meios de sobrevivência, rede de transporte público, supermercados, farmácias, outras fontes de abastecimento básicas. A localização da moradia também deve permitir o acesso a bens ambientais, como terra e água, e a um meio ambiente equilibrado.

- *Adequação cultural*: A forma de construir a moradia e os materiais utilizados na construção devem expressar tanto a identidade quanto a diversidade cultural dos moradores e moradoras. Reformas e modernizações devem também respeitar as dimensões culturais da habitação.

Parte expressiva da população brasileira, contudo, não tem acesso à moradia adequada, nem por meio de políticas públicas nem por meio do mercado formal de produção de unidades habitacionais.

Mesmo ratificado por inúmeras nações por meio da Declaração Universal dos Direitos Humanos, o acesso à moradia adequada não é uma realidade para todos. Bilhões de pessoas vivem em condições precárias no mundo, inclusive nos países ricos. No Brasil o quadro das necessidades habitacionais se apresenta em grande escala, sendo o déficit habitacional por novas moradias estimado em cerca de 6,4 milhões de domicílios, atingindo predominantemente famílias de baixa renda.[3]

O relator especial da ONU Miloon Kothari, que esteve em missão no Brasil no período de 29 de maio a 13 de junho de 2004, apontou em seu relatório, já naquela época, que os desafios a serem enfrentados no país eram de grande magnitude, especialmente quanto aos moradores de rua, os sem-terra e também quanto ao elevado déficit de moradia. O relatório destacou a fragmentação das políticas de desenvolvimento e planejamento urbano, a desigualdade extrema de renda no país e o impacto negativo da privatização de serviços básicos para os mais pobres.[4]

A carência habitacional não é homogênea entre as regiões do estado de São Paulo e se manifesta de modo diferente entre as situações de déficit e de inadequação e quanto ao volume das unidades, fortemente dependente dos processos sócio urbanos e das densidades populacionais das diversas regiões. Nesse sentido, quase metade do déficit está concentrado na Região Metropolitana de São Paulo, onde também predominam os componentes de inadequação dos domicílios urbanos. O déficit também é significativo nas demais regiões metropolitanas e aglomerações urbanas do estado e, menos concentrado nos municípios do interior e litoral que, embora com menor participação no déficit habitacional do estado, também apresentam problemas habitacionais.

Os dados mais recentes sobre o déficit e a inadequação de domicílios para o estado de São Paulo (estimados a partir da PNAD de 2015) indicam déficit total de 1,3 milhões de domicílios (com predomínio do componente ônus excessivo com aluguel) e mais de 1 milhão de situações de inadequação de domicílios urbanos (com predomínio da inadequação fundiária).

---

3. No Brasil, utiliza-se como referência nacional o conceito de Déficit Habitacional desenvolvido a partir da metodologia elaborada pela Fundação João Pinheiro do Governo de Minas Gerais (FJP/MG), adotada nas últimas décadas pelo governo federal para orientar a política habitacional e também utilizada por gestores, comunidade acadêmica e entidades profissionais. A metodologia foi originalmente desenvolvida no primeiro volume da série, publicado em 1995, com base nos dados do Censo Demográfico e Pnad divulgados pelo Instituto Brasileiro de Geografia e Estatística (IBGE), e traz um conceito amplo de necessidades habitacionais que engloba tanto o déficit habitacional (domicílios que demandam incremento e reposição do estoque de moradias), como o déficit qualitativo ou déficit por inadequação (o conjunto de domicílios em situações inadequadas de moradia, que demandam ações de melhorias do ponto de vista urbanístico e da regularização fundiária, sem a necessidade de produção de unidades novas). Os números do déficit habitacional são dimensionados para o conjunto do país, unidades da federação e regiões metropolitanas selecionadas e, no nível municipal, apenas a partir dos microdados do Censo Demográfico. Os dados aqui apresentados se referem à última atualização do déficit habitacional, que consta da publicação "Déficit Habitacional no Brasil 2015", da Fundação João Pinheiro, publicado em 2018, a partir de dados da PNAD 2015.

4. Disponível em: https://drive.google.com/file/d/1bS9vEfCiXtB6en22CA96yY-Boi67vy_n/view?usp=sharing.

Além dos dados do déficit habitacional – seja a demanda por novas unidades habitacionais, ou a demanda por urbanização, melhorias habitacionais e regularização fundiária – destaca-se que no país não há uma metodologia ou contagem oficial da população em situação de rua. Trata-se de uma atividade mais difícil que a contagem de pessoas domiciliadas, havendo uma tendência à subestimação do fenômeno. São poucos os municípios que possuem censo dessa parcela da população em situação de vulnerabilidade e, por conta disso, torna-se difícil incluir adequadamente esse segmento no planejamento das políticas habitacionais, demandando articulação com outras políticas de saúde e assistência social, correndo-se o risco de reproduzir-se o cenário da invisibilidade social.

Na última década, o país foi palco de significativa produção habitacional por meio do Programa Minha Casa Minha Vida do Governo Federal, que ofereceu subsídios e financiamento para produção e aquisição da casa própria. Só no estado de São Paulo, foram mais de 1,2 milhão de unidades habitacionais contratadas[5] entre 2009 e 2020. No caso paulista, também a CDHU historicamente teve relevante papel na produção habitacional nos municípios. No entanto, os problemas habitacionais permanecem na presença e crescimento das favelas e ocupações irregulares (inclusive em áreas centrais das grandes cidades), no ônus excessivo com aluguéis, na precariedade da infraestrutura, entre outros.

Portanto, conhecer o quadro das necessidades habitacionais existentes é fundamental para o planejamento da política habitacional, pois quando mensuradas e caracterizadas, estas necessidades podem ser analisadas considerando-se as prioridades de atendimento frente às capacidades e os recursos disponíveis. Assim, a quantificação e a qualificação das necessidades habitacionais – tanto aquelas acumuladas ao longo do tempo, como também as necessidades a serem geradas pelas demandas demográficas futuras – contribuem para orientar o planejamento de ações e programas que possam atender às especificidades das situações identificadas e planejar o desenvolvimento futuro do setor habitacional – seja no âmbito municipal, estadual ou federal.

3. O MINISTÉRIO PÚBLICO E A IMPLEMENTAÇÃO DO DIREITO SOCIAL À MORADIA

O Ministério Público é uma instituição concebida constitucionalmente para a defesa dos interesses sociais e individuais indisponíveis e, portanto, deve estar atento a esses graves problemas que assolam a sociedade brasileira. O enfrenta-

---

5. Conforme dados do SISHAB do Governo Federal, foram 1.235.517 de unidades habitacionais contratadas entre 2009 e 2020 no estado de São Paulo (1.047.082 de uh entregues), englobando todas as modalidades do PMCMV (Faixa 1, que envolve recursos orçamentários destinada à população de menor renda; e, Faixas 1,5, 2 e 3, promovidas pelo mercado com recursos do FGTS).

mento da crise de moradia e dos conflitos fundiários urbanos dela decorrentes merecem um olhar mais ampliado de seus membros, de forma a que todos os aspectos relevantes que compõem o problema sejam analisados em sua completude.

A dificuldade na implementação do direito social à moradia, previsto no art. 6º, da Constituição Federal, ao longo das últimas décadas é um fato. A insuficiência de políticas públicas habitacionais em prol da população de baixa renda é percebida pelo aumento exponencial da população em situação de rua, notadamente nas cidades de médio e grande porte; pelo aumento de famílias cadastradas em programas habitacionais oferecidos pelas três esferas de governo; pelo aumento das ocupações de imóveis vazios e ociosos pela população vulnerável; pelo adensamento de áreas frágeis e de risco; pelo aumento de núcleos habitacionais precários, notadamente de favelas; e também pelo sensível aumento de ocupações de áreas de proteção ambiental.

Especificamente no caso do Município de São Paulo a ocupação de áreas de risco alto e muito alto (R3 e R4) saltou de 15.548 moradias mapeadas pelo Instituto de Pesquisas Tecnológicas – IPT no ano de 2003 para 37.041 moradias em 2021, conforme relatório elaborado pela Defesa Civil. Em 2003 foram mapeadas 210 áreas de risco alto e muito alto, ao passo que em 2021 foram mapeados 1316 setores de risco alto e muito alto

A crise de moradia tem levado, como já enfatizado, a um inevitável aumento dos conflitos fundiários urbanos, que é exteriorizado nas ações de reintegração de posse e de desejos por falta de pagamento em andamento em todas as Comarcas do Estado.

Os conflitos fundiários urbanos configuram um grave problema social brasileiro, com significativas repercussões na gestão das cidades e na vida das pessoas. Encarados até bem pouco tempo apenas como um problema de ordem privada a ser resolvido na esfera judicial (ações possessórias), com o advento do Estatuto da Cidade – Lei 10.257, de 10 de julho em 2001, esses conflitos passaram também a ser tratados como ponto nevrálgico dos problemas sociais e urbanos que precisam ser enfrentados com sob uma nova perspectiva, de modo planejado, em conjunto com as demais políticas públicas urbanas que envolvem a moradia, o acesso à terra, o uso e a ocupação do solo, o saneamento básico e também a mobilidade urbana.

As soluções judiciais aplicadas a eles ainda se limitam, em regra, a definir a parte vencedora da lide com base na legislação civil e processual civil, sem que se preocupe com a solução do conflito que gerou o litígio (causa). Tal condução gera, a cada processo e salvo raras exceções, novos e maiores passivos sociais e jurídicos.

Em função dos trabalhos desenvolvidos no âmbito do *Observatório de Remoções* (projeto coordenado pelo LABCIDADE da FAUUSP em parceria com o LABJUTA-UFABC), a Promotoria de Habitação e Urbanismo da Capital firmou um plano de trabalho com o LabCidade da FAU USP, visando elaborar uma leitura mais ampla dessa problemática para possibilitar alternativas ao enfrentamento dessas situações para além da atuação individualizada e fragmentada nas lides possessórias.

As remoções forçadas, nas searas judicial e administrativa, vêm ocorrendo por diversos fatores como, notadamente, para dar lugar a projetos de desenvolvimento urbano e infraestrutura ou para o mero embelezamento da cidade. Em muitos casos essas remoções forçadas acabam apenas agravando o problema que elas buscavam resolver, pois limitam-se a transferir o imbróglio para outra área do Município, num verdadeiro ciclo vicioso de reintegrações de posse. O crescente número de reintegrações de posse de imóveis públicos e privados vem levando famílias para áreas cada vez mais precárias, em novas frentes de ocupação irregular.

Analisando os dados do Judiciário paulista, a partir do banco de sentenças disponibilizado pelo Tribunal de Justiça do Estado de São Paulo foram identificadas 316.630 sentenças em processos judiciais em todo o Estado, concentradas no período entre 2013 e 2018, dentre os quais 170.850 estão situados na Região Metropolitana de São Paulo (decisões de 1ª Instância); com destaque também para grandes cidade do interior, como Ribeirão Preto, Presidente Prudente e Araçatuba, também envolvendo conflitos em torno de glebas e imóveis rurais.[6]

Os dados apurados retratam a dimensão da dificuldade do acesso à terra e à moradia digna e os seus impactos na vida das famílias mais vulneráveis que, por falta de alternativas, acabam ocupando áreas públicas ou imóveis privados vazios e não utilizados.

O enfrentamento dessas questões pelo Ministério Público deve ir muito além de intervenções formais em ações possessórias, onde a causa de pedir restringe-se a ocorrência de esbulho ou turbação. A mitigação de danos nesses casos demanda uma atitude proativa das Promotorias de Habitação e Urbanismo em identificar, nas suas Comarcas, os diferentes aspectos que envolvem o problema local para sua defrontação no plano da tutela dos interesses difusos correlatos.

4. O PROJETO ESTRATÉGICO MP – MORADIA

Com o objetivo de dar uma organicidade e estruturação no trabalho implementado pelo Ministério Público de São Paulo para a concretização do direito social à moradia, o Centro de Apoio de Habitação e Urbanismo da Capital, através do seu coordenador, elaborou o *Projeto Estratégico MP – Moradia.*

---

6. Dados extraídos do Procedimento de Acompanhamento de Políticas Públicas 245/2021 em trâmite na 5ª Promotoria de Justiça de Habitação e Urbanismo da Capital.

Respeitada a autonomia e a independência funcional dos membros da Instituição, esse Projeto visa subsidiar uma atuação cooperativa e coordenada que propicie aos Promotores obtenção de melhores resultados.

O Projeto contempla cinco Etapas: (1ª) Identificação do Problema; (2ª) Planejamento; (3ª) Implementação; (4ª) Avaliação; (5ª) Aferição de Resultado Social.

A *Etapa 1* trata da identificação do problema.

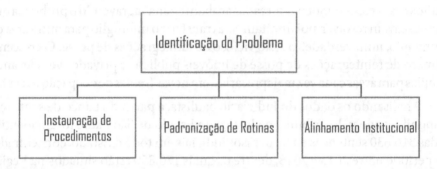

A identificação do problema (crise de moradia) não se deu a partir de uma análise subjetiva dos membros da Instituição ou da sua cúpula. Ela se deu a partir da constatação de fatos concretos que vêm ocorrendo, há décadas, em grande parte dos Municípios do Estado e que afetam a percepção da coletividade.

A instauração de inquéritos civis ou de procedimentos de acompanhamento de políticas públicas é necessária para a formalização das investigações e coleta de dados, podendo haver opção por um ou outro instrumento a critério do Promotor de Justiça.

A padronização de rotinas mediante disponibilização de bases de dados sobre déficit habitacional, capacidades institucionais e outros indicadores para situar a problemática regional, além de roteiros, enunciados e notas técnicas pelo Centro de Apoio de Habitação e Urbanismo terá por finalidade, respeitada a independência funcional, otimizar e racionalizar a atuação dos Promotores, propiciando-lhes mais agilidade, uniformidade e eficiência.

O refinamento das informações, o envolvimento dos órgãos de execução do Ministério Público, permitirá um alinhamento Institucional em torno da definição das estratégias emergentes em âmbito local ou regional. Quanto maior a interação entre os executores e os planejadores maior será a probabilidade de sucesso do projeto.

Na *Etapa 2* – Planejamento serão identificadas e selecionadas as melhores estratégias de abordagem para cumprir o escopo definido na fase de identificação. Aqui serão detalhadas todas as atividades necessárias, divididas em eixos de atuação, para levar a bom termo o projeto.

As estratégias de atuação poderão ser formuladas em etapas conforme forem sendo acumulados os conhecimentos e compreendidas as necessidades (foco nos *stakeholders*). A organização e padronização de investigações em cada um dos eixos propostos contribuirá para que uma atuação coordenada possa se desenvolver em todo o Estado, maximizando as possibilidades de melhores resultados.

O Centro de Apoio de Habitação e Urbanismo ficou encarregado, no Projeto, de disponibilizar para cada investigação o material de apoio contendo minutas de peças e roteiros de atuação.

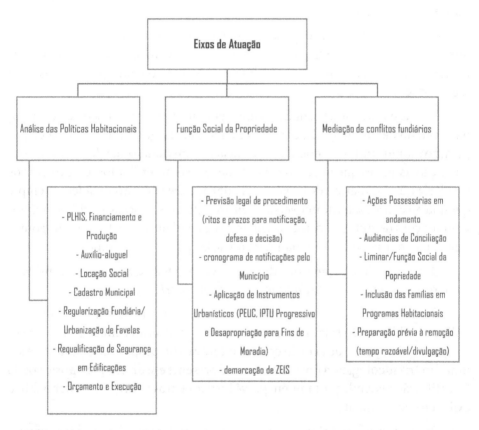

A verificação das *políticas habitacionais* existentes no Município, da sua correta implementação e da execução orçamentária possibilitará uma melhor compreensão do tratamento que o poder público local vem dando ao tema.

Os Municípios, respeitada sua capacidade orçamentária, devem formular diferentes políticas públicas na área habitacional para fazer frente às demandas locais. É dever do Ministério Público induzir sua elaboração e também sua correta implementação.

Além da produção e oferta de unidades habitacionais às pessoas de baixa renda (inclusive em parceira com outros entes públicos), questões como criação de cadastro municipal de acesso à moradia; elaboração do plano local de habitação de interesse social (PLHIS) de forma articulada ao planejamento orçamentário municipal (PPA, LDO, LOA); planos de urbanização de assentamentos precários; requalificação da segurança em edificações ocupadas irregularmente e outros programas habitacionais como assistência técnica para melhorias habitacionais, locação social e; principalmente, controle social da execução orçamentária, consistirão em medidas eficazes para diminuição do déficit habitacional e garantia do acesso à moradia.

Com relação às áreas ocupadas irregularmente, devem ser buscadas, sempre que possível, todas as medidas que -em atenção aos princípios da legalidade e da razoabilidade- visem a manutenção das pessoas em suas habitações até posterior regularização.

Nos casos em que as ocupações apresentem situações de risco de desmoronamento ou de inundação e, consequentemente, perigo iminente à vida da população moradora, recomenda-se a verificação individualizada dos imóveis para definição daqueles que necessariamente devem ser interditados. Os projetos de regularização fundiária e de urbanização de cada área devem considerar, sempre que houver constatação de imóveis a serem interditados, a escala da edificação, pois intervenções de mitigação e cessação de riscos podem ser realizadas em pontos específicos que permitirão a manutenção de famílias em segurança.

Outro eixo de atuação – que deve ser levado à efeito de forma concomitante – refere-se ao *cumprimento da função social da propriedade*.

Cumprir a função social é um dos pontos centrais para a viabilidade de políticas públicas. Ou seja, a propriedade deve ser utilizada em benefício da sociedade, e não apenas de acordo com os interesses do proprietário. Longe de ser uma diretriz ideológica, a função social está presente em diversos dispositivos da Constituição Federal, que também prevê instrumentos para que o poder público exija seu cumprimento.

Os objetivos da política urbana também só podem ser alcançados com uma distribuição equilibrada e racional dos usos dos imóveis no território. Nesse sentido, a ociosidade de terrenos ou edificações, quando localizados em regiões com infraestrutura adequada, pode causar efeitos prejudiciais ao seu entorno (como a degradação e o abandono) e a toda cidade, uma vez que diminui a oferta de áreas aptas à urbanização ou utilização, provocando o encarecimento dos imóveis e a expulsão de grandes parcelas da população para regiões mais afastadas e ambientalmente sensíveis.

A Constituição Federal no art. 182, § 4º determina a aplicação do Parcelamento, Edificação e Utilização Compulsórios (PEUC), IPTU Progressivo no Tempo e Desapropriação com Pagamento em Títulos, respetivamente, para imóveis que não cumprirem sua função social. Todos esses instrumentos foram regulamentados pelo Estatuto da Cidade (Lei Federal 10.257/2001).

Imóveis não edificados, subutilizados e não utilizados devem necessariamente estar sujeitos a aplicação dos instrumentos de política urbana previstos no Estatuto da Cidade (PEUC): Parcelamento e Edificação Compulsórios; IPTU Progressivo e Desapropriação Para Fins de Moradia.

É dever das Prefeituras estabelecer em leis municipais específicas o procedimento de apuração dos imóveis que descumprem sua função social definida no plano diretor. O descumprimento do preceito constitucional pode gerar favorecimento indevido e, consequentemente, responsabilização do agente público.

A demarcação de Zonas Especiais de Interesse Social – ZEIS, bem como a observância da correta implantação de intervenções urbanas nesses locais, como, por exemplo, formação de conselhos gestores, produção de HIS ou oferta de locação social para manutenção das pessoas vulneráveis no território, são providências que devem ser adotadas.

O outro eixo proposto nessa Etapa diz respeito a mediação dos conflitos fundiários urbanos.

Parte-se da premissa, aqui, que os conflitos fundiários são um grave problema social e urbano das cidades brasileiras e assim devem ser enfrentados. Não se tratam de um problema de propriedade ou de posse simplesmente. São, na verdade, um problema de falta de moradia, de falta de regularização fundiária, de falta de direito à cidade e também de exclusão social.

As ações possessórias em curso possibilitam o conhecimento da realidade local a partir da conflituosidade travada na seara judicial. A partir delas, muitas vezes, é permitido conhecer o número de famílias afetadas por remoções forçadas no Município, o tempo médio dessas ocupações, se elas acontecem predominantemente em imóveis públicos ou privados, em áreas de risco ou de preservação ambiental e assim por diante.

As soluções para os conflitos fundiários não são universais, pois as formas de provisão de segurança na posse dependem da realidade específica de cada localidade. Soluções pacíficas e negociadas precisam ser constantemente buscadas pelo Ministério Público.

A mediação é um instrumento que, se utilizado corretamente, constitui um meio eficiente para a solução de conflitos fundiários, já que confere o poder emancipador para os cidadãos em situação de conflito, além de ser uma ferramenta que auxilia na promoção da democracia, sendo uma alternativa válida para promover o debate, empoderando devidamente as partes envolvidas como sujeitos ativos de seus direitos.

Nesse processo podem os membros do Ministério Público zelar para: (a) garantia do devido processo legal, ao contraditório e a ampla defesa; (b) concessão de liminar somente após a averiguação do cumprimento da função social da propriedade; estabelecer no âmbito municipal um regramento por meio do qual estabeleçam procedimentos mínimos a serem seguidos pelos agentes da remoção; (c) facilitar a todos os interessados informação relativa à decisão de reintegração de posse, intimando os ocupantes acerca da data em que será cumprido o mandado de reintegração de posse, com antecedência razoável e que de forma a não prejudicar o calendário escolar; (d) que na data da reintegração estejam presentes conselheiros tutelares e assistentes sociais; (e) que as famílias afetadas sejam previamente cadastradas para sua inclusão em programas habitacionais/assistenciais do Município.

A *Etapa 3* é a da Implementação do Projeto e pressupõe, da mesma forma, um conjunto de medidas padronizadas que permitam dar efetividade a atuação Ministerial em todo o Estado.

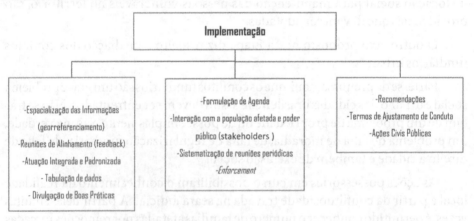

A implementação do Projeto Estratégico MP – Moradia envolve as seguintes ações coordenadas:

O CAO de Habitação e Urbanismo foi designado, em princípio, como o *Gerente do Projeto* e, portanto, responsável pela condução das atividades e pelo desenvolvimento de todas as suas etapas. A ele caberá, no tempo determinado, monitorar sua eficiência, coordenando as tarefas e otimizando a estrutura do Ministério Público em atenção aos objetivos traçados.

Na gestão do projeto o CAO auxiliará os Promotores na elaboração de suas propostas locais ou regional, orientando-os na condução de todas as etapas do trabalho. As atividades identificadas pelos Promotores de Justiça como sendo de maior complexidade terão o suporte do Centro de Apoio para sua implementação. A disponibilização de recursos materiais e humanos será feita sempre que necessário.

Um banco de dados será formado a partir dos dados coletados nas investigações instauradas em cada um dos três Eixos. A informação em grande escala permitirá atingir um novo patamar de racionalidade e economia de meios, de forma colaborativa e não fragmentada. A tabulação e a espacialização, por meio de georreferenciamento, das informações possibilitarão também uma profunda reformulação nos modos de atuação do Ministério Público no enfrentamento dos objetivos traçados neste Projeto.

Mais do que a mera visualização de dados pontuais em um mapa digital, será inserido o elemento "inteligência geográfica" na rotina das Promotorias. Isso consiste na adoção de métodos de análise espacial para a identificação de padrões geográficos das manifestações, considerando as dimensões tempo e espaço.

Portanto, nesta Etapa todas as informações (públicas) que forem sendo coletadas em cada Promotoria de Justiça de Habitação e Urbanismo do Estado sobre Municípios que não possuem políticas habitacionais, que não executam adequadamente seus recursos orçamentários nessa área, que não investigam imóveis descumpridores da função social da propriedade, que não aplicam instrumentos de parcelamento, edificação e uso compulsórios, IPTU progressivo e Desapropriação para Fins de Moradia e que não desenvolvem ações de mediação de conflitos fundiários urbanos, integrarão um banco de dados do Ministério Público.

A territorialização dos casos pode evidenciar a necessidade de medidas que, por vezes, extrapolarão os limites territoriais da Comarca. Nessas situações a regionalização do problema e a atuação integrada e colaborativa de diferentes Promotorias de Habitação e Urbanismo, com o apoio da Procuradoria-Geral de Justiça quando necessário, servirão para a busca de soluções mais adequadas.

Nesta etapa forma-se um fluxo de trabalho:

Enquanto esse trabalho é desenvolvido com o auxílio do CAO de Habitação e Urbanismo, as Promotorias de Habitação poderão iniciar *agendas de trabalho* para interagirem com a sociedade civil e com o poder público em prol de soluções negociadas.

Para a efetivação de direitos sociais nem sempre o processo judicial será a melhor estratégia, sendo necessária a busca de meios pacificadores que transcendam essa lógica demandista. Assim, para os meios alternativos de solução de controvérsias, o acesso à justiça possui significação muito mais ampla, com o fim de atender à demanda social por justiça.

O envolvimento da população afetada é elemento essencial para que os resultados positivos aconteçam. Não seria possível e nem tampouco conveniente que movimentos sociais que atuam na defesa da moradia e que representantes de famílias que ocupam áreas públicas e privadas não sejam ouvidas rotineiramente pela Instituição. A criação de canais de participação desses atores auxiliará no encontro de melhores alternativas em prol daquela população vulnerável, assim como a aproximação com canais de participação já existentes nos municípios, como conselhos municipais de habitação, conselhos da cidade, conselhos de desenvolvimento urbano, entre outros.

Reuniões e audiências públicas são instrumentos possíveis de serem utilizados, de forma sistemática, para dar voz a essas pessoas, não só em processos que envolvem conflitos fundiários urbanos, mas também na formulação de políticas de acesso à moradia digna. A essa parcela social, a mediação demonstra uma possibilidade inovadora de abrir espaço para que se ouçam as suas necessidades, buscando atingir uma solução que os assista e também a pacificação social.

Da mesma forma o poder público municipal necessariamente deverá ser inserido nessa Agenda (art. 30, I e VIII da CF).

Ao agir como indutor de políticas públicas habitacionais, o Ministério Público servirá de verdadeira "alavanca" para que aqueles interesses maiores da sociedade sejam garantidos.

Nesse ínterim poderá verificar, por vezes, que a mera edição de normas municipais não assegura que seus preceitos sejam observados. O estabelecimento de mecanismos eficazes que assegurem o cumprimento da lei – *enforcement* –, é muitas vezes imprescindível.

A tolerância quanto a não aplicação de determinadas leis ("leis que não pegam") pode provocar alto grau de descrédito e, consequentemente, sensação de insegurança e forte tensão social. Na área habitacional esse sentimento fica potencializado e pode levar a conflitos não desejados.

Os membros do Ministério Público têm a sua disposição instrumentos suficientes para exigir a aplicação socialmente comprometida da lei.

Os diagnósticos precisos que serão feitos, local e regionalmente, a partir da sistematização das informações e da padronização da atuação sugerida neste Projeto, permitirão apontar, com mais segurança, os caminhos a serem trilhados a partir das experiências positivas e negativas verificadas em cada Comarca.

Não existe solução única para o enfrentamento da crise habitacional e dos, consequentes, conflitos fundiários urbanos que eclodem diuturnamente em todo o Estado de São Paulo. A construção das alternativas – que devem ser construídas e pactuadas com todos os atores envolvidos – dependerá do grau de comprometimento dos Promotores de Habitação e Urbanismo na consecução de objetivos comuns.

O objetivo final a ser alcançado, percorridas todas as etapas desse Projeto, é a efetivação do direito à moradia em cada Comarca do Estado em favor das pessoas vulneráveis.

A instauração de inquéritos civis ou procedimento de acompanhamento de políticas públicas, bem como, a utilização de Recomendações, TACs e Ações Civis Públicas dependerá, por óbvio, da situação verificada em cada Comarca ou em cada região do Estado.

A *Etapa 4* é a da Avaliação. Garantir que os objetivos do projeto estão sendo atingidos envolve, monitoramento, avaliação de progresso e realização de ações corretivas quando pertinentes. Ela ocorrerá paralelamente com a implementação, de modo a que solicitações de mudanças e correções de rumo possam ser debatidas e efetivadas oportunamente.

O Centro de Apoio de Habitação e Urbanismo disponibilizará material de apoio necessário e se encarregará, sempre que acionado, de coordenar os trabalhos no âmbito local ou regional, sistematizando e organizando as melhores iniciativas apontadas pelos Promotores.

A correção de rumos – obrigação de todo e qualquer órgão público – será feita sempre pelo Centro de Apoio em conjunto com os Promotores de Justiça de Habitação e Urbanismo.

Relatórios semestrais serão emitidos pelo CAO, analisando as medidas tomadas pela Instituição judicial e extrajudicialmente, apontando os problemas enfrentados e apresentando sugestões para eliminá-los.

As informações coletadas poderão subsidiar políticas internas de alocação de recursos materiais e humanos visando auxiliar os Promotores no atingimento dos objetivos deste Projeto. Por outro lado, permitirá também à sociedade civil o acompanhamento dos trabalhos realizados pelo Ministério Público e dos resultados alcançados.

A *Etapa 5* é a da aferição do Resultado Social.

Alcançados seus objetivos ao final do prazo estabelecido impõe-se a necessidade de verificar e documentar os resultados do projeto visando formalizar sua aceitação perante a sociedade civil.

A partir integração da atuação dos Promotores de Justiça de Habitação e Urbanismo do Estado de São Paulo no enfrentamento da crise habitacional e dos conflitos fundiários urbanos, busca-se contribuir para a ampliação das alternativas habitacionais para a população de baixa renda e a redução dos conflitos fundiários urbanos nas Comarcas.

Ao final do prazo indicado de 3 (três) anos deverão ser realizadas audiências públicas devolutivas, em âmbito local ou regional, para escuta da população interessada, pois os resultados quanto aos objetivos traçados devem ser mensurados coletivamente com o conjunto com a sociedade civil.

O cronograma de trabalho sugerido no Projeto é três anos. O prazo para cada etapa foi definido no quadro abaixo:

Etapas	Atividades	Ano 1				Ano 2				Ano 3			
		1o tri	2o tri	3o tri	4o tri	1o tri	2o tri	3o tri	4o tri	1o tri	2o tri	3o tri	4o tri
1. Identificação do problema a partir da atuação do MPSP	1.1 Detalhamento técnico do projeto (metodologia, materiais e ações)	X											
	1.2 Realização de evento de lançamento do projeto/ seminário eixos temáticos	X											
	1.3 Padronização de rotinas												
	- Contato com comarcas												
	- Levantamento geral sobre procedimentos existentes nas comarcas												
	- Elaboração de materiais de apoio pelo CAO												
	1.4 Reuniões de alinhamento institucional	X				X				X			
2. Planejamento e análise da situação das comarcas nos eixos temáticos	2.1 Instauração de procedimentos nas comarcas (ICs ou PAAs)												
	2.2 Análise dos problemas identificados nas comarcas em cada eixo temático												
	- Monitoramento dos procedimentos/ Análise das políticas habitacionais												
	- Monitoramento dos procedimentos/ Análise do cumprimento da função social da propriedade												
	- Monitoramento dos procedimentos/ Análise sobre mediação de conflitos fundiários												
3. Implementação do Projeto Moradia MPSP (banco de dados georreferenciados, agenda da moradia nos municípios, atuação articulada do MPSP)	3.1 Desenvolvimento de banco de dados georreferenciado												
	- Elaboração de questionário/ ferramenta de coleta de informações												
	- Divulgação da ferramenta de coleta de informações					X							
	- Alimentação do banco de dados georreferenrenclado												
	- Tabulação e espacialização dos dados												
	- Produção e divulgação de relatórios e mapas atualizados												
	3.2 Reuniões de alinhamento (CAO + Promotores)					X		X		X		X	
	- Sistematização de reuniões periódicas												
	3.3 Divulgação de boas práticas												
	3.4 Formulação de Agenda												
	3.5 Interação com a população afetada e poder público												
	- Realização de reuniões e audiências públicas												
	3.6 Recomendações, TACs, ACPs												
4. Avaliação do projeto	4.1 Elaboração e divulgação de relatórios semestrais do projeto					X		X		X		X	
	4.2 Elaboração de documento final com resultados do projeto												
5. Aferição do resultado social	5.1 Audiência pública devolutiva												X
	5.2 Realização de evento de encerramento do projeto												X

legenda:

X   evento e/ou reunião
ação contínua
CAO
PJs nas comarcas
CAO + PJs

5. CONSIDERAÇÕES FINAIS

O Projeto Estratégico MP – Moradia tem por objetivo sistematizar e dar organicidade a atuação do Ministério Público na tutela daquele direito social.

Ele surge da necessidade de rompimento de velhos paradigmas relacionados a ideia de que a "produção de unidades habitacionais" é a única forma de enfrentamento da crise habitacional.

Mesmo Municípios de orçamentos modestos e, portanto, sem capacidade de produzir com recursos próprios unidades habitacionais, tem condições de desenvolver uma série de outras políticas com capacidade real de contribuir para a diminuição do *déficit habitacional*. A definição de três Eixos de atuação com indicação de medidas objetivas a serem adotadas em cada um deles permite ao Promotor de Justiça ter mais clareza quanto às variadas possibilidades de atuação na Comarca nesse tema.

A metodologia de trabalho sugerida, que prevê o engajamento e a participação da sociedade civil no processo de sua implementação, traz perspectivas por mais resolutividade e eficiência na atuação.

A implementação do direito social à moradia numa sociedade carente e desigual como a brasileira vai exigir comprometimento, racionalidade, dedicação e criatividade de todos os atores envolvidos. A busca por resultados diferentes vai demandar desses mesmos atores iniciativas e ações igualmente diferentes.

6. REFERÊNCIAS

BUCCI. Maria Paula Dallari. *Fundamentos para uma Teoria Jurídica das Políticas Públicas*. São Paulo: Saraiva, 2013.

FERREIRA. João Sette Whitaker. *Cidade para poucos ou para todos?* Impasse da Democratização das Cidades no Brasil e o Risco de um Urbanismo às Avessas. Hegemonia às Avessas. São Paulo: Ed. Bomtempo. 2010.

FERREIRA. João Sette Whitaker. A forma urbana patrimonialgista: limites da ação estatal na produção do espaço urbano no Brasil. *Revista Brasileira de Estudos Urbanos e Regionais*. 2022.

HARVEY. David. *A produção capitalista do espaço*. Ed. Annablume. 2005.

HARVEY. David. O direito à cidade. *Revista Piauí*. Edição 82. Julho/13.

MARICATO. Hermínia. Por um novo enfoque teórico na pesquisa sobre habitação. *Cadernos Metrópoli* n. 21. 2009.

OCUPAÇÕES EM ÁREAS DE RISCO: REFLEXÕES E PROPOSTAS PARA ATUAÇÃO DO MINISTÉRIO PÚBLICO

Joana Franklin de Araujo

Mestre em Direito Econômico e Financeiro pela Faculdade de Direito da Universidade de São Paulo. Promotora de Justiça integrante do Núcleo Cabeceiras do Grupo de Atuação Especial de Defesa do Meio Ambiente (GAEMA) do Ministério Público do Estado de São Paulo.

Sumário: 1. Introdução – 2. Panorama jurídico do tema – 3. Reflexões sobre o modelo tradicional de atuação ministerial – 4. Propostas para atuação do Ministério Público – 5. Conclusão – 6. Referências.

1. INTRODUÇÃO

Estudo recentemente divulgado pelo MapBiomas[1] aponta que, nos últimos 37 anos, as áreas urbanizadas no país passaram de 1,2 milhão de hectares para 3,7 milhões. A Pesquisa Nacional por Amostra de Domicílios (PNAD) 2015,[2] por sua vez, aponta que a maior parte da população brasileira, 84,72%, vive em áreas urbanas. No Sudeste esse percentual é ainda maior: 93,14% das pessoas vivem em áreas urbanas.

Nesse contexto, o estudo realizado pelo MapBiomas indica que as ocupações de áreas urbanas *de risco* triplicaram no país desde 1985. Houve um aumento de 350km2, em 1985, para 1.000km^2 em 2021. Destaca-se a informação de que, de cada 100 hectares de aglomerados subnormais, 15 foram construídos em áreas de risco. São 887 cidades com alguma área urbanizada em áreas de risco e, dentre elas, São Paulo é a 4ª cidade com mais áreas de risco do país.

De fato, na Capital do Estado de São Paulo, comparação entre mapeamento realizado em 2004[3] e outro realizado entre 2009 e 2010[4] aponta que os locais de

---

1. Disponível em: https://mapbiomas.org/favelas-no-brasil-crescem-em-ritmo-acelerado-e-ocupam-106-mil-hectares. Acesso em: 04 abr. 2023.
2. Disponível em: https://educa.ibge.gov.br/%20jovens/conheca-o-brasil/populacao/18313-populacao-rural-e-urbana.html#:~:text=De%20acordo%20com%20dados%20da,brasileiros%20vivem%20em%20%C3%A1reas%20rurais. Acesso em: 05 abr. 2023.
3. Mapeamento realizado por meio do convênio firmado entre o Município de São Paulo e a Caixa Econômica Federal, que culminou com o projeto "Elaboração do Plano Municipal de Redução de Riscos no Município de São Paulo" pela Universidade Estadual Paulista (UNESP), por meio da Fundação de Apoio à Pesquisa, Ensino e Extensão – Funep.
4. Mapeamento realizado por meio da Secretaria Municipal das Subprefeituras (SMSUB) e do convênio firmado com o Instituto de Pesquisas Tecnológicas do Estado de São Paulo (IPT), culminando com

risco praticamente dobraram de número no período, uma vez que em referido período a cidade teve um aumento de 323 (trezentos e vinte e três) áreas de risco alto e muito alto para 608 (seiscentos e oito).[5] Ainda, em informação fornecida ao Ministério Público e que subsidiou o ajuizamento da ação civil pública 1054871-32.2022.8.26.0053, a Defesa Civil de São Paulo identificou atualmente 37.041 (trinta e sete mil e quarenta e uma) moradias situadas em área de Risco Alto – R3 e 10.564 (dez mil quinhentas e sessenta e quatro) moradias situadas em áreas de Risco Muito Alto – R4, num total de 1.316 (mil trezentos e dezesseis) setores.

Tais dados reforçam que, apesar de não se tratar de assunto novo, a urgência e importância da temática relativa às áreas de risco permanecem.

2. PANORAMA JURÍDICO DO TEMA

A Lei 12.608/12, que, dentre outros, institui a Política Nacional de Proteção e Defesa Civil – PNPDEC, prevê que é dever da União, dos Estados, do Distrito Federal e dos Municípios adotar as medidas necessárias à redução dos riscos de desastre (artigo 2º). Apesar de referida norma não conter uma definição expressa do termo "áreas de risco", pode-se afirmar que "uma área de risco contém, pelo menos, áreas suscetíveis à ocorrência de deslizamentos de grande impacto, inundações bruscas ou processos geológicos ou hidrológicos correlatos".[6]

A Instrução Normativa 01/2012 do Ministério da Integração Nacional, por sua vez, conceitua "desastre" como "resultado de eventos adversos, naturais ou provocados pelo homem sobre um cenário vulnerável, causando grave perturbação ao funcionamento de uma comunidade ou sociedade envolvendo extensivas perdas e danos humanos, materiais, econômicos ou ambientais, que excede a sua capacidade de lidar com o problema usando meios próprios" (artigo 1º, inciso I).

Nesse contexto, a Lei 12.608/12 prevê que compete aos Municípios incorporar as ações de proteção e defesa civil no planejamento municipal; identificar e mapear as áreas de risco de desastres; promover a fiscalização das áreas de risco de desastre e vedar novas ocupações nessas áreas, bem como vistoriar edificações e áreas de risco e promover, quando for o caso, a intervenção preventiva e a evacuação da população das áreas de alto risco ou das edificações vulneráveis (artigo 8º, incisos III, IV, V e VII).

Paulo Affonso Leme Machado destaca que referida Lei

---

o estudo intitulado "Análise e Mapeamento de Riscos Associados a Escorregamentos em Áreas de Encostas e a Solapamentos de Margens de Córrego sem Favelas no Município de São Paulo".

5. Disponível em: https://www.prefeitura.sp.gov.br/cidade/secretarias/upload/desenvolvimento_urbano/arquivos/apresentacao_final_31-10-2011.pdf. Acesso em: 10 abr. 2023.

6. MACHADO, Paulo Affonso Leme. *Direito Ambiental Brasileiro*. 27. ed. São Paulo: Malheiros, 2020. p. 1294.

OCUPAÇÕES EM ÁREAS DE RISCO **111**

tem uma característica marcante: *o desastre pode e deve se prevenido.* Não é preciso a ocorrência de perigo de desastre, que comportaria a produção de uma prova robusta. Basta o risco e desastre, que, mesmo incerto, obriga a evitar as prováveis consequências de um fenômeno natural ou advindo da ação ou omissão humana.[7]

Trata-se de Lei voltada especialmente para inundações e deslizamentos, mas que aponta um "comando geral para que sejam monitorados os eventos meteorológicos, hidrológicos, geológicos, biológicos, nucleares, químicos e outros potencialmente causadores de desastres".[8]

É certo que as mudanças climáticas alteram o grau de intensidade e periodicidade das chuvas e estiagens, de forma que a ocorrência de eventos extremos – incluindo chuvas torrenciais, por exemplo – é esperada. Ainda que não seja possível prever com exatidão quanto tais eventos ocorrerão, é necessário que estejamos preparados para sua ocorrência.

Assim, os executores da política de desenvolvimento urbano devem implementar uma gestão eficiente de risco de desastres, que deve ser acompanhada pelo Ministério Público. A Administração Pública deve honrar o direito constitucional à segurança dos cidadãos e tem o dever constitucional de promover o adequado planejamento e controle do parcelamento, uso e ocupação do solo, com o objetivo de ordenar o pleno desenvolvimento das funções sociais da cidade e garantir o bem-estar de seus habitantes (artigos 6º, 30, VIII, e 182, todos da Constituição Federal e artigo 180, I, V e VI, da Constituição Estadual). Destaca-se que o direito à segurança, previsto no artigo 6º da Constituição Federal, possui como função básica a proteção do direito à vida, pois garante a sua inviolabilidade. Esta segurança, além do sentido de prevenção do crime, exprime-se em uma expectativa de incolumidade física necessária para o pleno desenvolvimento das funções urbanas típicas: habitar, recrear, circular e trabalhar.

Ainda que a União, os Estados e os Municípios devam atuar em conjunto para implementar medidas voltadas à redução dos riscos de desastre, é certo que as ocupações inseridas em áreas de risco são resultado de uma deficiente fiscalização do uso e da ocupação do solo, dever imposto à Municipalidade, bem como da ausência de política habitacional efetiva e suficiente.

A Lei Federal 12.340/2010, que dispõe sobre as transferências de recursos da União aos órgãos e entidades dos Estados, Distrito Federal e Municípios para a execução de ações de prevenção em áreas de risco de desastres e de resposta e

---

7. MACHADO, Paulo Affonso Leme. *Direito Ambiental Brasileiro.* 27. ed. São Paulo: Malheiros, 2020. p. 1285. Grifo nosso.
8. MACHADO, Paulo Affonso Leme. *Direito Ambiental Brasileiro.* 27. ed. São Paulo: Malheiros, 2020. p. 1285.

de recuperação em áreas atingidas por desastres e sobre o Fundo Nacional para Calamidades Públicas, Proteção e Defesa Civil, em seu artigo 3º-B estabelece:

> Verificada a existência de ocupações em áreas suscetíveis à ocorrência de deslizamentos de grande impacto, inundações bruscas ou processos geológicos ou hidrológicos correlatos, o município adotará as providências para redução do risco, dentre as quais, a execução de plano de contingência e de obras de segurança e, quando necessário, a remoção de edificações e o reassentamento dos ocupantes em local seguro.

Nesse contexto, o Ministério Público, instituição permanente, essencial à função jurisdicional do Estado, no exercício da defesa da ordem jurídica e dos interesses sociais e individuais indisponíveis, há muito tutela a questão relativa às áreas de risco. Com fundamento no artigo 129, inciso III (*é função institucional do Ministério Público promover o inquérito civil e a ação civil pública, para a proteção do patrimônio público e social, do meio ambiente e de outros interesses difusos e coletivos*), inúmeras foram as ações civis públicas ajuizadas, em especial valendo-se do disposto no artigo 30, inciso VIII (*obrigação do Município de promover o adequado ordenamento territorial, mediante planejamento e controle do uso, do parcelamento e da ocupação do solo urbano*); artigo 37, parágrafo 6º (*responsabilidade objetiva estatal*); artigo 23, incisos II, V, VI e IX (*obrigação do Município de proteger o meio ambiente e combater a poluição em qualquer de suas formas, preservar a fauna e flora e a melhoria das condições habitacionais e de saneamento básico*) e artigo 225 (*direito ao meio ambiente ecologicamente equilibrado*) todos da Constituição Federal, bem como do disposto nos artigos 43 e 186 Código Civil (*responsabilidade subjetiva estatal pela reparação dos prejuízos*). A já mencionada Lei Federal 12.608/2012 também fundamenta as demandas ajuizadas, decorrendo diretamente do disposto nos artigos 5º, *caput* e 6º *caput* (direito fundamental e direito social à segurança) e 30, inciso VIII da Constituição Federal.

Ocorre, entretanto, que a forma como essa tutela é exercida possivelmente deve ser trazida à reflexão, como será melhor detalhado a seguir.

3. REFLEXÕES SOBRE O MODELO TRADICIONAL DE ATUAÇÃO MINISTERIAL

O modelo tradicional de ajuizamento de ações individuais para cada área de risco não parece ter surtido os efeitos esperados e resolvido de forma definitiva a problemática. Temos casos de áreas reocupadas após desocupação, cumprimentos de sentença intermináveis e, mais importante, aparente pouca resolutividade também em relação às questões sociais, habitacionais e ambientais que tangenciam o assunto.

O próprio ajuizamento de 42 ações civis públicas pelo Ministério Público do Estado de São Paulo, com o objetivo de decretar intervenções em 52 áreas com deficiências de infraestrutura e riscos à população no município de São Sebastião – SP, não foi capaz de evitar a tragédia ocorrida no litoral norte no final de semana de 18 e 19 de fevereiro de 2023.[9]

A problemática deve ser vista em um contexto mais amplo e abordada de forma estrutural. Afinal, a ausência de um devido processo de ordenação do solo e de uma política habitacional eficaz acabam por violar o fundamento constitucional da dignidade da pessoa humana (artigo 1º, inciso III, da Constituição Federal), uma vez que a população que vive nessas áreas em geral não possui acesso aos direitos sociais de segurança, moradia (adequada), lazer, transporte, saúde (ante a ausência de saneamento básico), dentre outros. A existência de aglomerados subnormais em áreas de risco, inclusive, contraria os objetivos fundamentais da República Federativa do Brasil de construir uma sociedade livre, justa e solidária e erradicar a pobreza e a marginalização e reduzir as desigualdades sociais e regionais (artigo 3º, incisos I e III, da Constituição Federal).

Verifica-se que muitas das áreas de risco, densamente ocupadas por famílias vulneráveis, transformam-se em núcleos habitacionais precários (favelas), consolidados e sem qualquer intervenção pública capaz de garantir aos seus moradores o mínimo de segurança, habitabilidade e dignidade, violando diversos diretos fundamentais. Dentre eles, destacam-se os direitos à saúde, ao saneamento e à moradia. A Constituição Federal prevê, em seu artigo 23, inciso IX, que é competência comum da União, dos Estados, do Distrito Federal e dos Municípios promover programas de construção de moradias e a melhoria das condições habitacionais e de saneamento básico, mas a realidade que se observa é ausência de programas habitacionais suficientes, bem como saneamento que não atinge as regiões mais vulneráveis. A Constituição estabelece, ainda, que a saúde é um direito de todos e obrigação do Estado, *lato sensu*, garantido mediante políticas sociais e econômicas que visem à redução do risco de doença (artigo 196), mas nos núcleos habitacionais precários a ausência de saneamento básico, por exemplo, acaba por expor a população a risco de doenças em sentido contrário àquele previsto na Constituição.

Tal situação também é contrária aos Objetivos de Desenvolvimento Sustentável adotados pela Cúpula das Nações Unidas sobre o Desenvolvimento Sustentável, uma vez que os ODS preveem a erradicação da pobreza (ODS 01), assegurar uma vida saudável e promover o bem estar para todos (ODS 03), garantir

---

9. Disponível em: https://www.mpsp.mp.br/w/gaema-ajuizou-42-a%C3%A7%C3%B5es-pleiteando-interven%C3%A7%C3%B5es-para-reduzir-riscos-em-s%C3%A3o-sebasti%C3%A3o. Acesso em: 06 abr. 2023.

disponibilidade e manejo sustentável de água e saneamento para todos (ODS 06), a redução das desigualdades (ODS 10) e tornear as cidades e os assentamentos humanos inclusivos, seguros, resilientes e sustentáveis (ODS 11).

A falta de implementação de políticas públicas adequadas em tais locais de extrema vulnerabilidade perpetua uma situação de exclusão e de desigualdade que se contrapõe àquela verificada nas áreas centrais de muitas cidades, como é o caso da Capital do Estado de São Paulo, habitadas por pessoas que possuem melhores condições financeiras.

O Mapa da Desigualdade 2022, elaborado pela Rede Nossa São Paulo, demonstra que em determinados distritos, como por exemplo os de Alto de Pinheiros, Jardim Paulista, Moema e Perdizes a proporção (%) de domicílios em favelas em relação ao total de domicílios é 0 (zero). Já nos Distritos de Vila Andrade é de 32,7% e na Brasilândia, de 25,1%.[10]

Nesse contexto, o Ministério Público pode e deve atuar para tutelar a ordem urbanística, que inclui a proteção das populações de baixa renda, interesse social por excelência.

Ainda que seja possível argumentar que em um primeiro momento, após a promulgação da Constituição Federal de 1988, a classificação dos direitos sociais na condição de normas "programáticas" "acabou prejudicando a tutela judicial dos direitos sociais e, ao fim e ao cabo, serviu para justificar a não efetivação da Constituição. Sob o argumento de que os direitos sociais seriam normas meramente programáticas ou principiológicas, os tribunais simplesmente negavam-lhes qualquer eficácia. Esta maneira de pensar tais direitos criou um grave problema de efetividade deixando sua concretização à mercê dá vontade dos governantes", é certo que "Atualmente, a doutrina majoritária transcendeu esta posição e enuncia que os direitos sociais são normas de aplicabilidade direta e eficácia imediata sendo plenamente possível exigir judicialmente do Estado uma determinada prestação material para a sua concretização. Também a jurisprudência vem alterando sua visão a respeito dos direitos sociais, conferindo-lhes maior eficácia (...). Inclusive, há uma tendência mundial dos direitos sociais deixarem de ser meros direitos de papel e ganharem concretização pela via jurisdicional (...)".[11]

Assim, o equacionamento da questão relativa às áreas de risco deve ser feito no contexto de uma política de desenvolvimento urbano que efetivamente objetive ordenar o pleno desenvolvimento das funções sociais da cidade e garantir o

---

10. Disponível em: https://www.nossasaopaulo.org.br/wp-content/uploads/2022/11/Mapa-da-Desigualdade-2022_Tabelas.pdf. Acesso em: 04 abr. 2023.

11. PORFÍRIO, Camila Almeida Porfírio. *Litígios Estruturais* – Legitimidade democrática, procedimento e efetividade. Rio de Janeiro: Lumen Juris, 2018. p. 10 e 11.

bem-estar de seus habitantes, conforme determina o artigo 182 da Constituição Federal.

O próprio artigo 2º da Lei 10.257/01 (Estatuto da Cidade) prevê como diretriz geral da política urbana a garantia do direito a cidades sustentáveis, entendido como o direito à terra urbana, à moradia, ao saneamento ambiental, à infraestrutura urbana, ao transporte e aos serviços públicos, ao trabalho e ao lazer, para as presentes e futuras gerações. Sobre o tema:

> Isso significa dizer que a função social da cidade é cumprida quando esta proporciona a seus habitantes o direito à vida, à liberdade, à igualdade, à segurança e à propriedade (CF, art. 5º, caput), bem como quando garante a todos um piso vital mínimo, compreendido pelos direitos sociais à educação, à saúde, à alimentação, ao trabalho, à moradia, ao lazer, à segurança, à previdência social, à proteção à maternidade e à infância, à assistência aos desamparados, direitos materiais constitucionais fixados no art. 6º da CF.[12]

Diante dessas ponderações, passa-se à reflexão sobre possíveis formas de atuação ministerial que abarquem todas as facetas dessa complexa problemática.

4. PROPOSTAS PARA ATUAÇÃO DO MINISTÉRIO PÚBLICO

Diante das premissas expostas nos tópicos anteriores, tem-se que o equacionamento do risco, além de ser necessário em virtude de uma série de dispositivos legais de ordem pública, emanados da ordem constitucional vigente, deve resgatar patamares mínimos de qualidade de vida e adequação do uso do espaço e do solo urbanos. Faz-se necessária uma harmonização urbanística sem a qual jamais se concretizarão, para nenhuma das populações residentes nas mais diversas regiões da cidade e pertencentes às mais variadas estratificações sociais, patamares substancialmente adequados de qualidade de vida. Assim, esse equacionamento deve ser orientado pelos vetores da função social da cidade e do bem-estar dos habitantes.

É nesse contexto que os Municípios devem elaborar seu Plano Local de Habitação de Interesse Social, de acordo com a Lei 11.124/05, com diagnóstico da sua realidade e previsão de metas e prioridades para o adequado enfrentamento da questão, inclusive mediante reserva orçamentária. Sem uma política habitacional efetiva, com produção de habitação e requalificação dos espaços urbanos, tem-se que o combate às ocupações irregulares em áreas de risco se torna ineficaz.

Essa realidade impõe a atuação do Ministério Público, não apenas para instar o Município a exercitar o poder de polícia quanto ao uso e ocupação do solo

---

12. FIORILLO, Celso Antonio Pacheco e FERREIRA, Renata Marques. *Estatuto da Cidade Comentado*. 6. ed. São Paulo: Saraiva, 2014. p. 72.

urbano e de adotar medidas necessárias para afastar os riscos a que as famílias estão expostas, mas também para verificar se o Município possui políticas públicas voltadas para evitar a formação de áreas de risco (incluindo, por exemplo, a existência de política habitacional efetiva; o controle efetivo do uso do solo, por meio de fiscalização; dentre outros), além de políticas que busquem eliminar/reduzir o risco (com implantação de medidas estruturais ou removendo os moradores, quando efetivamente necessário, sem descuidar de assegurar a inserção em programa habitacional que efetivamente garanta o direito à moradia dos cidadãos) e conviver com os riscos existentes (por meio da elaboração e operação de Planos Preventivos de Defesa Civil).

A atuação deve ser preventiva e responsiva. Para tal, os Municípios devem possuir instrumentos fundamentais relacionados ao tema, como uma política habitacional eficaz, uma política voltada a evitar o surgimento de novas áreas de risco, defesa civil estruturada (com funcionários devidamente treinados e em número suficiente para o exercício de suas funções) e que atue permanentemente, além de Carta de Suscetibilidade, Plano de Fiscalização, mapas temáticos com as áreas de encostas, planícies de inundação e rede de drenagem existente e a ser implantada no município, Plano Municipal de Redução de Risco, Plano de Contingência de Proteção e Defesa Civil e Plano de obras/serviços com cronograma de implantação referes às áreas de risco já mapeadas. Nos casos em que os Municípios não possuem referidos instrumentos, o Ministério Público pode fomentar a sua elaboração e deve, após, acompanhar sua efetiva execução.

O Plano de Contingência de Proteção e Defesa Civil deve prever as ações, recursos e responsabilidades para prevenção de desastres naturais e gerenciamento de emergência. O artigo 3º-A, § 7º, da Lei 12.340/10 prevê o conteúdo mínimo de referido plano: I – indicação das responsabilidades de cada órgão na gestão de desastres, especialmente quanto às ações de preparação, resposta e recuperação; II – definição dos sistemas de alerta a desastres, em articulação com o sistema de monitoramento, com especial atenção dos radioamadores; III – organização dos exercícios simulados, a serem realizados com a participação da população; IV – organização do sistema de atendimento emergencial à população, incluindo-se a localização das rotas de deslocamento e dos pontos seguros no momento do desastre, bem como dos pontos de abrigo após a ocorrência de desastre; V – definição das ações de atendimento médico-hospitalar e psicológico aos atingidos por desastre; VI – cadastramento das equipes técnicas e de voluntários para atuarem em circunstâncias de desastres e VII – localização dos centros de recebimento e organização da estratégia de distribuição de doações e suprimentos.

Nesse sentido, é importante que o Ministério Público verifique se os sistemas de alerta a desastres existentes, articulados com o sistema de monitoramento,

OCUPAÇÕES EM ÁREAS DE RISCO

funcionam de forma adequada e eficaz, o que exige constante atualização do cadastro de moradores de áreas suscetíveis, a realização periódica de simulados com a população e verificação da forma de divulgação aos moradores de informações sobre risco iminente.

O Plano de obras e serviços, por sua vez, geralmente é elaborado na forma de um Plano Municipal de Redução de Riscos (PMRR), que deve incluir a elaboração de uma carta geotécnica de risco, em face dos processos atuantes no meio físico em áreas ocupadas, apontando os setores e as moradias que se encontram em situação de maior ou menor risco (ex: baixo, médio, alto e muito alto). Referido Plano deve, além de apurar as áreas de risco, prever as obras a serem realizadas para eliminação de referidos riscos. Anota-se, nesse ponto, que a tecnologia atualmente existente permite a realização de obras para mitigação ou até mesmo eliminação do risco. Assim, o planejamento relativo a cada área de risco deve passar pela efetiva identificação das residências individuais, caso a caso. Não há uma obrigação geral e irrestrita de remoção de todo morador de áreas de risco. A remoção deve ser realizada caso outras medidas corretivas não viabilizarem a permanência, a depender das circunstâncias do caso concreto.

A ausência de um Plano Municipal de Redução de Riscos faz com que a Municipalidade enfrente as questões de risco de forma pontual e sem o devido planejamento, o que resulta na perpetuação do problema no ponto de vista de um panorama geral e no dispêndio de recursos públicos de forma reativa e pouco eficiente. O resultado dessa atuação inadequada e do enfoque pulverizado, típico da falta de planejamento, nas ações empreendidas é a persistência da situação de perigo e seu agravamento.

Outro instrumento relevante no combate ao surgimento de novas áreas de risco é a carta geotécnica de aptidão à urbanização, que deve ser elaborada pelos Municípios para garantir a segurança dos novos parcelamentos e o aproveitamento de agregados para a construção civil, particularmente em áreas urbanas ou de expansão urbana.

Além do mapeamento de áreas de risco geológico-geotécnico já conhecidas – e que devem ser georreferenciadas, com caracterização do meio físico e do uso e ocupação do solo; descrição dos processos de instabilização com indicação de graus de risco e respectivo diagnóstico; identificação das moradias com a quantificação de pessoas ameaçadas; indicação de ações para controle e redução dos riscos em cada uma das áreas, com estimativas de custos e critérios de priorização das intervenções, incluindo a proposição de ação não estruturais necessárias – diversas áreas de risco possivelmente existentes acabam por não ser abarcadas em referido mapeamento. As áreas não habitadas, porém igualmente suscetíveis a eventos adversos de inundação ou movimentos gravitacionais de massa, que podem apresentar risco à população caso venham a sofrer processo de ocupação nos mesmos moldes observados em áreas de risco ocupadas/cadastradas, muitas vezes não são conhecidas pela Municipalidade. A ausência de política pública e insuficiência da ação do poder público municipal no que tange às áreas suscetíveis não ocupadas, somadas à ausência de política habitacional suficiente, acaba por permitir o surgimento de novas áreas de risco.

Destaca-se, ainda, que os processos de ocupação geradores de áreas de risco tendem a ocorrer em áreas ambientalmente sensíveis, inclusive em áreas ambientalmente protegidas, de forma que a inação do Poder Público acaba contribuindo de forma significativa também para a degradação ambiental.

Dessa forma, faz-se necessária a realização de mapeamento mais abrangente, que inclua as áreas suscetíveis ainda não ocupadas que, caso venham a ser ocupadas, configurarão novas áreas de risco. Há ferramentas que permitem a identificação dessas áreas proibitivas à ocupação antes de serem ocupadas – como por exemplo as já mencionadas Cartas de Suscetibilidade e geotécnicas – que podem e devem ser utilizadas pelos Municípios para delimitação de áreas impróprias à ocupação.

A carta geotécnica de suscetibilidade constitui no mapeamento das áreas suscetíveis a processos geológicos ou hidrológicos (ocupadas e não ocupadas). Em referido documento, os terrenos são classificados em distintos graus ou classes (ex: baixa, média e alta) quanto à propensão a processos do meio físico que podem gerar desastres naturais.

O resultado desse mapeamento abrangente deve ser incorporado no Plano Diretor Municipal e orientar a política fiscalizatória municipal. Não podem ser ignoradas as críticas a Planos Diretores incapazes de impelir verdadeiras transformações na ordem urbana, como por exemplo aquelas tecidas por Raquel Rolnick:

> (...) Em primeiro lugar, porque no Brasil simplesmente não existe, nem nunca existiu, um sistema de ordenamento territorial. O que existem são regras setoriais (meio ambiente, patrimônio, urbanismo) que não dialogam entre si e, muito menos, com os sistemas de financiamento do desenvolvimento urbano. Os planos diretores que, teoricamente, deveriam cuidar desta tarefa de ordenar o território, ou são mera expressão dos interesses econômicos dos setores envolvidos diretamente na produção da cidade, ou simplesmente não regulam nem definem os investimentos em cidade nenhuma do país. Além do mais, os planos diretores são municipais, sendo que muitas das nossas cidades são aglomerados ou regiões metropolitanas.[13]

Ainda assim, o Plano Diretor disciplina a ordenação da cidade e deve buscar transformar a realidade existente. Nesse sentido, o plano plurianual, as diretrizes

---

13. ROLNICK, Raquel. *As enchentes e o planejamento urbano*. Artigo disponível em: http://jornalggn.com.br/blog/luisnassif/as-enchentes-e-o-planejamento-urbano-por-raquel-rolnik. Acesso em: 10 abr. 2023.

orçamentárias e o orçamento anual devem incorporar as diretrizes e as prioridades nele contidas (art. 40 da Lei 10.251/01). O planejamento urbano deve incorporar, ainda, os mais diversos instrumentos que estão à disposição do gestor para efetivamente evitar a expansão e o surgimento de novas áreas de risco, bem como para eliminar/reduzir o risco nas áreas de risco já existentes, sem descuidar de assegurar aos cidadãos seu direito à moradia. Ademais, referido planejamento deve ser efetivamente executado, inclusive com acompanhamento orçamentário, e deve ser acompanhando de eficaz controle do uso e ocupação do solo na vertente fiscalização.

A elaboração de um Plano prevendo mecanismos de controle e fiscalização de áreas suscetíveis para evitar a edificação nesses locais, com base na carta geotécnica de suscetibilidade, parece fundamental para evitar a expansão e o surgimento de novas áreas de risco. Referido Plano de Fiscalização deverá ser baseado na realidade de cada Município, de forma que poderão ser previstas fiscalizações periódicas mais frequentes em áreas suscetíveis e que estejam sujeitas a maior pressão de ocupação, por exemplo.

Os Municípios devem conhecer suas áreas de risco e áreas suscetíveis não ocupadas, bem como definir estratégias para evitar ou conter ocupações nesses locais.

Nesse contexto, o Ministério Público pode acompanhar a adoção de medidas pelo poder público municipal para o efetivo controle do uso e ocupação do solo urbano, em especial para evitar a expansão e o surgimento de novas áreas de risco, incentivando os Municípios a utilizarem ferramentas que auxiliam na inibição da formação de novas áreas de risco.

Destaca-se que a Carta de Suscetibilidade, que sintetiza as condições presentes no território municipal que favoreçam o desenvolvimento dos fenômenos de risco, já foi elaborada pelo Instituto de Pesquisas Tecnológicas – IPT para muitos dos Municípios paulistas. O próprio artigo 42-A do Estatuto da Cidade (Lei 10.257/01) prevê expressamente que o plano diretor dos Municípios incluídos no cadastro nacional de municípios com áreas suscetíveis à ocorrência de deslizamentos de grande impacto, inundações bruscas ou processos geológicos ou hidrológicos correlatos deverá conter mapeamento contendo as áreas suscetíveis à ocorrência de deslizamentos de grande impacto, inundações bruscas ou processos geológicos ou hidrológicos correlatos (inciso II) e que a identificação e o mapeamento de áreas de risco levarão em conta as cartas geotécnicas (parágrafo 1º).

O Estatuto da Cidade estabelece como paradigma, ainda, uma atuação *preventiva*, ao prever na alínea 'h' do inciso VI do artigo 2º que a política urbana tem por objetivo ordenar o pleno desenvolvimento das funções sociais da cidade e da propriedade urbana, mediante, dentre outros, ordenação e controle do uso do solo, de forma a *evitar* a exposição da população a riscos de desastres.

Assim, o foco do poder público, no que diz respeito aos desastres naturais, deve ir além da defesa civil e de ações emergenciais, priorizando também o planejamento territorial, habitacional, ambiental e urbano.

A competência imposta aos Municípios pela Constituição Federal de ordenação do espeço territorial urbano (art. 30, VIII, da CF) retira do administrador público qualquer possibilidade de invocar critérios de conveniência e oportunidade para sua atuação nessa temática. Ou seja, o gestor não tem a opção de agir ou não agir.

Sua escolha recai apenas e tão somente na possibilidade de classificar, hierarquizar e selecionar quais os locais serão priorizados. Informações básicas do ponto de vista espacial, físico, socioeconômico e legal de cada local possibilitarão ao administrador público estabelecer critérios de elegibilidade por prioridade e/ou viabilidade de atuação.

Trata-se de ato vinculado; não é uma opção do administrador público perpetuar situações de risco e de indignidade a que estão submetidas centenas de famílias vulneráveis que vivem naqueles locais, assim como não é uma opção tolerar indiscriminadamente a degradação do meio ambiente. A administração pública tem, ao contrário, o dever de adotar todas as medidas que estão ao seu alcance para sanar o risco a que estão sujeitas as famílias que vivem em áreas sensíveis e para conter a degradação de áreas ambientalmente protegidas. Escolhas administrativas podem recair, por exemplo, apenas e tão somente em relação ao cronograma de quais áreas, considerado o orçamento disponível, serão enfocadas em primeiro lugar, mas nunca em relação à efetiva implementação desta política pública.

Nesse contexto, o Ministério Público pode, inclusive, verificar se o orçamento de referido ente público está observando o disposto na Constituição Federal, no sentido de ser instrumento de efetividade dos direitos fundamentais. O artigo 25 da Lei Complementar 101/00 prevê que a lei orçamentária e as de créditos adicionais só incluirão novos projetos após adequadamente atendidos os em andamento e contempladas as despesas de conservação do patrimônio público, nos termos em que dispuser a lei de diretrizes orçamentárias. Assim, o Poder Público em tese não pode gastar com obra nova se não resguarda financiamento pra obras em andamento e manutenção do patrimônio público, dispositivo que pode ser utilizado para assegurar que eventuais obras relacionadas às áreas de risco sejam efetivamente implementadas e finalizadas.

A questão relativa às áreas de risco é, na realidade, um problema efetivamente estrutural, na medida em que atinge direitos fundamentais e que se verifica em diversas regiões de quase todas as cidades, impondo, até para que se dê efetivo cumprimento ao princípio constitucional do planejamento enquanto diretriz do ordenamento urbano (dever, por excelência, do Município), um olhar amplo e racional por parte da administração pública – e também do Ministério Público.

Nesse sentido, parece que as respostas judiciais não podem permanecer indefinidamente individuais. O ajuizamento de inúmeras ações pontuais relativas a cada setor de risco indica a ausência de planejamento por parte do gestor público e a ausência de política pública eficaz, violando os direitos fundamentais já mencionados.

A utilização de inquéritos civis estruturais e ajuizamento de processos estruturais pode ser uma alternativa para o tratamento de questões complexas e multidisciplinares como é o caso das áreas de risco. Nessa sistemática, o Ministério Público pode buscar a compreensão do problema macro, com um olhar para todas as áreas de risco existentes no Município e assim buscando uma solução paulatina – e se possível consensual – para resolução do problema a partir de critérios objetivos de prioridades, que devem ser transparentes para a população.

A judicialização atomizada e os questionamentos judiciais relativos a cada setor de risco existente em determinado município parecem não atender ao desafio do controle estrutural da efetivação do direito fundamental à moradia, à segurança e à dignidade humana.

Assim, com o intuito de evitar a piora do litígio estrutural subjacente, evitando que os recursos disponíveis sejam alocados não de acordo com um plano racionalmente desenvolvido, mas sim, em benefício daqueles que primeiro se socorrem do Judiciário,[14] é que o Ministério Público deve repensar sua atuação e buscar uma atuação estrutural.

Como bem destaca Edilson Vitorelli[15] "quando o litígio que se apresenta na sociedade é coletivo, a sua solução deve ser buscada, prioritariamente, na via do processo coletivo, capaz de garantir tratamento isonômico aos indivíduos e de levar em conta as circunstâncias e efeitos mais amplos do caso sobre a sociedade".[16]

Dessa forma, a atuação deve se concentrar na fragilidade estrutural da política pública em questão, buscando efeitos coletivos mais satisfatórios do que uma demanda específica em relação a determinada área, justamente por buscar analisar o problema em uma perspectiva global e prospectiva.[17]

---

14. VITORELLI, Edilson. *Processo civil estrutural*: teoria e prática. Salvador: JusPodivm, 2020, p. 469.
15. VITORELLI, Edilson. *Processo civil estrutural*: teoria e prática. Salvador: JusPodivm, 2020, p. 112.
16. Sobre a primazia do processo coletivo para a intervenção em políticas públicas: COSTA, Susana Henriques da; FERNANDES, Débora Chaves. Processo coletivo e controle judicial de políticas públicas: relatório Brasil. In: GRINOVER, Ada Pellegrini; WATANABE, Kazuo; COSTA, Susana Henriques da. *O Processo para solução de conflitos de interesse público*. Salvador: JusPodivm, 2017.
17. MARÇAL, Felipe Barreto. *Processo Estruturantes*. Salvador: JusPodivm, 2021, p. 192.

O próprio C. Superior Tribunal de Justiça já reconheceu que, conquanto os litígios estruturais demandem uma releitura de diversos aspectos do direito processual, bem como o desenvolvimento de uma cultura distinta para os operadores do Direito, essas dificuldades não justificam a negativa de tutela jurisdicional:

> Se é verdade que ainda não há, entre nós, a cultura e nem tampouco o arcabouço jurídico adequado para lidar corretamente com as ações que demandam providências estruturantes e concertadas, não é menos verdade que não pode e não deve o Poder Judiciário, em razão disso, negar a tutela jurisdicional minimamente adequada, resolvendo questões dessa magnitude social, política, jurídica e cultural, de modo liminar ou antecipado, sem instrução ou participação, ao simples fundamento de que o Estado não reuniria as condições necessárias para a implementação de políticas públicas e ações destinadas a resolução, ou ao menos à minimização, dos danos decorrentes do acolhimento institucional de menores por período superior àquele estipulado pelo Estatuto da Criança e do Adolescente (REsp 1854842/CE, Terceira Turma, Min. Rel. Nancy Andrighi, j. 02.06.2020).

Cabe destacar, ainda, que no caso de eventual ajuizamento de demanda nesse sentido, não há que se falar em violação ao princípio da separação dos poderes, uma vez que a intervenção busca justamente garantir a implementação de políticas públicas delineadas na Constituição Federal.[18] No caso das áreas de risco, em especial, o Ministério Público deve buscar a elaboração, implementação e fiscalização de um plano que proporcione a solução do problema estrutural delineado.

5. CONCLUSÃO

Conclui-se que a ausência de integração e articulação entre diversas políticas setoriais que permeiam o tema relativo às áreas de risco implica em desrespeito a diversos direitos fundamentais, fazendo-se necessária a atuação ministerial para fomentar a elaboração e implementação de políticas públicas coerentes, estruturadas e eficazes.

Em prol da efetivação do direito de moradia, à cidade, à saúde, ao saneamento, ao meio ambiente, à dignidade humana, à segurança, dentre outros, o Ministério Público pode instar os Municípios a elaborarem e efetivamente implementarem instrumentos e planejamentos relacionados às áreas de risco.

A atuação ministerial, entretanto, deve ser estrutural, podendo se valer de inquéritos civis de amplo alcance ou do ajuizamento de processos estruturais, mais adequados para o tratamento de questões complexas e multidisciplinares como

---

18. Sobre o tema: GRINOVER, Ada Pellegrini; WATANABE, Kazuo. *O controle jurisdicional de políticas públicas*. Rio de Janeiro: Forense, 2011. Também: COMPARATO, Fábio Konder. Ensaio sobre o juízo de constitucionalidade de políticas públicas. *Estudos em homenagem a Geraldo Ataliba*. São Paulo: Malheiros, 1997.

é o caso das áreas de risco. Adicionalmente, o Ministério Público deve verificar se há uma política pública preventiva e responsiva efetivamente em execução.

Nesse contexto, pode-se verificar se o Município possui defesa civil estruturada, Carta de Suscetibilidade, Plano de Fiscalização, mapas temáticos com as áreas de encostas, planícies de inundação e rede de drenagem existente e a ser implantada no município, Plano Municipal de Redução de Risco, Plano de Contingência de Proteção e Defesa Civil e Plano de obras/serviços com cronograma de implantação referes às áreas de risco já mapeadas – buscando, ainda, verificar e garantir a existência de uma política habitacional eficaz, de uma política voltada para a redução e eliminação de riscos de forma racional, bem como de uma política voltada a evitar o surgimento de novas áreas de risco.

A partir do levantamento e mapeamento atualizado das áreas de risco, o Município poderá indicar a periodicidade com a qual a fiscalização e monitoramento se fazem necessários em cada área, além de apresentar cronograma, baseado em parâmetros explícitos de priorização das situações, por grau de gravidade respectiva, de realização de estudos e levantamentos quanto aos instrumentos técnicos que serão utilizados para tal manejo, custos respectivos e proposta de tratamento orçamentário para as respectivas ações. A partir daí, pode ser construído cronograma de realização das ações de manejo, contemplando previsão de alocações orçamentárias e a realização de eventuais licitações para tanto necessárias. Por fim, é interessante que haja dinâmica de avaliação e reavaliação contínua do plano, a partir das quais poderão ser determinadas novas medidas e a readequação das providências e ações previstas.

A análise da (in)execução orçamentária e dos investimentos públicos voltados para as áreas de risco também pode ser realizada pelo Ministério Público e fundamentar eventuais pedidos em ações estruturais ou negociações em acordos estruturais. Mediante comparação de eventual aumento de arrecadação com o respectivo aumento ou diminuição dos investimentos nessas áreas, pode-se verificar a priorização ou não na aplicação de recursos na política pública em questão.

O Ministério Público deve buscar a compreensão do problema macro, com um olhar para todas as áreas de risco existentes no Município, buscando uma solução paulatina – se possível consensual – para resolução da questão a partir de critérios objetivos de prioridades, que devem ser transparentes para a população.

6. REFERÊNCIAS

COMPARATO, Fábio Konder. Ensaio sobre o juízo de constitucionalidade de políticas públicas. *Estudos em homenagem a Geraldo Ataliba*. São Paulo: Malheiros, 1997.

COSTA, Susana Henriques da; FERNANDES, Débora Chaves. Processo coletivo e controle judicial de políticas públicas: Relatório Brasil. In: GRINOVER, Ada Pellegrini; WATANABE, Kazuo;

COSTA, Susana Henriques da. *O Processo para solução de conflitos de interesse público*. Salvador: Juspodivm, 2017.

INSTITUTO BRASILEIRO DE GEOGRAFIA E ESTATÍSTICA. Disponível em: https://educa. ibge.gov.br/%20jovens/conheca-o-brasil/populacao/18313-populacao-rural-e-urbana. html#:~:text=De%20acordo%20com%20dados%20da,brasileiros%20vivem%20em%20 %C3%A1reas%20rurais. Acesso em: 05 abr. 2023.

FIORILLO, Celso Antonio Pacheco e FERREIRA, Renata Marques. *Estatuto da Cidade Comentado*. 6. ed. São Paulo: Saraiva, 2014.

GRINOVER, Ada Pellegrini; WATANABE, Kazuo. *O controle jurisdicional de políticas públicas*. Rio de Janeiro: Forense, 2011.

MACHADO, Paulo Affonso Leme. *Direito Ambiental Brasileiro*. 27. ed. São Paulo: Malheiros, 2020.

MAPBIOMAS. Destaques do Mapeamento Anual das Áreas Urbanizadas no Brasil entre 1985 a 2021. Disponível em: https://mapbiomas.org/favelas-no-brasil-crescem-em-ritmo-acelerado-e-ocupam-106-mil-hectares. Acesso em: 04 abr. 2023.

MARÇAL, Felipe Barreto. *Processo estruturantes*. Salvador: JusPodivm, 2021.

MINISTÉRIO PÚBLICO DO ESTADO DE SÃO PAULO. GAEMA ajuizou 42 ações por intervenções contra riscos em São Sebastião. Disponível em: https://www.mpsp.mp.br/w/gaema-ajuizou-42-a%C3%A7%C3%B5es-pleiteando-interven%C3%A7%C3%B5es-para-reduzir-riscos-em-s%C3%A3o-sebasti%C3%A3o. Acesso em: 06 abr. 2023.

NOSSA SÃO PAULO. Mapa da Desigualdade 2022. Disponível em: https://www.nossasaopaulo. org.br/wp-content/uploads/2022/11/Mapa-da-Desigualdade-2022_Tabelas.pdf. Acesso em: 04 abr. 2023.

PORFÍRIO, Camila Almeida Porfírio. *Litígios Estruturais* – Legitimidade democrática, procedimento e efetividade. Rio de Janeiro: Lumen Juris, 2018.

PREFEITURA DE SÃO PAULO. Intervenções e Áreas de Risco. Disponível em: https://www. prefeitura.sp.gov.br/cidade/secretarias/upload/desenvolvimento_urbano/arquivos/ apresentacao_final_31-10-2011.pdf. Acesso em: 10 abr. 2023.

ROLNICK, Raquel. *As enchentes e o planejamento urbano*. Artigo disponível em: http://jornalggn. com.br/blog/luisnassif/as-enchentes-e-o-planejamento-urbano-por-raquel-rolnik. Acesso em: 10 abr. 2023.

VITORELLI, Edilson. *Processo civil estrutural*: teoria e prática. Salvador: JusPodivm, 2020.

POPULAÇÃO EM SITUAÇÃO DE RUA E O DIREITO À "ARQUITETURA GENTIL"

Anna Trotta Yaryd

Promotora de Justiça na Promotoria de Justiça de Direitos Humanos, área da inclusão social.

Lucas Martins Bergamini

Analista Jurídico na Promotoria de Justiça de Direitos Humanos, área da inclusão social. Discente do curso de mestrado da Faculdade de Direito da USP.

Sumário: 1. Introdução – 2. Arquitetura hostil e população em situação de rua; 2.1 O conceito de arquitetura hostil; 2.2 A população em situação de rua – 3. O direito à cidade e o Ministério Público; 3.1 O direito à cidade sustentável; 3.2 A arquitetura hostil e a atuação do Ministério Público – 4. Considerações finais – 5. Referências.

1. INTRODUÇÃO

Na capital paulista está em vigor, desde 2014, o Plano Diretor Estratégico do Município, lei municipal que orientará o desenvolvimento e o crescimento urbano da cidade até 2030. O plano intenciona direcionar ações dos produtores do espaço urbano, públicos ou privados, para que haja um desenvolvimento da cidade de forma mais equilibrada e inclusiva, sendo socialmente e ambientalmente responsável.

Com esse artigo, prendemos instigar a reflexão sobre a importância de ze-larmos pela prática da gentileza urbana a fim de impactar positivamente a vida em sociedade, visando a construção de uma sociedade mais solidária e menos desigual, que priorize o planejamento de cidades mais gentis, dignas, acessíveis e inclusivas para todo mundo. Questiona-se, também, do ponto de vista jurídico se existiria um direito à "arquitetura gentil" ou à "gentileza urbana", em contraponto à proibição da arquitetura hostil.

Impedir o uso de espaços públicos é, definitivamente, uma antiarquitetura. Precisamos enxergar os espaços urbanos como lugares para a permanência e o pertencimento.

Mas, infelizmente, não é isso que vem ocorrendo em São Paulo. Com a falsa ideia de evitar que "mendigos" e transeuntes cansados ocupem indevidamente locais destinados à circulação e a compras, e possam representar danos à imagem dos lugares e ameaças à higiene e à segurança, o que temos visto, com cada vez mais frequência, é a prática, nas formas mais inventivas e variáveis, da arquitetura hostil.

A arquitetura hostil consiste na prática de colocar, em espaços públicos ou no entorno de edifícios, elementos de mobiliário urbano ou obstáculos para afastar pessoas, restringir seu comportamento ou tornar sua experiência menos confortável. O objetivo é o de impedir a permanência de pessoas em bancos de praças, espaços residuais em fachadas e demais áreas livres do espaço público, que tem por base uma ideia ultrapassada, pautada na especulação imobiliária, onde acredita-se que a remoção dessas pessoas valoriza o entorno, garante a segurança, e, consequentemente, aumenta o valor dos imóveis da região, gerando a chamada gentrificação.

Ela age como uma intervenção de limpeza urbana por meio de elementos e materiais utilizados por pessoas para afastar pessoas dos espaços públicos, e que acabam influenciando a maneira como os indivíduos vivenciam os municípios e convivem entre si, como é o caso dos bancos com divisória e formatos desconfortáveis, espetos e gradis, paisagismo espinhoso, pedras pontiagudas embaixo de viadutos, grades instaladas no entorno de praças e jardins e edifícios, gotejamento de água programado, muros com pinos metálicos, construções em marquises, degraus com parafusos expostos.

O resultado dessas ações, entretanto, vai de encontro a conceitos de convivência, desconsidera o direito coletivo à cidade, piora o padrão da cidadania, e, além de não resolver a complexa questão das pessoas mais vulneráveis, torna as cidades mais frias, agressivas e excludentes e, via de regra, serve para hostilizar as pessoas que não trabalham e não consomem.

O resultado dessas ações bloqueia a plena e saudável utilização dos espaços públicos e daqueles na fronteira entre o privado e o público, o que piora o padrão da cidadania, além de camuflar problemas do espaço urbano, o que não contribui em nada para que as questões sociais, econômicas e políticas que originam as desigualdades sociais, deixem de existir.

O presente artigo se insere numa agenda propositiva dentro do contexto da população em situação de rua. Parte-se do pressuposto de que a arquitetura hostil é uma antiarquitetura e não resolve a complexa e multifacetada questão das pessoas que, por diversos motivos, existem e (sobre)vivem nas ruas. Além disso, parte-se do pressuposto básico de que ela viola direitos, notadamente o direito ao espaço urbano e à dignidade humana.

E se viola direitos, quais seriam as alternativas a ela? Qual o possível papel do Ministério Público, que tem por dever constitucional a defesa do regime democrático, dentro dessa complexa problemática? De plano, reconhece-se que a temática é complexa e não abre espaço para ingenuidades. No entanto, não se pode desconsiderar que pessoas em situação de rua são sujeitos de direito e devem ser respeitadas em sua intrínseca dignidade.

2. ARQUITETURA HOSTIL E POPULAÇÃO EM SITUAÇÃO DE RUA

2.1 O conceito de arquitetura hostil

A expressão "arquitetura hostil" tem sua origem datada de 2014, na reportagem "Anti-homeless spikes are part of a wider phenomenon of "hostile architecture" publicada pelo repórter Ben Quinn, no jornal "The Guardian".[1]

No supramencionado artigo, Ben Quinn abordava como o desenho de algumas cidades impedia os moradores de rua de se abrigaram em locais públicos e argumentava, principalmente, que o Estado, quando não consegue resolver suas falhas na atenção aos mais vulneráveis, tende a empurrar as pessoas que considera inadequadas para fora, visando, com isso, trazer uma ilusão de uma cidade organizada e sem problemas sociais aos outros cidadãos.

De acordo com a arquiteta Débora Faria, no artigo "Da generosidade à hostilidade: arquitetura hostil nas galerias da Avenida Sete de Setembro",[2] a arquitetura hostil também é denominada "arquitetura antimendigo", "arquitetura da violência" ou "arquitetura do medo" e está relacionada com o "fenômeno de proteção, fortificação e afirmação social de status, que geram segregação, exclusão, conflitos e alterações estéticas no ambiente urbano e conduzem os usos do espaço público".[3]

Considerando que a arquitetura hostil não serve necessariamente ao enfrentamento à criminalidade,[4] Faria aponta que o fator que a ensejaria seria, na verdade, um fator bastante irracional – o medo. Segundo a pesquisadora:

> Na cidade brasileira, a preocupação com segurança materializa-se numa paisagem marcada pela onipresença de câmeras de segurança, grades, guaritas, portões, muros altos, arames farpados, cacos de vidro, concertinas, vegetações, pinos e espetos, bancos e chuveiros antimendigos, entre outros equipamentos desenhados para tal intuito. Apesar das altas taxas de criminalidade no país, considera-se que a decisão de implantar dispositivos de segurança e

---

1. QUINN, Ben. *Anti-homeless spikes are part of a wider phenomenon of 'hostile architecture'*. Publicado em 13 Jun 2014. Disponível em: https://www.theguardian.com/artanddesign/2014/jun/13/anti-homeless-spikes-hostile-architecture?utm_medium=website&utm_source=archdaily.com.br. Acesso em: 1º abr. 2023.
2. FARIA. Débora R. *Da generosidade à hostilidade*: arquitetura hostil nas galerias da Avenida Sete de Setembro. In: ROSANELI, Alessandro Filla. *Olhares pelo espaço público*. Curitiba: Setor de Tecnologia da UFPR, 2019. Disponível em: http://www.tecnologia.ufpr.br/portal/observatoriodoespacopublico/wp-content/uploads/sites/36/2019/10/LIVRO_2019_VF.pdf. Acesso em: 09 abr. 2023, p. 224.
3. FARIA. Débora R. Op. cit., p. 225.
4. Nem para satisfazer os direitos das pessoas que estão na rua.

arquitetura hostil é influenciada por outros fatores. Nesse sentido, o primeiro fator considerado indutor do controle do espaço é o medo: medo do outro, da violência, de despossuídos e de estranhos.[5]

No mesmo sentido vem a ideia apresentada por Diego Amador Tavares, para quem esse tipo de arquitetura não está relacionado apenas com as mudanças físicas no espaço urbano, como a inserção de cercas elétricas, muros, grades e dispositivos de vigilância, mas com o sentimento de medo. Para o autor, a "arquitetura do medo" é uma relação entre a sociedade e a cultura do medo que por consequência, materializa a necessidade de segurança por meio desses artifícios, condicionando as relações humanas que afetam não somente os despossuídos, mas também os idosos, enfermos e gestantes, que são impossibilitados de descansar em um abrigo de ônibus, por exemplo.[6]

Como resultado de um processo de criação no qual pessoas são responsáveis por projetar, aprovar e financiar esse tipo de crueldade com o motivo de excluir, essa arquitetura é reveladora de discriminação e intolerância com qualquer sujeito que não se encaixe nos padrões sociais.

Vale lembrar que há registros que apontam que esses obstáculos arquitetônicos não se limitam aos locais públicos. Aeroportos, igrejas e shopping centers também têm colocado bancos segmentados para evitar que viajantes e compradores cansados os utilizem para se deitar. Além disso, não apenas nos parques, mas também nos complexos de edifícios estão sendo adicionados pequenos entalhes de metal às paredes e grades para evitar, por exemplo, que skatistas pisem neles.

Entretanto, o risco que se corre com esse tipo de medida é mudar a natureza dos ambientes públicos de inclusivos para exclusivos, na lógica de consumo: se você é um bom consumidor, pode usar a infraestrutura, mas se não for, não deveria estar nesse espaço.

Dessa maneira, com o intuito de trazer um suposto "sentimento de segurança, afastando o "sentimento de medo", cria-se uma arquitetura que afasta, hostiliza, amedronta e amplifica vulnerabilidades. E a população que usa o logradouro público para sobrevivência é, naturalmente, a mais afetada.

---

5. Idem.
6. TAVARES, Diego Amador. *Arquitetura da violência*: um estudo sobre insegurança pública em Belém em meio à segregação social e a cultura da barbárie. 3º Encontro da Região Norte da Sociedade Brasileira de Sociologia: Amazônia e Sociologia: fronteiras do século XXI. Manaus, 2012. Disponível em: http://docplayer.com.br/20565712-Arquitetura-da-violencia-um-estudo-sobre-inseguranca-publica-na-cidade-debelem-em-meio-a-segregacao-social-e-a-cultura-da-barbarie.html. Acesso em: 02 abr. 2023.

2.2 A população em situação de rua

Importante lembrar que a urbanização no Brasil ocorreu de forma bastante acelerada. Em menos de 30 anos passamos de um país rural para urbano. Esse processo de urbanização trouxe vários desafios urgentes como injustiça e desigualdade sociais, periferias carentes de infraestrutura, serviços e equipamentos urbanos, segregação entre populações de classes sociais pobres e de alta renda, utilização e ocupação privada de espaços públicos, degradação do meio ambiente e prevalência de interesses imobiliários sobre os interesses dos moradores, os quais não foram devidamente enfrentados pelo Estado.

E, nesse movimento de assentamento e (des)qualidade de vida, a cidade de São Paulo distanciou sua população de incluídos e excluídos, possuindo uma grande parte de acampados urbanos e poucos assentados.

A pobreza instalada, entretanto, não implicou seu reconhecimento pelo Estado e pelo aparato governamental; e esse desinteresse do Estado teve influência e impacto direto no comportamento da sociedade, que ora trata os moradores de rua com compaixão, ora com repressão, preconceito, indiferença e violência.

Acrescenta-se a isso, o fato de que a exclusão social e a pobreza absoluta só têm aumentado no Brasil e na América Latina, nas últimas décadas, com aumento do predomínio de mulheres entre os pobres, consequência do desigual acesso feminino às oportunidades econômicas e sociais. A desigualdade racial também está claramente relacionada com a população em situação de rua.

Ressalta-se, ainda, que a ideia de se pensar uma política pública para a população em situação de rua é bastante recente, muito embora o fenômeno seja algo histórico que perpassa diversos períodos históricos. Como aponta Simone Frangella:

> De uma maneira geral, atravessando as fronteiras nacionais, podemos dizer que o estatuto político e social dos moradores de rua, homeless, desenvolvido a partir de meados do século XX, mudou a relação desses sujeitos com o meio institucional que os envolve nas cidades capitalistas. Embora as instituições filantrópicas sempre acompanhassem os movimentos de vagantes nas cidades e o poder público agisse até então muito mais pelo aparato repressivo, a partir daquele momento as iniciativas para prover algum tipo de assistência transformaram-se da década de 1980 em diante efetivamente em políticas de atendimento – que englobam serviços provisionados pelo governo, assim como ações de entidades civis voluntárias e não governamentais – e em leis e estatutos. Ao mesmo tempo em que afirmaram a condição de excluídos sociais do segmento que habitava as ruas, tornaram mais viáveis as políticas de inserção.[7]

---

7. FRANGELLA, Simone Miziara. *Corpos urbanos errantes*: uma etnografia da corporalidade de moradores de rua em São Paulo. Tese (Doutorado em Ciências Sociais) – Instituto de Filosofia e Ciências Humanas: Campinas, 2004, p. 48.

Pesquisas indicam que a população em situação de rua, que já vinha numa crescente, cresceu muito no Brasil nos últimos dois anos em decorrência da pandemia Covid-19, que acirrou as desigualdades que já existiam no nosso país e nos colocou novamente no mapa da fome.

Segundo levantamento publicado pelo IPEA (Instituto de Pesquisa Econômica Aplicada), a população em situação de rua no Brasil cresceu 38% desde 2019 e chegou em 2022 a 281,4 mil pessoas.[8] Em uma década, o aumento foi de 211%, muito superior ao crescimento da população em geral no Brasil, de 11%.[9] E conclui Marco Natalino, autor da nota técnica, que esse crescimento da população em situação de rua em ordem de magnitude superior ao crescimento vegetativo da população revela o impacto da pandemia de Covid-19 nesse segmento.[10]

Segundo dados do Observatório Brasileiro de Políticas Públicas com a População em Situação de Rua, da Universidade Federal de Minas Gerais (Polos – UFMG), com base em dados do Cadastro Único, a cidade de São Paulo registrou recorde no número de pessoas em situação de rua, contando com 52,2 mil pessoas em situação de rua no início do ano de 2023, o maior número já registrado desde o início da série histórica, em 2012.[11] Esses dados apontam que a maior cidade da América Latina concentra 25% da população em situação de rua de todo o país. Todo o estado de São Paulo registra 80.576 sem-teto, o que corresponde a 42% da população de rua nacional.[12] Para se ter uma ideia, das 645 cidades paulistas, 449, ou 69,6% do total, têm quantidade de moradores menor do que a população em situação de rua aferida na cidade de São Paulo.[13]

De acordo com o censo da população em situação de rua de São Paulo,[14] o número do que os recenseadores classificam como "moradias improvisadas" (barracas) nas ruas cresceu 330% em 2021, considerando-se os números de 2019.[15] Enquanto no recenseamento anterior havia 2.051 pontos abordados com barracas improvisadas, em 2021 foram computados 6.778 pontos.[16]

---

8. NATALINO, Marco. *Estimativa da população em situação de rua no Brasil (2021-2022)*. Nota Técnica. Instituto de Pesquisa Econômica Aplicada: Brasília, 2022, p. 18.

9. Idem.

10. Idem.

11. Observatório Brasileiro de Políticas Públicas com a população em situação de rua. Disponível em: https://obpoprua.direito.ufmg.br/moradia_pop_rua.html. Acesso em: 03 abr. 2023.

12. Observatório Brasileiro de Políticas Públicas com a população em situação de rua. Disponível em: https://obpoprua.direito.ufmg.br/moradia_pop_rua.html. Acesso em: 03 abr. 2023.

13. Idem.

14. Prefeitura Municipal de São Paulo. *População em Situação de Rua: Censo 2021*. Disponível em: https://app.powerbi.com/view?r=eyJrIjoiZWE4MTE5MGItZjRmMi00TcyLTgxOTMtMjc3MDAwMD-M0NGI5IiwidCI6ImE0ZTA2MDVjLWUzOTUtNDZlYS1iMmE4LThlNjE1NGM5MGUwNyJ9. Acesso em: 02 abr. 2023.

15. Idem.

16. Prefeitura Municipal de São Paulo. Op. cit.

Na mesma esteira cresceu também o número de entrevistados informando ter, no local em que foram abordados nas ruas, a companhia de alguma pessoa que considera ser integrante de sua família. Enquanto em 2019, 20% da população em situação de rua deu esta declaração, em 2021 o percentual subiu para 28,6%.[17]

Esse é um dos indicadores que sinaliza para o crescimento do número de famílias vivendo nas ruas da cidade, possivelmente por motivação econômica.

Outro dado importante é que o percentual de mulheres em situação de rua cresceu de 14,8% do total dessa população, em 2019, para 16,6% em 2021. Do mesmo modo, a população trans/travesti/agênero/não binário/outros também aumentou: representava 2,7% em 2019, e agora, soma 3,1% da população nas ruas da cidade. O perfil majoritário continua masculino, em idade economicamente ativa, idade média de 41,7 anos em 2021.[18]

Contudo, a cor da pele da maioria que se apresenta nesses espaços é a mesma: negra. Do total de pessoas em situação de rua na capital paulista, 70,8% são pretos ou pardos, registram os dados oficiais do "Censo PopRua" realizado pelo Município, em 2021.[19]

Esses números não só evidenciam que a relação de exclusão/inclusão social é indissolúvel e necessariamente interdependente, na medida em que alguém é excluído de uma dada situação de inclusão, como demonstra que, muito embora a pobreza seja uma dimensão fundamental da exclusão, ela tem muitas outras dimensões e percepções, e que essa vida humana nos pedaços de São Paulo não tem sido enxergada com a necessária humanidade que lhe é constitutiva.

Segundo o Decreto 7.053/2009, que instituiu a "Política Nacional para População em Situação de Rua", o termo "população em situação de rua" é definido da seguinte maneira:

> Grupo populacional heterogêneo que possui em comum a pobreza extrema, os vínculos familiares interrompidos ou fragilizados e a inexistência de moradia convencional regular e que utiliza logradouros públicos e as áreas degradadas como espaço de moradia e de sustento, de forma temporária ou permanente, bem como as unidades de acolhimento para pernoite temporária ou como moradia provisória.[20]

A expressão 'situação de rua' retrata tanto a carência de moradia quanto também descreve um grupo social. A Relatoria Especial da ONU para o direito

---

17. Idem.
18. Idem.
19. Idem.
20. BRASIL. *Decreto 7.053, de 23* de dezembro de 2009. Institui a Política Nacional para a População em Situação de Rua e seu Comitê Intersetorial de Acompanhamento e Monitoramento, e dá outras providências. Disponível em: https://www.planalto.gov.br/ccivil_03/_ato20072010/2009/decreto/d7053. htm. Acesso em: 02 abr. 2023.

à moradia adequada, através do Relatório A/HRC/37/53[21] aponta o acúmulo de discriminações existentes em relação às pessoas em situação de rua, que tem seus direitos socioeconômicos violados. A mesma Relatoria Especial denuncia a incapacidade dos governos de enfrentar as crescentes desigualdades de renda, riqueza e acesso à terra e à propriedade, bem como à incapacidade de responder efetivamente aos problemas da urbanização e migração, de modo que a moradia é tratada como mercadoria, e não um direito humano fundamental.

Nesse contexto, é preciso enfatizar que, muito embora a pobreza seja um conceito comparativo, uma vez que os parâmetros que a qualificam se fundam na desigualdade social, ela é uma relação política, na medida em que sua reiteração ocorre através de políticas econômicas e sociais que reafirmam a discriminação e a exclusão de muitos nos campos ocupacional, educacional, cultural, espacial e político, além da real privação material.

Esses discriminados e excluídos são os pobres, aos quais o reconhecimento da cidadania e dos direitos sociais ainda estão longe de ser uma prerrogativa real para todos os que (sobre)vivem. Para a totalidade dessa população de miseráveis a inexistência de moradias convencionais e regulares faz com que os espaços públicos, notadamente as ruas, sejam usados como espaço de moradia e sustento por contingência temporária ou de forma permanente.

O geógrafo Milton Santos, ao discorrer sobre a construção do espaço geográfico afirma corretamente que: "é o uso do território, e não o território em si mesmo que faz dele objeto de análise social".[22] Maria Adélia Aparecida de Souza, ao comentar "O retorno do território", acrescenta que:

> [...] o território usado se constitui em uma categoria essencial para a elaboração sobre o futuro. O uso do território se dá pela dinâmica dos lugares. O lugar é proposto por ele como sendo o espaço do acontecer solidário. Estas solidariedades definem usos e geram valores de múltiplas naturezas: culturais, antropológicos, econômicos, sociais, financeiros, para citar alguns. Mas as solidariedades pressupõem coexistências, logo pressupõem o espaço geográfico.[23]

Lembrando que esse território usado é também "prenhe das experiências daqueles que conquistam a sobrevivência em ambientes hostis e antagônicos".[24]

---

21. HUMAN RIGHTS COUNCIL. *Report of the Special Rapporteur on adequate housing as a componente of the right to an adequate standard of living, and on the right to non-discrimination in this context.* Nova York: Human Rights Council, 2018. Disponível em: https://www.ohchr.org/en/special-procedures/sr-housing. Acesso em: 02 abr. 2023.

22. SANTOS, Milton. *O retorno do território.* OSAL: Observatório Social de América Latina, Buenos Aires, Ano 6, n. 16, p. 251-161, jun. 2005.

23. SOUZA, Maria Adélia Aparecida. Milton Santos, um revolucionário. In: SANTOS, Milton. O retorno do território. OSAL: *Observatório Social de América Latina*, ano 6, n. 16, p. 251-161, Buenos Aires, jun. 2005.

24. RIBEIRO, Ana Clara Torres. Território usado e humanismo concreto: o mercado socialmente necessário. In: SILVA, Catia Antonia da et al. *Formas em crise*: utopias necessárias. Rio de Janeiro: Arquimeds Edições, 2005, p. 94.

Assim é também o território usado pela população que faz da rua o seu espaço de vida, como abrigo, recriando nesses espaços urbanos estratégias e novos usos que garantam a sua sobrevivência.

Nesse contexto, tais pessoas vivenciam a geografia urbana de forma particular, fazendo da rua um lugar de deslocamento contínuo e dotado de funções diversas daquela preconizada pela ordem urbana.[25] Para eles, as ruas se tornam um lugar de moradia e sustento; e, em sendo um "lugar", lembrando da lição de Milton Santos, deve ser um "espaço de acontecer solidário".

Assim, muito embora o território seja considerado como "acidente de percurso", na realidade ele é condição efetiva e real de distribuição de acessos à riqueza e às condições de vida de uma população. Por isso, regra geral, a população em situação de rua se concentra nas áreas centrais das cidades, haja vista as variadas possibilidades que esses locais oferecem, de modo a garantir melhores condições de sobrevivência em comparação a outras áreas da cidade, principalmente as possibilidades de realização de atividades laborais, bem como a concentração de ajudas assistencialistas.

Além disso, a diversidade da arquitetura urbana nos centros oferece maiores possibilidades de abrigo, cujo cotidiano gira em torno da luta pela obtenção de alimentos.

Dessa forma, ser cidade no terceiro milênio é alcançar esta condição de dignidade, civilização e democracia em todos os seus pedaços e para todos os seus cidadãos. E, nesse contexto, o direito à cidade deve ser considerado como um novo paradigma para enfrentar os principais desafios impostos aos centros urbanos, como acesso aos espaços públicos, redução da pobreza, combate à exclusão social e prevenção de danos ambientais, com a previsão de ações decisivas e políticas públicas específicas em nível nacional, regional e local para atender o público que vive em situação de extrema pobreza e vulnerabilidade social.

3. O DIREITO À CIDADE E O MINISTÉRIO PÚBLICO

3.1 O direito à cidade sustentável

A Constituição Federal, no artigo 182, ao falar da "política urbana", definiu que ela teria por objetivo o pleno desenvolvimento das funções sociais da cidade e o bem-estar dos seus habitantes.[26]

---

25. FRANGELLA, Simone. Op. cit., p. 13.
26. Art. 182. A política de desenvolvimento urbano, executada pelo Poder Público municipal, conforme diretrizes gerais fixadas em lei, tem por objetivo ordenar o pleno desenvolvimento das funções sociais da cidade e garantir o bem-estar de seus habitantes.

A expressão direito à cidade surgiu com o sociólogo Henri Lefebvre, na sua obra "O Direito à Cidade" em que apresenta um conceito filosófico sobre esse direito sob o contexto urbano francês, sua estrutura opressora marcada pelo capital e a retirada do proletariado para áreas periféricas, que perdeu o seu direito à cidade.

Da construção filosófica, o direito à cidade foi incorporado pelo ordenamento jurídico brasileiro através da Constituição Federal e do Estatuto da Cidade (Lei 10.257/2001), nos termos do artigo 2º, I, que apontou ser objetivo da política urbana garantir o direito à uma cidade sustentável, com "direito à terra urbana, à moradia, ao saneamento ambiental, à infraestrutura urbana, ao transporte e aos serviços públicos, ao trabalho e ao lazer, para as presentes e futuras gerações".[27]

O Estatuto das Cidades considera que esse direito deve ser garantido para as presentes e futuras gerações, e contém um conjunto de princípios, diretrizes e instrumentos de natureza jurídica e urbanística para enfrentar os problemas que temos em nossas cidades, como a situação das favelas, de áreas de risco, de diminuição de áreas verdes e de espaços públicos, de ausência de participação política dos habitantes.

Esse entendimento de que as cidades devem ser sustentáveis foi adotado pela Nova Agenda Urbana,[28] aprovada na Conferência das Nações Unidas do Habitat III, na cidade de Quito em 2016, que no seu parágrafo 11 versa sobre a visão do direito à cidade em uma perspectiva inclusiva, antidiscriminatória, segura, acessível e com qualidade de vida para todas e todos:

> 11. Compartilhamos uma visão de cidades para todos e todas, aludindo ao uso e ao gozo igualitários de cidades e assentamentos humanos, com vistas a promover a inclusão e a assegurar que todos os habitantes, das gerações presentes e futuras, sem discriminação de qualquer ordem, possam habitar e produzir cidades e assentamentos humanos justos, seguros, saudáveis, acessíveis física e economicamente, resilientes e sustentáveis para fomentar a prosperidade e a qualidade de vida para todos e todas. Registramos os esforços empenhados por alguns governos nacionais e locais no sentido de integrar esta visão, conhecida como "direito à cidade", em suas legislações, declarações políticas e estatutos.[29]

Todas essas preocupações foram tratadas pelos países na Organização das Nações Unidas – ONU, que aprovaram duas agendas globais com vários compromissos e metas para os países desenvolverem cidades mais humanas, inclusivas e sustentáveis.

---

27. BRASIL. *Lei 10.257*, de 10 de julho de 2001. Regulamenta os arts. 182 e 183 da Constituição Federal, estabelece diretrizes gerais da política urbana e dá outras providências. Disponível em: http://www.planalto.gov.br/ccivil_03/leis/leis_2001/l10257.htm. Acesso em: 02 abr. 2023.
28. ORGANIZAÇÃO DAS NAÇÕES UNIDAS. *Nova Agenda Urbana*. Disponível em: https://habitat3.org/wp-content/uploads/NUA-Portuguese-Brazil.pdf. Acesso em: 04 abr. 2023.
29. Idem.

Uma delas é a "Agenda 2030" que contém 17 Objetivos de Desenvolvimento Sustentável, sendo um deles o de cidades sustentáveis.[30] A outra é a "Nova Agenda Urbana," já mencionada anteriormente, que contém como visão para o desenvolvimento das cidades, o direito à cidade, com as mensagens "não deixe ninguém para trás" (Agenda 2030) e "não deixe nenhum lugar para trás" (Declaração do 9º Fórum Urbano Mundial das Nações Unidas 2018).

Com base em suas competências constitucionais sobre política urbana, o município de São Paulo estabelece no art. 148[31] da Lei Orgânica como um dos objetivos o de garantir o bem-estar de seus habitantes, visando assegurar o uso socialmente justo e ecologicamente equilibrado de seu território; e no seu Plano Diretor o objetivo do "pleno desenvolvimento das funções sociais da cidade e o uso socialmente justo e ecologicamente equilibrado e diversificado de seu território, de forma a assegurar o bem-estar e a qualidade de vida de seus habitantes".[32] E, por habitantes, devemos entender todos, inclusive aqueles que estão em condição de informalidade ou mesmo ilegalidade, como é o caso das pessoas em situação de rua.

A esse respeito, a Nova Agenda Urbana, na parte que versa sobre a chamada de ação deixa claro que essas pessoas, inclusive, devem ter uma particular atenção, por serem pessoas que sofrem discriminação:

> 20. Reconhecemos a necessidade de conferir particular atenção ao enfrentamento das múltiplas formas de discriminação enfrentadas por, entre outros, mulheres e meninas, crianças e jovens, pessoas com deficiência, pessoas vivendo com HIV/AIDS, idosos, povos indígenas e comunidades locais, moradores de favelas e assentamentos informais, pessoas sem-teto, trabalhadores, pequenos produtores rurais e pescadores artesanais, refugiados, retornados, deslocados internos e migrantes, independentemente de sua condição migratória.[33]

Assim, com base no direito fundamental de que nenhuma pessoa pode sofrer qualquer tipo de discriminação e no princípio das funções sociais da cidade, os habitantes na condição de moradores de rua que se encontram em situação de marginalidade e vulnerabilidade não podem ser excluídos da condição de cidadania, e muito menos, excluídos da condição de habitantes quanto à titularidade do direito à cidade, sendo certo que os espaços públicos devem cumprir sua

---

30. ORGANIZAÇÃO DAS NAÇÕES UNIDAS. *Agenda 30*. Disponível em: https://brasil.un.org/pt-br/sdgs. Acesso em: 04 abr. 2023.
31. Art. 148. A política urbana do Município terá por objetivo ordenar o pleno desenvolvimento das funções sociais da cidade, propiciar a realização da função social da propriedade e garantir o bem-estar de seus habitantes, procurando assegurar: I – o uso socialmente justo e ecologicamente equilibrado de seu território. SÃO PAULO, Lei Orgânica, de 05 de abril de 1990. Disponível em: https://app-plpconsulta-prd.azurewebsites.net/Forms/MostrarArquivo?ID=68&TipArq=1. Acesso em: 03 abr. 2023.
32. SÃO PAULO. *Plano Diretor*. Disponível em: https://gestaourbana.prefeitura.sp.gov.br/arquivos/PDE--Suplemento-DOC/PDE_SUPLEMENTO-DOC.pdf. Acesso em: 04 abr. 2023.
33. ORGANIZAÇÃO DAS NAÇÕES. *Nova Agenda Urbana*. Disponível em: https://habitat3.org/wp-content/uploads/NUA-Portuguese-Brazil.pdf. Acesso em: 04 abr. 2023.

função social, segundo a qual não se pode estabelecer formas de discriminação pela condição social dos habitantes, como é o caso das pessoas em situação de rua.

Dessa forma, além de ser gratuitos os espaços públicos devem estar livres de barreiras físicas, jurídicas e arquitetônicas que impeçam a presença de pessoas moradores de rua e pessoas de baixa renda, que dificultem a circulação de pessoas com mobilidade reduzida em razão do exercício pleno de seus direitos e liberdades, e, com base na gestão democrática das cidades, devem ser geridos de forma comunitária e de maneira que favoreça a mediação e a solução dos conflitos para o uso e ocupação desses espaços, e a busca por soluções para a situação da população moradora de rua.

E o planejamento urbano precisa ser humanizado, com projetos que tenham os indivíduos como centro e que buscam oferecer espaços mais qualificados, para que as cidades sejam para as pessoas. Lembrando que o trabalho, o lazer e o estudo são e sempre foram os principais motivos de deslocamento do bairro onde se mora, e essa lógica também precisa ser observada para as pessoas em situação de rua.

De outro lado, muitos estudos sobre a pobreza apontam a importância do lugar. A precariedade do local torna o cidadão mais pobre ou a vida mais custosa, independentemente do ganho. Por isso, um lugar que tenha serviços provoca um sobrevalor no imóvel, que passa a custar mais caro. Nessa relação, ganhar menos significa viver em um local que traz mais dificuldades e mais gastos. Portanto, viver em lugares piores ajuda a empobrecer. Essa equação perversa aparta da condição de cidade grande parte da população de menor renda em São Paulo.[34]

Isso tudo corrobora a certeza, de um lado, que os moradores em situação de rua também são detentores do direito à cidade e devem ser respeitados enquanto sujeitos desse direito, na medida em que necessitam estar próximos das áreas mais ricas, onde podem ganhar alguma coisa, o que deve ser assegurado pelo Poder Público, e de outro, que o espaço público nas regiões marcadas pelo fenômeno social da população em situação de rua precisa ser repensado, revitalizado por políticas públicas específicas, e não generalizantes, que priorizem a assistência integral aos moradores em situação de vulnerabilidade absoluta.

Em caráter emergencial o Estado deve prover a esse público alimentação, atendimento médico, psicológico e psiquiátrico, além de um programa de moradia individual em habitações convencionais ou em hotéis da região central para que essa população tenha a oportunidade de sonhar com um futuro livre da dependência química e da miséria das ruas. Mas também precisa repensar a cidade para todos, assegurando um ambiente urbano digno para todos os seus frequentadores, sejam moradores com residência fixa ou transeuntes, visitantes

---

34. Cf. SPOSATI, Aldaíza. *Cidade em Pedaços*. São Paulo: Brasiliense, 2001.

e turistas, e todos os egressos da população em situação de rua que poderiam habitar a região de forma regular e digna.

O direito à cidade requer um olhar diferenciado para o outro. Exige o exercício da empatia, sem ignorar ou desprezar o sofrimento humano e as agruras da cidade, geradas pela desigualdade social e econômica.

3.2 A arquitetura hostil e a atuação do Ministério Público

A arquitetura "antimendigo" faz parte da história da cidade de São Paulo. Conforme relembra Frangella, o fenômeno já existia desde a década de 80, antes mesmo de se começar a pensar em qualquer política pública específica para garantir os direitos das pessoas mais vulneráveis:

> A década de 90 foi marcada por significativas intervenções urbanísticas, na sua maioria projetadas contra o morador de rua. Muitas das políticas urbanas implantadas têm eco nas administrações anteriores a esse período. Como é o caso, por exemplo, da retirada de pessoas de debaixo de viadutos e o uso destes espaços para outros fins, ligados à necessidade da população de rua (é o caso de albergues) ou à sua contínua expulsão (a criação de estacionamentos). Já na administração de Mário Covas (1983-1985), em 1984, há o cerco de viadutos e afastamento dos mendigos. Segundo o então Prefeito havia um risco da proliferação de favelas, assim como de ocupações ilícitas de espaços públicos desativados, como o antigo Terminal Glicério. A proposta de Covas era a construção de albergues noturnos, a começar pela antiga Rodoviária, o que de fato foi feito na época.[35]

Muito embora essa prática estivesse presente em São Paulo já há muito tempo, ela voltou a ganhar força após os pés do Viaduto Dom Luciano Mendes de Almeida, na zona leste de São Paulo, receberem pedras em toda sua extensão, o que impedia os moradores de rua de se abrigarem no local e o padre Júlio Lancelotti – coordenador da Pastoral do Povo de Rua da Arquidiocese de São Paulo em um insólito protesto – quebrar com uma marreta as pedras colocadas, chamando a atenção de todos para essa questão, em fevereiro de 2021.[36]

A respeito, a Promotoria de Direitos Humanos, área da inclusão social, instaurou um Procedimento Preparatório de Inquérito Civil para apurar o ocorrido. Ao ser questionada, a Prefeitura informou a retirada das pedras do local, alegando que a medida teria sido adotada após decisão individual de um funcionário.

Então, em 31 de março do mesmo ano, o Senado aprovou o Projeto de Lei (PL) 488/2021, de autoria do senador Fabiano Contarato (Rede-ES), que altera

---

35. FRANGELLA, Simone. Op. cit., p. 86.
36. SENADO. *Projeto de Lei 488, de 2021.* "Lei Padre Júlio Lancelotti". Disponível em: https://legis.senado. leg.br/sdleggetter/documento?dm=8927525&ts=1675452550856&disposition=inline&_gl=1*160itiw*_ga*Mzc3NzQ4NDM0LjE2ODExMTUzNzg.*_ga_CW3ZH25XMK*MTY4MTExNTM3Ny4xLjAuMTY4MTExNTM3Ny4wLjAuMA. Acesso em: 03 abr. 2023.

o Estatuto da Cidade para vedar o emprego de técnicas de arquitetura hostil.[37] Na sua justificação, a proposta menciona explicitamente o protesto simbólico do padre Júlio como inspiração.

O projeto inclui norma geral de observância obrigatória por todos os entes federativos no art. 2º do Estatuto da Cidade com a seguinte redação:

> Art. 2. A política urbana tem por objetivo ordenar o pleno desenvolvimento das funções sociais da cidade e da propriedade urbana, mediante as seguintes diretrizes gerais:
>
> [...]
>
> XX – promoção de conforto, abrigo, descanso, bem-estar e acessibilidade na fruição dos espaços livres de uso público, de seu mobiliário e de suas interfaces com os espaços de uso privado, vedado o emprego de técnicas de arquitetura hostil, destinadas a afastar pessoas em situação de rua e outros segmentos da população."[38]

O projeto foi aprovado pelo Plenário do Senado, no dia 31 de março, e seguiu para a Câmara dos Deputados. As discussões na Casa giraram principalmente em torno do próprio conceito de arquitetura hostil. O neologismo deu origem a reações que foram da negação da existência do fenômeno até o reconhecimento da necessidade da sua vedação legal, por se tratar de um desdobramento recente, mas identificável e específico, do que na literatura nacional costuma ser denominado arquitetura do medo.

A maneira como a arquitetura hostil atinge potencial ou efetivamente qualquer pessoa, mas especialmente as mais vulnerabilizadas, indica que não se trata apenas de uma questão urbanística. Restringir excessivamente a fruição de espaços de uso comum ou eliminar dele determinadas pessoas ou comportamentos, sem que a sua função principal seja prevenir crimes, afeta direitos fundamentais. Além da dignidade humana, como reconhecido pelo parecer do senador Paulo Paim (PT/RS), relator do PL 488/2021, ela viola a igualdade e a liberdade de locomoção, que carrega em si o direito de permanecer nesses locais.

E já que se está falando em neologismos, não se mostra absurdo cogitar uma hipótese contrária à "arquitetura hostil", decorrente do próprio direito à cidade, que aqui chamamos de "arquitetura gentil" ou "arquitetura generosa", que é aquela que, em vez de desrespeitar a dignidade das pessoas, inclui todos no espaço urbano, criando um verdadeiro lugar (de ação solidária).

---

37. SENADO. *Projeto de Lei 488, de 2021*. "Lei Padre Júlio Lancelotti". Disponível em: https://legis.senado. leg.br/sdleggetter/documento?dm=8927525&ts=1675452550856&disposition=inline&_gl=1*160itiw*_ga*Mzc3NzQ4NDM0LjE2ODExMTUzNzg.*_ga_CW3ZH25XMK*MTY4MTExNTM3Ny4xLjAuMTY4MTExNTM3Ny4wLjAuMA. Acesso em: 03 abr. 2023.

38. Idem.

Essa "arquitetura gentil" caracterizada por "gentilezas urbanas" pode se manifestar de diversas formas, seja por meio de fachadas ativas com marquises de proteção, por bancos ao longo de calçadas que promovem o descanso e a convivência das pessoas, recuos nos comércios com mesas para tomar um café, almoçar e conversar, e banheiros públicos e bebedouros para todas as pessoas que estão no local, sejam elas moradores, ciclistas, turistas ou mesmo pessoas em situação de rua.[39] Com essas simples medidas, é possível tornar o espaço urbano mesmo hostil e mais generoso para todos cidadãos.

Novamente com a indispensável tese de Simone Frangella, é importante lembrar que a pessoa em situação de rua ressignifica os espaços públicos porque é obrigado a existir neles, criando funcionalidades inimagináveis para pessoas que não vivem nas ruas. Por esse motivo é tão importante não criar dificuldades existenciais desnecessárias:

> O universo dos moradores de rua, marcado por duplo movimento de exclusão e de vivência nômade, tem o corpo como locus de produção e enunciação dessa experiência. Privados de qualquer outro suporte material e simbólico em suas andanças que não o seu corpo, é neste que se projetam as contínuas e sucessivas intervenções e manifestações de violência que atualizam cotidianamente as tentativas de exclusão desse segmento. Mas é também através do corpo – e, sobretudo, através dele – que surgem as possibilidades de resistência do morador de rua à exclusão. Com reelaborações dos limites e potencialidades do corpo, eles concebem outros parâmetros de funcionalidade e de uso do espaço urbano, assim como agenciam novas representações a respeito de sua experiência social.[40]

Percebe-se, portanto, que a temática pode (e deve) ser observada por dois prismas,[41] sendo o primeiro deles consistente na proibição da "arquitetura hostil"; e o segundo deles, na promoção da "arquitetura gentil".

Nesse contexto, cabe ao Ministério Público, sobretudo por sua conduta como fiscal do poder público na aplicação da lei e como pacificador de conflitos de interesses nas áreas ambiental e urbana, defendendo os direitos fundamentais garantidos pela Constituição, atuar como agente proativo da produção do espaço urbano, e de modo maduro o suficiente para evitar que sua atuação na defesa da ordem jurídica e no combate a ilicitude, entre em contradição com sua atuação na proteção e efetivação dos direitos fundamentais e o desafio de defesa dos interesses sociais.

---

39. Disponível em: https://bairru.com.br/espaco-aberto/2022/03/09/o-que-sao-gentilezas-urbanas-e-como-coloca-las-em-pratica/.
40. FRANGELLA, Simone. Op. cit., p. 13.
41. Ambos decorrentes da dignidade da pessoa humana e do direito à cidade e ao planejamento urbano sustentável.

E não se pode esquecer que o uso da arquitetura hostil tem se mostrado um verdadeiro fracasso desde a década de 90, quando começou a ser usada de modo massivo.[42] Frangella, em análise de notícias jornalísticas, aponta a profusão de medidas (tecnologias antimendigo) usadas contra as pessoas em situação de rua, como:

> [...] grades em torno de igrejas e de árvores, para impedir que habitantes de rua durmam ou urinem nos locais citados; óleo queimado espalhado na frente de calçadas e portas de lojas, de maneira a sujar o local e torná-lo inviável como lugar de pernoite; colocação de chuveiros em frente a alguns prédios molhando periodicamente o chão à noite, com o mesmo propósito do óleo; e construção de prédios sem marquises.[43]

Não se mostra razoável, portanto, que o Poder Público insista na adoção da mesma "política pública" que tem sido aplicada há décadas sem qualquer efetividade. Novamente com Frangella, que estudou a fundo a questão da população em situação de rua no município de São Paulo, essas medidas "antimendigos" só serve para que essas pessoas se espalhem ainda mais pelo espaço urbano, criando uma espiral contínua de violação de direitos:

> A conjunção de procedimentos arquitetônicos de expulsão e de medidas policiais de deslocamento desses habitantes os leva à contínua circulação por ruas e cantos da cidade. Cria-se um círculo vicioso: o morador de rua, sem acesso a banheiros públicos e sem moradia usa os vãos, as ruas, os bancos de praças, as árvores, para dormir e fazer sua higiene pessoal. O efeito visual e odorífico desse uso gera por parte da população uma atitude de repúdio à sua presença e aciona o poder público, que força a sua supressão na cidade. Quando não é o poder público diretamente, são os artefatos construídos paulatinamente que, perversamente, tentam empurrar o habitante de rua para o "lugar nenhum".[44]

A atuação do Ministério Público, pautada nos princípios fundamentais propostos na Constituição de 1988 e no Estatuto da Cidade – a função social da propriedade e a gestão democrática da cidade, conta com inúmeras possibilidades, sobretudo através de sua mediação na integração entre políticas públicas e a sociedade civil organizada, e na atuação preventiva no combate ao desvio dos princípios democratizantes contidos nos instrumentos urbanísticos, de modo a contribuir para uma gestão urbana que favoreça a sociedade como um todo e não ceda às pressões do capital, atuando como agente político e de modo a contribuir, de forma mais ampla possível, na busca de soluções que visem, além da justiça ambiental, a justiça social.

---

42. Na pesquisa de Simone Frangello há indicação de dezenas de notícias jornalísticas indicando a existência de arquitetura hostil.
43. FRANGELLO, Simone. Op. cit., p. 89.
44. Idem.

POPULAÇÃO EM SITUAÇÃO DE RUA E O DIREITO À "ARQUITETURA GENTIL"

E deve ser, sobretudo, técnica, não se mostrando razoável que o órgão que defenda direitos individuais e coletivos indisponíveis tolere qualquer política pública feita com base no sentimento do medo que subsidia a existência das medidas hostis contra pessoas em situação de rua.

4. CONSIDERAÇÕES FINAIS

A arquitetura hostil impacta sobremaneira e, em especial, a população em situação de rua, e é antagônica ao Direito à Cidade, na medida em que vulnerabiliza ainda mais e dificulta o acesso a direitos básicos dessa população. A cidade não pode ser um espaço apenas para alguns.

Na contramão da arquitetura hostil está a proposta defendida por muitos arquitetos e urbanistas de um planejamento urbano humanizado, de uma "arquitetura gentil", ou de uma "arquitetura generosa", que tenha os indivíduos como centro das preocupações e que busque oferecer espaços mais qualificados e aptos a levar mais gente para a rua.

O espaço urbano pode e deve ser vivenciado de forma diversa pelos variados grupos que habitam as cidades, segundo uma série de marcadores sociais de diferença que estão relacionados à estrutura da desigualdade social.

Nesse contexto, cabe ao Ministério Público não apenas coibir ações de arquitetura hostil como também atuar de forma a promover a criação de políticas públicas verdadeiramente atuantes para resguardar o direito da população em situação de rua, uma vez que o afastamento dessas pessoas através de medidas higienistas não é capaz de solucionar a pobreza e desigualdade social que assola o país.

E para isso, é preciso também estimular ações de "gentileza urbana" que promovam o urbanismo, a sustentabilidade, o paisagismo, e, especialmente, a cidadania, com o intuito de melhorar o ambiente urbano e resgatar os pilares do bom urbanismo, que precisa ser fortalecido no Brasil, para que as construções, sejam elas residenciais, comerciais ou públicas, passem a oferecer mais acessibilidade, sistemas de segurança, vegetação abundante, espaços pets, de lazer, de convivência e sustentáveis, com propostas de reaproveitamento de água e otimização do uso de energia, de forma a garantir sombra para pedestres, paisagismo bem cuidado, adoção de praças com ciclovias e áreas esportivas, pontos de energia para recarga de telefone celular ou carros, acesso a banheiros públicos e bebedouros, a fim de gerar convivência e bem-estar para as pessoas, para que estas passem a utilizar os espaços públicos com maior frequência e por mais tempo.

É bem verdade que a desigualdade da sociedade é uma questão profunda que está além da adoção de políticas habitacionais ou da atuação de um órgão de maneira isolada. No entanto, não resta dúvida de que o Ministério Público pode e deve contribuir de forma significativa para o alcance do equilíbrio socioeconômico e ambiental, e de modo a buscar a compatibilização entre geração de emprego e renda, preservação ambiental e respeito à dignidade humana, para efetivação do direito à moradia e para uma gestão urbana que diminua a desigualdade social, amplie a cidadania e combata a exclusão social, por meio do seu papel jurídico e político.

Com vontade coletiva e ideias sustentáveis, é possível tornar o espaço urbano mais habitável, menos hostil e mais humano.

5. REFERÊNCIAS

BRASIL. *Decreto 7.053, de 23 de dezembro de 2009*. Institui a Política Nacional para a População em Situação de Rua e seu Comitê Intersetorial de Acompanhamento e Monitoramento, e dá outras providências. Disponível em: https://www.planalto.gov.br/ccivil_03/_ato20072010/2009/decreto/d7053.htm. Acesso em: 02 abr. 2023.

BRASIL. *Lei 10.257, de 10 de julho de 2001*. Regulamenta os arts. 182 e 183 da Constituição Federal, estabelece diretrizes gerais da política urbana e dá outras providências. Disponível em: http://www.planalto.gov.br/ccivil_03/leis/leis_2001/l10257.htm. Acesso em: 02 abr. 2023.

FARIA. Débora R. Da generosidade à hostilidade: arquitetura hostil nas galerias da Avenida Sete de Setembro. In: ROSANELI, Alessandro Filla. Olhares pelo espaço público. Curitiba: Setor de Tecnologia da UFPR, 2019. Disponível em: http://www.tecnologia.ufpr.br/portal/observatoriodoespacopublico/wp-content/uploads/sites/36/2019/10/LIVRO_2019_VF.pdf. Acesso em: 09 abr. 2023.

FRANGELLA, Simone Miziara. *Corpos urbanos errantes*: uma etnografia da corporalidade de moradores de rua em São Paulo. Tese (Doutorado em Ciências Sociais). Campinas: Instituto de Filosofia e Ciências Humanas, 2004.

HUMAN RIGHTS COUNCIL. *Report of the Special Rapporteur on adequate housing as a componente of the right to an adequate standard of living, and on the right to non-discrimination in this context*. Nova York: Human Rights Council, 2018. Disponível em: https://www.ohchr.org/en/special-procedures/sr-housing. Acesso em: 02 abr. 2023.

NATALINO, Marco. *Estimativa da população em situação de rua no Brasil (2021-2022)*. Nota Técnica. Instituto de Pesquisa Econômica Aplicada: Brasília, 2022.

ORGANIZAÇÃO DAS NAÇÕES UNIDAS. *Agenda 30*. Disponível em: https://brasil.un.org/pt-br/sdgs. Acesso em: 04 abr. 2023.

ORGANIZAÇÃO DAS NAÇÕES UNIDAS. *Convenção para a Salvaguarda do Patrimônio Cultural Imaterial*. Paris, 2003. Disponível em: http://portal.iphan.gov.br/uploads/ckfinder/arquivos/ConvencaoSalvaguarda.pdf. Acesso em: 19 fev. 2023.

ORGANIZAÇÃO DAS NAÇÕES UNIDAS. *Declaração sobre o Direito ao Desenvolvimento – 1986*. Adotada pela Resolução 41/128 da Assembleia das Nações Unidas, 1986. Biblioteca Virtual de Direitos Humanos – Universidade de São Paulo. Sem data de publicação. Disponível em: http://www.dhnet.org.br/direitos/sip/onu/spovos/lex170a.htm. Acesso em: 10.fev.2023.

ORGANIZAÇÃO DAS NAÇÕES UNIDAS. *Nova Agenda Urbana*. Disponível em: https://habitat3. org/wp-content/uploads/NUA-Portuguese-Brazil.pdf. Acesso em: 04 abr. 2023.

OBSERVATÓRIO brasileiro de políticas públicas com a população em situação de rua. Disponível em: https://obpoprua.direito.ufmg.br/moradia_pop_rua.html. Acesso em: 02 abr. 2023.

PLATAFORMA GLOBAL DIREITO À CIDADE. *Cities for dignity, not for profit*. Disponível em: https://www.right2city.org/. Acesso em: 15 fev. 2023.

QUINN, Ben. *Anti-homeless spikes are part of a wider phenomenon of 'hostile architecture'*. Publicado em 13 Jun 2014. Disponível em: https://www.theguardian.com/artanddesign/2014/jun/13/anti-homeless-spikes-hostile-architecture?utm_medium=website&utm_source=archdaily.com.br. Acesso em: 1º abr. 2023.

RAMPASI, Natalia de Lara; OLDONI, Sirlei Maria. *Cidade para quem?* Uma análise da arquitetura hostil e sua Influência no espaço urbano. Disponível em: https://www2.fag.edu.br/professores/arquiteturaeurbanismo/TC%20CAUFAG/TC2020.2/70.NATALIA%20DE%20LARA%20RAMPASI/ARTIGO%20NATALIA%20DE%20LARA%20RAMPASI.pdf. Acesso em: 1º abr. 2023.

RIBEIRO, Ana Clara Torres. Território usado e humanismo concreto: o mercado socialmente necessário. In: SILVA, Catia Antonia da et al. *Formas em crise*: utopias necessárias. Rio de Janeiro: Arquimeds Edições, 2005.

RIGHT TO THE CITY AGENDA. *For the Implementation of the 2030 Agenda for Sustainable Development and the New Urban Agenda 2018*. Disponível em: http://polis.org.br/publicacoes/right-to-the-city-agenda-for-the-implementation-of-the-2030-agenda-for-sustainable-development-and-the-new-urban-agenda/. Acesso em: 19 fev. 2023.

SANTOS, Milton. *Por uma outra* globalização: do pensamento único à consciência universal. 6. ed. Rio de Janeiro: Record, 2001.

SANTOS, Milton. *O retorno do território*. Observatório Social de América Latina, Buenos Aires, Ano 6, n. 16, p. 251-161, jun. 2005.

SÃO PAULO. *Plano Diretor*. Disponível em: https://gestaourbana.prefeitura.sp.gov.br/arquivos/PDESuplementoDOC/PDE_SUPLEMENTO-DOC.pdf. Acesso em: 04 abr. 2023. SÃO PAULO. *População em Situação de Rua: Censo 2021*. Disponível em: https://app.powerbi.com/ view?r=eyJrIjoiZWE4MTE5MGItZjRmMi00ZTcyLTgxOTMtMjc3MDAwMDM0N GI5IiwidCI6ImE0ZTA2MDVjLWUzOTUtNDZlYS1iMmE4LThlNjE1NGM5MGUwNyJ9. Acesso em: 02 abr. 2023.

SENADO. *Projeto de Lei 488, de 2021*. "*Lei Padre Júlio Lancelotti*". Disponível em: https://legis.senado.leg.br/sdleggetter/documento?dm=8927525&ts=1675452550856&disposition=inline&_gl=1*160itiw*_ga*Mzc3NzQ4NDM0LjE2ODExMTUzNzg.*_gaCW3ZH25XMK*M TY4MTExNTM3Ny4xLj AuMTY4MTExNTM3Ny4wLjAuMA. Acesso em: 03 abr. 2023.

SOUZA, Maria Adélia Aparecida. Milton Santos, um revolucionário. In: SANTOS, Milton. O retorno do território. *Observatório Social de América Latina*, Buenos Aires, ano 6, n. 16, p. 251-161, jun. 2005.

SPOSATI, Aldaíza. *Cidade em pedaços*. São Paulo: Brasiliense, 2001.

TAVARES, Diego Amador. *Arquitetura da violência*: Um estudo sobre insegurança pública em Belém em meio à segregação social e a cultura da barbárie. 3º Encontro da Região Norte da Sociedade Brasileira de Sociologia: Amazônia e Sociologia: fronteiras do século XXI. Manaus, 2012. Disponível em: http://docplayer.com.br/20565712-Arquitetura-da-violencia-um-estudo-sobre-inseguranca-publica-na-cidade-debelem-em-meio-a-segregacao-social-e-a-cultura-da-barbarie.html.

A TUTELA CONSTITUCIONAL DO DIREITO À MORADIA NA PANDEMIA: A ATUAÇÃO DO MINISTÉRIO PÚBLICO ESTADUAL NAS RECLAMAÇÕES CONSTITUCIONAIS AJUIZADAS COM FUNDAMENTO NA ADPF 828

Bianca Tavolari

Professora de Direito do Insper, pesquisadora do Centro Brasileiro de Análise e Planejamento (CEBRAP), *principal investigator* do Maria Sibylla Merian Centre (Mecila). Professora visitante na Universidade de St. Gallen, na Suíça. No Insper, coordena o Núcleo de Questões Urbanas e cocoordena o Observatório do Plano Diretor. Coordena a seção "As cidades e as coisas" na revista *Quatro Cinco Um*. Doutora e mestre em Direito, graduada em Direito e Filosofia, com toda sua formação pela Universidade de São Paulo.

Saylon Alves Pereira

Mestre e doutorando em Direito pela Escola de Direito da Fundação Getulio Vargas de São Paulo. Graduado em Direito e Ciências Sociais pela Universidade de São Paulo. Pesquisador do Insper e da Fundação Getulio Vargas. Coordenador adjunto do Centro de Regulação e Democracia e integrante do Núcleo de Questões Urbanas, ambos no Insper. Desenvolvedor de tecnologias para a pesquisa em direito e automação de atividades jurídicas.

Sumário: 1. Introdução – 2. O instituto processual da reclamação constitucional, o Supremo Tribunal Federal e a atuação do Ministério Público – 3. Crise sanitária, a ADPF 828 e as reclamações constitucionais – 4. O Ministério Público e sua atuação nas reclamações da ADPF 828 – 5. Análise das decisões; 5.1 Ministério Público estadual como beneficiário – 6. Considerações finais – 7. Referências .

1. INTRODUÇÃO

A reclamação é um importante instrumento processual, sobretudo na dinâmica do processo constitucional brasileiro. Disciplinado pela Constituição Federal de 1988, esse instituto processual recebeu novas funções após a Emenda Constitucional 45/2004, permitindo seu manejo para garantir ao Supremo Tribunal Federal a centralização, eficácia e obediência às suas decisões, criando um mecanismo de acesso direto à corte em face das demais instâncias judiciais e administrativas do país.

Não por acaso, após 2004 houve um aumento crescente e exponencial da quantidade de reclamações julgadas pelo Supremo Tribunal Federal, representando atualmente em torno de 13% dos processos ativos. A média de tempo para julgamento de uma reclamação é 208 dias e a maioria delas discute de Direito processual civil e do trabalho, Direito do trabalho e Direito administrativo e outras matérias de direito público. Em face da discordância de súmula vinculante ou de decisões contrárias aos precedentes do Supremo, qualquer interessado pode acessar diretamente a mais alta corte do país visando o restabelecimento da decisão violada. Nesses casos, o STF está autorizado a cassar a decisão reclamada, impondo sua interpretação sobre a questão.

O julgamento da Arguição de Descumprimento de Preceito Fundamental 828 (ADPF 828) é um caso bastante emblemático em que essa dinâmica pode ser verificada. Como é sabido, a ADPF 828 lidou com uma situação bastante sensível em meio à crise sanitária provocada pela Covid-19, trazendo a vulnerabilidade habitacional para o centro das discussões. A decisão cautelar na referida ADPF proferida pelo ministro Luis Roberto Barroso, foi um marco na proteção ao direito à moradia no Brasil no contexto da pandemia, por associar diretamente o direito à moradia e o direito à vida, já que ter onde morar de forma segura ultrapassou a dimensão da política habitacional e passou a significar, potencialmente, a possibilidade de permanecer vivo. Além disso, diferente dos arranjos utilizados em grande parte dos países do mundo,[1] a decisão na ADPF 828 não considerou apenas as ações de despejo, mas também as diferentes formas de ocupação de bens imóveis, suspendendo reintegrações de posse e remoções forçadas coletivas em âmbito judicial e administrativo.

Os efeitos da decisão cautelar proferida na ADPF 828 foram prorrogados algumas vezes em função do contexto da pandemia. Assim, desde a primeira decisão, um dos grandes desafios foi assegurar o cumprimento das medidas protetivas em instâncias inferiores, momento em que as reclamações constitucionais despontaram como o caminho processual constantemente utilizado para garantir a autoridade da corte constitucional e a eficácia daquela decisão em relação a esse tema, pelas características anteriormente mencionadas.

Como uma das funções essenciais à Justiça no país, previstas constitucionalmente entre os artigos 119 e 132 da Constituição Federal de 1988, ao Ministério Público também é garantido utilizar o instituto da reclamação. O Código de Processo Civil de 2015 garante a legitimidade ativa para ajuizamento desse tipo de ação no artigo 988 e, no artigo 991, prevê o direito de vista nas ações em que

---

1. Para uma comparação entre as diferentes políticas públicas adotadas pelos países integrantes da OCDE no que diz respeito aos despejos, ver: https://www.oecd.org/els/family/HC3-3-Evictions.pdf. Acesso em: 15 maio 2023.

não for parte. O regimento interno do STF também estabelece as mesmas funções análogas no artigo 156 e no artigo 160 ao Procurador Geral da República. Além disso, no julgamento da Reclamação 7358/SP, o STF entendeu que o Ministério Público Estadual possui a mesma legitimidade ativa do Ministério Público Federal para a propositura de reclamações constitucionais. Portanto, não resta dúvida que ao MP foi garantida a plena utilização desse instituto e que pela praticidade, celeridade, efeito direto na atuação das cortes inferiores e de diálogo direto com o Supremo Tribunal Federal, a reclamação pode ser um importante instrumento de atuação.

Apesar disso, analisando o exercício da legitimidade ativa que é conferida ao Ministério Público para utilização desse instrumento, notamos uma atuação ainda bastante tímida. Em apenas 836 das quase 53 mil reclamações julgadas pelo STF entre 1994 e 2023, o Ministério Público atua como parte ativa nos processos, sendo que a primeira ocorreu apenas em 2007 – ou seja, uma média de apenas 56 ações por ano, se considerarmos os anos completos até o presente momento.

Nos casos envolvendo a aplicação da ADPF 828, notamos uma utilização ainda mais restrita. A despeito das prerrogativas anteriormente mencionadas e da sensibilidade do tema sobretudo pela sua relação com os direitos sociais da Constituição brasileira, o Ministério Público estadual é parte ativa apenas de 11 reclamações nos casos da ADPF 828, em todos os casos atuando como beneficiário.[2] A análise dos dados mostra a atuação do Ministério Público estadual em casos-limite, em que a mobilização do direito à moradia com base na ADPF 828 está em tensão com outros direitos fundamentais, como a tutela do meio ambiente, e em que há discussão sobre os critérios das hipóteses de exclusão da suspensão a despejos e remoções, como nos cenários de ocupações em áreas de risco, indícios de atuação de facções criminosas na área ocupada e ausência de vulnerabilidade social.

Este capítulo se destina, assim, a reconstruir e apresentar com detalhes os dados desse contexto e, a tendo como base o caso da ADPF 828, discutir a importância e as possibilidades de utilização da reclamação pelo Ministério Público Estadual como instrumento para garantir a aplicação da lei, a eficácia das decisões das cortes superiores e a proteção aos direitos e garantias fundamentais; sobretudo em contextos extremamente críticos.

---

2. Como veremos adiante, a amostra inicial apontou para dois casos em que o Ministério Público estadual figura como autor de reclamações constitucionais. No entanto, a análise mais detida revelou que eram falsos positivos, ou seja, apareceram na amostra com os critérios de busca utilizados, realmente citavam a ADPF 828, mas apenas como jurisprudência para discutir questões processuais desvinculadas do tema na perspectiva do direito material.

2. O INSTITUTO PROCESSUAL DA RECLAMAÇÃO CONSTITUCIONAL, O SUPREMO TRIBUNAL FEDERAL E A ATUAÇÃO DO MINISTÉRIO PÚBLICO

A reclamação é um instrumento processual desenhado para garantir que decisões vinculantes de um tribunal sejam respeitadas e seguidas por órgãos jurisdicionais inferiores. No Brasil, teve origem a partir de construção doutrinária direcionada a preservar a autoridade do Supremo Tribunal Federal, a partir da teoria dos "poderes implícitos", ou *implied powers*: se o Supremo não detivesse o poder de assegurar a prevalência de suas decisões vinculantes, a própria estrutura hierárquica do sistema jurisdicional perderia grande parte de seu sentido.[3]

O instrumento foi disciplinado pela Constituição Federal de 1988, com objetivo duplo: preservar a competência do tribunal e garantir a autoridade de suas decisões. Está previsto no artigo 102, I, *l* e 103-A, § 3º, no que diz respeito ao Supremo Tribunal Federal. A Constituição também estabeleceu a possibilidade de ajuizamento de reclamações para outros tribunais superiores, a partir dos artigos 105, I, *f*, para o Superior Tribunal de Justiça, e do artigo 111-A, § 3º, para o Tribunal Superior do Trabalho.

A reclamação torna-se ainda mais interessante se for compreendida em conjunto com um outro instrumento do processo constitucional: a súmula vinculante. A Emenda Constitucional 45/2004 incluiu o art. 103-A na Constituição, autorizando o Supremo a editar súmulas de efeito vinculante para os demais órgãos do Poder Judiciário e da administração pública. A súmula vinculante tem como objetivo aumentar a eficácia das normas jurídicas e centralizar o processo de interpretação em normas que possam acarretar grave insegurança jurídica e multiplicação de processos sobre as mesmas questões.[4]

Antes da EC 45/2004, era comum a doutrina jurídica considerar as decisões como "fonte de conhecimento" do conteúdo normativo da lei ao invés de fonte de produção do direito, com o objetivo de apenas auxiliar o julgamento em um caso concreto e não necessariamente obrigar a aplicação do precedente anterior.[5] Não por acaso, a adoção da súmula vinculante foi precedida pela Lei 9868/1999, que já havia previsto o efeito vinculante nas ações diretas de inconstitucionalidade e constitucionalidade.

A criação da súmula vinculante concedeu uma nova função à reclamação, atribuída pelo art. 103-A, § 3º da Constituição Federal de 1988, que prevê a

---

3. Ver MENDES, Gilmar. A reclamação constitucional no Supremo Tribunal Federal: algumas notas. *Direito Público*, n. 12, abril-maio-junho, 2006.

4. Ver SILVA, José Afonso. *Comentários Contextuais à Constituição*. 6. ed. atualizada até a Emenda Constitucional 57, de 18.12.2008. São Paulo: Malheiros, 2009, p. 565.

5. Ver CRUZ E TUCCI, José Rogério. *Precedente judicial como fonte do direito*. São Paulo: Ed. RT, 2004, p. 13-14.

possibilidade de ajuizamento de reclamação direta ao Supremo no casos de ato administrativo ou decisão judicial que contrarie ou aplique indevidamente uma súmula aplicável ao caso. Como o Supremo está autorizado a cassar a decisão reclamada em casos como esses, a reclamação constitucional se tornou um meio de comunicação direta entre qualquer instância administrativa ou judicial do país. Na prática, a adoção do instrumento pode ser considerada um alerta ou um tipo de "denúncia da desobediência", permitindo ao tribunal fiscalizar a aplicação de suas decisões e até mesmo impor novamente sua posição.[6] Não por acaso, após 2004 houve um aumento crescente e exponencial da quantidade de reclamações julgadas pelo Supremo Tribunal Federal. Atualmente, as reclamações representam em torno de 13% dos processos ativos.

Em face da discordância de súmula vinculante ou de decisões contrárias aos precedentes do Supremo, qualquer interessado pode acessar diretamente a mais alta corte do país visando o restabelecimento da decisão violada. Nesses casos, o Supremo Tribunal Federal está autorizado a cassar a decisão reclamada, impondo sua interpretação sobre a questão. Como veremos, as reclamações constitucionais com base na ADPF 828 configuram caso emblemático em que essa dinâmica pode ser verificada.

Quando observamos a evolução da utilização do instituto ao longo do tempo junto ao Supremo, notamos uma tendência de crescimento. No período entre 1994 e 2022, a quantidade de reclamações distribuídas por ano foi de 2 em 1994 para 6438 em 2022, com uma tendência linear ascendente que notadamente começa após o ano de 2004.

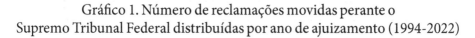

Gráfico 1. Número de reclamações movidas perante o Supremo Tribunal Federal distribuídas por ano de ajuizamento (1994-2022)

Fonte: STF[7]

---

6. PEREIRA, Saylon Alves. *Todos os caminhos levam ao Supremo Tribunal Federal*: autoridade, centralização e participação social na jurisdição constitucional. Conselho Nacional de Pesquisa e Pós Graduação em direito – CONPEDI, 2015, Aracaju. CONPEDI – Aracaju 2015, 2015, p.631.
7. Dados disponíveis em: https://transparencia.stf.jus.br/extensions/distribuidos/distribuidos.html. Acesso em: 08 maio 2023.

De acordo com dados disponibilizados pelo próprio Supremo,[8] a corte julgou aproximadamente 53 mil reclamações no período entre 1994 até 2022. Elas constituem aproximadamente 13% do acervo de processos ativos. A despeito de algumas ações tramitarem por mais de cinco anos, o tempo de duração médio é de 208 dias para serem julgadas. A maioria dos casos são relacionados ao Direito processual civil e do trabalho, Direito do trabalho e Direito administrativo e outras matérias de direito público.[9] A tabela abaixo organiza os assuntos das reclamações no período entre 2010 e 2023 de acordo com as classificações do próprio Supremo Tribunal Federal.

Tabela 1. Quantidade de reclamações por assunto no
Supremo Tribunal Federal (1994-2023)

Temas do direito	Quantidade
Direito processual civil e do trabalho	17094
Direito do trabalho	11416
Direito administrativo e outras matérias de direito público	10426
Direito processual penal	7921
Direito civil	1315
Direito tributário	1282
Direito penal	1058
Questões de alta complexidade, grande impacto e repercussão	605
Direito do consumidor	565
Direito previdenciário	436
Direito da saúde	308
Direito eleitoral	236
Direito eleitoral e processo eleitoral do Supremo Tribunal Federal	232
Direito ambiental	63
Direito assistencial	61
Direito da criança e do adolescente	46
Direito processual penal militar	41
Direito penal militar	39
Registros públicos	17
Direito internacional	14
Direito à educação	7
Direito marítimo	2
Advogado	1
Segurança pública	1
Sem classificação	109

8. Idem.
9. Idem.

Diante desse cenário, não resta dúvida que a reclamação se consolidou como um dos instrumentos processuais constitucionais mais importantes, justamente porque trata diretamente da aplicação das próprias decisões do Supremo, garantindo sua legitimidade e, de forma indireta, exercendo o controle sobre as decisões das instâncias inferiores em relação às interpretações e aplicações das decisões proferidas pela corte.

Como uma das funções essenciais à justiça no país conforme determinado pela própria Constituição, ao Ministério Público também é garantido o direito de ação em reclamações. O Código de Processo Civil de 2015 garante a legitimidade ativa para ajuizamento desse tipo de ação no artigo 988 e, no artigo 991, garante o direito de vista nas ações em que não for parte. O regimento interno do Supremo Tribunal Federal também prevê as mesmas funções análogas no artigo 156 e no artigo 160 ao Procurador Geral da República. Além disso, no julgamento da Reclamação 7358/SP, o Supremo garantiu ao Ministério Público Estadual a mesma legitimidade ativa do Ministério Público Federal para a propositura de reclamações constitucionais.[10] A decisão entendeu que, apesar de o texto constitucional mencionar apenas o Ministério Público Federal e o Procurador-Geral da República, a atuação do Ministério Público Estadual também está abarcada pelos dispositivos: ainda que haja separação institucional entre a atuação federal e estadual, com autonomia administrativa e funcional, o Ministério Público é um só e indivisível. Portanto, não resta dúvida que ao Ministério Público é garantido um rol extenso de possibilidades de atuação através da utilização das reclamações.

No entanto, quando analisamos os dados de ajuizamento das reclamações constitucionais a partir da atuação do Ministério Público, temos que o *parquet* é parte ativa em somente 836 em um universo de 53 mil ações, sendo que a primeira ação data apenas do ano de 2007. Se considerarmos os últimos 15 anos, a média de reclamações em que o Ministério Público é parte ativa são tímidas 56 ações por ano.[11] Desse conjunto total, diferentemente dos dados apresentados antes sobre os ramos do direito que mais dominam as reclamações, no caso das ações propostas pelo Ministério Público, destacam-se nas quatro primeiras posições os ramos do Direito Processual Penal, Direito Administrativo e matérias de direito público, Direito processual civil e do trabalho e Direito penal, respectivamente. A tabela a seguir apresenta os dados detalhados de todos os ramos, dentre as ações em que o Ministério Público, seja federal ou estadual, figurava no polo ativo.

---

10. Ver a Rcl 7358/SP, de relatoria da ministra Ellen Gracie, com decisão proferida em fevereiro de 2011, por maioria de votos: https://portal.stf.jus.br/processos/detalhe.asp?incidente=2652433. Acesso em: 08 maio 2023.

11. De acordo com os dados disponibilizados pelo próprio STF disponíveis em: https://transparencia.stf. jus.br/extensions/distribuidos/distribuidos.html. Acesso em: 08 maio 2023.

Tabela 2. Quantidade total de reclamações por assunto no Supremo Tribunal Federal em que o Ministério Público figura como polo ativo (2007-2023)

Temas do direito	Quantidade
Direito Processual Penal	388
Direito Administrativo e outras matérias de Direito Público	172
Direito Processual Civil e do Trabalho	139
direito penal	100
Questões de alta complexidade, grande impacto e repercussão	12
Direito da Criança e do Adolescente	6
Direito do Consumidor	3
Direito do Trabalho	3
Direito Penal Militar	3
Direito Civil	2
Direito Eleitoral e Processo Eleitoral Do STF	2
Direito Ambiental	1
Direito Eleitoral	1
Direito Processual Penal Militar	1
Direito Tributário	1
Segurança Pública	1
Sem classificação	1

Assim, como é possível notar a partir dos dados exibidos anteriormente, o Ministério Público ainda parece não utilizar a reclamação constitucional como instrumento de atuação direta. Naturalmente, a mobilização da reclamação depende das condições que habilitem sua utilização, mas em face da quantidade total, chama a atenção que uma instituição cuja principal função é atuar como fiscal da lei responda apenas por 1,33% das reclamações julgadas pelo STF, em face de uma constituição repleta de direitos sociais aplicadas por um Poder Judiciário com abrangência continental como no caso brasileiro, nas suas diferentes repartições de competências.

A realidade de atuação do MP retratada por esses dados guarda estreita relação com o contexto da ADPF 828 e a pandemia de Covid-19. Em face dessa situação crítica, as reclamações foram constantemente mobilizadas para garantir a aplicação da decisão do STF que, nesse caso, significava a proteção da vida dos indivíduos, da saúde coletiva e da eficácia das políticas públicas determinadas pelo poder Executivo Federal, em especial pelo Ministério da Saúde, replicadas na medida de suas competências pelas instituições Estaduais e Municipais.

No contexto da pandemia, o direito à vida e à moradia se tornaram indissociáveis, em especial pelas políticas impositivas e cristalizadas na forma de leis e regulamentos, adotadas pelas instituições estatais, o que em tese teria alargado as competências do MP visando garantir a estrutura social nesse contexto crítico. Contudo, como veremos a seguir, a despeito de todo esse contexto propício a uma atuação mais ativa envolvendo a ADPF 828, a atuação do MP seguiu a mesma tendência observada nos dados.

3. CRISE SANITÁRIA, A ADPF 828 E AS RECLAMAÇÕES CONSTITUCIONAIS

A crise sanitária de Covid-19 trouxe a vulnerabilidade habitacional para o centro das discussões. Durante o período em que vacinas ainda não estavam disponíveis, as medidas recomendadas pelas organizações de saúde giravam em torno da proteção e da prevenção à contaminação pelo vírus. Ficar em casa passou a ser imprescindível para assegurar políticas de isolamento social, cujo objetivo era evitar a transmissão da doença por meio do contato. Ter onde morar foi condição necessária para cumprir a medida, mas não só. Um teto e quatro paredes só poderiam constituir refúgio adequado se não houvesse ameaças à posse, seja sob a forma de despejo ou remoção. Não é por outra razão que diferentes países adotaram políticas protetivas ao aluguel[12] e à habitação de maneira geral, com o intuito de não agravar ainda mais a crise sanitária.

No Brasil, foi um longo caminho até a primeira garantia de proteção em âmbito federal, alcançada por meio da mobilização junto ao Supremo Tribunal Federal. A decisão cautelar na Ação de Descumprimento de Preceito Fundamental 828, proferida pelo ministro Luis Roberto Barroso, foi um marco na proteção ao direito à moradia em meio à pandemia. Mas a importância da decisão é ainda maior, se comparada com o histórico de atuação do Supremo Tribunal Federal na tutela constitucional do direito social à moradia. Pela primeira vez, o direito à

---

12. Para uma reconstituição das discussões legislativas frustradas sobre a instituição de um regime de transição para as relações de locação no Brasil, ver: TAVOLARI, Bianca. Senado retrocede no projeto de lei que regula aluguéis e despejos na pandemia. *LabCidade* (blog), 3 de abril de 2020; TAVOLARI, Bianca. O aluguel no centro da crise. *Novos Estudos* (blog), 13 de maio de 2020; FIRPO, Sergio, TAVOLARI, Bianca. Adiar pagamento de aluguel ajudaria as famílias pobres a atravessar a crise? *Folha de São Paulo*, 21 de abril de 2020; FIRPO, Sergio, TAVOLARI, Bianca. Políticas de moradia em momentos de crise: a centralidade do aluguel. In: MACHADO, Laura Muller (Org.). *Legado de uma pandemia*: 26 vozes conversam sobre os aprendizados para a política pública. Rio de Janeiro: Autografia, 2021; TAVOLARI, Bianca, MENDONÇA, Pedro Rezende, ROLNIK, Raquel. Precisamos falar sobre aluguel: Medidas de proteção a inquilinos são adotadas ao redor do mundo, mas não no Brasil. *Quatro Cinco Um*, 16 de março de 2021. Disponível em: https://www.quatrocincoum.com.br/br/colunas/as-cidades-e-as-coisas/precisamos-falar-sobre-aluguel, acesso em 15.05.2023. Para uma comparação entre as respostas protetivas ao aluguel dos Estados Unidos e do Brasil, ver TAVOLARI, Bianca, PEREIRA, Saylon Alves. Evictions during the pandemic: an empirical discussion from the Brazilian law perspective. Trabalho apresentado na Conferência Anual NYU-UBA, "Legal heterodoxy in the Global South", em 13 de abril de 2023.

moradia e o direito à vida foram vinculados de maneira intrínseca. Ter onde morar de forma segura ultrapassou a dimensão mais imediata da política habitacional e passou a significar, potencialmente, a possibilidade de estar ou não saudável, de permanecer vivo ou não. Por esta razão, diferentemente das respostas de grande parte dos países do mundo,[13] a decisão no âmbito da ADPF 828, em 3 de junho de 2021, não considerou apenas as relações de locação – e, portanto, as ações de despejo – , mas também as diferentes formas de ocupação de bens imóveis, abarcando, assim, reintegrações de posse e remoções forçadas coletivas em âmbito judicial e administrativo.

Desde a decisão cautelar de junho de 2021, remoções coletivas de pessoas vulneráveis e liminares em ações de despejo permaneceram suspensos, com condições e restrições importantes acerca dos critérios definidores da vulnerabilidade e das coletividades, bem como das hipóteses de exceção, que previram situações de ocupações em áreas de risco, em áreas de proteção ambiental e mesmo por parte do crime organizado. Esses critérios e condições estiveram em vigor até 31 de outubro de 2022, após sucessivas prorrogações de prazo por parte do Supremo Tribunal Federal.[14]

Ao final de outubro foi estabelecido um regime de transição para permitir remoções no período posterior ao isolamento social. É importante notar que as prorrogações não foram fundamentadas apenas no agravamento dos índices de contaminação pelo vírus, mas também na piora generalizada das condições sociais e econômicas derivadas da crise sanitária, cenário em que a retomada massiva de despejos e remoções teria o potencial de produzir efeitos ainda mais nefastos.

Desde a primeira decisão do Supremo Tribunal Federal no âmbito da ADPF 828, um dos grandes desafios foi assegurar o cumprimento das medidas protetivas em instâncias inferiores. Diante de decisões que negavam a aplicação da normativa estabelecida pelo Supremo, as reclamações constitucionais despontaram como o caminho processual adequado para garantir a autoridade da corte constitucional e a eficácia de sua decisão. O monitoramento do ajuizamento de reclamações constitucionais com base na decisão do Supremo tem sido fundamental para entender uma parte desses conflitos entre instâncias jurisdicionais.[15] As preocupações de

---

13. Para uma comparação entre as diferentes políticas públicas adotadas pelos países integrantes da OCDE no que diz respeito aos despejos, ver: https://www.oecd.org/els/family/HC3-3-Evictions.pdf, acesso em 15.05.2023.

14. TAVOLARI, Bianca. A volta dos despejos e remoções. Folha de São Paulo, 9 de novembro de 2022.

15. Ver TAVOLARI, Bianca, PEREIRA, Saylon Alves, NISIDA, Vitor. Nota Técnica: Ação de Descumprimento de Preceito Fundamental n. 828. Núcleo de Questões Urbanas, Insper, dezembro de 2021. Disponível em: https://www.insper.edu.br/wp-content/uploads/2021/12/Nota_Tecnica_Acao_de_Descumprimento_de_Preceito_Fundamental_n_828.pdf. Acesso em: 08 maio 2023, e TAVOLARI, Bianca, NISIDA, Vitor, PEREIRA, Saylon Alves. Nota Técnica: Ação de Descumprimento de Preceito Fundamental 828 – Atualização 31.01.2022: período de Dezembro de 2021 a Janeiro de 2022. Núcleo

monitoramento envolveram a deferência de tribunais inferiores à decisão do Supremo, mas também estimaram o número de pessoas protegidas de despejos e remoções por meio das reclamações constitucionais; o número de reclamações ajuizadas por Estado, sugerindo correlações importantes entre deferência por parte de tribunais estaduais, litigiosidade e condições de acesso à justiça; bem como argumentos mobilizados por ministros e ministras para deferir pedidos de suspensão de ações de reintegração de posse e ações de despejo por parte de tribunais inferiores.

As reclamações constitucionais imprimiram dinâmica própria à mobilização pelo direito à moradia com base na ADPF 828. Entre maio de 2021 e janeiro de 2022, período coberto pelo monitoramento desenvolvido nas Notas Técnicas, ministros e ministras do Supremo julgaram mais de uma reclamação por dia em diversas ocasiões, especialmente nos meses de outubro, novembro, dezembro de 2021 e também em janeiro de 2022:[16]

Gráfico 2. Número de decisões julgadas pelo Supremo Tribunal Federal no âmbito de reclamações constitucionais com base na ADPF 828

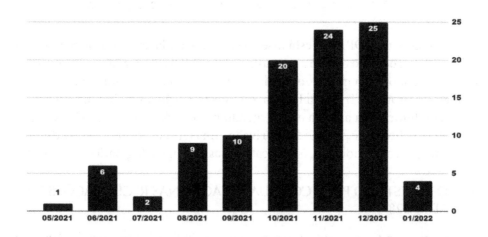

---

de Questões Urbanas, Insper, fevereiro de 2022. Disponível em: https://www.insper.edu.br/wp-content/uploads/2022/02/Atualizacao_Nota_Tecnica_Acao_de_Descumprimeto_Preceito_Fundamental_n_828.pdf. Acesso em: 08 maio 2023.

16. TAVOLARI, Bianca, NISIDA, Vitor, PEREIRA, Saylon Alves. Nota Técnica: Ação de Descumprimento de Preceito Fundamental 828 – Atualização 31.01.2022: período de Dezembro de 2021 a Janeiro de 2022. Núcleo de Questões Urbanas, Insper, fevereiro de 2022, p.7-8.

Gráfico 3. Número de decisões julgadas pelo Supremo Tribunal Federal no âmbito de reclamações constitucionais com base na ADPF 828 de acordo com a data de julgamento

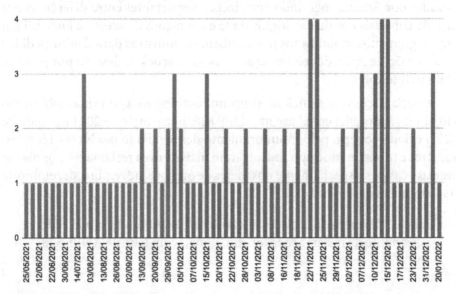

A análise da ADPF 828 está inserida numa agenda de pesquisa mais ampla sobre a construção do direito à moradia no Brasil,[17] desde sua inclusão constitucional no artigo 6º por meio de emenda, sua interpretação constitucional em casos levados ao Supremo Tribunal Federal e a interpretação dos tribunais inferiores. O fio condutor desta agenda está centrado nas tensões entre o direito social à moradia e o direito de propriedade privada, uma tensão, portanto, entre direitos fundamentais com mobilizações de categorias e campos dogmáticos distintos.

4. O MINISTÉRIO PÚBLICO E SUA ATUAÇÃO NAS RECLAMAÇÕES DA ADPF 828

Como já indicamos anteriormente, tanto o Código de Processo Civil quanto o Regimento Interno do Supremo Tribunal estabelecem a exigência da atuação do Ministério Público em todas as reclamações, seja na posição de autor, seja na posição de fiscal da lei. Ainda que inicialmente previsto apenas para o Ministério Público Federal, a legitimidade do Ministério Público Estadual foi reconhecida e confirmada pelo próprio Supremo. Assim, todas as reclamações constitucionais

---

17. Para esta formulação, ver SILVA, Virgílio Afonso. *A constitucionalização do direito*: os direitos fundamentais nas relações entre particulares. São Paulo: Malheiros, 2005.

ajuizadas perante o Supremo Tribunal Federal para garantir o cumprimento da ADPF 828 contam com a atuação do Ministério Público.

Para analisar a atuação do Ministério Público como proponente das reclamações constitucionais com base nas exigências estabelecidas pelo Supremo Tribunal Federal na ADPF 828, foram necessários recortes e decisões do ponto de vista de método. Em primeiro lugar, a análise estará restrita ao Ministério Público estadual. Este recorte se justifica por algumas razões. Em primeiro lugar, é mais fácil isolar a atuação do Ministério Público estadual, na medida em que o direito de vista é concedido apenas ao Procurador-Geral da República, o que exclui o *parquet* estadual do direito de vista em casos em que não há sua atuação direta. Em segundo lugar, o recorte possibilita uma análise territorializada por unidade da federação, o que permite entrever a distribuição espacial das reclamações constitucionais com base na ADPF 828 em que o Ministério Público estadual é parte. Em terceiro e último lugar, a amostra de casos tem "n" baixo, o que a torna manejável para discussão dos argumentos no âmbito deste capítulo.

Para filtrar esses casos, foi utilizada a busca por palavras-chave no repositório de jurisprudência do Supremo Tribunal Federal. Os termos que compõem as palavras-chave foram testados e determinados após a leitura sistemática de reclamações constitucionais com base na ADPF 828, que constituíram o banco de decisões das Notas Técnicas já mencionadas.[18] Contudo, como o estudo que embasou as Notas Técnicas tem escopo temporal reduzido ao período de junho de 2021 a janeiro de 2022 e a vigência da ADPF 828 se estende até outubro de 2022, quando foram estabelecidas as regras de transição para seu cumprimento, optamos por ampliar o recorte temporal e, assim, trabalhar com um banco específico de decisões para o presente estudo.

As palavras-chave escolhidas foram "ADPF 828 + 'ministério público do Estado'". O primeiro termo, "ADPF 828", foi utilizado sem aspas, uma vez que já sabíamos que a ferramenta de busca de jurisprudência do Supremo Tribunal Federal inclui, em seus resultados, todas as variações possíveis da referência à decisão. Explicamos: quando trabalhamos com pesquisas empíricas a partir de expressões regulares para análise de texto utilizando linguagem de programação específicas (como *Regex python,* por exemplo), precisamos antecipar as dife-

---

18. TAVOLARI, Bianca, PEREIRA, Saylon Alves, NISIDA, Vitor. Nota Técnica: Ação de Descumprimento de Preceito Fundamental n. 828. *Núcleo de Questões Urbanas*, Insper, dezembro de 2021. Disponível em: https://www.insper.edu.br/wp-content/uploads/2021/12/Nota_Tecnica_Acao_de_Descumprimento_de_Preceito_Fundamental_n_828.pdf. Acesso em: 08 maio 2023, e TAVOLARI, Bianca, NISIDA, Vitor, PEREIRA, Saylon Alves. Nota Técnica: Ação de Descumprimento de Preceito Fundamental n. 828 – Atualização 31.01.2022: período de Dezembro de 2021 a Janeiro de 2022. *Núcleo de Questões Urbanas*, Insper, fevereiro de 2022. Disponível em: https://www.insper.edu.br/wp-content/uploads/2022/02/Atualizacao_Nota_Tecnica_Acao_de_Descumprimeto_Preceito_Fundamental_n_828.pdf. Acesso em: 08 maio 2023.

rentes variações de formulação do termo que gostaríamos de encontrar. Para o caso da ADPF 828, para que todo o universo pudesse ser encontrado – ou talvez o universo de decisões mais completo possível –, seria necessário pesquisar, por exemplo, por: "ADPF n.828", "ADPF n°828", "ADPF n828", "ADPF 828", "Ação de Descumprimento de Preceito Fundamental 828", entre outros, antecipando formas de registrar a menção à decisão e mesmo eventuais erros de digitação. Como a ferramenta de busca do *site* do Supremo Tribunal Federal já inclui as variações, não é necessário fazer modulações específicas, bastando procurar por "ADPF 828" sem aspas. Já a expressão "ministério público do Estado", com aspas, permite encontrar a referência às partes, com suas variações específicas para cada unidade federativa: "Ministério Público do Estado de Alagoas", "Ministério Público do Estado de São Paulo" e assim por diante. A busca pelos termos indicados resultou em 11 decisões monocráticas em reclamações constitucionais,[19] proferidas entre julho de 2021 e abril de 2023, conforme a tabela abaixo:

Tabela 3. Processos em que o Ministério Público Estadual figura como parte

	Número do processo	Data de julgamento	Ministro/a Relator/a	Partes
1	Rcl 47925	30.06.2021	Ricardo Lewandowski	Reclamante: Adelson Machado e outros/as Reclamado: Juíza de Direito da 1ª Vara Cível de Guajará-Mirim Beneficiário: Ministério Público do Estado de Rondônia e outros
2	Rcl 50740 MC	29.11.2021	Alexandre de Moraes	Reclamante: Conselho Estadual de Direitos Humanos da Paraíba Reclamado: Juiz de Direito da 4ª Vara da Fazenda Pública da Comarca de João Pessoa Beneficiário: Ministério Público do Estado da Paraíba e outros
3	Rcl 50998 MC	13.12.2021	Nunes Marques	Reclamante: Grupo indeterminado de pessoas representado por Wilson Vasques e outros Reclamado: Juiz de Direito da 1ª Vara Cível e da Fazenda Pública do Município de Sidrolândia Beneficiário: Ministério Público do Estado de Mato Grosso do Sul
4	Rcl 52543	28.03.2022	Ricardo Lewandowski	Reclamante: Adriano Barbosa Soares Reclamado: Juiz de Direito da 2ª Vara Cível da Comarca de Ubatuba Beneficiário: Ministério Público do Estado de São Paulo

---

19. A busca retornou, inicialmente, 22 resultados. Seis resultados foram excluídos após a leitura da decisão, uma vez que (i) não apresentam o Ministério Público estadual entre as partes – a instituição é apenas mencionada ao longo da decisão (Rcl 51691, Rcl 54420, Rcl 54293 e Rcl 58381) e (ii) apresentam o Ministério Público estadual como parte autora ou beneficiária, mas a menção à ADPF é apenas na jurisprudência citada – o tema central da reclamação constitucional é outro, constituindo falsos positivos (Rcl 55682, Rcl 57968, Rcl 56087, Rcl 57235, Rcl 57765, Rcl 58372 e Rcl 58622).

	Número do processo	Data de julgamento	Ministro/a Relator/a	Partes
5	Rcl 54690/MC	20.07.2022	André Mendonça	Reclamante: Defensoria Pública do Estado de Minas Gerais Reclamado: Juiz de Direito da 3ª Vara dos Feitos da Fazenda Pública Municipal da Comarca de Belo Horizonte Beneficiário: Ministério Público do Estado de Minas Gerais
6	Rcl 54842	09.08.2022	Nunes Marques	Reclamante: Defensoria Pública do Estado de São Paulo Reclamado: Tribunal de Justiça do Estado de São Paulo Beneficiário: Ministério Público do Estado de São Paulo
7	Rcl 54690	05.09.2022	André Mendonça	Reclamante: Defensoria Pública do Estado de Minas Gerais Reclamado: Juiz de Direito da 3ª Vara dos Feitos da Fazenda Pública Municipal da Comarca de Belo Horizonte Beneficiário: Ministério Público do Estado de Minas Gerais
8	Rcl 56041	20.10.2022	André Mendonça	Reclamante: Defensoria Pública do Estado de São Paulo Reclamado: Relator do AI 2217633-40.2022.8.26.0000 do Tribunal de Justiça do Estado de São Paulo Beneficiário: Ministério Público do Estado de São Paulo
9	Rcl 53372	22.11.2022	Ricardo Lewandowski	Reclamante: Adelson Machado e outros/as Reclamado: Juíza de Direito da 1ª Vara Cível de Guajará-Mirim Beneficiário: Ministério Público do Estado de Rondônia e outros
10	Rcl 53372 ED	04.04.2023	Ricardo Lewandowski	Reclamante: Adelson Machado e outros/as Reclamado: Juíza de Direito da 1ª Vara Cível de Guajará-Mirim Beneficiário: Ministério Público do Estado de Rondônia e outros
11	Rcl 58296	22.04.2023	André Mendonça	Reclamante: Silvani Ferreira Gomes e outros Reclamado: Juiz de Direito da 3ª Vara Cível da Comarca de São Carlos Beneficiário: Ministério Público do Estado de São Paulo

Passamos agora a analisar estes dados tanto da perspectiva de sua relação com o contexto maior do universo total de ajuizamento das reclamações constitucionais com base na ADPF 828 quanto a partir das características que estruturam cada uma das reclamações em que o Ministério Público estadual é parte.

5. ANÁLISE DAS DECISÕES

Vimos que a seleção de reclamações constitucionais em que o Ministério Público estadual configura como parte resultou em 11 casos. Cada caso – ou observação, para usar o termo comum às pesquisas empíricas – corresponde e faz referência a uma decisão do Supremo Tribunal Federal. No entanto, como é possível depreender dos dados – e como já havíamos sinalizado nas Notas Técnicas –, há mais de uma decisão por processo. A reclamação constitucional 53372, por exemplo, conta com duas decisões, uma vez que há julgado específico para os embargos de declaração.

Mesmo que consideremos o número total de decisões e não de processos, o resultado mostra uma baixa quantidade de casos em que o Ministério Público estadual integra os polos constitutivos do processo. Como base de comparação, o universo total de decisões em reclamações constitucionais ajuizadas perante o Supremo Tribunal Federal com base na ADPF 828 é de 658,[20] o que significa que aquelas em que há mobilização ativa do Ministério Público estadual representam apenas 1,67% desse conjunto de decisões.

Os resultados também permitem compreender que o Ministério Público estadual integra o polo das partes exclusivamente na qualidade de beneficiário. Contraintuitivamente, não há casos em que a instituição é de fato *autora* de reclamações constitucionais.[21] A expectativa de um número maior de casos é fundada na previsão expressa de legitimidade ativa do Ministério Público nessas ações, já discutida anteriormente, ainda que o número de reclamações ajuizadas pelo Ministério Público de maneira geral seja pequeno em comparação com o universo total de utilização do instrumento processual.

Além da baixa mobilização de reclamações constitucionais por parte do Ministério Público estadual, também há baixa representatividade territorial, com apenas cinco unidades da federação atuantes neste tema perante o Supremo Tribunal Federal:

---

20. A pesquisa foi feita seguindo os mesmos critérios utilizados para constituir os bancos de decisões das duas Notas Técnicas: o termo "ADPF 828" foi utilizado, sem aspas, e o filtro específico para reclamações constitucionais foi aplicado para excluir, de saída, outros tipos processuais, como recursos extraordinários, mandados de segurança, entre outros. O dado de 658 corresponde a consulta realizada no repositório eletrônico do Supremo Tribunal Federal em 9 de maio de 2023, sem modulação específica de data e sem leitura ou processamento de cada decisão, o que significa que este universo inclui eventuais falsos positivos.

21. Como não selecionamos os casos em que o Ministério Público Federal é parte autora, pesquisas futuras podem analisar a composição dos autores com maior granularidade e visibilidade.

Tabela 4. Distribuição dos casos de acordo com o Estado

Estado	Número de casos
Ministério Público do Estado de São Paulo	4
Ministério Público do Estado de Rondônia	3
Ministério Público do Estado de Minas Gerais	2
Ministério Público do Estado Mato Grosso do Sul	1
Ministério Público do Estado da Paraíba	1
Total	11

Apenas 5 em 27 unidades federativas estão representadas nas reclamações que têm a ADPF 828 como base. No que diz respeito às regiões do país, a região Sudeste é a que concentra o maior número de casos, com 6, divididos entre São Paulo e Minas Gerais. A região Norte é a segunda, com 3 casos de Rondônia; seguida pela região Centro-Oeste e Nordeste, cada uma com um caso, referentes a Mato Grosso do Sul e Paraíba, respectivamente. Não há casos referentes à região Sul.

Como indicamos nas Notas Técnicas, o estado de São Paulo concentrava mais da metade de todas as reclamações constitucionais com base na ADPF 828, independentemente da presença do Ministério Público estadual como parte autora. Entre maio de 2021 e janeiro de 2022, 53 casos – em um universo de 102 – eram referentes a São Paulo.[22] Algumas hipóteses levantadas no estudo podem nos ajudar a entender a maior mobilização em São Paulo nas reclamações constitucionais em que o Ministério Público estadual figura como parte, ainda que a ordem de grandeza seja muito menor do que a análise do universo total de reclamações com base na ADPF 828:

Em primeiro lugar, é o Estado com maior concentração de aglomerados subnormais, de acordo com o IBGE.[23] Além disso, o Tribunal de Justiça de São Paulo é, conforme a pesquisa *Conflitos fundiários coletivos urbanos e rurais: uma visão das ações possessórias de acordo com o impacto do novo Código de Processo Civil*,[24] um dos tribunais com índices mais altos de judicialização de ações possessórias coletivas e individuais de bens imóveis. Em terceiro lugar, no que diz respeito exclusivamente às ações de despejo, levantamento empírico realizado por Bianca

---

22. TAVOLARI, Bianca, NISIDA, Vitor, PEREIRA, Saylon Alves. Nota Técnica: Ação de Descumprimento de Preceito Fundamental n. 828 – Atualização 31.01.2022: período de Dezembro de 2021 a Janeiro de 2022. *Núcleo de Questões Urbanas*, Insper, fevereiro de 2022, p.11 e ss.
23. Ver https://agenciadenoticias.ibge.gov.br/agencia-sala-de-imprensa/2013-agencia-de-noticias/releases/14157-asi-censo-2010-114-milhoes-de-brasileiros-60-vivem-em-aglomerados-subnormais. Acesso em: 15 maio 2023.
24. INSPER, Instituto Pólis. *Conflitos fundiários coletivos urbanos e rurais*: uma visão das ações possessórias de acordo com impacto do Novo Código de Processo Civil. Instituto de Ensino e Pesquisa (INSPER); Instituto Pólis. Brasília: CNJ, 2021. Disponível em: https://www.cnj.jus.br/wp-content/uploads/2021/05/Relatorio-Final-INSPER.pdf.

Tavolari, Pedro Rezende e Raquel Rolnik[25] mostra que o Tribunal de Justiça de São Paulo continuou a conceder pedidos de remoção em ações de despejo por falta de pagamento durante a pandemia de forma bastante célere. Mesmo as decisões que citavam a pandemia não o faziam para garantir o direito à moradia de locatários e locatárias diante da crise sanitária.

Há ainda outras duas hipóteses que devem ser consideradas. As condições de acesso à justiça devem ser incluídas na análise, ainda que este fator não explique, por si só, a predominância absoluta de São Paulo em relação às demais unidades da federação. Além disso, este pode ser um possível indício de que o Tribunal de Justiça de São Paulo e o Tribunal Regional da 3ª Região podem ser menos deferentes à decisão da ADPF 828 do que os demais tribunais estaduais e federais. Em outras palavras, é razoável supor que um dos fatores que expliquem a maior litigância seja um grande número de decisões em primeira e segunda instâncias que não aplicam o disposto na ADPF 828 ou o fazem de maneira incompleta ou questionável. Neste momento, não há dados suficientes para avançar na plausibilidade destas hipóteses.[26]

Para compreender melhor os conflitos que estão na origem destes números, passamos à análise mais detalhada de cada um dos casos, a partir do papel desempenhado por cada Ministério Público estadual, uma síntese do contexto fático-jurídico e a decisão do Supremo Tribunal Federal no âmbito do ajuizamento da reclamação constitucional.

5.1   Ministério Público Estadual como beneficiário

A análise do conjunto das decisões mostra que o Ministério Público estadual figura como beneficiário simples na totalidade dos casos. Nas reclamações constitucionais, essa posição ganha uma configuração específica. Como as reclamações são direcionadas a decisões de tribunais que, de acordo com os autores, violariam os parâmetros estabelecidos em uma decisão do Supremo Tribunal Federal, que no nosso caso é a ADPF 828, o reclamado é o juiz ou juíza, desembargador ou desembargadora que proferiu a decisão ou mesmo o tribunal de maneira geral. O autor – ou reclamante – se volta contra uma decisão judicial determinada, solicitando ao Supremo o *enforcement* das proteções concedidas com base na ADPF, a aplicação de seus critérios de vulnerabilidade e, a partir do final de outubro de 2022, as condicionantes da regra de transição à suspensão de despejos e remoções.

Nessa estrutura processual, a posição de beneficiário está diretamente relacionada ao reclamado, ou seja, ao tribunal, ou à ação de origem. É prevista nos artigos 989 e seguintes do Código de Processo Civil, indicando o direito de contestação da decisão impugnada por parte do beneficiário. Concretamente, o Ministério

---

25. TAVOLARI, Bianca, MENDONÇA, Pedro Rezende, ROLNIK, Raquel. Precisamos falar sobre aluguel: Medidas de proteção a inquilinos são adotadas ao redor do mundo, mas não no Brasil. *Quatro Cinco Um*, 16 de março de 2021.

26. TAVOLARI, Bianca, NISIDA, Vitor, PEREIRA, Saylon Alves. Nota Técnica: Ação de Descumprimento de Preceito Fundamental n. 828 – Atualização 31.01.2022: período de Dezembro de 2021 a Janeiro de 2022. *Núcleo de Questões Urbanas*, Insper, fevereiro de 2022, p.11-12.

Público estadual figura como (a) o *autor* da ação em que a decisão reclamada foi proferida; (b) ajuizou *ações conexas* à ação principal; ou (c) *manifestou-se no processo* em favor de uma das partes.

Passamos a organizar o universo de 11 casos de acordo com (i) o processo judicial que deu origem à reclamação constitucional perante o Supremo; (ii) o autor da ação original; (iii) a posição assumida pelo Ministério Público estadual, conforme a classificação indicada anteriormente; (iv) uma síntese do caso a partir da decisão em sede de reclamação constitucional e (v) a decisão do Supremo na reclamação constitucional. As informações estão organizadas a partir da tabela abaixo:

Tabela 5. Caracterização da posição do Ministério Público Estadual de acordo com o processo que deu origem à reclamação constitucional

	Número do processo	Processo de origem da reclamação
1	Rcl 47925	Ação Civil Pública 7002381-27.2020.8.22.0015 Autor/a da ação original: Ministério Público do Estado de Rondônia Posição do Ministério Público: autor Síntese do caso: Ministério Público do Estado de Rondônia ajuíza ação civil pública contra os ocupantes da zona de amortecimento do Parque Estadual de Guajará-Mirim, em favor da desocupação e da reparação de eventuais danos ambientais. Indica que a ocupação tem indícios de ter sido levada adiante por facção criminosa, uma vez que há invasão com armas e motosserras. Decisão do Supremo na Reclamação: Não entende haver violação da ADPF 828 em razão da exceção da proteção em hipóteses de atuação de facção criminosa.
2	Rcl 50740 MC	Ação Civil Pública 0832701.66.2021.815.2001 Autor/a da ação original: Município de João Pessoa Posição do Ministério Público: integra ação conexa à ação principal Síntese do caso: Município de João Pessoa ajuizou ação de reintegração de posse de cerca de 400 famílias e mais 800 pessoas da "Comunidade Dubai", em terreno de titularidade do Município de João Pessoa, que integra o Parque Estadual das Trilhas e a APP do Rio Cabelo. Além da ação de reintegração de posse, foi ajuizada ação civil pública por parte do Município, em que o Ministério Público do Estado da Paraíba integra a lide a partir da defesa do meio ambiente, com tratativas entre a municipalidade e o *parquet* para desocupar a área. Há indícios de dano ambiental e presença de organizações criminosas. Decisão do Supremo na Reclamação: Suspende a reintegração de posse, uma vez que não há informações sobre encaminhamento habitacional dos ocupantes. A ADPF 828 indica expressamente a necessidade de assegurar a realocação de pessoas vulneráveis que não estejam envolvidas na prática dos delitos.
3	Rcl 50998 MC	Ação de Reintegração de Posse 0801302-51.2021.8.12.0045 Autor/a da ação original: Município de Sidrolândia Posição do Ministério Público: manifestação nos autos Síntese do caso: Município de Sidrolândia ajuizou ação de reintegração de posse contra ocupantes de área pública. O Ministério Público do Estado de Mato Grosso do Sul se manifesta nos autos, mas não há informações detalhadas de seu posicionamento. Decisão do Supremo na Reclamação: Confirma a reintegração de posse, mas a condiciona ao atendimento habitacional e à realocação dos moradores.

	Número do processo	Processo de origem da reclamação
4	Rcl 52543	Processo 1002607-27.2016.8.26.064 Autor/a da ação original: Ministério Público do Estado de São Paulo Posição do Ministério Público: autor Síntese do caso: Após abertura de Inquérito Civil para apurar possível degradação ambiental em APP nas praias do Perequê-Mirim e Enseada, em Ubatuba, o Ministério Público do Estado de São Paulo ajuizou ação contra Adriano Barbosa Soares, proprietário em área protegida e pessoa vulnerável, semialfabetizada. Decisão do Supremo na Reclamação: Não entende haver violação da ADPF 828 em razão da exceção da proteção para áreas de proteção ambiental e por se tratar de ocupação individual, não coletiva.
5	Rcl 54690/MC	Ação de Reintegração de Posse 5032326-47.2022.8.13.0024 Autor/a da ação original: Município de Belo Horizonte Posição do Ministério Público: ajuizou ação conexa à ação principal Síntese do caso: Município ajuizou ação de reintegração de posse contra dezenas de famílias que compõem a Ocupação Vila Maria, localizada em área anexa ao Parque Municipal Jacques Cousteau, situada na região Oeste da capital mineira, no bairro Estrela do Oriente, nas proximidades do Anel Rodoviário BR 262. Diante de deferimento da medida liminar na ação de reintegração de posse, o Ministério Público do Estado de Minas Gerais ajuizou ação civil pública perante o Juízo da Vara Cível da Infância e Juventude da Capital, solicitando plano de ação detalhado por parte da municipalidade referente à proteção de crianças e adolescentes. Decisão do Supremo na Reclamação: Suspende a reintegração de posse com base na confirmação da aplicação dos critérios da ADPF 828 para o caso. A decisão foi revista na Rcl 54690.
6	Rcl 54842	Ação de Reintegração de Posse 1029286-23.2021.8.26.040 Autor/a da ação original: Município de Osasco Posição do Ministério Público: ajuizou ação conexa à ação principal Síntese do caso: Município ajuizou ação de reintegração de posse em área consolidada há pelo menos 17 anos, alegando risco iminente à segurança dos ocupantes em área de proteção ambiental. Ministério Público do Estado de São Paulo já havia ajuizado duas ações civis públicas para a mesma área, solicitando a desocupação e a reparação do dano ambiental. Decisão do Supremo na Reclamação: Não entende haver violação da ADPF 828 em razão da exceção da proteção para áreas de risco.
7	Rcl 54690	Ação de Reintegração de Posse 5032326-47.2022.8.13.0024 Autor/a da ação original: Município de Belo Horizonte Posição do Ministério Público: ajuizou ação conexa à ação principal Síntese do caso: Município ajuizou ação de reintegração de posse contra dezenas de famílias que compõem a Ocupação Vila Maria, localizada em área anexa ao Parque Municipal Jacques Cousteau, situada na região Oeste da capital mineira, no bairro Estrela do Oriente, nas proximidades do Anel Rodoviário BR 262. Diante de deferimento da medida liminar na ação de reintegração de posse, o Ministério Público do Estado de Minas Gerais ajuizou ação civil pública perante o Juízo da Vara Cível da Infância e Juventude da Capital, solicitando plano de ação detalhado por parte da municipalidade referente à proteção de crianças e adolescentes. Decisão do Supremo na Reclamação: Confirma a reintegração de posse por se tratar de ocupação posterior à pandemia.
8	Rcl 56041	Ação de Reintegração de Posse 1002885-18.2022.8.26.0157 Autor/a da ação original: Município de Cubatão Posição do Ministério Público: manifestação nos autos Síntese do caso: Município ajuizou ação de reintegração de posse contra moradores da área denominada como Vila Caic, parte integrante da comunidade Vila Esperança, sob a justificativa de que se trata de área de risco sujeita a deslizamentos e soterramentos. O conflito na área data de 1999. Ministério Público do Estado de São Paulo se manifestou nos autos em favor da desocupação da área diante do risco. Decisão do Supremo na Reclamação: Não entende haver violação da ADPF 828 em razão da exceção da proteção para áreas de risco.

Número do processo	Processo de origem da reclamação
9 — Rcl 53372	Ação Civil Pública 7002381-27.2020.8.22.0015 Autor/a da ação original: Ministério Público do Estado de Rondônia Posição do Ministério Público: autor Síntese do caso: Ministério Público do Estado de Rondônia ajuizou ação civil pública contra os moradores da Área Branca (Bico do Parque), área que seria transformada em Unidade de Conservação ambiental, localizada no entorno do Parque Estadual de Guajará-Mirim. Decisão do Supremo na Reclamação: Reclamação prejudicada por perda de objeto em razão da regra de transição estabelecida pelo Supremo a partir de 31 de outubro de 2022.
10 — Rcl 53372 ED	Ação Civil Pública 7002381-27.2020.8.22.0015 Autor/a da ação original: Ministério Público do Estado de Rondônia Posição do Ministério Público: autor Síntese do caso: Ministério Público do Estado de Rondônia ajuizou ação civil pública contra os moradores da Área Branca (Bico do Parque), área que seria transformada em Unidade de Conservação ambiental, localizada no entorno do Parque Estadual de Guajará-Mirim. Decisão do Supremo na Reclamação: Rejeição dos embargos de declaração.
11 — Rcl 58296	Ação Civil Pública 0014342-26.2007.8.26.0566 / Cumprimento de Sentença 0012268-81.2016.8.26.0566 Autor/a da ação original: Ministério Público do Estado de São Paulo Posição do Ministério Público: autor Síntese do caso: Ministério Público do Estado de São Paulo ajuizou ação civil pública contra cerca de 188 pessoas em área de proteção ambiental denominada Fazenda Ohara Schmidt de Santa Cruz das Oliveiras, constituída por chácaras de lazer. Decisão do Supremo na Reclamação: Não entende haver violação da ADPF 828 por ausência de vulnerabilidade social.

A análise dos 11 casos em que o Ministério Público estadual figura como beneficiário nos permite perceber elementos importantes. Em primeiro lugar, prevalecem casos referentes a áreas de proteção ambiental. Estamos diante de disputas de posse e propriedade de áreas públicas e privadas de parques e seus entornos, de áreas de proteção permanente e de reserva legal. Nesses casos, o Ministério Público estadual havia ajuizado ações prévias em defesa do meio ambiente, visando a desocupação das áreas e a reparação do dano ambiental, ou havia se manifestado nos autos das ações originárias com elementos que evidenciam a preocupação com o meio ambiente. Estamos, portanto, diante da tensão entre os direitos fundamentais à moradia e à proteção do meio ambiente. Não se trata de tensão nova.[27] No entanto, com a suspensão constitucional a despejos e remoções, ela ganhou nova roupagem, ao opor a tutela ambiental à tutela do direito à

---

27. Ver, por exemplo, MARTINS, Maria Lucia Refinetti. Moradia e Mananciais: tensão e diálogo na metrópole. São Paulo: FAUSP/FAPESP, 2006; COMPANS, Rose. A cidade contra a favela: a nova ameaça ambiental. *Revista Brasileira de Estudos Urbanos e Regionais*, v. 9, n. 1, maio de 2007; NOGARA, Mônica de Azevedo. Conflitos socioambientais na Justiça: Da formulação das normas à ação do Poder Judiciário no conflito entre os direitos à habitação e ao meio ambiente em assentamentos irregulares, um estudo de jurisprudência do Tribunal de Justiça de São Paulo (1985 a 2006). Dissertação apresentada à Faculdade de Arquitetura e Urbanismo da Universidade de São Paulo, 2008.

moradia. A decisão do ministro Luis Roberto Barroso no âmbito da ADPF 828 previu a exclusão da proteção de áreas ambientalmente protegidas, mas indicou a necessidade de reassentamento adequado dos ocupantes e moradores.

Algo semelhante acontece nos casos de áreas de risco, conflito que tampouco é novo.[28] A tensão também foi endereçada como excludente da proteção da ADPF 828, permitindo a remoção forçada mesmo durante o período da pandemia para proteger a integridade física dos moradores. Os casos referentes a indícios de configuração de organização criminosa também figuram entre as excludentes da decisão do Supremo, ainda que o ministro Barroso tenha deixado claro que seria necessário garantir condições habitacionais para moradores não envolvidos com a prática de ilícitos, que não podem ser penalizados por residirem em áreas sob o domínio do crime organizado.

Os argumentos centrais para discutir a aderência ou não dos critérios da ADPF 828 às reclamações constitucionais com participação do Ministério Público estadual são organizados pela tabela abaixo:

Tabela 6. Argumentos centrais para a análise da aderência da ADPF 828 aos casos em que o Ministério Público Estadual é beneficiário

Tema	Quantidade[29]
Área de proteção ambiental	9
Remoção em área de risco	2
Possível atuação de facção criminosa	2
Ausência de vulnerabilidade social	1
Ocupação individual, não coletiva	1
Sem informação	1

Assim, os dados demonstram que, a vasta maioria dos casos em que houve participação ativa do Ministério Público estadual como beneficiário são atravessados por tensões de direitos fundamentais e com as hipóteses de exclusão da aplicação dos critérios de suspensão a despejos e remoções na pandemia. Casos de ocupações de área de proteção ambiental e de áreas de risco envolveram a remoção dos moradores com reassentamento posterior. Um dos casos com indícios de presença de facção criminosa foi decidido simplesmente a partir do seguimento da reintegração de posse; outro diferenciou moradores não envolvidos com os atos ilícitos, com decisão do Supremo ordenando a garantia de seu direito à moradia, ainda que em outra área. São, com exceção da Reclamação 54690/MC que, ainda

---

28. Ver, por exemplo, SPINK, Mary Jane Paris. Viver em áreas de risco: tensões entre gestão de desastres ambientais e os sentidos de risco no cotidiano. *Ciência & Saúde Coletiva, 19(9), 2014.*

29. O número indicado aqui é maior que o número total de casos, já que um caso pode contar com uma intersecção de mais de um tema.

que trate de área de parque, contou com pedido do Ministério Público Estadual de Minas Gerais para proteger crianças e adolescentes da remoção – e que ainda assim teve a proteção revertida posteriormente no julgamento da Rcl 54690 –, todos os demais casos podem ser caracterizados como casos-limite, em que há disputas antigas entre direitos fundamentais e há controvérsias vinculadas à produção de provas, como no caso de elementos fáticos que sugerem a atuação de facções criminosas, ainda que possam não ser suficientes para diferenciar simples ocupações de pessoas vulneráveis de atos ilícitos concertados.

6. CONSIDERAÇÕES FINAIS

Os dados referentes à utilização da reclamação perante o Supremo Tribunal demonstram que esse instrumento jurídico já se coloca entre os mais importantes na dinâmica do processo constitucional. Seus usos mostram-se vantajosos para cidadãos e instituições em geral, que podem mobilizar um mecanismo de *enforcement* das decisões do Supremo em face de suas demandas por meio de um mecanismo célere e direto. Mas o instrumento também é vantajoso para o próprio tribunal, que pode exercer o controle da eficácia das suas decisões, controlar seus sentidos em casos de dúvidas de aplicação e ainda acompanhar a dinâmica de atuação das cortes inferiores.

Apesar disso, a utilização desse instrumento pelo Ministério Público se mostra bastante tímida. Exercendo uma das funções essenciais à justiça e tendo o papel de fiscal da lei, o comportamento esperado seria uma utilização mais frequente da reclamação por parte do Ministério Público estadual, sobretudo na defesa de direitos fundamentais como no caso da ADPF 828. Só o volume de reclamações que essa ADPF mobilizou no período entre junho de 2021 a maio de 2022 corresponde a um número próximo da totalidade de reclamações em que o Ministério Público é parte ativa nos últimos 15 anos – estamos falando de 658 casos apenas com base na ADPF 828 contra 836 reclamações com os mais diferentes temas. Isso demonstra não só a importância do tema em questão, mas também como o *parquet* parece não ter participado ativamente do processo de adequação dessa decisão a casos concretos. Em outras palavras, os dados parecem sugerir que não houve uma atuação sistemática do Ministério Público estadual, na perspectiva processual constitucional, para disputar o sentido das decisões envolvendo a ADPF 828, a despeito de o tema estar bastante em evidência.

Tal fato gera certo estranhamento, dado que a aplicação dessa decisão representava, no contexto da pandemia, um importante instrumento para garantia do direito à vida, da dignidade humana, do direito à moradia e, principalmente, da saúde coletiva – todos direitos garantidos pela Constituição. Nesse sentido, garantir o *enforcement* de uma decisão ou um sentido específico para sua aplicação pode ajudar a garantir uma ação coordenada entre os poderes da república e as instituições estatais. Portanto, a reclamação poderia ter sido utilizada pelo Ministério Público para auxílio no controle da pandemia, forma de atuação que os dados sugerem não ter ocorrido.

Importante ressaltar que esse trabalho tem uma perspectiva bastante limitada, já que tem como foco apenas a atuação do competência estadual no caso da ADPF 828 e as ações em que Ministério Público estadual foi parte ativa. Como ressaltamos anteriormente, ao Ministério Público são garantidas muitas prerrogativas de atuação nas ações e perante as instituições (com vistas e manifestações nos processos, abertura de inquéritos e a celebração de termos de ajustamento de condutas, por exemplo), que não investigamos. Portanto, de forma nenhuma os dados indicados neste trabalho devem ser interpretados ou permitiriam construir qualquer argumento acerca da falta de atuação do Ministério Público nas ações envolvendo a ADPF 828 e, principalmente, na pandemia de Covid-19.

Contudo, em relação ao objeto e perspectiva adotada – a utilização da reclamação nos casos envolvendo a ADPF 828 no contexto de Covid-19 –, não resta dúvidas de que o trabalho levanta alguns indícios interessantes sobre a tática de atuação do Ministério Público estadual. O caminho adotado pode refletir escolhas institucionais, necessidades de capacitação, cultura institucional, entre muitas outras possibilidades explicativas que não temos a pretensão de explorar no âmbito deste capítulo. Inauguramos, assim, uma agenda material e processual em torno da atuação do Ministério Público no que diz respeito às reclamações constitucionais e, especificamente, ao uso desse instrumento para a suspensão de despejos e remoções durante a pandemia. A baixa mobilização do instrumento para este caso mostra que há caminhos institucionais abertos a serem trilhados para a efetivação de direitos sociais à moradia com base em decisões do Supremo Tribunal Federal.

Do ponto de vista processual, o exemplo da reclamação permite ser replicado em outros objetos e estratégias, cujo objetivo pode ser o mapeamento das táticas utilizadas pelo Ministério Público para perseguir os objetivos da instituição, além das preferências por determinadas áreas do direito indicadas neste artigo. Por sua vez, na perspectiva material, usando o exemplo da ADPF 828, o artigo sugere investigações sobre como determinados temas podem ou não fazer parte da agenda imediata do Ministério Público e aponta para o interesse em conhecer os mecanismos que determinam essa agenda, caminho que também pode ser replicado para diversos outros assuntos que podem ser explorados por outras pesquisas.

Tais possibilidades demonstram a importância do Ministério Público enquanto instituição nos termos previstos pela Constituição de 1988, bem como seu potencial como objeto de pesquisa para aqueles desejosos em conhecer a dinâmica do direito, da justiça e das instituições em nosso país. Também mostra os caminhos institucionais abertos e à disposição do Ministério Público para efetivar direitos fundamentais, especialmente os vinculados à habitação e à ordem urbanística.

7. REFERÊNCIAS

COMPANS, Rose. A cidade contra a favela: a nova ameaça ambiental. *Revista Brasileira de Estudos Urbanos e Regionais,* v. 9, n. 1, maio de 2007.

CRUZ E TUCCI, José Rogério. *Precedente judicial como fonte do direito.* São Paulo: Ed. RT, 2004.

FIRPO, Sergio, TAVOLARI, Bianca. Adiar pagamento de aluguel ajudaria as famílias pobres a atravessar a crise? *Folha de São Paulo,* 21 de abril de 2020.

FIRPO, Sergio, TAVOLARI, Bianca. Políticas de moradia em momentos de crise: a centralidade do aluguel. In: MACHADO, Laura Muller (Org.). *Legado de uma pandemia:* 26 vozes conversam sobre os aprendizados para a política pública. Rio de Janeiro: Autografia, 2021.

INSPER, Instituto Pólis. *Conflitos fundiários coletivos urbanos e rurais: uma visão das ações possessórias de acordo com impacto do Novo Código de Processo Civil.* Instituto de Ensino e Pesquisa (INSPER); Instituto Pólis. Brasília: CNJ, 2021.

MARTINS, Maria Lucia Refinetti. *Moradia e Mananciais: tensão e diálogo na metrópole.* São Paulo: FAUSP/FAPESP, 2006.

MENDES, Gilmar. A reclamação constitucional no Supremo Tribunal Federal: algumas notas. *Direito Público,* n. 12, abril-maio-junho, 2006.

NOGARA, Mônica de Azevedo. *Conflitos socioambientais na Justiça: Da formulação das normas à ação do Poder Judiciário no conflito entre os direitos à habitação e ao meio ambiente em assentamentos irregulares, um estudo de jurisprudência do Tribunal de Justiça de São Paulo (1985 a 2006).* Dissertação apresentada à Faculdade de Arquitetura e Urbanismo da Universidade de São Paulo, 2008.

PEREIRA, Saylon Alves. Todos os caminhos levam ao Supremo Tribunal Federal: autoridade, centralização e participação social na jurisdição constitucional. In: Conselho Nacional de Pesquisa e Pós Graduação em direito – CONPEDI, 2015, Aracaju. CONPEDI – Aracaju 2015, 2015.

SILVA, José Afonso. *Comentários Contextuais à Constituição.* 6ª edição atualizada até a Emenda Constitucional 57, de 18.12.2008. São Paulo: Malheiros, 2009.

SILVA, Virgílio Afonso. *A constitucionalização do direito: Os direitos fundamentais nas relações entre particulares.* São Paulo: Malheiros, 2005.

SPINK, Mary Jane Paris. Viver em áreas de risco: tensões entre gestão de desastres ambientais e os sentidos de risco no cotidiano. *Ciência & Saúde Coletiva,* 19(9), 2014.

TAVOLARI, Bianca. Senado retrocede no projeto de lei que regula aluguéis e despejos na pandemia. *LabCidade* (blog), 3 de abril de 2020.

TAVOLARI, Bianca. O aluguel no centro da crise. *Novos Estudos* (blog), 13 de maio de 2020.

TAVOLARI, Bianca. A volta dos despejos e remoções. *Folha de São Paulo,* 9 de novembro de 2022.

TAVOLARI, Bianca, MENDONÇA, Pedro Rezende, ROLNIK, Raquel. Precisamos falar sobre aluguel: Medidas de proteção a inquilinos são adotadas ao redor do mundo, mas não no Brasil.

Quatro Cinco Um, 16 de março de 2021. Disponível em: https://www.quatrocincoum.com.br/br/colunas/as-cidades-e-as-coisas/precisamos-falar-sobre-aluguel.

TAVOLARI, Bianca, PEREIRA, Saylon Alves, NISIDA, Vitor. Nota Técnica: Ação de Descumprimento de Preceito Fundamental n. 828. *Núcleo de Questões Urbanas*, Insper, dezembro de 2021.

TAVOLARI, Bianca, NISIDA, Vitor, PEREIRA, Saylon Alves. Nota Técnica: Ação de Descumprimento de Preceito Fundamental n. 828 – Atualização 31.01.2022: período de Dezembro de 2021 a Janeiro de 2022. *Núcleo de Questões Urbanas*, Insper, fevereiro de 2022.

TAVOLARI, Bianca, PEREIRA, Saylon Alves. Evictions during the pandemic: an empirical discussion from the Brazilian law perspective. Trabalho apresentado na Conferência Anual NYU-UBA, "Legal heterodoxy in the Global South", em 13 de abril de 2023.

CORRUPÇÃO URBANÍSTICA E PLANOS DIRETORES: ATUAÇÃO RESOLUTIVA DO MINISTÉRIO PÚBLICO

Kelly Cristina Alvares Fedel

Mestre em Arquitetura e Urbanismo pela Pontifícia Universidade Católica de Campinas. Promotora de Justiça do Ministério Público do Estado de São Paulo (Bragança Paulista).

Sumário: 1. Introdução – 2. Ministério Público e a busca pela resolutividade – 3. Corrupção urbanística e seus reflexos sobre o território – 4. Necessidade de atuação resolutiva do Ministério Público na elaboração e revisão dos planos diretores e legislação urbanística correlata; 4.1 Delimitação de perímetro: urbano *versus* rural; 4.2 Habitação de interesse social – 5. Considerações finais – 6. Referências.

1. INTRODUÇÃO

Considerando que o plano diretor é o instrumento básico da política de desenvolvimento e expansão urbana dos Municípios Brasileiros, a atuação do Ministério Público na sua elaboração, revisão e implantação é de incontroversa importância. Assim, o presente trabalho tem por objetivo apresentar algumas reflexões quanto a necessidade de haver uma atuação ministerial *resolutiva* para além da garantia *formal* da participação popular em todo o processo, atentando-se, para os atores, interesses e disputas envolvidos, bem assim, para o *conteúdo* da norma urbanística e seus reais impactos sobre o território e sobre a parcela da população socialmente vulnerável.

Para tanto, apresentou-se o contorno conceitual do que se entende por *Ministério Público resolutivo*, passando-se, na sequência a apresentação dos contornos doutrinários acerca da *corrupção urbanística*, com referência a casos concretos. E à luz dos referidos contornos conceituais, procurou-se discutir e apresentar mecanismos para o avanço na *efetivação do princípio da gestão democrática da cidade,* ao mesmo tempo em que a instituição deve olhar, também, para questões como o *perímetro legalmente urbano* e a *habitação de interesse social no âmbito local.* Ao final, foram feitas considerações gerais sobre o discutido.

2. MINISTÉRIO PÚBLICO E A BUSCA PELA RESOLUTIVIDADE

Em razão do processo histórico vivido pelo Brasil no período da redemocratização, ocorrido após período militarista iniciado com o Golpe de 1964, a Constituição Federal Brasileira de 1988 (CF/88) deixou de ser apenas Carta Política para se transformar em Norma Jurídica, possuindo força normativa irradiante sobre toda a ordem jurídica a ela vinculada. Ela adere, portanto, a um movimento teórico de revalorização do direito constitucional chamado neoconstitucionalismo, presente em países europeus depois da 2ª Grande Guerra Mundial.[1]

"O *neoconstitucionalimo* propõe, assim, a superação do paradigma do direito meramente reprodutor da realidade para um direito capaz de transformar a sociedade [...]"[2] e para tanto, o texto constitucional deve ser compreendido e interpretado a partir da efetivação dos direitos constitucionais, individuais e coletivos nele contemplados.

A implementação dos dois blocos de direitos previstos constitucionalmente – individuais e coletivos – devem ocorrer à luz dos objetivos estabelecidos no art. 3º da CF/88,[3] especialmente, os direitos coletivos com potencial transformador da realidade social.

O Ministério Público é considerado pela CF/88 como instituição essencial à Justiça e, nessa condição, outorgou-lhe a missão de atuar na defesa de *todos* os direitos coletivos e individuais indisponíveis incorporados ao texto constitucional, na defesa da ordem jurídica e do regime democrático (art. 127, *caput*, e art. 129, III, da CF/88). Nos dizeres de Mazzili:

> A Constituição reconheceu que a democracia supõe um Ministério Público forte e independente, que efetivamente possa defender as liberdades públicas, os interesses difusos e coletivos, o meio ambiente, o patrimônio público, as vítimas não só da violência, como da chamada criminalidade do colarinho branco – ainda que o agressor seja muito poderoso ou até mesmo um governante. Cometeu, assim, ao Ministério Público o zelo do próprio regime democrático. Enfim, a Constituição assegurou-lhe novas atribuições e um relevo que jamais se conferiu ao Ministério Público, mesmo no direito comparado.[4]

---

1. ALMEIDA, 2008.
2. ALMEIDA, 2008, p. 52.
3. Art. 3ºConstituem objetivos fundamentais da República Federativa do Brasil:
   I – construir uma sociedade livre, justa e solidária;
   II – garantir o desenvolvimento nacional;
   III – erradicar a pobreza e a marginalização e reduzir as desigualdades sociais e regionais;
   IV – promover o bem de todos, sem preconceitos de origem, raça, sexo, cor, idade e quaisquer outras formas de discriminação.
4. MAZZILLI, 2015, p. 53.

Em outras palavras, a CF/88 estabeleceu normas que possibilitam ao Ministério Público ser a instituição da promoção de transformação social, para o fim de se fazer cumprir os objetivos fundamentais da República, através da concretização dos direitos fundamentais previstos no texto constitucional.

A despeito dos preceitos constitucionais, as mudanças no âmbito interno da instituição são lentas e, por conseguinte, os reflexos sociais também. Isso ocorre porque "o velho Ministério Público morreu e o novo – aquele projetado na Constituição Federal de 1988 – embora nascido, ainda está em processo de afirmação".[5]

A coexistência entre o "velho" e o "novo" Ministério Público resulta, de acordo com Goulart (2013), Almeida (2008) e Daher (2020), em dois modelos de Ministério Público: o demandista e o resolutivo, respectivamente.

O (velho) Ministério Público *demandista* se caracteriza por uma atuação baseada essencialmente na propositura de ações, delegando ou transferindo ao Poder Judiciário a responsabilidade da solução de questões e demandas complexas que, na maioria das vezes, não observa as reais necessidades dos agentes envolvidos ou afetados pela decisão.

O (novo) Ministério Público *resolutivo* se caracteriza pela:

> [...] atuação proativa, integrada, desenvolvida em escadas múltiplas de organização espacial e marcada pela busca da eficácia. Nesse novo modelo, as atividades práticas são orientadas pelo conhecimento da realidade produzido na interlocução da Instituição com os movimentos sociais e a comunidade científica, bem como pela pesquisa exaustiva dos fatos em sede procedimental. Potencializa-se, nas atividades extrajudiciais, o papel do agente político como construtor de consensos emancipadores e, nas atividades judiciais, o papel do agente processual como fomentador de decisões justas.[6]

A existência desses dois modelos de Ministério Público, reconhecidos há tempos pela doutrina, a partir do ano de 2016, com a edição da Carta de Brasília,[7] passou a ser formalmente reconhecido pela Instituição, que começou a normatizar regras de atuação voltadas à resolutividade, assim como, a se organizar funcionalmente para tanto, ainda que paulatinamente.

---

5. Daher, 2020, p. 24, apud Goulart, 2013.
6. Daher, 2020, p. 25, apud Goulart, 2016, p. 219.
7. "A Carta de Brasília é um acordo de resultados firmado entre a Corregedoria Nacional e as Corregedorias das unidades do Ministério Público. O documento, aprovado durante o 7º Congresso Brasileiro de Gestão, em setembro de 2016, explicita premissas para a concretização do compromisso institucional de gestão e atuação voltadas à atuação resolutiva, em busca de resultados de transformação social, prevendo diretrizes estruturantes do Ministério Público, de atuação funcional de membros e relativas às atividades de avaliação, orientação e fiscalização dos órgãos correcionais.". Disponível em: https://www.cnmp.mp.br/portal/institucional/corregedoria/carta-de-brasilia Acesso em: 06 de dez. 2021.

Nesse sentido, o Conselho Nacional do Ministério Público (CNMP) em 28 de março de 2017, edita a Recomendação 54, que dispõe sobre a Política Nacional de Fomento à Atuação Resolutiva do Ministério Público brasileiro.[8]

A referida Recomendação, a par de delinear os contornos da atuação resolutiva do Ministério Público, que pode se dar no âmbito judicial e, preferencialmente, no âmbito extrajudicial através de procedimentos próprios e/ou de projetos sociais, estabelece regras de natureza administrativa que deverão ser adotadas pelos diversos ramos da Instituição. Como forma de estimular a atuação resolutiva, contempla diretrizes voltadas à publicidade das boas práticas; à valorização dessa forma de atuação, inclusive para fins de promoção (movimentação na carreira); ao incremento de cursos específicos, incluindo a capacitação em negociação e mediação; e, à previsão de criação de uma estrutura ministerial interna, envolvendo todas as unidades e ramos do Ministério Público (Federal, Estadual e Distrital), como forma de propiciar a adaptação das diretrizes constantes da Recomendação à realidade *local*, para escolha de focos prioritários para atuação resolutiva.

De acordo o § 1º do art. 1º da referida recomendação:

> [...] entende-se por *atuação resolutiva* aquela por meio da qual o membro, no âmbito de suas atribuições, contribui decisivamente para prevenir ou solucionar, de modo efetivo, o conflito, problema ou a controvérsia envolvendo a concretização de direitos ou interesses para cuja defesa e proteção é legitimado o Ministério Público, bem como para prevenir, inibir ou reparar adequadamente a lesão ou ameaça a esses direitos ou interesses e efetivar as sanções aplicadas judicialmente em face dos correspondentes ilícitos, assegurando-lhes a máxima efetividade possível por meio do uso regular dos instrumentos jurídicos que lhe são disponibilizados para a resolução extrajudicial ou judicial dessas situações. (CNMP, 2017, Art. 1º § 1º) – grifo nosso.

Denota-se, portanto, que a atuação *resolutiva* tem por objetivo a proteção efetiva do direito coletivo ou individual indisponível violado, ou ameaçado. Para tanto, o membro do Ministério Público deve agir de forma "[...] proativa, reflexiva e fundada na análise qualificada da realidade social."[9]

E a busca pela efetividade dos direitos lesados deve preferencialmente ocorrer nos procedimentos extrajudiciais,[10] nos quais há flexibilidade procedimental que possibilita a ocorrência de soluções negociadas com todos os agentes envolvidos.

---

8. Recomendação n. 54, de 28 de março de 2017. Disponível em: https://www.cnmp.mp.br/portal/images/Recomendacoes/Recomenda%C3%A7%C3%A3o-054.pdf. Acesso em: 05 de dez. 2021.

9. DAHER, 2020, p. 25.

10. A respeito da regulamentação dos procedimentos extrajudiciais consultar: a) Resolução 23 de 17 de setembro de 2007. Disponível em: https://www.cnmp.mp.br/portal/images/Resolucoes/2021/Resoluo-0231.pdf. Acesso em: 15 dez. 2021; e b) No âmbito do MPSP, a Resolução 1.342/2021 – CPJ, de 1º de julho de 2021. Disponível em: http://biblioteca.mpsp.mp.br/PHL_img/resolucoes/1342compilado.pdf. Acesso em: 15 dez. 2021.

A atuação junto ao Poder Judiciário, diferente da atuação *demandista*, deve ser o último instrumento jurídico que os membros do Ministério Público devem utilizar.

Nessa senda, pretende-se à luz dos preceitos alusivos ao Ministério Público *resolutivo*, discutir a necessidade de haver atuação ministerial no trato da questão alusiva as revisões/elaborações de planos diretores e legislações urbanísticas correlatas para além da questão formal da participação popular, detendo-se com mais atenção nos atores e interesses envolvidos nesse processo e os reflexos dessa disputa sobre o território, que acabam se materializando na norma urbanística (*lato sensu*), muitas vezes, através de um fenômeno conhecido doutrinariamente como "corrupção urbanística". Falaremos sobre ele nas linhas que seguem.

3. CORRUPÇÃO URBANÍSTICA E SEUS REFLEXOS SOBRE O TERRITÓRIO

A segregação é definida por Villaça como um:

> [...] processo segundo o qual diferentes classes ou camadas sociais tendem a se concentrar cada vez mais em diferentes regiões gerais ou conjuntos de bairro da metrópole.[11]

Mais adiante, Villaça ressalta que "[...] a segregação é um processo necessário à dominação social, econômica e política por meio do espaço."[12]

As cidades brasileiras são incontroversa e notoriamente redutos de segregação socioespacial.

Sem ignorar que as raízes dessa segregação remontam ao nosso passado, marcado por acontecimentos que guardam intrínseca relação com a realidade atual das nossas cidades, tais como a promulgação da Lei de Terras (Lei 601, de 1850);[13] a intensa urbanização e industrialização brasileira a partir da década de 1930, com enorme contingente de brasileiros migrando do campo às cidades, que não estavam preparadas para receber grande aporte de pessoas em curto espaço de tempo; a política habitacional desenvolvida e implementada pelo Governo Militar a partir de em 1964, com a criação do Sistema Financeiro da Habitação (SFH) e o Banco Nacional da Habitação (BNH), que não foi abrangente e efetiva o suficiente para beneficiar as classes sociais mais afetadas pelo déficit habitacional crescente; a promulgação da Lei 6766/79 (Lei do Parcelamento do Solo Urbano), que acabou por restringir, ainda mais, a oferta de moradias à população pobre que, sem alternativa, ocupava as periferias das cidades; a crise econômica e política entre

---

11. VILLAÇA, 1998, p. 142.
12. VILLAÇA, 1998, p. 150.
13. "Há uma perfeita articulação entre o processo de extinção do cativeiro do homem e o processo subsequente de escravização da terra." (MARICATO, 1996, apud BALDEZ 1987).

as décadas de 1980 e 1990, que muito influenciou a política habitacional então desenvolvida, marcada que foi por manifestações populares que reivindicavam melhores condições de vida e de moradia, evidenciando a necessidade de o Estado tratar das questões urbanas,[14] dentre outras, para o fim do que se pretende discutir nesse trabalho, nos ateremos a uma questão específica atrelada a segregação socioespacial, que parafraseando Maricato pode ser traduzida em uma frase: "A terra é um nó na sociedade brasileira... também nas cidades".[15]

No contexto de um processo histórico marcado por uma urbanização segregadora e excludente, a regulação urbana por meio da legislação urbanística, atualmente, com destaque para o plano diretor, para além do instrumento de planejamento urbano municipal consagrado pela CF/88, é fonte poderosa de poder econômico e caminho para a corrupção urbanística.

De acordo com Borges, "[...] a corrupção urbanística é um elemento ainda pouco abordado de maneira sistêmica e abrangente pela teoria do planejamento urbano".[16] Não obstante, pelos efeitos negativos que esse tipo de corrupção tem sobre o território e, consequentemente, sobre a sociedade, há necessidade de uma reflexão mais aprofundada sobre o tema e o papel que o Ministério Público *resolutivo* pode/deve ter nesta problemática.

Mas o que é, afinal, corrupção urbanística?

Adotaremos a definição dada por Borges segundo o qual a corrupção urbanística

> [...] consiste no desvio de condutas de agentes públicos, possibilitando benefícios privados: sejam eles materiais ou imateriais [Nye, 1967; Bardhan, 1997] ou a quebra de regras para que influências privadas sejam exercidas [Banfield, 1961].[17]

A partir desse conceito, ainda de acordo com Borges, para que se possa compreender adequadamente esse fenômeno é necessário entender sua estrutura, sua dinâmica, vetores e dimensões. Para tanto, valendo-se de referenciais teóricos sobre a questão, Borges,[18] propõe analisar a corrupção urbanística a partir de quatro elementos, a saber:

> 1. *Setores afetados pela corrupção*: plano de atuação ligado a poderes de Estado, tais como o poder de licenciar, de investir e financiar. Assim são suscetíveis a essa dinâmica corruptiva, dentre outras: [...] "obras públicas, processos de privatizações, processos de definição de uso

---

14. MARICATO, 1996 e BONDUKI, 2018.
15. MARICATO, 1999, p. 7.
16. BORGES, 2019, p. 2.
17. BORGES, 2019, p. 4.
18. 2019, p. 4, apud Cappelletti, 2012, Savona &Mezzanotte, 1998 e Della Porta & Vannucci, 1994.

de solo, concessões e licenças, atividades de controle e regulamentação, atividades de polícia e licitações";[19]

2. Atores: há dois agentes principais, o corrupto e o corruptor, podendo em alguns casos haver um terceiro intermediário que diminuiria a exposição dos atores diretamente envolvidos. Os corruptos seriam os funcionários públicos com algum poder de decisão nos setores afetados. Os corruptores podem ser pessoas físicas ou jurídicas que, de algum modo serão beneficiadas pela prática ou ato corrupto.

3. Métodos, instrumentos e mecanismos utilizados: a dinâmica da corrupção urbanística é variável e dependente da interação de elementos que atendem às especificidades das políticas locais e mecanismos de controle instituídos. Há três elementos que bem retratam a situação descrita.

a) Alta discricionaridade: quanto maior for o poder discricionário dado a um funcionário público para decidir questões privadas relacionadas ao uso e ocupação do território, maiores são as possibilidades de trocas corruptas.

b) Opacidade: esse elemento consiste, basicamente, na falta de transparência nos procedimentos públicos que envolvem os setores afetados pela corrupção, ligados ao poder de licenciar, de investir e financiar. Quanto menos transparente e objetivo for os procedimentos e quanto mais discricionariedade tiver os agentes públicos para decidir, maiores serão as chances de haver corrupção.

c) Imprecisão e direcionamento normativo: a imprecisão normativa da norma urbanística, que favorece interpretações dúbias e subjetivas, possibilitam nos procedimentos públicos relacionados ao planejamento e a gestão do território interpretações e ações voltadas a atender interesses de determinados atores em detrimento do real interesse público que deveria permear ditos procedimentos.

4. Recursos trocados ilegalmente: por terem origem espúria esse tipo de recurso tende a ser deliberadamente ocultado. Para tanto, há *controle* da divulgação das informações relacionadas a dinâmica corrupta, *opacidade* (falta de transparência) nos processos que envolvem essas trocas corruptas e, *participação limitada* dos atores envolvidos na troca ilegal.

A dinâmica e a combinação dos elementos acima referidos é variável e nem sempre de fácil ou rápida detecção. Esse fenômeno fica mais perceptível quando mudamos na análise da realidade a "lente" do *pontual* para o *todo*. Um caso que aporte na Promotoria de Justiça envolvendo um licenciamento urbanístico de parcelamento do solo "duvidoso" – feito de forma surpreendentemente rápida, envolvendo especificamente determinado(s) agente(s) público(s) e privado(s), com flexibilidade na aplicação da legislação e possíveis contrapartidas inadequadas ou desproporcionais, por exemplo – pode dificultar a verificação da corrupção urbanística havida no caso. Mas, quando se amplia a investigação para olhar a estrutura administrativa do Município e do sistema de planejamento e gestão municipal; a legislação urbanística aplicada e as circunstâncias de aprovação desse parcelamento e de outros envolvendo determinados *atores* e determinados *locais* do território, a corrupção urbanística pode ficar evidente.

---

19. BORGES, 2019, p. 4.

Borges,[20] em seu trabalho apresentou um estudo de caso envolvendo o Município de São João da Boa Vista, dentro do lapso temporal de 1985-2016, onde restou evidenciado pela sua pesquisa que a alteração de uma lei de parcelamento de solo (Lei Municipal 1.366/2001) somada a alterações na forma de licenciamento operada por determinados agentes públicos e privados, alterou a dinâmica do mercado imobiliário local ao mesmo tempo em que beneficiou atores conectados politicamente. Em outras palavras: evidenciou a corrupção urbanística operada no período estudado.

Empiricamente, esse tipo de expediente também foi detectado na cidade de Bragança Paulista, na elaboração e aprovação do instrumento urbanístico da outorga onerosa, em decorrência da redução de perímetro urbano havido na revisão do Plano Diretor (Lei Complementar 893/20). Tais fatos foram objeto da Ação Civil Pública de n. 1003416-84.2022.8.26.0099 e da Ação Direta de Inconstitucionalidade 164026-15.2022.8.26.0000. A circunstância fática que envolve esse caso será mais bem detalhada no próximo tópico deste trabalho.

Para além da discussão de (inúmeros) casos que possam configurar o fenômeno da corrupção urbanística, a questão principal que se pretende trazer a reflexão frente a uma atuação *resolutiva* do Ministério Público nas revisões/ elaborações de planos diretores e normas urbanísticas correlatas, é o fato de que a legislação urbanística tem sido usada como instrumento para o atendimento dos interesses do setor imobiliário,[21] contribuindo, de modo significativo para a segregação socioespacial, criando a dualidade fática contraditória entre a cidade *real*, caracterizada pela ilegalidade em relação à posse da terra e exclusão nos aspectos *sociais* (discriminação em relação a raça, cor, origem, gênero, idade), *culturais*, *econômicos* (menores oportunidades de emprego, salários mais baixos), *políticos* (ausência da cidadania), e *ambientais* (dificuldade de acesso aos serviços e infraestrutura urbanos), e a cidade *legal*, retratada pela legalidade em relação à posse da terra[22] e ocupação das melhores localizações dentro do território, onde se concentram os melhores equipamentos e serviços urbanos, investimentos em infraestrutura e onde residem a população de melhor poder aquisitivo.[23]

É com essa "lente" que o Ministério Público *resolutivo* deve atuar nas revisões/ elaborações de planos diretores e normas urbanísticas correlatas, para o fim de cuidar que os interesses do citadinos da cidade *real* sejam *também* contemplados na norma de planejamento urbano que deve ser extensível a *toda* a população. E

---

20. BORGES, 2019.
21. MARICATO, 1996, LUFT, 2014.
22. MARICATO, 1996.
23. VILLAÇA, 1998.

CORRUPÇÃO URBANÍSTICA E PLANOS DIRETORES **179**

para isso, dentre outras coisas, devemos garantir a *efetiva* e *qualificada* participação popular, sobre a qual falaremos adiante.

4. NECESSIDADE DE ATUAÇÃO RESOLUTIVA DO MINISTÉRIO PÚBLICO NA ELABORAÇÃO E REVISÃO DOS PLANOS DIRETORES E LEGISLAÇÃO URBANÍSTICA CORRELATA

Todo Promotor(a) de Justiça que tenha ao longo de sua carreira atribuições para defesa dos direitos difusos e coletivos relacionados a habitação e urbanismo se deparará com a questão afeta a elaboração/revisão de plano diretor e legislação urbanística correlata nos municípios ondem atuam. Fato.

Considerando que o plano diretor, a ser aprovado por lei municipal, é o instrumento básico da política de desenvolvimento e expansão urbana (art. 182 § 1º da CF/88 e art. 40 da Lei 10.257/01) a atuação do Ministério Público na sua elaboração, revisão e implantação é de incontroversa importância.

Partindo de tal premissa – indispensabilidade de atuação do Ministério Público no tema – a atuação ministerial *resolutiva* deve ir além da garantia *formal* da participação popular no processo, atentando-se, também, para o *conteúdo* da norma urbanística e seus reais impactos sobre o território e sobre a parcela da população que vive e ocupa a cidade *real*.

Nesse sentido, o acompanhamento, atuação e intervenção ministerial deve ocorrer desde o início do processo, a começar pela observância de duas etapas obrigatórias e essenciais, quais sejam:

A. formação de uma equipe multidisciplinar (Comissão Especial ou Grupo de Trabalho), que, obrigatoriamente, envolva a sociedade civil (art. 3º, § 1º, Resolução 25/05 do Ministério das Cidades) e seja coordenada por um arquiteto e urbanista (art. 2º, parágrafo único V, "a", da Resolução CAU 51/13, com a redação dada pela Resolução CAU 210/21), e;

B. elaboração de diagnóstico, lastrado por estudos técnicos elaborados por corpo técnico capacitado e que também conte com a participação popular na identificação das mazelas do ordenamento territorial da cidade (art. 3º, § 1º, Resolução 25/05 do Ministério das Cidades).

O envolvimento efetivo da sociedade civil desde a formação da equipe multidisciplinar é de extrema importância para a *efetivação* do *princípio da gestão democrática da cidade*, preconizado em nossa legislação pátria por diversos diplomas legais, como o artigo 48, § 1º, I da Lei Complementar 101, de 04 de maio de 2000 (Lei de Responsabilidade Fiscal), os artigos 2º, IV, 4º, I, II e III, *f*; 40, I, II e III e 44 da Lei 10.257/2001 (Estatuto da Cidade), o artigo 19, § 5º da Lei 11.445/2007 (Lei de Diretrizes da Política Nacional de Saneamento), e o artigo 15 da Lei 12.587/2012 (Lei de Diretrizes da Política Nacional de Mobilidade Urbana).

Mas no que, exatamente, consiste a garantia da efetiva participação popular?

Villaça (2005), afirma que se pode entender como *participação popular* (...) "o conjunto de pressões que "a população" exerce sobre o poder político, por ocasião da tomada de importantes decisões de interesse coletivo".[24]

Villaça (2005) ressalta, ainda, que na verdade, não existe "população", senão, classes sociais ou setores de grupo da população e, nesse sentido, há os grupos minoritários com forte influência/poder econômico que sempre participaram dos debates formais (e não formais) envolvendo as revisões de plano diretor, e os grupos majoritários, com baixa ou nenhuma influência/poder econômico que pouco participam dos debates. A garantia da "participação popular", portanto, seria para assegurar a participação da classe ou grupo social que, embora majoritária, é pouco ou quase nada ouvida e atendida.

Em um país tão desigual como o Brasil, Villaça (2005) pontua que a "participação popular" ou "planos diretores participativos" conferem "(...) um toque de democracia, igualdade e justiça às decisões políticas",[25] como se *todos* fossem iguais perante o Poder Público Municipal responsável pela elaboração da norma urbanística que deveria servir de planejamento para *toda* a cidade. Na realidade, sabemos, não são.

Não há igualdade porque, afora os debates formais, a exemplo das audiências públicas, há outros "mecanismos de pressão" junto ao Poder Público, como o acesso direto que determinados grupos sociais tem junto aos representantes do Poder Executivo e Legislativo, bem assim, aos técnicos responsáveis pela elaboração da norma e aos mecanismos de comunicação de massa, como jornais e *internet*, por exemplo. Esses meios não oficiais incontroversamente existem.

Outro meio não oficial de "pressão" é o canal ligado ao fenômeno da corrupção urbanística exercido, especialmente, pelo setor imobiliário,[26] aqui compreendendo o setor da construção civil ligado a edificações, no geral, e a atividade econômica atrelada a práticas imobiliárias de incorporações, loteamentos, compra, venda e locação de imóveis etc.[27]

O grupo da população atrelado ao setor imobiliário é muito presente e atuante nos processos de revisão/elaboração de planos diretores e legislação urbanística correlata porque, para além de tentar obter/produzir norma urbanística que venha a ter *alta discricionariedade, opacidade e imprecisão*, caminho para "trocas

---

24. VILLAÇA, 2005, p. 50.
25. VILLAÇA, 2005, p. 50.
26. "*O setor imobiliário* seria constituído pelas atividades de três subsetores: as da *indústria da construção civil*, ligadas à construção de edifícios e obras de engenharia civil; as *atividades da indústria produtora de materiais de construção*; e aquelas ligadas ao *terciário*, tais como atividades imobiliárias (loteamento, compra e venda e locação etc.) e atividades de manutenção predial" (BOTELHO, 2005, p. 33).
27. BOTELHO, 2005.

urbanísticas corruptas" ao longo dos anos de vigência da lei nos procedimentos de licenciamento como já exposto, tem interesse especial na *localização* de determinadas obras públicas dado o potencial de diferenciação que tais obras podem ter no espaço urbano e, consequentemente, em seus futuros negócios.

De acordo com Villaça (1998), a *localização* urbana é determinada por dois atributos: a) rede de infraestrutura urbana e, b) transporte de produtos, deslocamento de pessoas e de comunicação.[28]

As melhores *localizações* na cidade, portanto, correspondem a(s) região(ões) onde há melhor disponibilidade de infraestrutura e acessibilidade, principalmente, a relacionada aos deslocamentos humanos.

Nesse sentido, a definição, pelo plano diretor de onde serão executadas as obras ou investimentos públicos é de extremo interesse do setor imobiliário dada a intrínseca relação entre as intervenções/obras públicas e as consequentes alterações no espaço urbano, com valorização econômica da terra. O mesmo raciocínio se aplica em relação ao *perímetro urbano* definido pelo plano diretor, questão sensível em cidades onde há extensa área rural em seu território.

O evidente e contínuo interesse do setor imobiliário pelas normas urbanísticas que servirão para regular suas atividades econômicas, coloca esse grupo da população muito próximo dos agentes públicos detentores do poder de decisão, tão próximos, que esse grupo é identificado em várias pesquisas acadêmicas[29] como um dos maiores financiadores de campanhas políticas.

Nesse contexto, onde não há "paridade de armas" entre grupos sociais no processo de elaboração/revisão de planos diretores, o Ministério Público *resolutivo* visando a *efetivação* da participação social da parcela menos favorecida e menos representada, deve atuar para além do cumprimento da normatização contida na Resolução 25/05 do Ministério das Cidades, que preconiza a disseminação e acesso, com antecedência mínima de 15 dias, dos conteúdos que serão utilizados e debatidos nas audiências públicas, bem assim, a realização de audiências públicas, com alternância dos locais de discussão, com livre acesso para a maioria da população considerando a diversidade regional, temática e setorial (arts. 4º, I e II, 5º, 8º II da Resolução 25/05 do Ministério das Cidades).

É certo dizer que a jurisprudência atual do Tribunal de Justiça do Estado de São Paulo[30] encontra-se consolidada no sentido de reconhecer a nulidade do

---

28. VILLAÇA, 1998, p. 23.
29. Vide a respeito Melo, Erick Omena de. Financeirização, governança urbana e poder empresarial nas cidades brasileiras. Disponível em: https://www.scielo.br/j/cm/a/JRQ99q3j4dKm7ZVYGcVvzyg/?-format=pdf&lang=pt Acesso em: 27 mar. 2023.
30. Vide a respeito ANGRISANI, Vera. Desafio da observância da participação popular no planejamento urbano municipal: um estudo exploratório da necessidade de provocação do Poder Judiciário para sua efetividade. Disponível em: https://core.ac.uk/download/pdf/286814387.pdf. Acesso em: 27 mar. 2023.

processo legislativo de elaboração de planos diretores e legislações urbanísticas correlatas que não tenham observado a necessidade de realização de audiências públicas, como mecanismo de exercício da democracia participativa prevista na Constituição Federal e no Estatuto da Cidade. É um progresso, sem dúvida.

Mas também é certo dizer que é preciso avançar por todas as razões já expostas. E para isso, o Ministério Público *resolutivo* deve buscar garantir que na formação da equipe multidisciplinar, já referida, haja, de fato, pluralidade de setores representantes da sociedade civil, incluindo movimentos sociais. Isto porque, é costumeiro que o setor imobiliário ocupe, por indicação direta e indireta, assentos que, em tese, não representariam o setor.

Outra medida que o Ministério Público *resolutivo* pode tomar para fins de maior participação popular de setores sociais com baixa ou nenhuma influência/poder econômico é promover/instar a promoção de ações de sensibilização, mobilização e capacitação voltadas, preferencialmente, para as lideranças comunitárias, movimentos sociais, profissionais especializados, entre outros atores sociais (art. 7º Resolução 25/05 do Ministério das Cidades). Experiência prática interessante nesse sentido, ocorreu na cidade de Jacareí onde o Ministério Público em conjunto com a Defensoria Pública, após a propositura de uma Ação Civil Pública conjunta, promoveram ações de mobilização que culminaram em um movimento denominado "Frente em Defesa Direito à Cidade de Jacareí", justamente, com o fim tornar efetiva e qualificada a participação popular, garantindo a oitiva da população mais vulnerável[31] em todo o processo de revisão do Plano Diretor.

Concomitantemente a atuação resolutiva que vise diversificar e qualificar a participação popular, dando concretude ao princípio da gestão democrática da cidade, o Ministério Público deve se atentar para o *conteúdo* do Plano Diretor, que não deve se restringir aos interesses da *cidade formal*.

Nesse sentido, Villaça (2005), atribui a baixa participação dos "setores majoritários" da população a discussões de temas que não lhes interessam dada a realidade em que vivem. As discussões sobre zoneamento, área adensável, usos permitidos e proibidos, coeficientes de aproveitamento etc., dizem respeito a uma realidade que lhes é totalmente estranha, porque os problemas da cidade *real* são outros e diversos, tais como falta/deficiência de serviços de saneamento, de transporte, de saúde, de educação, de moradia adequada e outros do gênero.

---

31. Vide a respeito desse caso o artigo intitulado "Participativo, mas nem tanto. Da lógica da produção do espaço urbano aos desafios da resistência popular na revisão do Plano Diretor em Jacareí-SP" Disponível em: https://www.brcidades.org/_files/ugd/9fc67a_3d15bdcb058a4c62a6ae1ee0d1e00055.pdf. Acesso em: 12 mar. 2023.

As Leis Federais 6.766/79 (artigos 2º 3º, 4º, I, 8º e 12 § 3º) e 10.257/01 (artigos 42, 42-A e 42-B), bem assim, a Resolução 34/05 do Ministério das Cidades estabelecem o conteúdo mínimo que os planos diretores devem conter.

De acordo com a Resolução 34/05, "b" do Ministério das Cidades, o plano diretor tem como objetivo fundamental

> [...] definir o conteúdo da *função social da cidade e da propriedade urbana*, de forma a garantir o acesso à terra urbanizada e regularizada, *o direito à moradia*, ao saneamento básico, aos serviços urbanos *a todos os cidadãos*, e implementar uma *gestão democrática e participativa*. (grifos nossos)

À luz do objetivo fundamental do plano diretor, quanto ao *conteúdo*, o Ministério Público *resolutivo* se deve se atentar, obrigatoriamente, para duas questões de extrema relevância, diante dos reflexos que operam sobre o território, quais sejam, perímetro urbano e habitação de interesse social.

4.1 Delimitação de perímetro: urbano *versus* rural

O plano diretor deverá delimitar as áreas urbanas onde poderá ser aplicado o parcelamento, edificação ou a utilização compulsórios do solo urbano não edificado, subutilizado ou não utilizado, *considerando a existência de infraestrutura e de demanda para utilização* (art. 42 e 5º da Lei 10.257/01). E para o caso de se pretender *ampliar o perímetro urbano*, o Município deverá elaborar projeto específico, com o conteúdo delimitado pelo art. 42-B da Lei 10.257/01.

A delimitação do perímetro urbano, portanto, deveria pressupor lastro técnico, infraestrutura existente e demanda para sua utilização. A ampliação do perímetro, por consequência, também deveria estar atrelada a tais pressupostos somada a ausência de áreas urbanas vazias.

Na prática, não é o que acontece, porque há muitas variáveis, de cunho político e econômico que envolvem a definição do perímetro urbano de uma cidade.

De acordo com Maia et al[32] o perímetro urbano pode ser definido como

> [...] uma linha imaginária artificial e abrupta que define o limite entre o urbano e o rural segundo critérios que carecem de uniformidade e normatização uma vez que desconsideram a funcionalidade dos territórios demarcados. Nos parâmetros utilizados pelos municípios para estas delimitações sobressai a supremacia do discurso de viabilidade econômica e não são resultados de estudos de viabilidade urbanística e ambiental. Os autores colocam que muitas vezes a definição do perímetro urbano representa os interesses dos grupos que exploram o capital imobiliário local por intermédio do suporte do poder público através da legislação.

---

32. 2017, p. 3, apud Sparovek et al, 2004.

Desse modo, tais divisões (urbano-rural) não refletem a realidade quanto à funcionalidade e a dinâmica do território no desenvolvimento municipal.[33]

Como já exposto no tópico três deste trabalho, as alterações normativas urbanísticas podem ser muito vantajosas para empreendedores do setor imobiliário, que contam com a valorização do solo e de seu imóvel, a partir de melhorias como a provisão de infraestrutura, oferta de serviços urbanos e ampliação das condições de acessibilidade. Todas essas melhorias são custeadas coletivamente, isto é, com dinheiro público. Não obstante, é o setor privado quem lucra com os investimentos públicos.

O lucro advindo da transformação *legal* da terra rural para a urbana, a par de outras alterações que também resultam em lucro (aumento do potencial construtivo e ou realização de obras públicas em determinadas *localizações* na cidade, autorização para determinados tipos de atividade econômica etc.), é um forte motivo para provocar alterações legislativas que venham a beneficiar determinados agentes (corrupção urbanística).

Não por outra razão, na elaboração/revisão de planos diretores e legislações correlatas, é comum nos depararmos com demandas do próprio Poder Público e do setor privado no sentido de haver ampliação do perímetro urbano, nunca sua redução. Curiosamente, instrumentos urbanísticos destinados a controle da especulação imobiliária, como o IPTU progressivo no tempo (art. 7º da Lei 10.257/01), por exemplo, são simplesmente ignorados.

Para além da apropriação privada dos lucros advindos do investimento público realizado, a urbanização dispersa e fragmentada ocasionada pela ampliação desmedida da área *legalmente urbana*, provoca efeitos nocivos sobre o território e, consequentemente, sobre as pessoas que nele habitam, especialmente, a população socialmente vulnerável que é compelida a morar em *localidades* inadequadas.

Podemos citar como exemplo dos malefícios que esse tipo de urbanização provoca:

- a ocupação espraiada força a extensão da infraestrutura à segmentos mais distantes do município, aumentando os gastos e resultando na subutilização da infraestrutura disponibilizada;
- dificulta a gestão do território e viabiliza maior atuação do mercado imobiliário como agente ativo na esfera do planejamento territorial;
- favorece a especulação imobiliária, a segregação socioespacial e as ocupações irregulares, e;

---

33. MAIA et al, 2017, 3.

- favorece a prática de ocupações em áreas especialmente protegidas e remanescentes florestais, diante das dificuldades inerentes a expansão desmedida da malha urbana.

E de acordo com Maia, a urbanização dispersa e fragmentada, que propositadamente, não leva em conta os vazios urbanos com infraestrutura disponível e promove a implantação de parcelamentos em áreas descontínuas da mancha urbana consolidada no território é

> [...] procedimento recorrente em cidades de porte médio, pois geralmente detém considerável estoque de terra rural. No caso das grandes cidades e capitais é comum a expansão para municípios limítrofes ou que compõe a Região Metropolitana. Entretanto, esta artimanha possui uma peculiaridade em relação as demais: só é possível com a atuação direta do poder público municipal, pois exige a modificação e aplicação de leis, instalação de infraestrutura e equipamentos públicos.[34]

Bragança Paulista, cidade Paulista de médio porte é um exemplo do acima relatado, inclusive, em relação a atuação do setor imobiliário e Poder Público (Executivo e Legislativo).

Por força do quanto decidido na Ação Civil Pública de n. 1008153-09.2017.8.26.0099, o Município de Bragança Paulista foi condenado a promover a revisão do Plano Diretor. Na época, vigia a Lei Municipal Complementar 534/07, que transformou 66% de todo o território em área urbana, conforme ilustra o mapa abaixo.

Fonte: Equipe de Revisão do Plano Diretor da USF

---

34. MAIA, 2019, p. 78-80.

Observe-se, que há áreas rurais (coloração verde) no meio de áreas legalmente urbanas (coloração cinza), o que evidencia a falta de critério técnico quando da delimitação do perímetro legalmente urbano.

A Universidade São Francisco (USF) foi a responsável pela Assessoria Técnica ao Município de Bragança Paulista na revisão do plano diretor atualmente vigente. E diante do constatado – urbanização dispersa e fragmentada – propôs a redução do perímetro urbano, que acabou se concretizando, não sem antes forte embate com o setor imobiliário local. O mapa que segue ilustra o exposto.

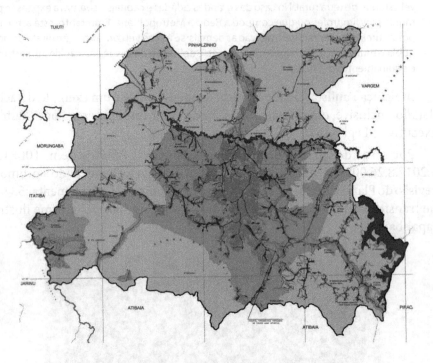

Fonte: Mapa do macrozoneamento da Lei Complementar 893/20

A área laranja (menor) é o perímetro legalmente urbano e a área verde (maior) o perímetro rural do Município de Bragança Paulista. A área cinza inserida na área laranja representa a urbanização consolidada existente. É possível perceber pelo mapa o "esgarçamento" da urbanização ocorrida no território no período em que o plano diretor considerou como área legalmente urbana 66% do território.

A redução do perímetro urbano ocorrida a partir da vigência da Lei Complementar Municipal 893/20 contrariou interesses do setor imobiliário local. Rapidamente, houve uma mobilização desse setor que, com o apoio do Poder Executivo e Legislativo, valendo-se do "Conselho Municipal das Cidades" (CON-CIDADE) onde possui vários assentos, elaborou a Lei Complementar 938, de 13 de abril de 2022, que "Dispõe sobre a Outorga Onerosa do Direito de Construir (OODC) e Outorga Onerosa de Alteração de Uso de Solo (OOAUS), cria o Fundo de Desenvolvimento Urbano e dá outras providências".

A par do desvirtuamento completo do instituto da outorga onerosa, o interessante para fins desse trabalho, é o registro de que tal expediente (norma legal urbanística) foi utilizado para tentar ampliar o perímetro urbano reduzido pelo plano diretor (LC 893/20), através da "alteração de uso do solo", isto é, de rural para o urbano, a critério do empreendedor/interessado. Essa norma não chegou a produzir efeitos sobre o território por força de tutelas concedidas na Ação Civil Pública de n. 1003416-84.2022.8.26.0099 e na Ação Direta de Inconstitucionalidade n. 2164026-15.2022.8.26.0000.

4.2 Habitação de interesse social

As maiores discussões e embates no processo de elaboração/revisão dos planos diretores envolvem, como exposto, o regramento destinado ao setor imobiliário enquanto agente ativo na produção/modificação do espaço urbano da cidade *formal* (art. 42, I e 42-A, I da Lei 10.257/01).

Sem descurar dessa questão, também pelas razões já expostas, o Ministério Público *resolutivo* deve voltar sua atenção e ação à *habitação de interesse social, no âmbito local,* até porque, os problemas urbanos decorrentes dessa temática (ocupações, loteamentos clandestinos e irregulares, áreas de risco etc.), invariavelmente, estão presentes em *todas* as Promotorias de Justiça com atribuições para a defesa dos direitos difusos e coletivos relacionados a habitação, urbanismo e meio ambiente.

No Brasil, há décadas, é utilizado o conceito de Déficit Habitacional elaborado a partir da metodologia desenvolvida pela Fundação João Pinheiro (FJP/MG).

> Déficit habitacional é um conceito que tem dado sustentação aos indicadores que buscam estimar a falta (déficit) de habitações e/ou existência de habitações em condições inadequadas como noção mais ampla de necessidades habitacionais.[35]

Nesse sentido, sob o aspecto conceitual, a *necessidade habitacional* compreende: i) necessidade de construção de moradias para atender determinada população em determinado momento (quantitativo) e; ii) inadequação de moradia, que diz respeito à necessidade de execução de ações voltadas para melhoria urbanística e de regularização fundiária (qualitativo).

---

35. FUNDAÇÃO JOÃO PINHEIRO, 2020.

Em outras palavras, o déficit quantitativo é enfrentado através de construção de moradias, enquanto o déficit qualitativo, é enfrentado através ações voltadas para melhoria urbanística e de regularização fundiária das ocupações, loteamentos irregulares ou clandestinos.

De relevo consignar, que as informações sobre o déficit habitacional apresentadas pela FJP pouco contribuem para a compreensão das necessidades habitacionais de municípios de pequeno e médio porte que não estejam inseridos em regiões metropolitanas, daí a importância de haver um plano municipal de habitação de interesse social de âmbito *local* que não só contenha tais informações como subsidie e dialogue com o *conteúdo* do plano diretor no que se refere: i) a diretrizes para a regularização fundiária de assentamentos urbanos irregulares e previsão de áreas para habitação de interesse social por meio da demarcação de zonas especiais de interesse social e de outros instrumentos de política urbana, onde o uso habitacional for permitido (art. 42-A, V, e 42-B, V, ambos da Lei 10.257/01). Em vista disso, ainda, é de suma importância a regulamentação de determinados instrumentos da política urbana que venham a combater/minorar os efeitos da especulação imobiliária, como o IPTU progressivo e a outorga onerosa, por exemplo; ii) mapeamento contendo as áreas suscetíveis à ocorrência de deslizamentos de grande impacto, inundações bruscas ou processos geológicos ou hidrológicos correlatos (art. 42-A, II da Lei 10.257/01) e; iii) planejamento de ações de intervenção preventiva e realocação de população de áreas de risco de desastre (art. 42-A, III da Lei 10.257/01).

O olhar e atuação do Ministério Público nas questões urbanas relacionadas as áreas de risco e as ocupações nela existentes ganha maior relevo no cenário de mudanças climáticas,[36] quer porque eventos adversos do clima cada vez mais tem causado danos de toda ordem e em todas as cidades, quer porque, são as pessoas de maior vulnerabilidade social as mais afetadas, já que são elas que normalmente ocupam esses espaços no território.

Nesse cenário, entendemos ser necessário que o Ministério Público *resolutivo*, no trato das questões urbanas envolvendo a temática discutida nesse trabalho, amplie seu olhar e, consequentemente, altere a forma de atuação.

Sabidamente, os (as) Promotores (as) de Justiça, na lida diária, trabalham com um grande volume. São dezenas ou centenas (a depender da Promotoria de Justiça) de procedimentos e representações envolvendo várias questões urbanísticas e de habitação que, na grande maioria das vezes, é tratada individualmente, dissociada dos reais problemas causadores das mazelas sociais cujas demandas consequenciais chegam diariamente nas Promotorias de Justiça.

---

36. Vide a respeito à plataforma AdaptaBrasil. Disponível em: https://adaptabrasil.mcti.gov.br/. Acesso em: 31 mar. 2023.

Para cada caso de parcelamento ilegal de solo que o Ministério Público atua, por exemplo, existem inúmeros outros sem atuação. Além disso, muitas vezes, a atuação ministerial pauta a ação do Poder Público na ordem de prioridades que, por sua vez, podem não guardar relação com a realidade posta no território. Nesse sentido, por exemplo, as regularizações fundiárias de interesse social deveriam ter prioridade na atuação ministerial sobre os casos de regularização fundiária de interesse específico, percepção que não se evidencia na atuação pontual e fragmentada. Essa forma de trabalhar não tem produzido significativos resultados sociais e, por isso, não está em consonância com as diretrizes do Ministério Público resolutivo. É necessário mudar. E nessa senda, uma atuação estruturada como a proposta pelo projeto MP moradia do Ministério Público do Estado de São Paulo,[37] objeto de artigo específico desta obra, é um novo caminho a se trilhado na busca de melhores e maiores resultados sociais.

5. CONSIDERAÇÕES FINAIS

A efetividade buscada para a solução dos problemas urbanos que ocupam as Promotorias de Justiça de Habitação e Urbanismo não está no planejamento urbano que se materializa na legislação, que é o instrumento de trabalho dos operadores do Direito. Aliás, o Direito, ao contrário do que se pode pensar. "[...] é essencialmente uma arena sociopolítica de explicitação, confrontação e alguma resolução de conflitos".[38]

Nessa arena de disputas que envolve a política urbana e habitacional, onde a legislação urbanística tem sido usada como instrumento para o atendimento dos interesses do setor imobiliário,[39] o Ministério Público *resolutivo* ao atuar nas questões envolvendo revisão/elaboração de planos diretores e legislações urbanísticas correlatas, deve-se atentar para os atores e interesses envolvidos nesse processo e os reflexos dessa disputa sobre o território, de modo a garantir que os interesses públicos e relevantes para parcela mais vulnerável da sociedade, também sejam contemplados.

Nesse sentido, além de primar pela garantia *efetiva* e *qualificada* da participação popular durante todo o processo, quanto ao *conteúdo* do Plano Diretor, deve-se cuidar, também, das seguintes questões: i) delimitação de perímetro (urbano *versus* rural); ii) urbanização dispersa e fragmentada; iii) regulamentação de instrumentos da política urbana previstos no Estatuto da Cidade e incorporados

---

37. Vide MINISTÉRIO PÚBLICO DO ESTADO DE SÃO PAULO. Projeto estratégico MP – Moradia. São Paulo: MP-SP, 2020. Disponível em: http://www.mpsp.mp.br/portal/page/portal/cao_urbanismo/painel_recados/Projeto_Estrategico_MP-Moradia.pdf. Acesso em: 16 nov. 2020.
38. FERNANDES, 2021, p. 22.
39. MARICATO, 1996, LUFT, 2014.

aos planos diretores municipais como meio de combate a especulação imobiliária (IPTU progressivo, outorga onerosa, por exemplo), desde que não sejam desvirtuados, como no caso citado de Bragança Paulista, e; iv) habitação de interesse social em âmbito local.

E para tanto, é de suma importância, que o Promotor (a) de Justiça a partir da compreensão dos conflitos urbanos, sociais e ambientais existentes sobre o território, atue no acompanhamento das ações que envolvam a elaboração da legislação urbanística (*lato sensu*), estabeleça estratégicas de ação de modo a equilibrar e compor esses interesses conflitantes antes que sejam materializados na legislação que, oportunamente, também deve ser objeto de acompanhamento ministerial em termos de implementação.

São grandes os desafios para uma atuação *resolutiva* na temática desse trabalho. Sem dúvida, não será fácil, mas é preciso avançar.

6. REFERÊNCIAS

A CIDADE EM DISPUTA: Planos Diretores e participação no cenário da pandemia / Beatriz Fleury e Silva (et al.) (Org.). – Marília: Lutas Anticapital, 2021. 348 p. Disponível em: https://www.brcidades.org/_files/ugd/9fc67a_3d15bdcb058a4c62a6ae1ee0d1e00055.pdf. Acesso em: 12 mar. 2023.

ALMEIDA, Gregório Assagra de. O Ministério Público no neoconstitucionalismo: perfil constitucional e alguns fatores de ampliação de sua legitimação social. *Temas atuais do Ministério Público*: a atuação do Parquet, n. 20, p. 17-60, 2008.

ANGRISANI, Vera. *Desafio da observância da participação popular no planejamento urbano municipal: um estudo exploratório da necessidade de provocação do Poder Judiciário para sua efetividade.* Disponível em: https://core.ac.uk/download/pdf/286814387.pdf. Acesso em: 27 mar. 2023.

BONDUKI, Nabil. Dos movimentos sociais e da luta pela reforma urbana na Constituinte ao Estatuto da Cidade (1981-2001). In: NABIL B.(Org.). *A luta pela reforma urbana no Brasil*: Do seminário de habitação e reforma urbana ao Plano Diretor de São Paulo. São Paulo: Instituto Casa da Cidade, 2018. 244 p. Disponível em http://www.casadacidade.org.br/baixe-o-livro-a-luta-pela-reforma-urbana-no-brasil/. Acesso em: 30 jan. 2022.

BORGES, L. B. O., & Silva, J. M. P. (2019). Corrupção urbanística em sistemas de planejamento e gestão urbanos: um estudo de caso. urbe. *Revista Brasileira de Gestão Urbana*, 11, e20180056. https://doi.org/10.1590/2175-3369.011.002.AO06. Disponível em: https://www.scielo.br/j/urbe/a/9BZkYbkvCRgncLyYJQNd4nK/?lang=pt&format=pdf. Acesso em: 06 jul. 2023.

BOTELHO, Adriano. *O financiamento e a financeirização do setor imobiliário*: uma análise da produção do espaço e da segregação socioespacial através do estudo do mercado da moradia na cidade de São Paulo. 2005. Tese (Doutorado em Geografia Humana) – Faculdade de Filosofia, Letras e Ciências Humanas, University of São Paulo, São Paulo, 2005. doi:10.11606/T.8.2005.tde-06052014-111413. Acesso em: 17 fev. 2022.

BRAGANÇA PAULISTA. *Cadernos e Mapas do Diagnóstico Preliminar da Revisão do Plano Diretor de Bragança Paulista.* Prefeitura do Município de Bragança Paulista. Disponível em: http://www.braganca.sp.gov.br. Acesso em: 12 out. 2018.

BRAGANÇA PAULISTA. Lei Complementar 534, de 16 de abril de 2007. Aprova o Plano Diretor do Município de Bragança Paulista, dispõe sobre o sistema de planejamento e dá outras providências. Bragança Paulista, 2007a. Disponível em: http://leismunicipa.is/febkn. Acesso em: 26 abr. 2020.

BRAGANÇA PAULISTA. Lei Complementar 893, de 3 de janeiro de 2020. Aprova o Plano Diretor do Município de Bragança Paulista, dispõe sobre o Sistema Municipal de Planejamento e dá outras providências. Bragança Paulista, 2020. Disponível em: http://leismunicipa.is/gxjow. Acesso em: 30 abr. 2021

BRASIL. [Constituição (1988)]. Constituição da República Federativa do Brasil de 1988. Brasília, DF: Presidência da República, 1988

BRASIL. Conselho Nacional do Ministério Público. Recomendação 54, de 28 de março de 2017. Dispõe sobre a Política Nacional de Fomento à Atuação Resolutiva do Ministério Público brasileiro. Disponível em: https://www.cnmp.mp.br/portal/images/Recomendacoes/Recomenda%C3%A7%C3%A3o-054.pdf. Acesso em: 05 dez. 2021.

BRASIL. Lei Federal 10.257, de 10 de julho de 2001. Regulamenta os arts. 812 e 183 da Constituição Federal, estabelece diretrizes gerais da política urbana e dá outras providências. Brasília, DF: Presidência da República, 2001. Disponível em: http://www.planalto.gov.br/ccivil_03/leis/leis_2001/l10257.htm. Acesso em: 26 jul. 2020.

DAHER, L. L. N. *Ministério Público resolutivo e o tratamento adequado dos litígios estruturais.* São Paulo: D'Plácido, 2020.

FERNANDES, E. O Estatuto da Cidade, 20 anos mais tarde. In: FERNANDES E. (Org.). *20 anos do Estatuto da Cidade*: experiências e reflexões. 2021. p. 8-22. Disponível em: https://www.observatoriodasmetropoles.net.br/wp-content/uploads/2021/08/TEXTOFINAL20_anos_do_estatuto_da_cidade-spread.pdf. Acesso em: 1º fev. 2022.

FUNDAÇÃO JOÃO PINHEIRO. *Déficit habitacional e inadequação de moradias no Brasil*: principais resultados para o período de 2016 a 2019. Belo Horizonte: FJP, 2020. Disponível em: http://novosite.fjp.mg.gov.br/deficit-habitacional-e-inadequacao-de-moradias-no-brasil-principais-resultados-para-o-periodo-de-2016-a-2019/. Acesso em: 26 abr. 2021.

LUFT, R. M. *Regularização fundiária urbana de interesse social*: a coordenação entre as políticas de urbanismo e de habitação social no Brasil à luz de experiências do direito francês. 2014. 383 f. Tese (doutorado em Direito) – Faculdade de Direito, Universidade do Estado do Rio de Janeiro, Rio de Janeiro, 2014. Disponível em: http://www.bdtd.uerj.br/tde_busca/processaPesquisa.php?PHPSESSID=qiif97a0m74dardfd2sup7c0n0&listaDetalhes%5B%5D=5270&processar=Processar. Acesso em: 18 maio 2021.

MAIA, Amanda Carvalho. *Descontinuidade territorial e formação de vazios urbanos: um padrão de crescimento em cidades médias paulistas, 2019.* Dissertação (Mestrado em Arquitetura, Tecnologia e Cidade) – Faculdade de Engenharia Civil, Arquitetura e Urbanismo da Unicamp, Campinas, 2019.

MAIA, Amanda Carvalho; COCENZA, Vanessa; LEONELLI, Gisela Cunha Viana. Expansão Urbana Insustentável: um padrão de urbanização promovido pelos municípios. *3º Congreso Iberoamericano de Suelo Urbano*. 2017. Disponível em: https://www.academia.edu/download/55602859/Expansao_Urbana_Insustentavel_um_padrao.pdf. Acesso em: 12 mar. 2023.

MARICATO, Ermínia. A terra é um nó na sociedade brasileira... também nas cidades. *Cultura Vozes*, v. 93, n. 6, p. 7-22, 1999. Disponível em: http://200.144.245.89/wp-content/uploads/2018/01/maricato_terranosociedadebrasileira.pdf Acesso em: 18 mar. 2023.

MARICATO, Ermínia. *Metrópole na periferia do capitalismo*: ilegalidade desigualdade e violência. São Paulo: Hucitec, 1996.

MAZZILLI, H. N. Visão Crítica do Ministério Público. In: MAZZILLI, H. N. *Introdução ao Ministério Público*. 9. ed. São Paulo: Saraiva. 2015.

MELO, Erick Omena de. Financeirização, governança urbana e poder empresarial nas cidades brasileiras. *Cadernos Metrópole* 23 (2020): 41-66. Acesso em: 17 mar.2023.

MELO, Erick Omena de. Financeirização, governança urbana e poder empresarial nas cidades brasileiras. *Cadernos Metrópole*, v. 23, p. 41-66, 2020.

MINISTÉRIO PÚBLICO DO ESTADO DE SÃO PAULO. *Projeto estratégico MP* – Moradia. São Paulo: MP-SP, 2020. Disponível em: http://www.mpsp.mp.br/portal/page/portal/cao_urbanismo/painel_recados/Projeto_Estrategico_MP-Moradia.pdf. Acesso em: 16 nov. 2020.

VILLAÇA, F. *Espaço intra-urbano no Brasil*. Barueri: Studio Nobel, 1998.

VILLAÇA, Flávio. *As ilusões do plano diretor*. 2005.

AUTOCOMPOSIÇÃO E GESTÃO DE CONFLITOS DIFUSOS, COLETIVOS E ESTRUTURAIS – NEGOCIAÇÃO, MEDIAÇÃO E OUTROS MÉTODOS. APLICAÇÃO EM CONFLITOS URBANÍSTICOS.

Roberto Luís de Oliveira Pimentel

Especialista em interesses difusos e coletivos pela ESMP/SP. Pós-graduado em Filosofia pela PUCRS. Mediador e conciliador judicial e extrajudicial nos termos da Resolução 125/2010 do CNJ. Facilitador de círculos de construção de paz pela AJURIS. Autor do livro *Negociação e mediação: conflitos difusos e coletivos*. Promotor de Justiça em São Paulo

"Imagine um mundo em que você poderia dizer 'sim'. E conte como ele é.

Como seria esse mundo?"

(Deepak Malhotra)

Sumário: 1. Conflitos metaindividuais e autocomposição – 2. Métodos adequados de solução de conflitos – 3. Conflitos coletivos e difusos: desafios para a adaptação dos métodos autocompositivos – 4. Proposta de metodologia para aplicação de mascs em conflitos coletivos e difusos no âmbito do Ministério Público – 5. Aplicação da autocomposição em conflitos urbanísticos – 6. Conclusão – 7. Referências.

1. CONFLITOS METAINDIVIDUAIS E AUTOCOMPOSIÇÃO

Muito embora, desde o acréscimo do § 6º ao art. 5º da Lei da Ação Civil Pública (LACP), pelo Código de Defesa do Consumidor (CDC), a viabilidade jurídica de celebração de transações extrajudiciais envolvendo obrigações relacionadas a danos ou a ameaças de danos coletivos *lato sensu* não seja objeto de maior controvérsia, apenas recentemente passou-se a discutir, de maneira mais ampla e aprofundada, a possibilidade da *utilização de métodos e técnicas próprios* para a obtenção consensual de ajustes contemplando obrigações reparatórias ou a alteração de comportamentos lesivos ou potencialmente lesivos a bens difusos.

Assim, se de um lado a autocomposição de conflitos supraindividuais, tanto na esfera judicial quanto na extrajudicial, é assunto pacificado, há muito o que explorar e avançar, igualmente no aspecto do conteúdo de acordos dessa espécie e no aspecto *instrumental* – notadamente quanto às ferramentas e metodologias a serem aplicadas nesse campo.

Cabe-nos, inicialmente, no entanto, traçar breves considerações sobre o termo *autocomposição*.

A solução, ou o encaminhamento, de conflitos de interesses em geral pode passar por diversos caminhos juridicamente válidos. De início, vem à mente a clássica resolução de controvérsias por meio da intervenção de uma corte ou tribunal.

O Poder Judiciário, uma vez provocado por um dos interessados, analisa a questão colocada e aplica o Direito ao caso concreto, acrescentando-se às partes, com o que se forma uma relação triangular voltada especificamente ao encaminhamento do conflito. Trata-se de uma atividade de evidente interesse público e social, diante da necessidade de que as relações sejam pacificadas, ou ao menos estabilizadas, trazendo-se, assim, à teia de vivências, conexões e vínculos que permeiam a sociedade, alguma segurança jurídica.

É preciso ter em mente, no entanto, que essa solução se aplica para as hipóteses em que o encaminhamento do conflito rumo a uma solução não é propiciado pelas próprias partes. Em nome da necessidade de estabilização das relações, então, lança-se mão de uma estrutura estatal voltada a se substituir aos interessados, impondo a eles a resolução da controvérsia.

A isso podemos chamar *heterocomposição*, ou adjudicação.

Denomina-se, de outro lado, *autocomposição* a dinâmica por meio da qual as próprias partes no conflito, ainda que com apoio de terceiros, encontram e adotam, elas mesmas, o encaminhamento e a solução para a controvérsia existente entre elas.

O termo *autocomposição* é uma expressão legal. Dele se utilizou o legislador ao prever, no art. 139, inciso V do Código de Processo Civil, que é incumbência do juiz promover tentativa de encaminhamento consensual, pelas partes, ao conflito sob sua análise. Outro exemplo é o art. 165, em que a expressão aparece em meio à determinação de que os tribunais criem "centros judiciários de solução consensual de conflitos".

2. MÉTODOS ADEQUADOS DE SOLUÇÃO DE CONFLITOS

A obtenção de soluções consensuais para conflitos pode ser resultado de esforços totalmente empíricos dos interessados, desde que demonstrem interesse em construir caminhos para tanto, tenham boa-fé e invistam na construção de uma relação cooperativa.[1] É claro que, por vezes, o fim da contenda virá naturalmente e sem maiores esforços, mas tais situações, ousamos dizer, são exceção a uma regra que se mostra estampada, ano a ano, nas estatísticas judiciais.

Mas, ao lado dos encaminhamentos construídos por boa vontade e esforços práticos e dos raros casos que se solucionam sem maiores percalços, há metodologias autocompositivas que, ao longo do tempo, foram concebidas e, como é natural, experimentaram gradual aperfeiçoamento, mostrando-se, hoje, como poderosas ferramentas aptas a guiarem as partes interessadas na busca da resolução de situações conflituosas.

São elas, geralmente, denominadas MASCs (métodos alternativos, ou adequados, de solução de conflitos). Seu uso tem sido estimulado em todas as esferas, inclusive pelo legislador em reformas processuais, como opção menos custosa e desgastante em relação à adjudicação judicial[2] e, no mais das vezes, de resultados mais proveitosos, notadamente porque a solução construída de forma cooperativa e consciente pelas partes, em regra, resulta num cumprimento de obrigações que se desdobra de forma mais fluida, até a completa satisfação das pretensões.

As modalidades mais difundidas de MASCs são a negociação e a mediação, assim como, em constante crescimento, as práticas restaurativas. São esses, aliás, os métodos autocompositivos que melhor se adequam, a depender das características de cada conflito, às questões difusas e coletivas.

A negociação tem por principal característica o fato de consistir em método por meio do qual as próprias partes se encarregam da autocomposição. Não há, aqui, a intervenção de terceiros como facilitadores e condutores do processo de diálogo. Sentam-se à mesa os interessados, em torno do conflito a ser solucionado, e a partir daí buscam soluções. Assim, "(...) a negociação é um processo bilateral de resolução de impasses ou de controvérsias, no qual existe o objetivo de alcançar um acordo conjunto, por meio de concessões mútuas (...), sendo entabulado entre as próprias partes litigantes e seus representantes".[3]

---

1. "O Tratado de Kadesh foi um dos primeiros tratados de paz da história, negociado entre os impérios egípcio e hitita há mais de 3 mil anos, durante o século XIII a. C. Nenhuma das partes estava disposta a continuar a incorrer nos custos da guerra e ambos temiam conflitos futuros com seus outros vizinhos, então o faraó Ramsés II e o rei Hatusil III buscaram negociar um fim para o conflito. Essas tentativas não são difíceis apenas porque as questões em jogo são polêmicas ou complexas, mas porque muitas vezes nenhum dos lados quer dar o primeiro passo. O primeiro lado a pedir paz pode parecer fraco em vez de sábio ou magnânimo, um sinal de que líder algum pode se dar ao luxo a comunicar. Ainda assim, os dois chegaram a um acordo. Apesar de escrito há milhares de anos atrás, o tratado tem muitas das marcas dos acordos mais recentes, incluindo disposições proclamando o fim do conflito, a repatriação de refugiados, uma troca de prisioneiros e um pacto de auxílio mútuo caso um dos lados seja atacado por terceiros" (MALHOTRA, 2017, p. 1).
2. Importante destacar que a arbitragem, considerada também um MASC, consiste num método heterocompositivo, em que a figura do árbitro tem por função impor às partes a solução da controvérsia.
3. De Pinho e Mazzola, 2019, p. 47.

Isso não significa, no entanto, que o método não se possa beneficiar do uso de técnicas que tornam o processo mais produtivo e menos desgastante.

A relevância, nesse sentido, da chamada Escola de Harvard, é indiscutível. Notabilizou-se essa corrente por preconizar a chamada "negociação baseada em princípios". Cuida-se de, por meio de diretrizes que auxiliam as partes a enxergar o conflito e seus próprios comportamentos e atitudes de maneira mais objetiva e clara, manter o foco e os esforços conciliatórios nos pontos que *realmente* interessam para que se obtenha um resultado proveitoso.

Assim, o critério consistente em *diferenciar interesses e posições:* o interesse é aquilo que se encontra subjacente à posição assumida pela parte e que, muitas vezes, não se encontra claro, turvando, na mesa de negociação, o surgimento de encaminhamentos e propostas que atendam diretamente aos anseios de cada um. É muito comum que as atenções recaiam apenas sobre as posições, o que acaba por indicar um distanciamento maior do que o real entre os anseios de cada um, travando por completo o caminhar do processo conciliatório e o próprio surgimento de propostas. É evidente que cada negociador e cada parte deve atentar para seus próprios interesses, e não apenas os dos demais, já que, na mesa de negociação, como observado, não haverá um facilitador com a missão de jogar luz, em auxílio às partes, sobre aspectos do conflito que se encontram camuflados por comportamentos e atitudes mais aparentes.

Também a ideia de *separar as pessoas do problema,* nesse mesmo sentido, consiste em uma preciosa ferramenta de objetivação do conflito. Os esforços dos negociadores devem se centrar na busca de soluções para o impasse, e não em julgamentos sobre atitudes, comportamentos e crenças de cada qual.

> Um fato básico da negociação que costuma ser esquecido nas transações corporativas e internacionais é que você não está lidando com representantes abstratos do "outro lado", mas com seres humanos. Eles têm emoções, valores profundamente arraigados e origens e pontos de vista diferentes – e são imprevisíveis. São influenciados por seis vieses cognitivos, percepções parciais, pontos cegos e saltos ilógicos. Assim como nós.[4]

Ao lado disso, a preocupação em *criarem-se opções,* ou seja, propostas para possíveis encaminhamentos, combinados ou soluções para os impasses surgidos durante a negociação e, em última instância, para o conflito em si, com ganhos mútuos para as partes. Trata-se de uma contraposição à ideia clássica da divisão matemática do objeto conflituoso (quando isso é teoricamente possível, é claro) em partes, iguais ou não, para cada interessado como única saída para a contenda.

---

4. Fisher, Ury e Patton, 2018, p. 41.

Surge, com isso, a noção de que a negociação pode ser não apenas uma ferramenta para dar fim a um conflito, mas um instrumento de criação de valores ou ganhos que extrapolam o objeto em disputa, seja ele qual for.

A efetiva aplicação de tais princípios, em uma negociação, tem por pressuposto a criação de um ambiente de abertura, cooperação e confiança mútua mínima.

Esse, talvez, seja o maior desafio a ser enfrentado, particularmente quanto a situações envolvendo direitos difusos e coletivos, o que não significa, por óbvio, que não haja espaço para o uso de tais técnicas no contexto de situações complexas. Pelo contrário.

A ideia a desenvolver, aqui, é justamente a do gradual abandono, nas tratativas envolvendo interesses coletivos *lato sensu*, da negociação baseada em posições, caminhando-se, assim, na direção da negociação baseada em princípios.

Se houve, até os dias de hoje, uma história relevante na celebração de compromissos de ajustamento de conduta[5] com base em movimentos e dinâmicas empíricos e reduzidos à observação superficial de conjunturas de lesões a direitos metaindividuais e à construção de diálogo com base em posições, imagina-se que, com o aprofundamento nas técnicas mencionadas por parte de representantes dos entes legitimados para a defesa dos interesses da sociedade, poderá haver enormes ganhos nesse sentido, menos judicialização e maior efetividade no cumprimento de obrigações assumidas.

A *preparação* da negociação, para tanto, assume uma importância enorme.[6] Nesse sentido, reputa-se que o *mapeamento* eficaz do conflito e da conjuntura que o envolve é essencial.

Por meio dele, podem-se observar com maior clareza detalhes históricos, comportamentais, culturais e, principalmente, técnicos do conflito, além de suas causas, que, sendo mais bem conhecidas, propiciarão, para o negociador, o estabelecimento de estratégias de abordagem da outra parte, oferecimento de propostas, criação de opções, além, é claro, de um melhor conhecimento e, possivelmente,

---

5. Tem-se percebido, na prática, diante das dinâmicas crescentemente complexas dos conflitos metaindividuais, que na resolução e no encaminhamento de conjunturas envolvendo lesões difusas e questões estruturais pode ser dispensada, a depender do panorama enfocado, a celebração de compromissos de ajustamento de conduta, mediante a utilização de outras ferramentas extrajudiciais à disposição, como as recomendações, o estabelecimento de prazos consensuais para a prática de ações concretas, audiências públicas e reuniões, entre outras. Com isso, trabalham-se as relações ao longo do tempo e soluções possíveis surgem e se encadeiam, alterando-se a realidade fática à medida em que se fomentam atuações efetivas na prática, diálogos interinstitucionais e maior proatividade e participação social em tais contextos. Mencionaremos mais adiante a ideia da instauração de *inquéritos civis estruturais*, procedimentos imaginados como base para que tais situações sejam trabalhadas e planejadas.

6. Não apenas, é claro, para a negociação. A ideia aqui colocada de mapeamento do conflito é útil na aplicação de qualquer dos métodos autocompositivos a situações de conflitos metaindividuais.

de uma maior empatia e compreensão acerca de suas condutas passadas, facilitando-se a criação de um ambiente de confiança mútua e cooperação.

A mediação, por sua vez, difere da negociação pela presença de um terceiro facilitador, que, por meio da utilização de técnicas e sendo alheio ao conflito, trabalhará para que as partes caminhem de maneira menos desgastante rumo à formação de um ambiente ou de uma relação cooperativa, o que poderá resultar na solução do conflito.

Assim, enquanto a conciliação pode ser encarada como o possível resultado de uma negociação ou mediação bem sucedida, ou, em outra acepção, como o processo por meio do qual um terceiro conciliador, figura ausente na negociação, intervém de forma ativa na relação entre as partes, propondo soluções e fornecendo opiniões a respeito, a mediação, por sua vez, é o método de solução de conflitos por meio do qual alguém diferente das partes intervém na discussão do encaminhamento do conflito existente entre elas, no intuito de facilitar e fomentar o diálogo, ou auxiliá-las a recompô-lo.

É um método autocompositivo por excelência, na medida em que, embora se caracterize pela presença de um terceiro, não há imposição de uma solução para o conflito. Os encaminhamentos e soluções são *construídos* pelas partes, com o acompanhamento e o estímulo propiciados pela intervenção qualificada do mediador.

Na visão de Joseph B. Stulberg & Lela P. Love:[7]

> A mediação é um processo no qual um interveniente neutro ajuda pessoas numa disputa a aprimorarem seus entendimentos sobre a situação em que se encontram e um sobre o outro e, então, a desenvolverem soluções que sejam aceitáveis para elas (tradução nossa).

Cuida-se de uma atividade regulamentada pelo ordenamento jurídico brasileiro, que consagra regras próprias e contempla os princípios que a regem segundo uma construção prática e teórica há muito sedimentada. Os princípios regentes da mediação estão previstos na Lei Federal 13.140/2015, art. 2º, e no Código de Processo Civil, art. 166.

---

7. 2013, pos. 280.

Mencionaremos neste trabalho, apenas a título exemplificativo, algumas das técnicas mais importantes e recorrentes na mediação.

Tânia Almeida (2014) divide as ferramentas de mediação em técnicas procedimentais e de comunicação. Cuida-se de separação metodológica que auxilia na compreensão do alcance e objetivo de cada técnica, motivo pelo qual a utilizaremos neste texto.

Como ferramentas procedimentais, mencionaremos, por sua importância também na resolução de conflitos metaindividuais, o *caucus* (ou reuniões privadas), a observância de tratamento equânime entre as partes e o enquadre. Também o mapeamento do conflito, já mencionado acima como etapa importante da pré--negociação, pode ser arrolado entre as ferramentas procedimentais da mediação.

Caucus são reuniões individuais que o mediador promove com cada qual das partes do conflito, com o objetivo, no dizer de Tania Almeida,[8] de "propiciar um espaço exclusivo de conversa com um dos mediandos, incluindo ou não sua rede de pertinência e advogado(s)". Cuida-se de compartimentar, de maneira controlada e estratégica, o olhar do mediador – e, é claro, do próprio mediando – sobre os aspectos subjetivos e unilaterais da relação conflituosa, de modo a melhor compreender atitudes, comportamentos e pontos de vista, facilitando-se as abordagens a serem feitas nas reuniões de mediação propriamente ditas. Os caucus podem ser realizados antes da mediação ou convocados pelo mediador durante as atividades já efetivamente iniciadas, sempre que sentir essa necessidade.

A garantia de tratamento equânime entre as partes – que pode ser entendida, a depender do ponto de vista, também como uma ferramenta de comunicação – é técnica com status de princípio informador da atividade de mediação, e algo a que o mediador deve estar atento durante todo o período de sua atuação. Trata-se de um eixo da dinâmica, por meio do qual se organizam as intervenções de todos, garantindo-se maior clareza no desenvolvimento das reuniões, além de se propiciar, por outro lado, que cresça a sensação de confiança que as partes devem ter no mediador, abrindo-se e alargando-se o campo para que os próprios mediandos intervenham e se manifestem, cada vez mais, munidos de boa-fé em suas falas e comportamentos.

O enquadre, ou reenquadre, por sua vez, também consiste em ferramenta de importância organizacional para o mediador e, é claro, para as próprias partes. Cuida-se de alertar aos mediandos em momentos em que aspectos mais emocionais do conflito afloram, tornando a dinâmica menos produtiva por um certo afastamento do objetivo de construção do diálogo respeitoso e o mais sereno possível. Um exemplo típico dessa espécie de situação é a interrupção,

---

8. 2014, p. 57.

por uma das partes, da fala da outra, com interjeições, gestos, considerações de caráter subjetivo e pessoal ou acusações referentes a comportamentos passados. Em momentos desse tipo, o mediador, de forma cuidadosa, deve apontar para os objetivos estabelecidos e para as regras explanadas de início, quando da abertura dos trabalhos, de modo a trazer para a consciência dos mediandos que estão a se desviar desses objetivos e regras.

Como ferramentas de comunicação, mencionaremos brevemente a escuta ativa, a validação e a inversão de papeis.

A escuta ativa é a técnica de comunicação por excelência. Algo que o mediador deve desde o início aplicar, para nortear suas abordagens em relação às condutas das partes e para um melhor entendimento de suas falas e manifestações. De outro lado, o exercício da escuta ativa pode servir como paradigma de comportamento que os próprios mediandos, à medida em que a dinâmica se desenvolve, podem passar a adotar um em relação ao outro, pelo exemplo dado pelo mediador.

Conforme a descrição lapidar de Fernanda Tartuce,[9] por meio da escuta ativa "(...) o mediador não só ouve, mas considera atentamente as palavras ditas e as mensagens não expressas verbalmente (mas reveladas pelo comportamento de quem se comunica). A demonstração de muitos elementos relevantes pode ser depreendida a partir de sua postura, de sua expressão facial e mesmo do contato visual. Como se percebe, a percepção supera a mera consideração das palavras; 'escutar é diferente de ouvir'".

A descrição de Tania Almeida a respeito também merece ser transcrita *ipsis litteris*:

> O exercício da escuta ativa do mediador assemelha-se à regência de um maestro diante de uma orquestra – dar vez e voz a cada instrumento; definir quando farão uma demonstração solo e quando integrarão o conjunto; articular a expressão dos que têm sons mais fortes ou graves com os que têm som mais frágil ou agudo; estimular momentos de expressão tanto quanto de escuta atenta; auxiliar os que voltam a reintegrar a música a fazê-lo em consonância com a melodia que antecedeu o seu retorno; intervir de modo que os instrumentos mantenham-se em diálogo fluido e harmônico.[10]

A validação, por sua vez, é uma interessante ferramenta de comunicação que procura inverter o polo de determinadas percepções negativas quanto a comportamentos das partes, que à primeira vista soam inadequados, agressivos ou fora dos parâmetros estabelecidos, para chamar a atenção para as razões de fundo que inspiraram tais comportamentos, ressaltando-se que, substancialmente, foram inspirados por sentimentos positivos. Cuida-se de justificar determinadas reações,

---

9. 2021, p. 255.
10. 2014, p. 66.

chamando a atenção dos demais mediandos para os aspectos mais humanos, como a preocupação, a ansiedade, a própria vontade de contribuir – ainda de que modo atabalhoado à primeira vista – para que as coisas corram bem na dinâmica e nas próprias relações interpessoais.

Ao lado da validação, tem-se a inversão de papeis, técnica que pode ser usada em conjunto com a primeira, para chamar a atenção dos mediandos com relação a comportamentos e manifestações dos demais, no sentido de colocarem-se uns no lugar dos outros, refletindo sobre como teriam agido ou como agiriam no futuro, caso estivessem no lugar da outra parte. É uma das técnicas mais eficientes para trazer os mediandos à compreensão quanto à necessidade de centrar esforços na construção conjunta de soluções.

Vale mencionar brevemente que a mediação pode ser desenvolvida pelo método de Harvard ou ser transformativa,[11] a depender do tipo de conflito ou relação existente entre as partes. A primeira espécie, como o nome indica, baseia-se nos conceitos criados pela Escola de Negociação de Harvard, já abordada neste texto, focando a dinâmica de mediação no objetivo de construir-se um consenso e uma resolução para o objeto do conflito, de forma mais linear e objetiva. A mediação transformativa, por sua vez, tem por meta "propiciar mudanças muito mais profundas nas pessoas e nas suas relações interpessoais, além da simples reparação de um problema a curto prazo".[12]

Imagina-se que, a princípio, a mediação de Harvard se mostre mais propícia para a gestão e resolução de conflitos difusos e coletivos, nada impedindo, no entanto, a depender da situação conflituosa e do tipo de relação entre as partes, que se opte pela mediação transformativa, quando então o mediador, aprofundando-se junto com as partes na temática dos vínculos existentes entre elas, procurará auxiliá-las na transformação qualitativa de tais relações.

As práticas restaurativas, por seu turno, consistem em um dos mais interessantes e profícuos métodos autocompositivos,[13] cuja utilização na área de interesses coletivos *lato sensu* tem enorme campo potencial de aplicação, muito embora sua predominância esteja na justiça penal e na área da infância e juventude. Sua origem remonta a povos ancestrais da América do Norte e da Nova Zelândia, pelo hábito então cultivado de, diante da prática de infrações, reunir o perpetrador, seus familiares, a comunidade e as vítimas da ofensa, em círculo,

---

11. Há outros tipos de abordagem, que deixaremos de mencionar, em razão dos objetivos e extensão deste trabalho.
12. BRIQUET, 2016, p. 165.
13. "Atualmente, em muitas localidades, a Justiça Restaurativa é considerada um sinal de esperança e um rumo para o futuro. Resta saber se conseguiremos realizar suas promessas, mas muitos estão otimistas" (ZEHR, 2015, p. 12).

em busca de entendimento sobre as causas e consequências do ocorrido, bem como na compreensão, por parte do infrator, das consequências de seu ato e da necessidade de reparação.

A ideia do entendimento, por parte do infrator e das pessoas atingidas pelo ato lesivo, de suas causas e consequências e da necessidade de reparação está no centro, portanto, dessa metodologia. Para que se atinja tal resultado, cria-se um ambiente de serenidade, confiança mútua e abertura, e por meio disso se abre a possibilidade de que as partes compreendam suas próprias atitudes e a necessidade de cessação da situação conflituosa e da recomposição daquilo que foi destruído pelo conflito ou pela atitude agressora.

Aqui, também, tem-se a presença de um facilitador, que deve ser pessoa capacitada e preparada para a utilização de técnicas específicas e para a observância de um procedimento a ser seguido para garantia de preservação da intimidade e da confiança das partes no processo.

Em nosso ordenamento jurídico, as práticas restaurativas estão regulamentadas pela Resolução 225, de 31 de maio de 2016, do Conselho Nacional de Justiça.

A expansão do campo de aplicação das práticas restaurativas, particularmente dos círculos de construção de paz, para a área de interesses coletivos *lato sensu*, é algo a ser definitivamente discutido e explorado, em situações tão diversas quanto dinâmicas de fortalecimento do espírito de união e coesão dentro de comunidades afetadas por acidentes ecológicos ou desastres, por exemplo, como em atividades visando o reconhecimento de responsabilidade e do dever de reparar danos causados pelo Estado ou por particulares a coletividades ou a bens de titularidade difusa.

Também na concepção de sistemas de gestão e resolução de conflitos difusos, área a ser definitivamente explorada, particularmente pelo Ministério Público,[14] o uso das técnicas restaurativas, em uma mescla com os demais métodos autocompositivos, visando o encaminhamento de determinados tipos de conflitos complexos, mostra-se como possibilidade extremamente promissora.

3. CONFLITOS COLETIVOS E DIFUSOS: DESAFIOS PARA A ADAPTAÇÃO DOS MÉTODOS AUTOCOMPOSITIVOS

Muito embora a mediação e as mesmo as práticas restaurativas consistam, analogamente à negociação, em métodos concebidos, originalmente, para a gestão de conflitos individuais, sua utilização em disputas complexas, envolvendo

---

14. Tive oportunidade de desenvolver o tema em meu livro "Negociação e Mediação: Conflitos Difusos e Coletivos", publicado pela Editora Del Rey, no capítulo IV, item 1.3 ("Criação de sistemas de gestão e resolução de conflitos (systems design").

lesões a direitos supraindividuais, é plenamente possível, desde que se observem os princípios regentes e que se façam adaptações que tornem o uso das técnicas mais adequado aos parâmetros próprios dessa espécie de relação.

Já tive a oportunidade de anotar,[15] que "(...) os questionamentos sobre a inclusão da mediação no cardápio de métodos de encaminhamento e solução de conflitos coletivos e difusos passam, por primeiro, pela evidente caracterização de tais conflitos como, geralmente, mais complexos do que os individuais, repletos de variáveis sobre as quais, muitas vezes, o controle e o pleno conhecimento de desdobramentos se mostram muito mais difíceis. Além disso, dúvidas podem surgir quanto à prerrogativa que um legitimado extraordinário possa ter para participar da escolha do mediador, quanto a como se conduzir a mediação diante da clara possibilidade de haver mais do que duas partes no conflito, bem como quanto à complexidade técnica de muitos dos conflitos transindividuais".

Todas essas dificuldades, no entanto, são superáveis, desde que se observem os princípios regentes das metodologias.

A complexidade, como já referido acima, deve ser abordada por meio de um correto e eficiente mapeamento do conflito.

No âmbito do Ministério Público, é possível vislumbrar, por exemplo – particularmente quanto a questões e conflitos estruturais – a possibilidade da instauração de *inquéritos civis estruturais,* com o objeto alargado em relação à tradicional visão que se tem de tais procedimentos. Explica-se: desde a portaria inaugural, a meta, muito além de se desenvolver uma investigação sobre um determinado panorama de lesão a interesses difusos ou coletivos, ou a direitos sociais ou fundamentais em larga escala, visando a apuração de responsabilidades e de danos a ser descritos como causa de pedir em uma ação civil pública tradicional, pode consistir justamente em *mapear* todas as conjunturas envolvendo a lesão a ser apurada, de modo a se propiciar, ao final, não apenas a reunião de elementos para eventuais iniciativas judiciais, como também para, sempre que o caso, buscar-se a construção dialógica e cooperativa, com todos os entes interessados, de encaminhamentos e soluções para aquele contexto. Cuida-se de uma diferença de abordagem, uma alteração de paradigma, que poderá fazer toda a diferença para a resolução de graves questões.[16]

Já a "(...) participação na escolha do mediador pelo legitimado extraordinário nos parece um problema aparente, apenas. Com efeito, não há nenhuma disponibilidade acerca do direito material tutelado em tal atividade. O risco de que tal

---

15. PIMENTEL, 2022, p. 100.

16. A Promotoria de Justiça de Habitação e Urbanismo da Capital/SP tem instaurado, sistematicamente, inquéritos civis estruturais, assim pensados desde a respectiva portaria inaugural, numa tentativa pioneira de tratamento diferenciado e mais eficiente de questões complexas.

ocorra não está neste momento e muito menos na escolha da mediação enquanto método de discussão e encaminhamento do conflito. Vale lembrar, aliás, que mediadores capacitados estão perfeitamente habituados à condução da reconstrução do diálogo em conflitos envolvendo direitos indisponíveis. Assinala-se em acréscimo que a mediação é um processo marcado pela voluntariedade enquanto princípio informador, e essa característica não se revela apenas no momento em que o interessado a ela adere, mas se faz presente durante toda a dinâmica de sua aplicação. Com relação à tutela, em si, do direito material, e às regras que envolvem a apreciação e homologação do conteúdo de acordos e de promoções de arquivamentos deles resultantes, no que diz respeito ao Ministério Público, por exemplo, aplicam-se as mesmas regras vigentes quanto à negociação que resulta na celebração de TACs".[17]

A multilateralidade dos conflitos complexos, de outro lado, embora evidentemente traga maior dificuldade para aplicação dos métodos autocompositivos, não consiste em entrave para tanto. Aliás, a mesmíssima dificuldade – que será, na verdade, mais intensa em um ambiente judicial – estará em se cuidar judicialmente de tais situações, diante da incidência de regras processuais de observância cogente e dos limites estabelecidos para uma série de dinâmicas pela própria ontologia da relação processual.

Uma vez bem mapeado o conflito e bem escolhidas as técnicas e ferramentas a se utilizar, a multiplicidade de interessados pode até, incrivelmente, ser uma vantagem na construção de soluções.

Outra questão a se explorar diz respeito à aplicação do sigilo e da confidencialidade, regra essencial aos métodos autocompositivos, na área da gestão de conflitos metaindividuais.

A previsão legal a respeito consta dos artigos 30 e 31 da Lei de Mediação (Lei Federal 13.140/2015):

> Art. 30. Toda e qualquer informação relativa ao procedimento de mediação será confidencial em relação a terceiros, não podendo ser revelada sequer em processo arbitral ou judicial salvo se as partes expressamente decidirem de forma diversa ou quando sua divulgação for exigida por lei ou necessária para cumprimento de acordo obtido pela mediação.
>
> § 1º O dever de confidencialidade aplica-se ao mediador, às partes, a seus prepostos, advogados, assessores técnicos e a outras pessoas de sua confiança que tenham, direta ou indiretamente, participado do procedimento de mediação, alcançando:
>
> I – declaração, opinião, sugestão, promessa ou proposta formulada por uma parte à outra na busca de entendimento para o conflito;
>
> II – reconhecimento de fato por qualquer das partes no curso do procedimento de mediação;

---

17. PIMENTEL, 2022, p. 100.

III – manifestação de aceitação de proposta de acordo apresentada pelo mediador;

IV – documento preparado unicamente para os fins do procedimento de mediação.

§ 2º A prova apresentada em desacordo com o disposto neste artigo não será admitida em processo arbitral ou judicial.

§ 3º Não está abrigada pela regra de confidencialidade a informação relativa à ocorrência de crime de ação pública.

§ 4º A regra da confidencialidade não afasta o dever de as pessoas discriminadas no caput prestarem informações à administração tributária após o termo final da mediação, aplican-do-se aos seus servidores a obrigação de manterem sigilo das informações compartilhadas nos termos do art. 198 da Lei 5.172, de 25 de outubro de 1966 – Código Tributário Nacional.

Art. 31. Será confidencial a informação prestada por uma parte em sessão privada, não po-dendo o mediador revelá-la às demais, exceto se expressamente autorizado.

Temos, portanto, como exceções à regra da confidencialidade as hipóteses de prática de crime de ação penal pública e de informações de interesse do fisco. Também tratam da questão a Resolução 125/2010 do Conselho Nacional de Justiça, que prevê que a confidencialidade será excepcionada quando houver "autorização expressa das partes, violação à ordem pública ou às leis vigentes".

Também a Resolução CNMP 118/2014, do Conselho Nacional do Ministério Público, que "Dispõe sobre a Política Nacional de Incentivo à Autocomposição no âmbito do Ministério Público e dá outras providências", disciplina em caráter geral a questão, em seu art. 10, § 2º:

§ 2º A confidencialidade é recomendada quando as circunstâncias assim exigirem, para a preservação da intimidade dos interessados, ocasião em que deve ser mantido sigilo sobre todas as informações obtidas em todas as etapas da mediação, inclusive nas sessões privadas, se houver, salvo autorização expressa dos envolvidos, violação à ordem pública ou às leis vigentes, não podendo o membro ou servidor que participar da mediação ser testemunha do caso, nem atuar como advogado dos envolvidos, em qualquer hipótese.

Muito embora possa não parecer a princípio, esse dispositivo está, na verdade, a reforçar o princípio legal da confidencialidade.

Um interessante encaminhamento para o tema, particularmente no que diz respeito à atuação autocompositiva do Ministério Público na área de interesses coletivos *lato sensu*, está na Resolução CSMPT 157/2018 (que institui o NUPIA – Núcleo Permanente de Incentivo à Autocomposição), do Ministério Público do Trabalho. A confidencialidade, no texto, está prevista, como não poderia deixar de ser, como um princípio da mediação. No entanto, a regra geral ficará excepcionada quando "as partes decidirem de forma diversa", quando "o fato se relacionar a ofensa a direitos que devam ser defendidos pelo Ministério Público do Trabalho", bem como quando houver "informação relacionada a crime de ação penal de iniciativa pública" (art. 7º, § 1º, incisos I a III).

Ao comentar o texto normativo em questão, já tive a oportunidade de mencionar:[18]

> A segunda hipótese traduz, ou engloba, situações em que se mencionar ou informar determinado fato que se relacionar à ofensa a direitos difusos, coletivos ou individuais homogêneos que devam ser tutelados pelo Ministério Público do Trabalho.
>
> Acreditamos que o dispositivo soluciona devidamente a questão da confidencialidade sobre fatos que o Ministério Público deva, de ofício, investigar. Sobre eles, não deve, segundo a mencionada norma, incidir a confidencialidade.
>
> A regra poderá, portanto, a nosso ver, desde que, antes do início do procedimento, nos termos do § 3º do mesmo dispositivo normativo do MPT, seja informado "às partes acerca das exceções à confidencialidade no âmbito do Ministério Público (...)", ser aplicada pelos demais ramos do Ministério Público e demais órgãos públicos, propiciando-se, assim, transparência e segurança para os interessados durante das dinâmicas de mediação, sem que se violem os princípios gerais previstos em lei e a necessidade de observância de deveres e missões institucionais previstos, da mesma forma, na legislação e na própria Constituição Federal.

Também as diversas técnicas e ferramentas autocompositivas podem sofrer algum tipo de adaptação para seu melhor emprego na gestão e encaminhamento de conflitos e controvérsias envolvendo interesses difusos e coletivos.

Assim, por exemplo, a inversão de papeis, o caucus, o enfoque prospectivo, a validação, entre outros, ao se amoldarem de forma mais harmônica às características próprias de conjunturas em que interesses sociais, metaindividuais ou estruturais são discutidos – como sua complexidade, sua multilateralidade, a presença de legitimados adequados etc. – poderão se tornar instrumentos ainda mais poderosos de pacificação social.[19]

4. PROPOSTA DE METODOLOGIA PARA APLICAÇÃO DE MASCS EM CONFLITOS COLETIVOS E DIFUSOS NO ÂMBITO DO MINISTÉRIO PÚBLICO

A metodologia ora proposta envolve, particularmente, a atividade de mapeamento do conflito, procurando observar as características das controvérsias, disputas e conjunturas de lesão a interesses metaindividuais.

A partir do mapeamento, bem conhecidos os contornos da situação e eleito o método (ou os métodos[20]) a ser empregado nas atividades autocompositivas, é importante que um cronograma seja estruturado, iniciando-se, então, a realização

---

18. PIMENTEL, 2022, p. 128.
19. Tive oportunidade de discorrer mais longamente sobre o tema no Capítulo III, item 2 ("Aplicação das ferramentas e técnicas autocompositivas a conflitos coletivos *lato sensu*: adaptações e adequações") em meu livro "Negociação e Mediação: Conflitos Difusos e Coletivos", publicado pela Editora Del Rey.
20. Ver nota de rodapé 6 acima.

de levantamentos e estudos técnicos reputados importantes (desde que, evidentemente, ainda não providenciados antes do início da análise do caso sob um viés autocompositivo), reuniões de pré-negociação, pré-mediação ou pré-círculos restaurativos, caucus, quando o caso etc.

A proposta de metodologia procura abranger as diversas modalidades ou áreas de atuação dos órgãos legitimados para a defesa dos interesses em pauta, tanto no que se refere a direitos ou interesses difusos, coletivos stricto sensu ou individuais homogêneos, sejam eles, portanto, relativos ao meio ambiente, ao patrimônio público, histórico ou cultural, à defesa da ordem urbanística, dos direitos sociais como a moradia e a educação, à infância e juventude, ao idoso, às pessoas portadoras de deficiência, à saúde pública, aos direitos do consumidor etc.

Passo 1 – identificação dos aspectos gerais do caso e alcance territorial ou reflexos sociais, em políticas públicas ou em seu planejamento, quando o caso. Se possível, um histórico do problema no local ou na cidade, notadamente em se tratando de políticas públicas.

Passo 2 – reunião de dados existentes acerca de valores (quantificação de prejuízos sofridos, custo de obras de adequação, regularização, remanejamento, implementação de políticas públicas etc.). Reunião de dados acerca de questões orçamentárias referentes ao caso.

Passo 3 – aspectos ou características especiais do conflito, envolvendo, por exemplo, o tipo de atividade em torno do qual gira a controvérsia, o tipo de produto, bem ou mercadoria de que trata o conflito, características da área em razão da qual o conflito se dá (por exemplo, área rica em nascentes; ausência de serviço de atendimento ambulatorial de saúde mental x crescente número de internações no município; área rural ocupada informalmente, com grande potencial econômico para produção agrícola pelos ocupantes etc.).

Passo 4 – identificação dos stakeholders, ("partes interessadas"); por exemplo: União, Estado, Município (e/ou Poderes Legislativos respectivos), Ministério Público, outros legitimados adequados, ONGs, movimentos sociais, setores acadêmicos, empreendedores, fornecedores em geral, fabricantes de medicamentos, insumos, produtos químicos ou outros bens, proprietários de área, ocupantes de área, órgãos regulatórios ou de fiscalização, órgãos ou entidades de representação de classe etc.

Passo 5 – posições adotadas por cada interessado frente ao conflito. Propostas eventualmente apresentadas; características específicas (vantagens estratégicas que eventualmente apresentem, poderio econômico ou político, vantagens ou prerrogativas obtidas ou garantidas sob o ponto de vista processual etc.).

Passo 6 – a) identificação das principais normas de ordem pública/cogentes incidentes no caso; b) identificação dos pontos em relação aos quais há total indisponibilidade, ao menos a princípio, ou ausência de margens para negociação; c) identificação dos pontos em que há possibilidade e flexibilidade para negociação; d) verificação sobre a conveniência em se pautarem, para o início da negociação ou mediação, temas de menor tensão ou complexidade ou menos polêmicos, favorecendo-se a criação de um ambiente de cooperação (aspecto pormenorizado abaixo; ver também passo 9)

Passo 7 – caso já tenha sido tentada uma negociação, identificação dos aspectos em razão dos quais não houve sucesso e posições adotadas por cada stakeholder a respeito, inclusive no que diz respeito a propostas e contrapropostas apresentadas, notadamente envolvendo valores em pecúnia.

Passo 8 – principais aspectos técnicos já levantados em pareceres ou laudos já realizados e eventual necessidade de realização de outros levantamentos técnicos.

Passo 9 – a) necessidade de se considerar, diante de complexidade do caso concreto, a conveniência de se separarem, para fins de abordagem inicial e realização de atos e reuniões, tópicos que digam respeito, mais diretamente, a interessados diversos (p. ex., poder público e particulares); b) estimativa quanto à necessidade de utilização do caucus (técnica pormenorizada abaixo; ver também item 10.a)143.

Passo 10 – como preparação para eventual plano de trabalho e agendas do processo autocompositivo: a) estimativa do número de reuniões preparatórias, quem seriam os participantes, e do número de reuniões de trabalho necessárias para dar andamento e possivelmente encaminhar soluções autocompositivas para o caso (ver também passo 9.b); b) estimativa de cronograma ou cronograma esperado para a realização dos trabalhos de encaminhamento de autocomposição.

Relevante, ainda, com base nos estudos e levantamentos efetuados, que o legitimado adequado procure identificar a zona de possível acordo (ZOPA) quanto à controvérsia em questão, assim como a melhor alternativa sem acordo (MASA) que se coloca diante do caso concreto e as estratégias – inclusive de judicialização e de como tal judicialização poderá ocorrer, com a propositura, por exemplo, de medidas cautelares e quais os respectivos contornos, quando o caso – que poderão ser empregadas a cada etapa.

O quadro abaixo (onde "LE" lê-se "legitimado extraordinário") procura ilustrar, de maneira bastante simples, como se configurariam, numa controvérsia coletiva *lato sensu,* os conceitos acima destacados:

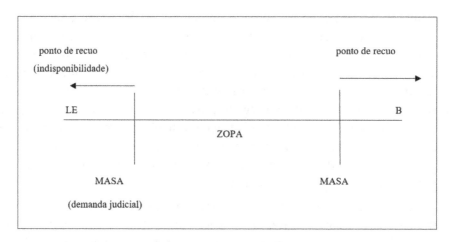

Como uma regra geral, indica-se a MASA, para o legitimado adequado, exatamente no ponto em que a demanda judicial, ou seja, a propositura de uma ação coletiva ou estrutural, a depender do objeto da demanda, mostrar-se como o caminho a ser percorrido diante dos impasses surgidos no processo de tentativa de solução negociada ou consensual.

Na mesma longitude, também como regra, insere-se, para fins de visualização, a indisponibilidade a atingir o bem metaindividual sob tutela (ou seja, o ponto de recuo, para o legitimado adequado, da mesa de autocomposição).

Entre as MASAs das partes, como é de costume, insere-se a zona de possível acordo (ZOPA).

5. APLICAÇÃO DA AUTOCOMPOSIÇÃO EM CONFLITOS URBANÍSTICOS

Os conflitos subsumidos à legislação urbanística, pela complexidade que lhes é inerente, podem representar um campo de muito crescimento e aprendizado no que toca ao emprego dos MASCs. Invariavelmente, tais controvérsias envolverão o poder público, a sociedade civil, movimentos sociais organizados, organizações não governamentais ligadas ao desenvolvimento urbano e à proteção do meio ambiente artificial e, muito frequentemente, o próprio Poder Legislativo.

Alguns pontos que caracterizam essa espécie de relações sociais e jurídicas complexas podem bem ilustrar essa conclusão. Citaremos adiante, de maneira breve, exemplos nesse sentido.

Intervenções e projetos urbanísticos: são absolutamente rotineiros os projetos apresentados tanto pelo poder público quanto por particulares com o objetivo de promover intervenções na terra urbana. Tais projetos, comumente, são elaborados e preparados sem o devido cuidado no que toca à observância das normas de direito público relacionadas à proteção da ordem urbanística e sem que se garanta participação da sociedade civil ou, como um pré-requisito essencial para tanto, ampla publicidade acerca dos objetivos, finalidades, estudos técnicos preparatórios e mesmo do próprio conteúdo das intervenções pretendidas. É evidente, assim, que ambientes de negociação ou de mediação se mostram aptos para que se discutam e se pactuem obrigações que objetivem o ajustamento de situações de afronta à legislação, para que, por exemplo, etapas que tenham sido abreviadas sejam devidamente refeitas, ou para que se garanta a publicização de dados e informações e a oitiva da sociedade.

Projetos de lei urbanísticos: a participação da sociedade civil na discussão de projetos de lei que envolvam a área urbanística é requisito constitucional para sua validade. O Poder Judiciário tem entendido que se trata de assunto em relação ao qual cabe, inclusive, à luz do sistema de freios e contrapesos, o exercício de controle sobre as demais instâncias federativas, de modo a que se garanta, por exemplo, a realização de audiências públicas, promovidas de acordo com os requisitos legais e com ampla publicidade e acesso à população. Mais uma vez se vislumbra a clara possibilidade e um amplo panorama de aplicação dos métodos autocompositivos, que permitem discussão com todos os setores envolvidos a fim de que se adequem as irregularidades eventualmente existentes nesse sentido.

Direito à moradia e conflitos fundiários: disputas pela posse da terra consistem certamente num dos temas mais tormentosos na área cível e na área urbanística, notadamente – e aqui nos interessa tal ponto – quando tais conflitos envolvem ocupações informais de áreas urbanas (ou mesmo em áreas rurais, mas para fins urbanos) por populações carentes ou menos favorecidas, em busca, como geralmente se verifica, de moradia. Cuida-se de fenômeno típico das cidades brasileiras, marcadas, como se sabe, por intensa desigualdade social e pelo desatendimento do direito constitucional social em referência para boa parte da população.

Afora o conflito pela posse imobiliária em si, que se trava, geralmente, entre proprietários (que, na prática, na imensa maioria das situações, lançam mão de demandas possessórias) e ocupantes da área, é muito comum que se verifiquem, nesses casos, também aspectos de interesse do poder público e da sociedade civil, envolvendo uma miríade de assuntos, que podem ir do zoneamento da área à proteção do meio ambiente e de bens públicos. E é justamente na complexidade advinda do conflito entre variadas normas de proteção (aliás, como dito, uma característica sempre presente no campo dos conflitos urbanísticos em geral) que reside a possibilidade de uso profícuo dos métodos autocompositivos.

Com efeito, é própria dessas atividades dialéticas, após a preparação que, particularmente no início das sessões de mediação, é feita aos interessados nesse sentido, a abertura para uma observação positiva, generosa e criativa da conjuntura do conflito e das possibilidades de seu encaminhamento. É função do mediador, e nesses casos tal tarefa se mostra ainda mais importante, garantir que esse espírito permeie a conduta de todos os envolvidos.

Como em qualquer conflito difuso ou coletivo, situações como essa exigirão, portanto, preparo e capacitação do responsável pela condução dos trabalhos de autocomposição.

Demandam especial atenção, na área da habitação e urbanismo, controvérsias relacionadas à regularização fundiária de áreas ocupadas. Cuida-se de tema que agrega conflitos de profundo teor social, diante da natureza do direito fundamental a que se refere, qual seja, a moradia (art. 6º, *caput* da Constituição Federal), cuja garantia, como se sabe, se mostra muito distante de um mínimo razoável no país, panorama que se traduz pelos altíssimos índices de déficit habitacional existentes em todo o território nacional.

Referido direito fundamental, muitas das vezes, na situação concreta, será colocado diante (e em contraposição ao menos aparente) de outros direitos de relevância constitucional, como o meio ambiente (CF, art. 225) e a política de desenvolvimento urbano (CF, art. 182). Os conflitos disso resultantes, não seria preciso dizer, terão por característica primordial a complexidade e, por consequência, demandarão preparo e sensibilidade por parte dos profissionais envolvidos na negociação ou na mediação, bem como um competente mapeamento de todo o contexto a envolvê-los.

Especificamente quanto à realização de mediação em conflitos que envolvam a discussão sobre a realização ou sobre a viabilidade da regularização fundiária, chamam a atenção dispositivos específicos da Lei Federal 13.465/2017, que estabelecem a possibilidade de se realizar, na hipótese de apresentação de impugnação pelos titulares do domínio, na fase de demarcação urbanística, "procedimento extrajudicial de composição de conflitos" (art. 21 e parágrafos).

É interessante anotar que se prevê, inclusive, com o fim específico de se obterem informações sobre "casos de prescrição aquisitiva da propriedade", a realização de levantamento que em parte coincide com a proposta acima, colocada neste trabalho como algo de importância generalizada, no sentido da conveniência de se realizar um mapeamento do conflito para o fim de se propiciar o surgimento de opções de encaminhamento. Com efeito, dispõe o § 2º do mencionado art. 21 que "para subsidiar o procedimento de que trata o caput deste artigo, será feito um levantamento de eventuais passivos tributários, ambientais e administrativos associados aos imóveis objeto de impugnação, assim como das posses existentes, com vistas à identificação de casos de prescrição aquisitiva da propriedade".

Outro dispositivo bastante interessante é o § 4º, por meio do qual se permite a realização de arbitragem em casos de conflito quanto à demarcação urbanística não solucionados por meio da mediação, do que se extrai ter o legislador compreendido que, nesta fase da regularização fundiária, não há campo para que se fale em indisponibilidade de direitos (Lei Federal 9.307/1996, art. 1º).

Destaca-se ainda o art. 34 da Lei 13.465/2017, que dispõe que "os Municípios poderão criar câmaras de prevenção e resolução administrativa de conflitos, no âmbito da administração local, inclusive mediante celebração de ajustes com os Tribunais de Justiça estaduais, as quais deterão competência para dirimir conflitos relacionados à Reurb, mediante solução consensual".

No momento da negociação ou mediação acerca de pontos conflituosos de processos de regularização fundiária, particularmente no que diz respeito a possíveis choques entre o que dispõe a legislação ambiental, a legislação urbanística e a legislação de proteção social e habitacional (e aqui nos referimos tanto a normas constitucionais quanto infraconstitucionais, já que todos esses direitos possuem esse amplo espectro), mostra-se, como já aventado em termos gerais, importantíssimo que se conheçam as diversas variáveis, possíveis soluções técnicas, posições e interesses de cada interessado e que se tenha em mente a zona de possível acordo (ZOPA), cujo estabelecimento poderá ter por critério de aferição uma reflexão fundamentada acerca do que se entende por efetivamente indisponível diante da legislação, à luz do caso concreto e dos reflexos e ganhos sociais que os parâmetros de eventual pactuação sobre a regularização possam significar, com base, sempre, em propostas de soluções técnicas apresentadas.

6. CONCLUSÃO

A crescente complexidade das relações e dos conflitos exige que os entes legitimados para a defesa dos interesses sociais e metaindividuais estejam estrategicamente preparados para o desempenho desse relevante papel.

O aprofundamento e a capacitação para o manejo de técnicas como as da negociação, da mediação e das práticas restaurativas, entre outras, surgem como caminhos promissores para tanto, na medida em que se apresentam como meios para se evitar a judicialização de temáticas que, num ambiente autocompositivo, poderão ser abordadas de maneira a se produzirem opções de encaminhamento antes não imaginadas, com ganhos importantes e reais para o interesse público e para a sociedade em geral.

Este texto procurou trazer alguns conceitos e ideias gerais a respeito dos contornos dos métodos autocompositivos e quanto a algumas adaptações que poderão propiciar sua melhor aplicação no referido contexto. Não tem, nem de longe, o objetivo de esgotar a matéria ou trazer verdades absolutas. Pelo contrário, consiste numa modesta tentativa de contribuir para o tema e, quem sabe, lançar algumas sementes para o futuro da pacificação social.

7. REFERÊNCIAS

ALMEIDA, Tania. *Caixa de ferramentas em mediação*: aportes práticos e teóricos. São Paulo: Dash, 2014.

BRIQUET, Enia Cecilia. *Manual de Mediação*. Teoria e prática na formação do mediador. Petrópolis: Vozes, 2016.

FISHER, Roger, URY, William e PATTON, Bruce. *Como chegar ao sim: como negociar acordos sem fazer concessões*. Rio de Janeiro: Sextante, 2018.

MALHOTRA, Deepak. *Acordos quase impossíveis*: como superar impasses e resolver conflitos difíceis sem usar dinheiro ou força. Porto Alegre: Bookman, 2017.

PIMENTEL, Roberto Luís de Oliveira. *Negociação e mediação*: conflitos difusos e coletivos. Belo Horizonte: Del Rey, 2022.

PINHO, Humberto Dalla Bernardina de & MAZZOLA, Marcelo. *Manual de Mediação e Arbitragem*. São Paulo: Saraiva Educação, 2019.

STULBERG, Joseph B. & LOVE, Lela P. *The Middle Voice*: Mediating Conflict Successfully. 2. ed. E-book. Durham: Carolina Academic Press, 2013.

TARTUCE, Fernanda. *Mediação nos conflitos civis*. Rio de Janeiro: Forense; São Paulo: Método, 2021.

ZEHR, Howard. *Justiça restaurativa*. São Paulo: Palas Athena, 2015.

ZEHR, Howard. *Trocando as lentes*: justiça restaurativa para o nosso tempo. São Paulo: Palas Athena, 2008.

MEDIAÇÃO COMUNITÁRIA. UMA FERRAMENTA EFETIVA PARA QUESTÕES QUE ENVOLVEM CONFLITOS SOCIOAMBIENTAIS E DE MORADIA COLETIVA (VIZINHANÇA)

Karla Ramos da Cunha

Em formação contínua pela Hellinger® Schule, desde 2016, pós-graduada nas primeiras turmas de Direito Sistêmico (2018) e Constelação Familiar Original Hellinger® pela Faculdade Innovare (2021). Mestranda em Resolução de Conflitos e Mediação pela UneAtlantico (Espanha). Contadora, Advogada, Mediadora, Facilitadora de *Familienstellen* (Constelação Familiar), Palestrante e Professora da Hellinger® Schule (Alemanha). Mediadora judicial nos Cejuscs de Mogi das Cruzes e Santana desde 2017 e Fórum do Ipiranga em 2019 e Mediadora voluntária na Câmara de Prevenção e Resolução de Conflitos Internos do MPSP (2022). Palestrante e Facilitadora voluntária dos Projetos Olhar Consciente no Fórum de Mogi das Cruzes e MPSP MPSistêmico no Estado de São Paulo desde 2017. Coautora do livro Constelações Sistêmicas, lançado em 2021 com o artigo "E o meu lugar, qual é?", do Livro Exterminador de Desculpas, lançado em 2022 com o artigo "Nossos Porquês e Para quês" e do livro Eu, protagonista da minha história, com o artigo "Vamos falar sobre o Amor", lançado em 2023, todos editados pela Literare Books. Organizadora do livro Estudos de Direito Sistêmico – abordagens e percepções v. 1 e uma das coautoras do artigo "O Direito Sistêmico como ferramenta da cultura de paz para a resolução de conflitos", lançado em 2022, pela Editora Tagore.

Sumário: 1. Introdução – 2. Reflexões sobre uma situação de conflito – 3. Entendendo a mediação comunitária – 4. Atuação do mediador comunitário – 5. Postura do mediador – 6. Ferramentas a serem utilizadas numa mediação comunitária – 7. Compreendendo o conflito – 8. Conclusão – 9. Referências.

1. INTRODUÇÃO

A amplitude da coletividade se constrói, necessariamente, pelo pensamento e interesse individual, uma vez que, o ponto de partida sempre será a visão do indivíduo que se externa e é complementada pelos pensamentos e interesses de cada cidadão envolvido na percepção coletiva de um ou mais grupos que se encontram para a construção de uma questão em comum.

O grande desafio será sempre encontrar caminhos que reúnam as expectativas individuais de forma a se transformar em um processo coletivo onde todos os aspectos sejam devidamente vistos e ponderados para que a grande maioria das questões abordadas sejam acolhidas pela maior parte desses grupos, adequadas à realidade de cada um, formando assim um grupo único, fortalecido e cons-

KARLA RAMOS DA CUNHA

ciente das obrigações e direitos em relação às questões divergentes que possam se apresentar.

Muitos são os métodos autocompositivos que podem auxiliar este processo da busca da convergência de ideias; aqui falaremos especificamente da mediação como uma ferramenta efetiva que pode levar a uma solução mais amena e extremamente satisfatória.

Para adentrarmos à complexidade do tema, é necessário analisarmos a mediação comunitária como um recurso a ser aplicado para que haja o entendimento amplo do que intitulamos conflito.

Atualmente a imposição de ideias ou as negociações unilaterais não surtem um efeito adequado, uma vez que, considerando as diversas compreensões individuais, acabam por amplificar a gama de possibilidades e a tendência é que cada indivíduo leve consigo seu melhor argumento para que a solução seja prevalecida pelo seu ponto de vista.

Para termos uma melhor visão sobre isto é importante percebermos um aspecto do conflito segundo Morton Deustch.[1]

A construção de um diálogo menos dissonante, faz com que cada uma das partes envolvidas se aproprie do exercício de sua cidadania e tenha o movimento de olhar para a coletividade de forma a concretizar a possibilidade de um olhar para a mesma direção do grupo, aproximando assim essa forma construtiva de se olhar para o conflito.

2. REFLEXÕES SOBRE UMA SITUAÇÃO DE CONFLITO

Quando um novo proprietário de uma área rural se apropria do seu imóvel, o qual tem uma servidão de passagem aos demais moradores da região e obstrui esta servidão, impossibilitando ou dificultando o acesso dos demais proprietários às suas áreas, muitos fatores se apresentam e o conflito é iminente.

Muitos aspectos podem ser trazidos à tona. Desde a legalidade do ato em si, aos direitos individuais dos proprietários que já estavam naquela região há mais tempo.

Inclua-se ao fato que este novo proprietário tenta negociar as demais áreas com a ideia de formar um complexo turístico; agravam-se, assim, as divergências sobre o direito individual de cada um.

---

1. "Os conflitos não são construtivos ou destrutivos em si mesmos. Construtiva ou destrutiva é a maneira como são tratados" (Deutsch, M. *The Resolution of Conflict: Constructive and destructives Processes*, New Haven, CT: Yale University Press, 1973).

E o conflito começa a tomar forma e a dimensão deste pode trazer consequências inimagináveis.

Individualmente, é possível que cada um desses proprietários antigos, se sintam tolhidos de seus direitos, uma vez que, já se entendia o acesso às suas propriedades como algo perene, assim como o novo proprietário também pode se sentir no direito de usufruir de sua propriedade como melhor lhe atender.

Os aspectos individuais aqui podem passar pela habitualidade do acesso às suas propriedades, pela necessidade de um acesso facilitado, seja por dificuldade de locomoção ou pela rotina de tarefas executadas ao longo do tempo, pela adequação ambiental já estabelecida ao bioma da região.

Como se pode notar, são todos aspectos complexos e as justificativas podem ser as mais diversas possíveis.

Em geral, o que se observa aqui são razões pessoais e porque não dizer íntimas à dinâmica de cada um, dentro do seu próprio entendimento. São sentimentos que fazem parte de cada ser humano que está diante da questão em si.

Nesta situação, os aspectos legais ficam em um segundo plano, pois, a legitimidade da antecedência, das necessidades individuais, da rotina estabelecida, prevalece, e também é válida.

Um outro ponto a ser observado é que podemos estar falando de um grupo de pessoas que não tenha conhecimento sobre como o exercício de sua cidadania pode ser resguardado e, sequer, sabem quais são seus direitos reais. Como consequência, uma solução fica cada vez mais distante.

Considerando os aspectos que se apresentam, lançar mão de métodos autocompositivos pode trazer resultados surpreendentes, mais céleres e efetivos, vez que a autonomia, autorresponsabilidade e comprometimento de cada uma das partes envolvidas, poderá trazer uma pacificação coletiva e que atenda a todos, ou pelo menos à maioria, de forma satisfatória, podendo evitar consequências devastadoras no que tange o âmbito pessoal, ambiental e coletivo.

Dentre os métodos autocompositivos que podem ser aplicados, neste caso, a mediação comunitária prevalece, vez que, para que uma solução seja implementada, temos diversos grupos a serem convocados a participar de um aspecto formal e definitivo, como por exemplo: os proprietários antigos, o novo proprietário, a Secretaria de Meio Ambiente, a Prefeitura da região, demais órgãos públicos e privados que possam ter envolvimento com as questões apresentadas, e, para legitimar a preservação do cumprimento da lei e do direito real de cada cidadão, o Ministério Público.

3. ENTENDENDO A MEDIAÇÃO COMUNITÁRIA

Historicamente, percebe-se que o procedimento da Mediação, em países não ocidentais, estava atrelado à comunidade e não a identidade individual das pessoas, onde essas organizações sociais priorizavam o diálogo para atender a coletividade.

Na visão ocidental, a Mediação, quando trazida a conhecimento como um procedimento, entende-se que sua essência é da visão comunitária, como tão bem colocado por Juan Carlos Vezzulla.[2]

No Brasil, podemos verificar que o instituto da Mediação/Conciliação já estava previsto desde as Ordens Afonsinas,[3] nos idos de 1500, sendo que a primeira regulação formal se encontra na Primeira Constituição do Império, arts. 160,[4] 161[5] e 162,[6] neste último versando sobre a figura do Juiz de Paz, eleito pelo povo e com a missão de conciliar as partes.

Com o fim do Império e o início da República, em 15 de novembro de 1889, a conciliação foi retirada do ordenamento jurídico e, volta-se a falar sobre o incentivo à conciliação no ano de 1943 na Consolidação das Leis do Trabalho – CLT, através do Decreto Lei 5.452, artigos 764[7] e parágrafos, art. 831[8] e art. 850.[9]

---

2. "A transcendência dos atos de cada um de nós tem uma repercussão absoluta na comunidade" (VEZZULA, J.C. *A arte da Mediação*: em depoimento a André Carias de Araujo. Florianópolis, SC: emais Editora, 2022).

3. Ordenação do L.III, Tít. XX, § 1º. "No começo da demanda dirá o juiz a ambas as partes, que antes que façam despesas, e se sigam entre elas os ódios e dimensões, se devem concordar, e não gastarem suas fazendas por seguirem suas vontades, porque o vencimento da causa sempre é duvidoso."

4. Art. 160. Nas cíveis, e nas penaes civilmente intentadas, poderão as Partes nomear Juizes Arbitros. Suas Sentenças serão executadas sem recurso, se assim o convencionarem as mesmas Partes.

5. Art. 161. Sem se fazer constar, que se tem intentado o meio da reconciliação, não se começará Processo algum.

6. Art. 162. Para este fim haverá juízes de Paz, os quaes serão electivos pelo mesmo tempo e maneira, por que se elegem os Vereadores das Camaras. Suas atribuições, e Districtos serão regulados por Lei.

7. Art. 764. Os dissídios individuais ou coletivos submetidos à apreciação da Justiça do Trabalho serão sempre sujeitos à conciliação.
§ 1º Para efeitos deste artigo, os juízes e Tribunais do Trabalho empregarão sempre os seus bons ofícios e persuasão no sentido de uma solução conciliatória dos conflitos.
§ 2º Não havendo acordo, o juízo conciliatório converter-se-á obrigatoriamente em arbitral, proferindo decisão na forma prescrita neste Título.
§ 3º É lícito às partes celebrar acordo que ponha termo ao processo, ainda mesmo depois de encerrado o juízo conciliatório.

8. Art. 831. A decisão será proferida depois de rejeitada pelas partes a proposta de conciliação.
Parágrafo único. No caso de conciliação, o termo que for lavrado valerá como decisão irrecorrível, salvo para a Previdência Social quanto às contribuições que lhe forem devidas. (Redação dada pela Lei 10.035 de 2000).

9. Art. 850. Terminada a instrução, poderão as partes aduzir razões finais, em prazo não excedente de 10 (dez) minutos para cada uma. Em seguida, o juiz ou presidente renovará a proposta de conciliação, e não se realizando esta, será proferida a decisão.

MEDIAÇÃO COMUNITÁRIA **219**

Na Constituição Federal de 1988, seu artigo 98, I, retoma a conciliação como importante instrumento de pacificação social.[10]

Como se percebe, a pacificação social está enraizada na nossa história sendo regulamentada no âmbito judicial pela Resolução 125/2010 do CNJ e no âmbito privado pela Lei 13.140/2015 (Lei de Mediação).[11]

A Lei de Mediação traz em sua concepção a denominação de atividade técnica,[12] e, consequentemente a responsabilidade e a fé pública da atuação do mediador de forma que documento produzido pelo resultado de uma mediação se torna um título extrajudicial oficial a ser cumprido pelas partes, exaltando o conceito de cultura de paz e distinguindo-a da heterocomposição, quando um terceiro alheio à questão determina o que deve ser feito, pautado na lei e na produção de provas, ou seja, o papel do Juiz, da autocomposição, quando as partes envolvidas constroem a melhor forma de resolver a questão colocada por elas.

No exemplo citado, a mediação vem como um instrumento de auxílio importante para que esta pacificação social se consolide entre os vizinhos, trazendo a possibilidade de uma solução rápida e abrangente, uma vez que, finalizado o procedimento e, as partes entendendo como possível um acordo que atenda a todos de forma satisfatória, o documento produzido para selar este acordo se torna a "lei" entre as partes.

Para o caso acima relatado, damos o nome de Mediação Comunitária, pois abrangem-se diversos grupos com expectativas, necessidades e questões específicas para cada um deles, trazendo para o trabalho do mediador alguns aspectos que devem ser observados.

4. ATUAÇÃO DO MEDIADOR COMUNITÁRIO

A responsabilidade do mediador que atua numa mediação comunitária é regida pelos mesmos princípios determinados pela Lei de Mediação, em seu artigo 2º, tendo aqui o aprimoramento para atuar na facilitação de diálogo de

---

10. Art. 98. A União, no Distrito Federal e nos Territórios, e os Estados criarão:

    I – juizados especiais, providos por juízes togados, ou togados e leigos, competentes para a conciliação, o julgamento e a execução de causas cíveis de menor complexidade e infrações penais de menor potencial ofensivo, mediante procedimentos oral e sumaríssimo, permitidos, nas hipóteses previstas em lei, a transação e o julgamento de recursos por turmas de juízes de primeiro grau.

11. Disponível em: https://www.planalto.gov.br/ccivil_03/_ato2015-2018/2015/lei/l13140.htm.

12. Art. 1º Esta Lei dispõe sobre a mediação como meio de solução de controvérsias entre particulares e sobre a autocomposição de conflitos no âmbito da administração pública.

    Parágrafo único. Considera-se mediação a atividade técnica exercida por terceiro imparcial sem poder decisório, que escolhido ou aceito pelas partes, as auxilia e estimula a identificar ou desenvolver soluções consensuais para a controvérsia.

grupos distintos e a versatilidade para ampliar seu entendimento visando todas as questões que serão tratadas, quer seja no âmbito global da questão, quer seja nas particularidades colocadas por cada um dos grupos ou indivíduos que estão envolvidos no conflito existente.

Art. 2º A mediação será orientada pelos seguintes princípios:

I – imparcialidade do mediador;

II – isonomia entre as partes;

III – oralidade;

IV – informalidade;

V – autonomia da vontade das partes;

VI – busca do consenso;

VII – confidencialidade;

VIII – boa-fé

É de extrema importância que o mediador esteja ciente de todos os princípios que regem a sua atuação, assim como, se apropriar dos Códigos de Ética que norteiam a prática da Mediação.

Dentre os muitos princípios e responsabilidades que regem a atuação do Mediador,[13] destacamos a Confidencialidade e a Imparcialidade, que devem ser enfatizados e devidamente explicados a todas as partes envolvidas de forma a estabelecer uma relação de confiança entre Mediador e partes, para que estas se sintam seguras para exercer sua cidadania de forma ampla e assertiva.

Enquanto o princípio da Imparcialidade é específico quando versa sobre o não privilégio ou favorecimento das partes, o princípio da confidencialidade traz a tranquilidade às partes de que o Mediador pode ser responsabilizado por, de alguma forma, levar as informações tratadas durante as sessões de mediação para outras esferas. A exceção aqui, se dá para os casos que alguma lei seja descumprida pelas partes. A legalidade do processo é de extrema importância para a lisura da sua conclusão.

A neutralidade também deve ser observada; o mediador pode utilizar técnicas de comunicação, não sendo sua função sugerir soluções.

A independência e autonomia do Mediador também devem ser evidenciadas, uma vez que fazem parte da formação da credibilidade e confiança necessária ao mediador perante as partes.

---

13. Resolução 125 e Emendas 1 e 2; Novo CPC – art. 166; e, Lei de Mediação – arts. 2º e 8º.

O mediador também tem a liberdade no desenvolvimento da mediação, cabendo a ele a decisão de quais técnicas deverão ser aplicadas para a melhor condução das sessões de mediação.

O Princípio da busca de consenso traz ao mediador a responsabilidade de favorecer a colaboração e diálogo entre os mediandos, prevalecendo aqui o co-protagonismo na desconstrução do conflito, na coconstrução de novas relações e na cocriação de possibilidades de soluções.

Nos casos de mediação comunitária, estes princípios serão importantes ao mediador para que a comunicação flua. A transparência na atuação do mediador traz a possibilidade de que todos os envolvidos na questão se sintam pertencentes ao processo no intuito de promover e democratizar o acesso a uma solução em que a cidadania seja legitimada e exercida em sua melhor forma.

Quando o mediador atua observando estes princípios, assegura que o documento seja validado por todas as partes envolvidas e se preserva de que recaia sobre ele responsabilidade sobre as decisões construídas em conjunto pelas partes, podendo assim, entregar e concluir seu trabalho de forma isenta e ética.

5. POSTURA DO MEDIADOR

A figura do Mediador deve cumprir os requisitos previstos na Lei de Mediação e demais dispositivos legais que a legitimam, assim como, deve-se manter o estudo contínuo para que possa lançar mão dos recursos adequados para uma atuação isenta, autônoma e voltada à construção de diálogo buscando sempre a pacificação social.

Estando ciente desta missão, cabe a cada mediador, devidamente qualificado, trazer recursos pessoais que agreguem à sua atuação.

Para isso é muito importante que este facilitador entenda, inicialmente, a sua própria visão sobre conflitos.

Como este ser humano, que também tem sua história e seus conflitos internos e pessoais, se relaciona com questões que exigem o seu auxílio?

Esta é uma reflexão importante, pois, numa mediação comunitária, muitas questões são trazidas à pauta, e saber distingui-las auxilia na objetividade que é exigida deste terceiro que tem, em suas mãos, a missão de ressignificar histórias com as quais não deve ter um envolvimento direto.

Além de ser um conhecedor de todas as técnicas de comunicação e das teorias de conflitos, é importante que se mantenha num distanciamento seguro das questões apresentadas, sem correr o risco de ser capturado por argumentos e levado a um lugar de acesso às suas histórias e sentimentos.

Bert Hellinger nos traz uma visão muito interessante sobre a ajuda.[14]

A abrangência, a visão do todo é de extrema importância para que o Mediador possa desempenhar seu papel, do seu lugar, pois, dentro desse sistema que se forma com tantos grupos distintos, ele está como um apoiador e não como um interlocutor.

Sua atuação, quando requisitada, é muito melhor aceita quando regida pelo seu desprendimento e plena consciência de que está a serviço de algo muito maior. O bem comum está atrelado às necessidades dos grupos que fazem parte da questão e a sua fala deve ser sempre cuidadosamente colocada para que todos se sintam incluídos.

Incluir a todos não quer dizer que seja preciso atender a expectativa de cada um, pois, uma vez que sintam vistos e ouvidos, poderão olhar para todas as perspectivas e se aproximar de uma visão mais próxima de cada uma das partes que compõem as questões a serem compreendidas, facilitando assim a busca de uma solução comum.

6. FERRAMENTAS A SEREM UTILIZADAS NUMA MEDIAÇÃO COMUNITÁRIA

Todos os recursos, técnicas e ferramentas que propiciem uma melhor fluidez no diálogo entre as partes são bem-vindas e enriquecem a construção de soluções a serem colocadas em prática de forma consciente e comprometida pelos interlocutores.

Propiciar este protagonismo legitima as partes ao exercício da cidadania, traz aos envolvidos a atuação ativa e gera um movimento para o bem comum.

A visão ampla, o olhar cuidadoso para todas as questões colocadas em pauta, faz com que o protagonismo das partes traga a literalidade do pertencimento.

Partir de uma questão complexa, exige do mediador a segurança para atuar de forma isenta e que possibilite o engajamento e comprometimento de todos para uma melhor solução dos envolvidos.

É de extrema importância que a pré-mediação aconteça de forma a se estabelecerem as regras e a objetividade que se fazem necessárias, sendo que, este primeiro momento, deve ocorrer separadamente para cada um dos grupos ou

---

14. "Ajudar é uma arte. Como qualquer outra arte, faz parte dela uma faculdade que pode ser aprendida e praticada. Também faz parte dela uma sensibilidade para compreender a pessoa que procura ajuda, isto é, a compreensão daquilo que lhe é adequado e, simultaneamente, daquilo que o expande para além de si mesmo, para algo mais abrangente." (HELLINGER, Bert. *O amor do espírito na Hellinger® Sciencia*. 3. ed. Belo Horizonte, MG: Atman, 2015).

indivíduos que tenham envolvimento com a questão principal e motivadora da mediação comunitária.

A pré-mediação também pode ser precedida de, por exemplo, oficinas de Círculos de Paz, Conferências coletivas, palestras sobre o exercício da cidadania, reuniões para a compreensão dos direitos individuais e coletivos, entre outros recursos que possibilitem que cada uma das partes possa se antecipar na reflexão sobre a origem do conflito.

A compreensão do conflito e seu contexto, a visão de cada um dos interlocutores, as necessidades, os interesses, as percepções e consequências, as obrigações e os direitos que o tema traz, devem ser debatidos de forma construtiva, com o acolhimento e identificação de questões periféricas, que também devem ser trazidas à pauta para que todos os pontos sejam abordados.

Esta elaboração cuidadosa pelo do mediador, faz com que emerjam soluções mais consistentes e amplas pelos interlocutores, visando um melhor comprometimento e, principalmente a conscientização do lugar de cada um.

Assim, o mediador atua propiciando às partes a ressignificação do conflito, incentivando e evidenciando a construção de um modelo próprio de possibilidades de solução.

7. COMPREENDENDO O CONFLITO[15]

Quando o Mediador está ciente do seu papel, possibilita que todos os envolvidos que pertencem e participam da sessão de mediação comunitária iniciem um processo consciente de olhar para algo além das suas próprias reivindicações.

Esse olhar ampliado faz com que se perceba a real necessidade de cada um, inclusive da sua própria e, naturalmente, de forma absolutamente orgânica, os grupos conseguem uma aproximação com uma melhor visão do todo e, mesmo com pontos divergentes, conseguem o respeito a cada um e suas questões, trazendo, em muitas situações, soluções conscientes e responsáveis sem que se sintam desrespeitados em suas percepções e questões individuais.

Propiciar aos grupos a possibilidade de compreender a reivindicação do outro, ou, dos outros, coloca cada um em seu lugar dentro da complexidade deste grupo maior e, aos poucos o conflito perde a sua força, dando lugar ao bem maior que abrange a todos.

---

15. "Os conflitos são parte integrante da evolução dos indivíduos e dos grupos. Entretanto, por meio das compreensões essenciais, eles podem ser resolvidos de outra maneira, com mais cuidado e com o reconhecimento das diferentes necessidades e dos limites impostos às soluções adotadas em comum. Pois, em última instância, toda paz exige alguma renúncia." (HELLINGER, Bert. *Conflito e Paz* – Uma resposta. São Paulo, SP: Cultrix, 2007).

Toda reivindicação, seja pessoal ou de grupo, gera conflito pela necessidade de que ela prevaleça, independente do que é certo. Em geral, esta necessidade de lealdade ao que se julga o certo é que faz com que os conflitos se tornem, num primeiro momento, sem uma solução plausível e os leva a proporções incomensuráveis.

Quando se colocam todas as questões em pauta e se possibilita que sejam olhadas com respeito, aos poucos, a compreensão do outro se fortalece e as reivindicações vão traçando novos caminhos, abrindo assim a possibilidade de uma ressignificação para que a solução emerja com a força e a convicção da consciência e responsabilidade coletiva.

À medida em que cada um se apropria da sua consciência e real necessidade, abre-se espaço para que a argumentação do outro contribua e tenha o seu lugar.

A partir daí, uma nova solução pode surgir, legitimando todas as necessidades e, com a consciência comum do que pode ser melhor a todos, ou, pelo menos, à maior parte desta coletividade.

8. CONCLUSÃO

Dentre as muitas possibilidades de recursos a serem aplicados para a resolução de um conflito, a mediação comunitária se apresenta como um método eficaz, vez que a construção de uma solução que passa pelas mãos de todos os grupos envolvidos, traz um senso de coletividade e dá a importância devida a cada questão trazida.

Essa conscientização do que é possível ser feito leva as exigências ou necessidades para um lugar de compreensão, desde que este diálogo seja bem construído, com um terceiro alheio à questão facilitando esta comunicação.

O papel do mediador comunitário é fundamental para que todas as partes envolvidas se olhem e se percebam no seu lugar, com as suas responsabilidades e direitos.

A mediação comunitária propicia que o exercício da cidadania seja levado a seu máximo, trazendo a compreensão de que é possível construir soluções para uma autogestão responsável e comprometida com o todo.

Sem que haja a necessidade de um interlocutor que imponha uma solução, é possível que a legitimação de direitos, a conscientização das responsabilidades prevaleça, sempre trazendo boas soluções no âmbito privado, desde que todas as partes se comprometam a realizar suas expectativas da melhor forma, visando sempre o bem comum, podendo beneficiar, assim, a coletividade.

9. REFERÊNCIAS

DEUTSCH, M. *The Resolution of Conflict*: Constructive and Destructive Processes. New Haven, CT: Yale University Press, 1973.

VEZZULA, J.C. *A arte da Mediação: em depoimento a André Carias de Araujo.* Florianópolis, SC: emais Editora, 2022.

ALMEIDA, Tania *Caixa de Ferramentas em Mediação* – Aportes práticos e teóricos. 7. ed. São Paulo, SP: Dasch Editora, 2020.

HELLINGER, Bert. *O amor do espírito na Hellinger® Sciencia*. 3. ed. Belo Horizonte, MG: Atman, 2015.

Hellinger, Bert. *Conflito e Paz* – Uma resposta. São Paulo, SP: Cultrix, 2007.

O MINISTÉRIO PÚBLICO E AS CONFERÊNCIAS COMUNITÁRIAS COMO INSTRUMENTO DE DIÁLOGO E CONSTRUÇÃO COLETIVA DE SOLUÇÕES EM DISPUTAS SOCIOAMBIENTAIS E PELA POSSE DA TERRA

Patricia de Carvalho Leitão

Especialista em Interesses Difusos e Coletivos. Capacitada em mediação e conciliação judicial e extrajudicial. Facilitadora de círculos de construção de paz conflitivos e não conflitivos. Assessora da Procuradoria-Geral de Justiça do MPSP de 2005 a 2008. Chefe de Gabinete da Diretoria-Geral do MPSP desde maio de 2020. Promotora de Justiça do MPSP desde 1995.

"A autossuficiência é incompatível com o diálogo. Os homens que não têm humildade ou a perdem não podem aproximar-se do povo. Não podem ser seus companheiros de 'pronúncia' do mundo. Se alguém não é capaz de sentir-se e saber-se tão homem quanto os outros, é que lhe falta ainda muito que caminhar, para chegar ao lugar de encontro com eles. Neste lugar de encontro, não há ignorantes absolutos, nem sábios absolutos: há homens que, em comunhão, buscam saber mais."[1]

Sumário: 1. Introdução – 2. A atuação extrajurisdicional do Ministério Público nos conflitos socioambientais e pela posse da terra – 3. As conferências comunitárias e sua utilidade na identificação e no alcance do protagonismo de pessoas envolvidas nos conflitos socioambientais e pela posse da terra – estratégias para a organização, planejamento e facilitação do processo de diálogo – 4. Habilidades dos organizadores, planejadores e facilitadores de conferências comunitárias – 5. Conclusão – 6. Referências.

1. INTRODUÇÃO

Os conflitos são inerentes à convivência em sociedade. Quanto mais ela se aprimora, exigindo, por meio de suas leis, a garantia de direitos, maior é o desafio das autoridades e do sistema de justiça, dada a evidente resistência de uns quanto ao exercício dos direitos de outros e vice-versa.[2]

---

1. FREIRE, Paulo. *Pedagogia do oprimido*. 83. ed. Rio de Janeiro: Editora Paz e Terra, 2022, p. 112.
2. "Um *conflito* ocorre quando as pessoas percebem que alguns querem satisfazer suas necessidades de um modo que obstrui ou ameaça as necessidades dos outros." (SCHIRCH, Lisa. *Construção estratégica da paz*. São Paulo: Palas Athena, 2019, p. 26).

O Ministério Público como defensor dos interesses sociais[3] tem relevante papel na distribuição da justiça social, na medida em que conta com o inquérito civil[4-5] e a ação civil pública,[6-7] como importantes ferramentas de trabalho.

No âmbito do inquérito civil, poderá "expedir notificações para colher esclarecimentos",[8] "requisitar informações de autoridade federais, estaduais e municipais, bem como dos órgãos e entidades da administração direta, indireta ou fundacional, de qualquer dos Poderes da União, dos Estados, do Distrito Federal e dos Municípios",[9] "requisitar informações e documentos de entidades privadas",[10] "requisitar a instauração de sindicâncias ou processo administrativo",[11] "sugerir ao Poder competente a edição de normas e a alteração de legislação em vigor".[12]

Além disso, independentemente de sua instauração, caberá a identificação de titulares de direitos eventualmente ameaçados e daqueles que os afrontam, podendo, para tanto, "requisitar, de qualquer organismo público ou particular, certidões, informações, exames ou perícias".[13]

Importante que o Ministério Público, porém, não se descuide de terceiros alheios à relação jurídica direta e que, não raras vezes, se apresentam como um aparente empecilho para o tratamento adequado do conflito,[14] controvérsia[15]

---

3. Art. 127, *caput*, e art. 129, II, Constituição Federal.

4. Art. 129, Constituição Federal, art. 8º, par. 1º, e art. 9º, par. 1º, Lei 7.347, de 24 de julho de 1985, art. 25, IV, Lei 8.625, de 12 de fevereiro de 1993.

5. O inquérito civil é um procedimento exclusivo, inquisitivo, facultativo e unilateral, sob a presidência do Ministério Público, com a finalidade de colheita de dados para formação de sua convicção e imposição de medidas em seu âmbito próprio de competências ou para credenciar o exercício responsável do direito de ação. (MARTINS JÚNIOR, Wallace Paiva. *Ministério Público* – A Constituição e as Leis Orgânicas. São Paulo: Atlas, 2015, p. 127).

6. Art. 129, Constituição Federal, art. 5º, Lei 7.347, de 24 de julho de 1985, art. 25, IV, Lei 8.625, de 12 de fevereiro de 1993.

7. Embora muito se discuta sobre seu conceito, "Ação civil pública, ou ação coletiva, como prefere o Código do Consumidor, passou a significar, portanto, não só aquela proposta pelo Ministério Público, como a proposta pelos demais legitimados ativos do art. 5º da Lei 7.347/85 e do art. 82 do Código do consumidor, e ainda aquela proposta pelos sindicatos, associações de classe e outras entidades legitimadas na esfera constitucional ou infraconstitucional, desde que tenha como objetivo a tutela de interesses difusos, coletivos ou individuais homogêneos (isto, é, confere-se agora o enfoque subjetivo-objetivo, baseado na titularidade ativa e no objeto específico da prestação jurisdicional na esfera cível). (MAZZILI, Hugo Nigro. *A defesa dos interesses difusos em juízo*. São Paulo: Saraiva, 1996, p. 25).

8. Art. 26, I, 'a', Lei 8.625, de 12 de fevereiro de 1993.

9. Art. 26, I, 'b', Lei 8.625, de 12 de fevereiro de 1993.

10. Art. 26, II, Lei 8.625, de 12 de fevereiro de 1993.

11. Art. 26, III, Lei 8.625, de 12 de fevereiro de 1993.

12. Art. 26, VII, Lei 8.625, de 12 de fevereiro de 1993.

13. Art. 8º, par. 1º, Lei 7.347, de 24 de julho de 1985.

14. Toda situação fática e/ou jurídica que envolva oposição ou apenas aparente oposição de objetivos, interesses e/ou de direitos subjetivos, individuais ou coletivos que demande a atuação do Ministério Público (art. 16, I, Resolução PGJMG 42, de 17 de setembro de 2021. Disponível em: https://www. mpmg.mp.br/data/files/9E/45/F2/55/F0BDF7108B866DF7760849A8/RESOLUCAO%20PGJ%20 42-2021%20_atualizada%20e%20consolidada_.pdf. Acesso em: 21 abr. 2023).

15. Toda situação jurídica em que haja diversidade de afirmações e a necessidade da intervenção do Ministério Público para fins pacificadores (art. 16, II, Resolução PGJMG 42, de 17 de setembro de 2021. Disponível em:

ou problema,[16] por reivindicarem algo de seu interesse, que confronta com os interesses dos envolvidos na relação jurídica e que, também por isso, pode conferir conotação complexa ao deslinde da causa.

Em um passado recente ou em um quase presente, esses indivíduos estiveram ou ainda estão tão à margem dos fatos sociais que circundam a causa, que nem sequer são considerados na disputa, embora não deixem de se apresentar como uma gritante realidade.

Nas competições por espaço, em uma sociedade cada vez mais complexa e não menos desigual como a brasileira, torna-se imprescindível que todos as desavenças e seus protagonistas sejam identificados, para que se tenha uma visão panorâmica, holística[17] e sistêmica[18] da situação fática ou jurídica que se apresenta e de tudo o que se faz necessário considerar para que todos os sujeitos de direitos sejam contemplados com eventuais decisões ou medidas judiciais ou extrajudiciais que visem tratá-la.

Tome-se como exemplo um espaço público de uma cidade brasileira qualquer, por onde transitam inúmeras pessoas, dentre as quais há aquelas sem moradia digna, que fazem do dito espaço, por total falta de opção, o local de fixação de suas residências, além de comerciantes estabelecidos nas imediações, ciclistas e transeuntes que usufruem do espaço para locomoção, lazer, entretenimento e práticas desportivas e onde há espécies vegetais nativas, protegidas pela legislação ambiental. Suponha-se que pelo local passe um curso d'água em que parte do lixo produzido é depositado, sem o correto descarte ou tratamento e que ele esteja localizado de forma estratégica, em ponto importante da cidade, havendo, por

---

https://www.mpmg.mp.br/data/files/9E/45/F2/55/F0BDF7108B866DF7760849A8/RESOLUCAO%20PGJ%2042-2021%20_atualizada%20e%20consolidada_.pdf. Acesso em: 21 abr. 2023).

16. Toda situação fática e/ou jurídica que, mesmo não existindo conflito ou controvérsia, esteja gerando ameaça ou causando lesão a direitos ou bens relacionados com as atribuições constitucionais e legais do Ministério Público (art. 16, III, Resolução PGJMG 42, de 17 de setembro de 2021. Disponível em: https://www.mpmg.mp.br/data/files/9E/45/F2/55/F0BDF7108B866DF7760849A8/RESOLUCAO%20PGJ%2042-2021%20_atualizada%20e%20consolidada_.pdf. Acesso em: 21 abr. 2023).

17. "A nova compreensão científica da vida em todos os níveis dos sistemas vivos – organismos, sistemas e ecossistemas – é baseada em uma percepção da realidade que tem profundas implicações, não apenas para a ciência e a filosofia, mas também para a política, os negócios, a assistência à saúde, a educação e muitas outras áreas da vida cotidiana" (CAPRA, Fritjof e LUISI, Pier Luigi. *A visão sistêmica da vida* – Uma concepção unificada e suas implicações filosóficas, políticas, sociais e econômicas. São Paulo: Cultrix, 2014, 3. reimp., 2019, p. 36) (...) "O novo paradigma pode ser chamado de visão de mundo holística, que reconhece o mundo como uma totalidade integrada em vez de uma coleção de partes dissociadas" (op. cit., p. 37).

18. "Um sistema é um conjunto interconectado de elementos organizados coerentemente de modo a obter alguma coisa" (MEADOWS, Donela H. *Pensando em sistemas*: Como o pensamento sistêmico pode ajudar a resolver problemas globais. Rio de Janeiro: Sextante, 2022, p. 25).
"Uma escola é um sistema, assim como uma cidade, uma fábrica, uma corporação e a economia de uma nação". (op. cit. p. 25-26). "Um sistema é mais que a soma de suas partes. E pode exibir um comportamento adaptativo, dinâmico, proposital, defensivo e, às vezes, evolucionário". (op. cit. p. 26).

isso, relevante interesse do mercado imobiliário. Nada difícil de se imaginar que comunidades se formem, ao longo do tempo, nas imediações com a fixação de casas em encostas, que aos poucos vão sendo prejudicadas pela erosão, tornando o local área de risco e motivo de preocupação das autoridades.

O exemplo citado traz cenário complexo, com vários interesses antagônicos e transversais, não sendo raro que licenças sejam concedidas para a construção de empreendimentos que exigem a retirada forçada das pessoas fixadas nesse espaço, não sendo menos rara a afronta às posturas e legislação vigentes.

A simples propositura de ação possessória, por sua vez, para a retomada do espaço público, sem se considerar o direito à moradia de pessoas sem teto ou a propositura de ação civil pública para que esse direito seja garantido e que os danos ao meio ambiente sejam cessados pode não ser suficiente para superar, de maneira definitiva, os vários impasses, não sendo incomum que ditas ações tramitem por décadas, assim como os respectivos cumprimentos de sentença, sem que a resposta dada pelo sistema de justiça e pelas autoridades públicas contemple, de modo minimamente razoável, todos os interesses envolvidos.

Assim, torna-se desafiadora a tarefa do Ministério Público de lidar com situações de tal magnitude, a ponto de se exigir de seus integrantes uma atuação multidisciplinar e criativa, de maneira a se desincumbir do dever de defender a ordem jurídica e os interesses sociais e individuais indisponíveis.

O pensamento sistêmico é, portanto, uma forma de se chegar à integração entre interesses de grupos em conflito.

Essas diferenças são desafiadoras justamente por causarem divisão e, não raras vezes, crises de identidade e pertencimento.

Todavia, elas acontecem dentro do contexto da interconexão que há entre todas as pessoas que, numa comunidade, haverão de dividir recursos e espaços públicos, além de partilhar, civilizadamente, equipamentos de lazer, saúde, educação etc., e de se relacionar com o meio ambiente natural e urbano, para o seu próprio benefício e de futuras gerações.

Corpos, mentes, espíritos e emoções compõem cada ser humano, que haverá de se relacionar com essa gama de sujeitos, situações e fatos sociais, ainda que não deseje, devendo suportar, em última análise, mesmo que em graus distintos, em maior ou menor escala, apesar das diferenças, as consequências de cada um de seus atos.

Dessa maneira, a desconsideração da história de cada qual só fará complicar os relacionamentos, provocando afastamentos e rupturas nada saudáveis ao encaminhamento e tratamento de conflitos, controvérsias e problemas.

Os meios consensuais de tratamento das mais variadas situações surgem como ferramentas que podem ser capazes de auxiliar na identificação e reunião dos interessados, assim como no reconhecimento de eventuais diferenças que influenciem na qualidade do diálogo entre eles, despontando o Ministério Público, dada à sua gama de atribuições, como o natural intermediador dessa troca em benefício da sociedade.

Para tanto, haverá o membro da instituição de se valer de conhecimentos e habilidades próprias, para abordagem, identificação e chamamento de todos os envolvidos, bem como para estimulá-los a, em conjunto, encontrar soluções capazes de contemplar toda a complexidade eventualmente presente.

Eis aí um desafio e tanto, que instiga o estudo das conferências comunitárias, bem como de sua capacidade de auxiliar o Ministério Público no conhecimento dos fatos, em sua integralidade e profundidade, e no tratamento construtivo dos conflitos,[19] controvérsias e problemas, com estímulo à participação independente de todos os envolvidos, dando-lhes maior chance de êxito no encaminhamento, a partir da participação ativa e do protagonismo dos interessados, de providências capazes de resolver, de forma definitiva, a situação posta, de modo a contribuir, de maneira eficaz, para a paz social.

2. A ATUAÇÃO EXTRAJURISDICIONAL[20] DO MINISTÉRIO PÚBLICO NOS CONFLITOS SOCIOAMBIENTAIS E PELA POSSE DA TERRA

A proatividade[21] e a resolutividade[22] vêm sendo buscadas pelo Ministério Público Brasileiro a partir do incentivo à atuação extrajurisdicional, visando a

---

19. "O conflito pode ser tratado de maneira construtiva ou destrutiva. O conflito é construtivo quando as pessoas desenvolvem meios para satisfazer as necessidades de todos os envolvidos. As pessoas podem recorrer à violência se sentirem pouca empatia pelos demais e não conseguirem identificar maneiras não violentas de atender às próprias necessidades. A *violência* ocorre quando as pessoas lidam com o conflito de uma maneira que prejudica ou destrói as relações, frustrando ou negando as necessidades humanas de todos." (SCHIRCH, Lisa, *Construção Estratégica da Paz*. São Paulo: Palas Athena, 2019, p. 26).

20. A atuação fora do âmbito do processo judicial do Ministério Público é incentivada pela *Carta de Brasília* ao estabelecer a aferição da utilização de mecanismos de resolução consensual, com priorização dos mecanismos de resolução extrajudicial, como uma das diretrizes dirigidas à Corregedoria Nacional e às Corregedorias de cada um dos Ministérios Públicos para a avaliação, orientação e fiscalização das atividades extrajurisdicionais (CONSELHO NACIONAL DO MINISTÉRIO PÚBLICO, *Carta de Brasília*, 2016. Disponível em: https://www.cnmp.mp.br/portal/images/Carta_de_Bras%C3%ADlia-2.pdf. Diretrizes dirigidas à Corregedoria Nacional e às Corregedorias de cada um dos Ministério Públicos para avaliação, orientação e fiscalização das atividades extrajurisdicionais, 16-05-2016. Acesso em: 21 abr. 2023).

21. A *postura proativa* pressupõe a valorização e a priorização de intervenções preventivas, "com antecipação de situações de crise", exigindo: a) clareza sobre o desenvolvimento das disputas que se travam na sociedade, em torno dos objetos de intervenção do Ministério Público; b) capacidade de articulação política e identificação de campos conflituosos; c) autoridade para mediar demandas sociais; d) capacidade de diálogo e consenso; e) senso de oportunidade para intervir a partir da consideração de situações de lesão ou ameaça a direitos fundamentais. (CONSELHO NACIONAL DO MINISTÉRIO PÚBLICO, *Carta de Brasília*, 2016. Disponível em: https://www.cnmp.mp.br/portal/images/Carta_de_Bras%C3%ADlia-2. pdf. Acesso em: 21 abr. 2023).

22. A *postura resolutiva* amparada no compromisso com ganhos de efetividade", exige: a) atuação atrelada à proteção e à efetivação dos direitos e garantias fundamentais; b) realização de pesquisas e investigações exaustivas sobre os fatos, em suas múltiplas dimensões e em sede procedimental, como base

efetividade institucional e o atendimento aos anseios da sociedade, que cobra da Instituição pronta resposta às suas demandas.

Nada mais natural que assim seja, haja vista a destinação constitucional do Ministério Público e sua legitimação como Instituição garantidora dos direitos fundamentais.

Com isso a função pedagógica da cidadania se apresenta como um compromisso constitucional social do Ministério Público, como assim considerou a Carta de Brasília, ao estabelecer a modernização do controle da atividade jurisdicional pelas Corregedorias do Ministério Público.

Para tanto, se faz necessário que o Ministério Público dialogue com a sociedade e realize diagnóstico prévio das carências e necessidades sociais.

O sucesso da atuação pautada na proatividade e na resolutividade depende da identificação dos atores que compõem o cenário social onde se dá a divergência e de estratégias eficazes que auxiliem não apenas no reconhecimento dos interessados, mas no estabelecimento de vínculo de qualidade com todos eles, eis que integrantes de um mesmo contexto social.

O desafio está em compreender que, dada a diversidade[23] que marca a convivência social em ambiente multicultural[24] e a consequente complexidade[25]

---

para a intervenção qualificada; c) uso de mecanismos e instrumentos adequados às peculiaridades de cada situação; d) escolha correta dos ambientes de negociação que facilitem a participação social e a construção da melhor decisão para a sociedade; e) construção e consenso emancipador que valorize os direitos e garantias constitucionais fundamentais; f) utilização racional do mecanismo da judicialização; g) garantia da celeridade da atuação da unidade ministerial de responsabilidade do membro. (CONSELHO NACIONAL DO MINISTÉRIO PÚBLICO, *Carta de Brasília*, 2016. Disponível em: https://www.cnmp.mp.br/portal/images/Carta_de_Bras%C3%ADlia-2.pdf. Acesso em: 21 abr. 2023).

23. Raça, gênero, orientação sexual, classe social e ideologia podem ser as causas da divisão de grupos dentro de um sistema e causar entraves ao diálogo e ao encaminhamento de situações diversas, ainda que o assunto posto em debate não seja nenhum deles. Tanto organizadores, quanto planejadores e facilitadores do diálogo hão de ter percepção aguçada para detectar se o que está nas profundezas das águas onde instalado o iceberg merece abordagem exclusiva que se destine a remover eventual barreira essencial ao avanço do diálogo sobre a questão posta em debate.
Aliás, "hoje em dia, gênero se refere a um leque de identidades não necessariamente limitadas a homem e mulher" (DAVIES, Melissa. *Negociação na prática* – Como fechar bons negócios e estabelecer parcerias lucrativas, sustentáveis e duradouras. São Paulo: Autêntica Business, 2021, 237).

24. "Negociações multiculturais, ainda que mais desafiadoras que as monoculturais, também comportam um potencial imenso para a criatividade, o que ajuda a descobrir condições variadas, aumentando, assim, a capacidade para trocas" (DAVIES, Melissa. *Negociação na prática* – Como fechar bons negócios e estabelecer parcerias lucrativas, sustentáveis e duradouras. São Paulo: Autêntica Business, 2021, 89). "As comunicações não verbal e paraverbal (a maneira como você diz o que diz) dependem da cultura (...). Por exemplo, pessoas de certas culturas, tendem a ser mais rudes que outras, outras tendem a ficar de cara fechada o tempo todo... O que não falta são exemplos de diferenças" (op. cit., p. 155). "(...) em culturas ocidentais, pessoas que fazem mais contato visual são geralmente tidas como mais inteligentes, mais conscientes e sinceras, e, portanto, tende-se a acreditar mais nelas. É claro que contato visual em excesso também pode deixar algumas pessoas pouco à vontade, e quem fica olhando nos olhos direto e reto pode ser considerado esquisito" (op. cit., 156).

25. "Embora a complexidade possa criar uma sensação de que há coisas demais a considerar, ela também oferece possibilidades inauditas de construir mudanças desejadas e edificantes. Uma das grandes

das relações, o Ministério Público haverá de se valer de estratégias eficazes de abordagem e diálogo, que sejam condizentes com o contexto e que se embasem na premissa de que os relacionamentos marcam a convivência social.

Da abordagem própria para cada segmento da sociedade e da adequada intervenção dela advinda, dependerá o sucesso da Instituição como intermediadora da pacificação social, que visa o tratamento adequado dos conflitos, controvérsias e problemas a partir do protagonismo dos indivíduos neles envolvidos, direta ou indiretamente.

Esse protagonismo haverá de vir da confiança de que os interessados têm plenas condições de propor opções de mudança e de eleger, em conjunto, as que melhor atendem as necessidades da coletividade.

Dessa maneira, a imposição da solução deve ser cuidadosamente avaliada e usada apenas em casos extremos, onde o risco à vida, à saúde, à integridade física e à dignidade se evidenciem como o fiel da balança. Ainda assim, não se pode afastar a possibilidade de uma solução consensual, após a adoção das medidas judiciais de urgência.

Os conflitos, controvérsias e problemas que envolvem fatos socioambientais[26] e pela posse da terra[27] merecem especial atenção dado o alcance social e a complexidade a eles inerentes.

Todavia, não basta uma postura pacificadora. É importante que o Ministério Público se reúna com todos os grupos envolvidos, inclusive os que também se consideram pacificadores ou construtores da paz.[28]

3. AS CONFERÊNCIAS COMUNITÁRIAS E SUA UTILIDADE NA IDENTIFICAÇÃO E NO ALCANCE DO PROTAGONISMO DE PESSOAS ENVOLVIDAS NOS CONFLITOS SOCIOAMBIENTAIS E PELA POSSE DA TERRA – ESTRATÉGIAS PARA A ORGANIZAÇÃO, PLANEJAMENTO E FACILITAÇÃO DO PROCESSO DE DIÁLOGO

As conferências comunitárias, no contexto deste artigo, são uma prática de abordagem que visa o engajamento comunitário e a mudança de postura de

---

vantagens da complexidade e que, nesse contexto, a mudança não fica atrelada apenas a uma coisa, uma ação, uma opção. De fato, a complexidade pode nos dar a sensação de que a criança tem uma loja de doces: não existe a limitação de ter poucas opções – a limitação vem da nossa incapacidade de vivenciar toda a ampla gama de potenciais oferecidos pelas escolhas disponíveis" (LEDERACH, John Paul. *Transformação de conflitos*. 4. ed. São Paulo: Palas Athena, 2022, p. 69).

26. Aqui entendidos como aqueles que ocorrem entre indivíduos de diferentes grupos de uma sociedade (cidade, estado, país) e que envolvem a sua relação entre si e com o meio ambiente que o cerca.

27. Aqueles que envolvem disputa por espaço que interessa a mais de uma pessoa ou segmento da sociedade.

28. "Os construtores de paz precisam saber a natureza do conflito, quem foi afetado ou está envolvido, o que deve ser interrompido, o que divide e conecta as pessoas, e o que aumenta a vulnerabilidade ao conflito" (SCHIRCH, Lisa. *Construção estratégica da paz*. São Paulo: Palas Athena, 2019, p. 25).

pessoas e grupos, de defensiva e/ou refratária para participativa e colaborativa, a partir da utilização de procedimentos de inclusão e de avaliação abrangente de ofensas a direitos fundamentais, de maneira a se permitir o mapeamento das narrativas e dos conflitos, controvérsias e problemas em curso, bem como para a escolha conjunta de narrativas alternativas e de estratégias transformativas de ação, visando mudanças comunitárias significativas.

Para tanto, a abordagem de grupos e pessoas envolvidos deverá ocorrer em ambiente seguro e confiável, onde todos se sintam à vontade para expor suas ideias, medos, angústias e necessidades, havendo certeza de que as providências que visem soluções serão adotadas a partir da identificação de todos os interesses e da respectiva construção coletiva.

São prévias ou paralelas à aplicação de outros meios de tratamento de conflitos, controvérsias e problemas e não os substitui.

Partem da premissa de que pessoas vivem dentro de narrativas e que, portanto, seus comportamentos, pensamentos, sentimentos e relações são por elas influenciados, conforme a posição em que se localizam no contexto de tais narrativas.

Assim sendo, o contexto de uma comunidade, e até mesmo de uma organização, sofre influência de narrativas dominantes, podendo haver reforço de exclusões e desigualdades por parte dos seus integrantes, ainda que de maneira inconsciente.

A partir da máxima de que o problema é o problema e não as pessoas e que, por isso, não se trata da busca de culpados e sim de construção coletiva para o enfrentamento da situação posta em análise, com alinhamento de prioridades, as conferências comunitárias se apresentam como uma estratégia de abordagem acolhedora de todos os integrantes de uma comunidade, sejam eles afetados direta ou indiretamente, positiva ou negativamente, ou pessoas que desconhecem os efeitos limitantes de narrativas baseadas em preconceitos, que reforçam o desrespeito coletivo de direitos fundamentais.

Identificam situações que afetam os processos de diálogo, negociação e construção coletiva de soluções, bem como causas subjacentes do conflito tais como: a) traumas[29] advindos de relações estruturais de negligência, violência, humilhação, ofensa à dignidade ou desrespeito à diversidade; b) privação de direitos, entre outras.

Por isso, podem ser a primeira estratégia de abordagem para conhecimento, análise, planejamento e identificação de situações em que caibam a aplicação de

---

29. Os traumas não enfrentados afetam não apenas as pessoas que foram diretamente traumatizadas, mas suas famílias e futuras gerações. (YODER, Carolyn. *A cura do trauma* – Quando a violência ataca e a segurança comunitária é ameaçada. Palas Athena, 2018, p. 17).

outros meios de tratamento de conflitos, controvérsias e problemas, não apenas para os integrantes da comunidade envolvida, mas também para os próprios organizadores e planejadores, para que compreendam e definam como, quando e por que aplicar esta e/ou outras abordagens.

Além disso, elas contribuem para a identificação de interessados diretos ou indiretos na situação fática ou jurídica em análise, permitindo, inclusive, a aplicação de outras práticas, tais como os círculos restaurativos, rodas de conversa e outros recursos que se prestem a apoiar o delicado encorajamento dos envolvidos à expressão honesta de sentimentos e necessidades,[30] a partir da conexão, do vínculo e do respeito para consigo, com organizadores, planejadores, facilitadores e com os outros[31] interessados.

Assim é que estratégias devem ser aplicadas para que se possa aproveitar, da melhor forma, as conferências comunitárias.

Em homenagem ao princípio do promotor natural,[32] os encontros serão organizados,[33] pela unidade ministerial em que tramita ou poderá tramitar eventual inquérito civil, representação, notícia de fato ou ação civil pública onde oficie o membro natural (promotor ou procurador de justiça) nela lotado ou por eventual núcleo[34] criado pela Procuradoria-Geral respectiva a pedido de membro responsável pelo caso ou com sua expressa concordância, caso o pedido advenha de pessoas ou grupos interessados direta ou indiretamente.

---

30. Algumas necessidades só podem ser atendidas por quem causou o dano (AMSTUTZ, Lorraine Stutzman. *Encontros vítima-ofensor* – Reunindo vítimas e ofensores a dialogar. São Paulo: Palas Athena, 2019, p. 29).

31. "Eliminar as necessidades que fazem do indivíduo um mero meio para o outro é um processo de larga duração (*Ética da Necessidade e outros desafios*. São Leopolso-RS: Unisinos, 2004, p. 26).

    "Se é verdade que as diferenças entre sujeitos podem produzir contrariedade, beligerâncias, conflitos de toda espécie, percepções diferentes do mundo e da vida, é possível entender a dificuldade de consenso, de qualquer ordem, desde o âmbito menor da interpessoalidade até a dimensão maior, no universo das estruturas macrossocietárias. Então, como pensar o estado de bem-estar social para os sujeitos, da mesma forma e com o mesmo cuidado, se a uns interessa A e a outros interessa B? Qual é a medida mesma da tolerância? (op. cit. p. 146).

    "As compreensões que o homem tem de sua vida e de seu meio envolvem o cuidado que ele possa ter consigo mesmo, com os outros, com a natureza e com o mundo como totalidade. Essas compreensões definem o rumo de seu comportamento e o fundamento de seus valores éticos nas relações de inter-subjetividade, de alteridade e até mesmo de tolerância", inclusive como "uma possibilidade de convívio da humanidade consigo mesma" (op. cit., p. 127).

32. Ninguém será processado nem sentenciado senão pela autoridade competente (Art. 5º, LIII, Constituição Federal).

33. O *organizador/promotor do diálogo* coordena o processo de convidar as pessoas para participarem do diálogo. O organizador deve também gerenciar a logística e a atmosfera do processo de diálogo. (SCHIRCH, Lisa e CAMPT, David. *Diálogo para Assuntos Difíceis* – Um guia prático de aplicação imediata. São Paulo: Palas Athena, 2018, p. 37).

34. CONSELHO NACIONAL DO MINISTÉRIO PÚBLICO, Resolução 118, de 1º de dezembro de 2014. Disponível em: https://www.cnmp.mp.br/portal/images/Resolucoes/Resolucao-118-1.pdf. Acesso em: 21 abr. 2023.

O diálogo envolvendo grupos diversos[35] e de maior escala exige trabalho organizado, que deverá envolver toda a equipe da unidade ministerial organizadora do processo, caso a conferência seja de iniciativa do promotor natural, que estará à frente dos trabalhos.

Em se tratando de conferência organizada por núcleo criado para o incentivo à autocomposição, sua estrutura haverá de se desincumbir da referida organização.

Destaca-se que o sucesso do diálogo perpassa pelo cuidado que se há de ter nas fases anteriores, igualmente importantes, que devem merecer acurada atenção dos organizadores e planejadores do diálogo.

Após identificados todos os interessados direta e indiretamente,[36] será expedido convite aos integrantes dos grupos interessados, em um primeiro momento, em separado, para que participem de sessões, onde serão ouvidos sobre suas posições e interesses,[37] bem como para que seja(m) eleito(s) representante(s), a critério do planejador[38] e do facilitador do diálogo,[39] para o caso de o número elevado de integrantes representar risco de tumulto às reuniões e avanço do diálogo.

Não se descarta a possibilidade da realização de círculos de construção de paz[40] nos moldes daqueles realizados para situações mais ou menos com-

---

35. "Grupos em conflito costumam passar por altos níveis de conflito interno que, por sua vez, dificultam os esforços para lidar com grupos em oposição. É muito comum líderes de alto escalão virem à mesa de negociação sem o aval daqueles que estão representando" (SCHIRCH, Lisa. *Construção Estratégica da Paz*. São Paulo: Palas Athena, 2019, p. 21).

36. A identificação se dará, provavelmente, a partir de investigação prévia realizada pelo Ministério Público em procedimento próprio, já que o alcance da disputa contará com a sensibilidade do membro responsável, a depender do grau de penetração e confiabilidade que possui na sociedade local.

37. A depender da complexidade dos fatos e da quantidade de interessados, poderá o facilitador do diálogo optar por realizar várias sessões para a identificação de todos e a correta compreensão do quadro que envolve o conflito, controvérsia ou problema.

38. "O *planejador de diálogo* desenvolve a sequência e as etapas do processo dialógico. Isso inclui a criação de perguntas que conduzirão o grupo a examinar o assunto. Inclui também o planejamento de outras interações entre participantes (...)". (SCHIRCH, Lisa e CAMPT, David. *Diálogo para assuntos difíceis* – Um guia prático de aplicação imediata. São Paulo: Palas Athena, 2018, p. 37).

39. O *facilitador de diálogo* conduz os participantes ao longo do processo dialógico. Em geral, o facilitador se orienta por um plano de diálogo criado pelo planejador e delibera cuidadosamente quando surge a necessidade de decidir se convém desviar-se desse planejamento. (SCHIRCH, Lisa e CAMPT, David. *Diálogo para assuntos difíceis* – Um guia prático de aplicação imediata. São Paulo: Palas Athena, 2018, p. 37).

40. O círculo de construção de paz é um processo estruturado para organizar a comunicação em grupo, a construção de relacionamentos, tomada de decisões e resolução de conflitos de forma eficiente. O processo cria um espaço à parte de nossos modos de estarmos juntos. O círculo incorpora e nutre uma filosofia de relacionamento e de interconectividade que pode nos guiar em todas as circunstâncias – dentro do círculo e fora dele. (*No coração da esperança* – Guia de práticas circulares no coração da esperança – O uso de Círculos de Construção de Paz para Desenvolver a Inteligência Emocional, Promover a Cura e Construir Relacionamentos Saudáveis. Disponível em: https://crianca.mppr.mp.br/arquivos/File/publi/tdhbrasil/guia_de_praticas_circulares_no_coracao_da_esperanca.pdf. Acesso em: 21 abr. 2023).

plexas,[41] visando amplo mapeamento da situação e identificação de todos os interessados, a partir da detecção da extensão ou alcance das divergências, inclusive para que se conheça o grau de representatividade daqueles que são identificados ou se apresentam como porta-vozes de grupos envolvidos.

Anota-se que esta fase é anterior à conferência propriamente dita, podendo ser chamada de pré-conferência, onde tantos encontros ou sessões podem ocorrer, a depender da complexidade e da extensão dos conflitos, controvérsias e problemas.

Os convites serão, então, expedidos, para participação em conferência onde serão expostas as posições e necessidades dos demais grupos, onde cada qual terá a oportunidade de aprender sobre o modo como pensam os demais e de serem ouvidos sobre suas posições e necessidades.

Acredita-se que a fase de identificação dos interessados, organização e planejamento da conferência devem ocorrer sem pressa para que os envolvidos ou seus grupos de interesse tenham confiança e oportunidade de se apresentar, sem receio ou resistência.

O sigilo haverá de ser cuidadosamente respeitado para que as pessoas consigam se expressar de maneira sincera.

Das habilidades do facilitador dependerá o alcance do protagonismo dos interessados e o envolvimento destes na construção coletiva de solução que abranja e respeite todos os anseios.

Baseia-se em processos circulares "alicerçados na forma de diálogo e rituais de aborígenes e em culturas ancestrais" que, ao longo do tempo passaram por adaptações, "agregando, além dessas primeiras fontes de inspiração, princípios e práticas contemporâneos inseridos nos métodos para transformação dos conflitos, nas práticas restaurativas, na comunicação não violenta, na escuta qualificada e na construção de consenso, para o alcance de soluções que expressam as necessidades individuais e, ao mesmo tempo, as do grupo"... "Combinam de forma harmônica o antigo e o novo"... "Evocam o melhor das pessoas. Conduzem ao reaprendizado da convivência e ensinam, na prática, a lidar com as diferenças. Ressurgem como uma alternativa de comunicação ao modelo de reunião contemporâneo, hierarquizado, que reflete posicionamentos competitivos e expressa a cultura de dominação em que vivemos, onde o poder e o controle estão quase sempre presentes e servem como estímulos constantes para os conflitos e a violência das mais variadas formas... têm servido para gerar empatia, comprometimento, criar vínculos e estabelecer limites". Nele "é possível acolher sentimentos e necessidades de todos. É um espaço para as pessoas diretamente envolvidas nos conflitos e também para suas redes de pertinência, ou rede primária" (PRANIS, Kay. *Processos Circulares de construção de paz*. Prefácio, Célia Passos. 4. ed. São Paulo: Palas Athena, 2010, p. 09-14).

41. As situações mais complexas ou menos complexas são identificadas conforme a existência ou não de conflitos. São exemplos de círculos não conflitivos os realizados para celebração, aprendizagem, construção de senso comunitário, fortalecimento de vínculos familiares e de equipes de trabalho. São exemplos de círculos conflitivos os de superação de trauma, tomada de decisão, reintegração (integração de pessoa a grupo do qual esteve separada), suporte (reúne pessoas capazes de apoiar alguém em dificuldade ou transição de vida) e conflito propriamente dito (reúne partes de uma disputa a fim de resolver diferenças a partir do consenso).

Importante de se anotar é que da neutralidade do organizador dependerão a dedicação e o envolvimento de todos os interessados.

Dessa maneira, o membro responsável pelo caso poderá identificar ou participar da identificação dos interessados, bem como planejar ou participar do planejamento da conferência, mas jamais será possível que ele facilite o diálogo em conferência entre pessoas ou grupos, eis que titular de ação ou recomendação a ser expedida para quem de direito. Nenhum impedimento há, contudo, que membro do Ministério Público funcione como facilitador, desde que não tenha nenhum vínculo com os grupos envolvidos ou interesse nas demandas apresentadas por cada um deles.[42]

É possível, também, que membro devidamente habilitado facilite círculos de construção de paz[43] entre pessoas ou grupos envolvidos. O que não se recomenda, enfatiza-se, é que ele facilite o diálogo em círculo onde perceba a existência de situação com a qual não concorde, note a resistência dos presentes à sua presença, o prejuízo à espontaneidade dos participantes ou que seja intransponível algum desconforto entre ele e os demais interessados.

As fases de organização e planejamento, não necessariamente, têm solução de continuidade. Durante ambas podem ser realizadas tantas sessões quanto entenderem necessárias os organizadores e/ou planejadores, durante as quais novos interessados podem ser identificados, o que demandará planejamento de novas sessões, até que se esgotem todas as possibilidades de identificação de pessoas e interesses afetados pela situação objeto da conferência. Ambas as fases, portanto, se interseccionam, exigindo de organizadores e planejadores trabalho afinado e com comunicação de qualidade.

Para a hipótese de se perceber que há entraves entre os próprios integrantes de equipes de organização e planejamento, nada impede que sejam realizadas sessões entre elas para o restabelecimento da comunicação de qualidade e a eleição de melhores estratégias para que o trabalho flua da melhor forma possível.

Identificados todos os interessados e eleitos os representantes de grupos, se o caso, parte-se para a realização da conferência propriamente dita, onde será realizado o mapeamento das narrativas e construídos os caminhos e soluções que acomodem as necessidades de todos.

---

42. Sobre isso, destaca-se que, apesar da controvérsia que há sobre a possibilidade de integrante do Ministério Público funcionar como mediador ou facilitador de práticas autocompositivas, entende-se ser perfeitamente possível, desde que, evidentemente, haja respeito aos princípios norteadores de cada uma das práticas autocompositivas e ao princípio de promotor natural.

43. Os círculos podem ser facilitados por pessoa interessada uma vez que o facilitador participa ativamente de todas as etapas do círculo, ressalvadas as etapas reservadas para a expressão de sentimentos e o estabelecimento de combinados, nos círculos realizados para situações conflitivas ou mais complexas.

Aqui haverá a necessidade da presença de facilitador experiente, devidamente habilitado, sem nenhum vínculo com o caso e os interessados envolvidos.

É interessante trazer como possibilidade a utilização, pelo facilitador, de uma sessão chamada rodada de ensaio, onde se proporá um diálogo-ensaio em que os grupos envolvidos serão convidados à participação de sessão onde é posto o chamado terceiro objeto[44] ou material de problematização[45] com o fim de estimulá-los à análise conjunta de situação diversa da qual enfrentam, como preparação para a construção conjunta de soluções dentro do contexto da situação objeto da conferência.[46]

O compartilhamento das diferentes narrativas que surgirão das análises pessoais e identificação dos participantes com pessoas e histórias trazidas durante o diálogo-ensaio resultará em rico material a compor o desafio do facilitador de devolver ao grupo a sumarização das principais problemáticas, a partir da externalização das conversas.

Antes dessa devolução, todavia, os participantes serão estimulados a distanciar-se do problema e analisá-lo sob o ponto de vista do observador, o que revelará ao facilitador os pontos de limitação relacionados a formas restritivas de poder[47] e dará ao próprio participante a oportunidade de conhecer, com clareza, a sua participação no contexto do conflito e de ouvir dos demais narrativas diferentes, em que se demonstrem a forma com que se nele também estão envolvidos.

A partir dessas narrativas o facilitador levará os participantes a identificar os sentimentos e suas consequências.

Tomando-se como situação a ser submetida à conferência comunitária o exemplo dado na introdução deste artigo,[48] onde comunidade se formou em

---

44. Espera-se que, naquilo que Parker Palmer chama de terceiro objeto, diverso da realidade dos interessados, que pode ser um "poema, um elemento artístico visual ou musical, ou um breve conto folclórico", se crie um "espaço para um olhar objetivo e metafórico, ou ao menos com alguma distância crítica, a fim de dar início ao desenvolvimento de *insights* a respeito do contexto das partes envolvidas". (HOOKER, David Anderson. *Transformar comunidades*. São Paulo: Palas Athena, 2019, p. 51).

45. O educador Paulo Freire, de maneira semelhante, usa materiais como "um pôster ou uma representação teatral" para "apresentar dilemas ou aspectos dificultosos da problemática, sem sugerir soluções" visando estimular "os participantes a tirar insights relacionados ao seu próprio contexto" (op. cit. p. 52).

46. Para David Hooker o terceiro objeto é, em geral, um filme ou peça de teatro, onde a intenção seja a apresentação de "uma circunstância na qual possa haver diversos desafios e escolhas, mas que, de preferência, não exista uma resolução clara", ou, se houver, que o facilitador interrompa a exibição antes que a solução seja oferecida. A depender de suas histórias e experiências de vida, os participantes se identificarão com situações e pessoas da trama exibida e criarão sua própria história de fundo com o fim de buscar explicações e soluções para a problemática apresentada, podendo trazer à tona variedade de significados resultantes de intersecções identitárias e estimular a análise profunda dos envolvidos e seus contextos pessoais (op. cit. p. 52-53).

47. "O efeito de colocar-se fora da história, e observá-la, é como abrir uma nova janela pela qual é possível ver o que se passa na sua própria vida" (op. cit. p. 55).

48. Item 1, 8º parágrafo deste artigo.

encosta localizada nas imediações de espaço público localizado em ponto importante de uma cidade brasileira, havendo, por isso, relevante interesse do mercado imobiliário, onde há também, espécies vegetais nativas, protegidas pela legislação ambiental, assim como um curso d'água, em que parte do lixo produzido é depositado, sem o correto descarte ou tratamento, havendo, ainda, comerciantes estabelecidos nas imediações, ciclistas e transeuntes que usufruem do espaço para locomoção, lazer, entretenimento e práticas desportivas, com o acréscimo de que a erosão faz com que a área se apresente como local com risco de desabamentos e, por isso, motivo de preocupação das autoridades.

Nada difícil de se imaginar que cada um dos grupos envolvidos viva separado dos demais, apesar do evidente incômodo, sem se dar conta de que suas vidas estão interconectadas.

Os integrantes da comunidade seguem resignados, muitas vezes com certa apatia, dada a falta de moradia digna, enquanto que os comerciantes e demais usuários do espaço público pressionam as autoridades públicas locais e o Ministério Público à ação que vise proteger as pessoas e o meio ambiente do risco iminente, cobrando a retirada dos moradores da comunidade do local, com a garantia de que lhes será oferecido espaço digno de moradia, assim como os donos de construtoras se apresentam como capazes de devolver ao local a beleza e a segurança de que todos são dignos e merecedores.

É fácil de se imaginar que os envolvidos tenham sentimentos de separação, segregação, isolamento, exclusão, resignação, apatia, medo, impotência, desesperança, desespero, solidão, tristeza, desinformação, desconfiança, desconexão, crises de identidade e pertencimento, apesar da evidente intersecção de necessidades.

O olhar isolado para qualquer das necessidades dos envolvidos ou a adoção de medidas que desconsiderem a problemática como um todo trarão entraves à vida e à felicidade dos envolvidos, aumentando a tensão entre eles, podendo gerar agressividade e violência, com prejuízos à convivência pacífica e agravamento do conflito, que crescerá em espiral perigosa por afrontar, de forma difusa, direitos fundamentais, como dignidade, moradia, liberdade de ir e vir, saúde, segurança, lazer, meio ambiente ecologicamente equilibrado, sadia qualidade de vida etc.

Apresentar-se aos grupos envolvidos (representantes da comunidade, de comerciantes, de sociedades de bairros, das polícias, das construtoras, do poder público, de organismos não governamentais de defesa do meio ambiente etc.) filme ou peça de teatro onde possam se deparar com problemáticas que os levem à identificação de tais sentimentos em si e de atitudes deles advindos, bem como ao conhecimento do que se passa com os demais, com possibilidade de análise como alguém que se coloca de fora da história, lhes possibilita participar ativamente do desvendar da problemática comunitária em que estão envolvidos e se dedicar na construção de estratégias ou planos de ação que busquem solucioná-la.

Além disso, há de se ter cuidado com a questão identitária que, certamente, exigirá habilidade dos organizadores, planejadores e facilitadores na escolha de estratégias que busquem abordá-la de maneira sensível e até sutil, antes do encaminhamento para a solução negociada.

Preocupações identitárias e relacionais mais profundas exigem estrutura de preparação e apoio compatíveis com a seriedade da questão, podendo a provocação de interação e troca forçadas resultar em maior reatividade, insegurança e desconfiança.

Importante salientar que cada qual dos grupos envolvidos age de maneira a limitar as ações e os direitos dos demais, de modo que não haverá possibilidade de satisfação plena dos direitos fundamentais se não houver o reconhecimento da intersecção e da interconexão de todos os interesses envolvidos.

Assim, o ritmo das interações entre os participantes será definido pelo maior ou menor grau em que os grupos interessados se relacionam com o poder, os sistemas e a estruturas que constroem e governam as narrativas dominantes, pois havendo sentimento de que sua identidade está ameaçada ou passou por um processo de deterioração e marginalização ao longo do tempo, pessoas ou grupos de pessoas tendem a retrair-se, resistindo à participação colaborativa, negando-se a manifestar-se com honestidade e franqueza ou ausentando-se dos encontros de maneira a auto proteger-se.

Essas condutas, não raras vezes, contribuem para a escalada do conflito, reforçando a hostilidade e comprometendo o sucesso da conferência enquanto método de escolha de narrativa diversa da narrativa dominante e prejudicial aos direitos fundamentais de grupos antagônicos.

Assim, a atenção à questão da identidade é de suma importância para o estabelecimento de ambiente seguro e confiável.

A partir da escuta das narrativas de uns e de outros e do seu compartilhamento, desde que bem encaminhadas as questões identitárias, os envolvidos, muitas vezes com histórias de vida e culturas diferentes e, consequentemente, com visões diferentes do contexto enfrentado, passam a ter condições de juntos, mapear os impactos da problemática em que estão inseridos em todas as esferas de suas vidas.[49]

---

49. "A externalização das problemáticas que modelam suas vidas e o mapeamento dos impactos em múltiplos níveis permitem uma análise colaborativa não julgadora, porém profundamente engajada. A identificação de desfechos únicos provê a base para a declaração coletiva de uma narrativa e direção preferidas" (HOOKER, David Anderson. *Transformar Comunidades*. São Paulo: Palas Athena, 2019, 117).

O facilitador haverá de estar presente com atitude provocativa e curiosa, a elaborar perguntas que levem os participantes a buscar, em conjunto, estratégias ou elaborar planos de ação que se prestem ao encaminhamento de medidas assertivas que visem a solução.

Com a identificação de todas as narrativas e dos seus impactos, o facilitador os sumarizará aos participantes para, então, partir para o estímulo à construção de uma narrativa conjunta de solução e esperança,[50] que apoie a reestruturação dos relacionamentos sociais e a convivência harmônica em comunidade.

Para tanto, haverá de buscar, de modo reverso, pontos, condições ou qualidades comuns ao grupo e que apoiem narrativas alternativas.

Com a escolha das narrativas que acomodem, minimamente, os interesses de todos, parte-se para a construção conjunta de estratégias que visem a transformação da situação posta à conferência.

Poderá haver a necessidade de acompanhamento e novas intervenções para o caso de narrativas dominantes terem causado marcas ou traumas profundos em razão de opressão, fragmentação e exclusão, inclusive com a aplicação de outros meios de tratamento da situação, conforme sejam identificados pontos de atrito ou tensão.

Embora a reconciliação seja vista como utópica por muitos segmentos sociais, dada a complexidade dos processos que a envolvem, entende-se que as conferências comunitárias se mostram capazes de contribuir para que diferentes identidades coexistam e se reconheçam como pertencentes à história, organização e desenvolvimento de uma comunidade, gerando respeito, comprometimento e colaboração para que todos os seus integrantes tenham seus direitos fundamentais amplamente assegurados.

4. HABILIDADES DOS ORGANIZADORES, PLANEJADORES E FACILITADORES DE CONFERÊNCIAS COMUNITÁRIAS

Embora não se exija habilitação específica para os organizadores, planejadores e facilitadores, todos os que se prestam a facilitar conferências comunitárias ou a, de alguma forma, participar de sua organização e planejamento, devem se conhecer para que possam identificar e reconhecer situações em que não têm condições de colaborar, seja porque se identificam com algum dos interessados

---

50. David Hooker aponta o caráter esperançoso da conferência comunitária no fato de que "quando as pessoas têm a oportunidade de examinar as narrativas que guiam e organizam o seu dia a dia, elas optarão por transformar suas vidas pela transformação ativa das narrativas nas quais vivem" (HOOKER, David Anderson. *Transformar comunidades*. São Paulo: Palas Athena, 2019, p. 117).

ou porque a afronta a seus direitos gere indignação[51] a ponto de turvar a visão do todo e influenciar na capacidade de enxergar apenas o problema e de considerar todos os envolvidos como igualmente importantes na construção coletiva de alternativas que busquem solução que acomode todos os interesses.[52]

Dessa maneira, administrar o mundo interior[53] a partir do autorrespeito se faz importante para que organizadores, planejadores e facilitadores não se colo-

---

51. "(...) a indignação é uma resposta justificável a uma ação moralmente transgressora (...). Quando é episódica e regulada, pode ser um instigador útil da ação ética (...). No entanto, quando é egoísta, crônica ou não regulada – quando ser torna a própria lente pela qual vemos o mundo – pode ser viciante e divisiva. Aviltar, culpar e se sentir moralmente superior também nos coloca em uma posição superior de poder, que pode parecer satisfatória a curto prazo, mas que nos isola dos outros a longo prazo." (HALIFAZ, Roshi Joan. *À beira do abismo* – Encontrando liberdade onde o medo e a coragem se cruzam. 2. tir. Editora Lúcida Letra, 2022, p. 138-139).

52. O autoconhecimento, como um dos componentes do autocuidado, ao lado do autorrespeito e da autorresponsabilidade, exige trabalho interno profundo e sincero, além da busca de enfoque multidisciplinar para situações complexas e, é claro, de muita autocompaixão. Érica Fox, que leciona negociação na Faculdade de Direito de Harvard, ensina que "precisamos ir além dos fundamentos e aprender a nos adaptar, improvisar e inovar conforme as demandas da vida. Devemos utilizar não apenas os nossos utensílios (as nossas 'melhores práticas' e técnicas), mas também as nossas forças interiores e a nossa sabedoria mais profunda (FOX, Erica Ariel. *Mais do que chegar ao SIM* – O método de negociação de Harvard. São Paulo: Saraiva, 2014, 13). Segundo diz, "Mesmo com as nossas melhores intenções, perdemos muitas oportunidades e provocamos muitas crises. Damos as costas a bons acordos, colocamos relacionamentos em risco e, em geral, agimos contra nossos próprios interesses. Muitos livros foram escritos para nos ensinar a lidar com 'pessoas difíceis'. A verdade é que precisamos aprender o que fazer quando a pessoa difícil está *dentro de nós* (...). A mudança duradoura começa em você" (op. cit. p. 15). "Assim, me inspirei a fechar a lacuna entre o que as pessoas sabem que *deveriam fazer* e o que elas *de fato fazem* todos os dias" (op. cit. p. 17). (...). "Vi que as aptidões e competências que passamos todos aqueles anos ensinando não bastavam para dar conta do recado. (...) no momento decisivo, quando mais importava, essas bases por si só não bastavam para produzir resultados. Quando a situação apertava, algum outro fato era necessário para garantir a eficácia. Assim, me dediquei a responder à pergunta: *O que estamos deixando passar?* (op. cit. p. 19). (...) Refleti porque, no calor do momento, nem sempre consegui aplicar dicas simples de negociação ou fui incapaz de evitar que conversas de transformassem em discussões hostis. O que fazia a coisa funcionar... ou não? Notei que, durante as interações de 'maior sucesso', recorri a técnicas que aprendi fora das salas de aula de Harvard, algumas baseadas em sabedoria e tradições milenares. Essas mesmas ferramentas vinham sendo cada vez mais reconhecidas na época, em virtude de descobertas da neurociência. A ciência do cérebro e a filosofia estavam convergindo no poder da autorreflexão de provocar grandes e duradouras mudanças" (op. cit. p. 20).

53. Roshi Joan Halifax, Phd em antropologia médica, com vasta experiência no cuidado de pessoas em fase terminal e no ensino de profissionais de saúde e leigos a cuidarem compassivamente de pessoas à beira da morte, acompanhando pessoas que sofrem e pessoas que se esforçam para aliviar esse sofrimento, ensina que a tentativa de aliviar o sofrimento alheio pode fazer aflorar dores próprias. "Ao longo dos anos, fui tomando consciência, lentamente, de cinco qualidades internas e interpessoais que são chaves para uma vida compassiva e corajosa e, sem as quais, não podemos estar a serviço, nem tampouco sobreviver. No entanto, se esses preciosos recursos se deteriorarem, poderão se manifestar como paisagens perigosas que causam danos. Chamo essas qualidades bivalentes de *Estados Limites*" (HALIFAZ, Roshi Joan. *À beira do abismo* – Encontrando liberdade onde o medo e a coragem se cruzam. 2. tir. Editora Lúcida Letra, 2022, p. 16), que são o altruísmo, a empatia, a integridade, o respeito e o engajamento.

quem em posição perigosa, que ponha em risco a sua própria dignidade,[54] bem como para que garanta o respeito entre os participantes.

A partir dessas premissas não se recomenda que manifestações violentas[55] sejam permitidas ou reforçadas por organizadores, planejadores e facilitadores, sejam elas comportamentais, escritas ou faladas. No caso de isso ocorrer, o facilitador deve interromper a conferência, sair da conversa, se o ato violento o teve como alvo, construir a segurança e retornar ao conteúdo, ainda que em data a ser designada posteriormente. Da mesma maneira, se o ato violento se dirigiu a outro interessado, o facilitador haverá de suspender a conferência, analisar e tentar compreender os motivos que o ensejaram, reunir-se, se necessário, com organizadores e planejadores, de forma a traçar estratégias de abordagem, podendo valer-se, antes da retomada da conferência, de outro meio de tratamento para a situação vivenciada.

Pode ocorrer de se fazer necessária uma pausa maior, em que impere o silêncio[56] e o distanciamento, até que haja espaço para a retomada a partir da garantia do respeito mútuo ou que os envolvidos reconheçam a utilidade da conferência e o facilitador como alguém com legitimidade e condições de acompanhar o processo de diálogo.

Ainda que sejam comuns situações em que os ânimos se acirram e as pessoas se exaltam, todos os colaboradores do processo de diálogo haverão de intervir para a retomada da serenidade e da comunicação de qualidade.

---

54. "Respeito é uma atitude fundamentalmente positiva que qualquer pessoa pode adotar. Antes de ter genuíno respeito pelo outro, precisamos ter respeito por nós mesmos. *O respeito pelos outros deriva do respeito por si mesmo (...)*. O respeito próprio cria um espaço emocional e mental que nos permite enxergar de verdade o outro (...). Você começa prestando atenção positiva em si mesmo – em suas emoções, interesses e necessidades.

Em seguida, passa para o respeito ao outro, que requer estender o círculo de respeito de modo a enxergar no outro um ser humano como você e igualmente portador de emoções, interesses e necessidades" (URY, Willian. *O poder do não positivo* – como dizer NÃO e ainda chegar ao SIM. 17. ed., 17. tir. Rio de Janeiro: Elsevier, 2007, p. 72).

55. "Toda violência resulta de as pessoas se iludirem e acreditarem que sua dor se origina dos outros e que, portanto, eles merecem ser punidos" (ROSENBERG, Marshall B. *Comunicação não violenta* – Técnicas para aprimorar relacionamentos pessoais e profissionais. São Paulo: Ágora, 2006, p. 27) quando, na verdade, a dor se origina de necessidades não atendidas, causadoras de sentimentos que, não raras vezes, se expressam através da violência. Sobre o tema o mesmo autor discorre sobre a raiva e seu propósito (*in* ROSENBERG, Marshall B. *O surpreendente propósito da raiva*. 4. ed. São Paulo: Palas Athena, 2022, p. 25) para afirmar que "a função dos sentimentos é prestar serviço às nossas necessidades".

56. "Quando *você* faz silêncio, não está dando justificativas, defendendo sua opinião, tentando convencer ou dizendo algo de que possa se arrepender. Seu silêncio pode falar mais alto que palavras. Além disso, quando se está em silêncio, você dá espaço à outra parte, convidando-a a preencher esse espaço, ou até mesmo se permitindo tempo para refletir. Apenas em silêncio você é capaz de ouvir e convidar o outro a falar". (DAVIES, Melissa. *Negociação na prática* – Como fechar bons negócios e estabelecer parcerias lucrativas, sustentáveis e duradouras. São Paulo: Autêntica Business, 2021, p. 142)

O M P E AS CONFERÊNCIAS COMUNITÁRIAS COMO INSTRUMENTO DE DIÁLOGO **245**

Para tanto, são úteis os conhecimentos sobre ferramentas de negociação, comunicação – a incluir a comunicação não violenta[57] –, mediação, práticas restaurativas e outras tantas que se apresentem como capazes de auxiliar na compreensão dos comportamentos e relações, bem como no manejo de diálogo de qualidade.

Dessa forma, quanto mais heterogênea for a equipe de colaboradores, maior será a troca de experiências, a amplitude das abordagens e a chance de um trabalho que apoie e encoraje todas as narrativas que circundam a situação posta em análise.

Muito se discute sobre a neutralidade ou a isenção de facilitadores dos meios de tratamento de conflitos. No entanto, é importante destacar que, diferentemente do mediador[58] (que deve ser isento, imparcial e independente em relação aos fatos e a causa submetidos à mediação), os facilitadores de círculos restaurativos, de rodas de conversa, de conferências comunitárias, não são neutros, embora devam resistir ao ímpeto de direcionar os participantes a narrativas e conclusões que considerem mais interessantes para a solução da questão.

A escuta dupla e em dupla são práticas úteis ao facilitador. A escuta dupla consiste em ouvir uma narrativa e dar espaço para outras diferentes, que tragam formas diferentes de enxergar os fatos e que demonstrem, por exemplo criatividade, resiliência e força diante de situações difíceis enfrentadas. Permitir que o narrador e o ouvinte avancem para além da narrativa problemática possibilita que o primeiro se veja em outras situações e o que segundo possa observar para além de suas perspectivas, o que faz ampliar o leque de olhares para uma mesma problemática.

A escuta em dupla visa evitar que o facilitador caia em armadilhas que o levem a mergulhar no problema, tornando-se parte dele e impedindo que os interessados avancem, de maneira positiva, na escuta, identificação e busca de narrativas alternativas. Quando isso ocorrer, o que não é tão incomum, o outro facilitador assumirá a facilitação no momento em que seu companheiro de dupla foi tomado pela influência de suas próprias questões, de maneira a colocá-lo diante de ponto cego, que o impede de encontrar saída útil para si e para todos os envolvidos.

---

57. No dizer de Marshall Rosemberg, "a comunicação não violenta é uma forma de comunicação que nos leva a nos entregarmos de coração", "usando o termo não violência na mesma acepção que lhe atribuía Gandhi – referindo-se a um estado compassivo natural quando a violência houver se afastado do coração". Ele indica como sendo quatro os seus componentes: a) observação de ações concretas; b) identificação dos sentimentos que delas se originam; c) identificação das necessidades não atendidas e que geraram tais sentimentos; d) pedidos para que tais necessidades sejam atendidas. (ROSENBERG, Marshall B. *Comunicação não violenta* – Técnicas para aprimorar relacionamentos pessoais e profissionais. São Paulo: Ágora, 2006, p. 21 e 26).

58. BRIQUET, Enia Cecília. *Manual de mediação* – Teoria e prática na formação do mediador. 2. reimp. Petrópolis, RJ: Editora Vozes, 2018, p. 127.

A identificação de posições, sentimentos e necessidades que estejam invisíveis e implícitos, embora não ditos, bem como a nomeação de cada um deles, é outra habilidade útil e importante, que exige atenção, intuição e conexão principalmente dos facilitadores com narradores e ouvintes, de maneira a se contribuir para a busca conjunta de formas de identificar aberturas para uma narrativa alternativa, bem como de compreender, rever e satisfazer posições, interesses e necessidades, com a reelaboração de histórias diferentes dos relacionamentos entre os envolvidos.

Na habilidade de organizadores, planejadores e facilitadores de conferências deve também estar a capacidade de manter o equilíbrio entre pessoas e grupos, seja no tempo de fala, seja na percepção do poder. Para tanto, cabe-lhe levar os participantes à reflexão de que, dada a interdependência que caracteriza o convívio em sociedade, não há avanços ou mudanças nas estruturas da sociedade quando direitos fundamentais são violados. Grupos minoritários, vistos como não detentores do poder, têm papel decisivo, na medida em que causam entraves na colocação em prática de decisões que lhes sejam desfavoráveis ao mesmo tempo em que necessitam do respaldo dos grupos majoritários para sua dignidade e inclusão.

5. CONCLUSÃO

O Ministério Público moderno, como já mencionado, vem despontando como intermediador do diálogo com a sociedade em vários temas relativos à sua atuação, o que não é diferente quando da tutela da ordem urbanística e do direito à moradia.

Por não pertencer a nenhum dos Poderes da República e ter autonomia orçamentária e financeira, sendo seus membros funcionalmente independentes, tem o Ministério Público plenas condições de desempenhar o papel de interlocutor autônomo e isento e de agente catalisador de mudanças sociais importantes, a partir da escuta ativa e participativa de grupo sociais envolvidos em disputas socioambientais e pela posse da terra.[59]

Como agente político e investido de atribuições constitucionais da mais alta relevância e complexidade, com possibilidade de atuação em diversos âmbitos de poder e em diferentes níveis de governo haverá de se conscientizar de seu papel de destaque no cenário de importantes transformações sociais.

---

59. O promotor de justiça da Habitação e Urbanismo de São Paulo, Roberto Luís de Oliveira Pimentel, mediador, facilitador de círculos de construção de paz, especialista em gestão de conflitos, ao analisar o papel do Ministério Público no diálogo com a sociedade, considera que seus integrantes "reúnem condições, por meio de capacitação e mudanças de paradigmas e de cultura de atuação, de se apresentarem, tanto diante da sociedade quanto dos órgãos públicos, como ouvintes atentos, maduros, imparciais e isentos para a condução de processos de gestão e resolução de conflitos difusos e coletivos rumo ao diálogo e à cooperação" (PIMENTEL, Roberto L. de Oliveira. *Negociação e mediação*: Conflitos difusos e coletivos. Belo Horizonte: Editora Del Rey, 2022, p. 152).

Para tanto, importante que tenha em mente o caráter humanista de sua atuação na defesa dos interesses sociais destacados na Constituição Federal, a demandar conhecimento e formação voltados ao trabalho investigativo de temas relevantes e transversais, muitas vezes antagônicos e que se contradizem, com a consequente divisão da sociedade.

Ao pretender exercer o papel de agente catalizador de mudanças sociais e intermediador de diálogos entre grupos, o Ministério Público haverá de compreender que há diferentes formas de expressão, pensamento e comportamento, a depender da visão de mundo e da situação em que se encontram e se veem inseridos os grupos e seus integrantes. Sua linguagem, como ensina Paulo Freire, haverá de se sintonizar com seus interlocutores,[60] mas não apenas com parte deles e sim com todos os que se virem envolvidos na temática social que se coloca como conteúdo da conferência.

Dessa maneira, desde que as interações e a linguagem facilitem a confiança, o conduzir ao diálogo pelo Ministério Público, sem imposição de ideias, mas com estímulo à construção coletiva, tem grande potencial para a tomada de consciência por parte de grupos e seus integrantes e quanto à percepção de si e dos demais.

A atuação assistencialista, paternalista e salvadora, sem a consideração da visão de mundo de integrantes da sociedade, se apresenta como perigosa, invasiva e impositiva de pensamentos e ideias que os afastam de sua natureza, lhes retiram a dignidade e a capacidade de buscar, por si, soluções para seus próprios problemas, fazendo-os cada vez mais dependentes, vitimizados e impotentes.

Ao contrário, a atuação verdadeiramente dialógica, capaz de estimular a exposição de narrativas tanto minoritárias quanto dominantes e o estímulo ao pensar conjunto na busca de narrativas alternativas de mudança da realidade, traz potência aos envolvidos, dando-lhes dignidade e consciência da importância que têm dentro do contexto ao qual estão inseridos. Da mesma forma, os leva a reconhecer a importância de grupos antagônicos e da relação interdependente que há na formação do tecido social, levando-os a protagonizar um convívio harmônico, justo e igualitário.

Assim é que o esvaziamento da mente e do espírito, próprios de quem é humilde e curioso, que deseja aprender com seus iguais, deve acompanhar orga-

---

60. "É que a linguagem do educador ou do político (e cada vez nos convencemos mais de que este há de tornar-se também educador no sentido mais amplo de expressão) tanto quanto a linguagem do povo, não existem sem um pensar e ambos, linguagem e pensar, sem uma realidade a que se encontrem referidos. Dessa forma, para que haja comunicação eficiente entre eles, é preciso que educador e político sejam capazes de conhecer as condições estruturais em que o pensar e a linguagem do povo, dialeticamente, se constituem" (FREIRE, Paulo. *Pedagogia do oprimido*. 83. ed. Rio de Janeiro: Editora Paz e Terra, 2022, p. 120/121).

nizadores, planejadores e principalmente facilitadores da conferência comunitária, com o fim de se permitir o legítimo encontro entre seres humanos para a descoberta conjunta de maneiras de se transformar o contexto social, a partir do pensar coletivo que vise a adoção de soluções capazes de garantir todos os direitos fundamentais sacramentados na Constituição Federal.

Apenas essa postura essencial do Ministério Público e de seus integrantes é que fará nascer o cidadão protagonista da solução de seus problemas, sendo as conferências comunitárias importante lugar de encontro de grupos antagônicos, para o compartilhamento de ideias sobre o exercício do poder, a ocupação dos espaços públicos, a construção de narrativas alternativas e de estratégias transformativas de ação, que busquem mudanças comunitárias significativas e a plena garantia dos direitos fundamentais de todos os integrantes de uma comunidade, não apenas nas disputas socioambientais e pela posse da terra, mas onde quer que se queira buscar o engajamento comunitário na solução de conflitos, controvérsias e problemas.

6. REFERÊNCIAS

ALMEIDA, Tania. *Caixa de Ferramentas em Mediação* – Aportes práticos e teóricos, Dash Editora. 3. ed. São Paulo: Dash Editora, 2017.

AMSTUTZ, Lorraine Stutzman. *Encontros vítima-ofensor* – Reunindo vítimas e ofensores a dialogar. São Paulo: Palas Athena, 2019.

BRIQUET, Enia Cecília. *Manual de mediação* – Teoria e prática na formação do mediador. 2. reimp. Petrópolis, RJ: Editora Vozes, 2018.

CAPRA, Fritjof e LUISI, Pier Luigi. *A visão sistêmica da vida* – Uma concepção unificada e suas implicações filosóficas, políticas, sociais e econômicas. São Paulo: Cultrix, 2014, 3. Reimp., 2019.

CONSELHO NACIONAL DO MINISTÉRIO PÚBLICO, Carta de Brasília, 2016. Disponível em: https://www.cnmp.mp.br/portal/images/Carta_de_Bras%C3%ADlia-2.pdf. Acesso em: 21 abr. 2023.

CONSELHO NACIONAL DO MINISTÉRIO PÚBLICO, Resolução 118, de 1º de dezembro de 2014. Disponível em: https://www.cnmp.mp.br/portal/images/Resolucoes/Resolucao-118-1.pdf. Acesso em: 21 abr. 2023.

DAVIES, Melissa. NEGOCIAÇÃO NA PRÁTICA – *Como fechar bons negócios e estabelecer parcerias lucrativas, sustentáveis e duradouras.* São Paulo: Autêntica Business, 2021.

FREIRE, Paulo. *Pedagogia do oprimido.* 83. ed. Rio de Janeiro: Editora Paz e Terra, 2022.

HALIFAZ, Roshi Joan. *À beira do abismo.* Encontrando liberdade onde o medo e a coragem se cruzam. 2. tir. Editora Lúcida Letra, 2022.

HOOKER, David Anderson. *Transformar comunidades.* São Paulo: Palas Athena, 2019.

LEDERACH, John Paul. *Transformação de conflitos.* 4. ed. São Paulo: Palas Athena, 2022.

MARTINS JÚNIOR, Wallace Paiva. *Ministério Público* – A Constituição e as Leis Orgânicas. São Paulo: Atlas, 2015.

MAZZILI, Hugo Nigro. *A defesa dos interesses difusos em juízo*. 8. ed. São Paulo: Saraiva, 1996.

MINISTÉRIO PÚBLICO DE MINAS GERAIS, Resolução PGJMG 42, de 17 de setembro de 2021. Disponível em: https://www.mpmg.mp.br/data/files/9E/45/F2/55/F0BDF7108B866DF7760849A8/RESOLUCAO%20PGJ%2042-2021%20_atualizada%20e%20consolidada_.pdf. Acesso em: 21 abr. 2023.

MEADOWS, Donela H. Pensando em sistemas: *Como o pensamento sistêmico pode ajudar a resolver problemas globais*. Rio de Janeiro: Sextante, 2022.

PIRES, Cecília Maria Pinto. *Ética da necessidade e outros desafios*. São Leopolso-RS: Unisinos, 2004.

PATTERSON, Kerry, GRENNY, Joseph, MCMILLAN, Ron e SWITZLER, Al. *Conversas cruciais* – Habilidades para conversas de altos interesses. 2. ed. São Paulo: VitalSmarts, 2017.

NO CORAÇÃO DA ESPERANÇA – Guia de Práticas Circulares no Coração da Esperança – O uso de Círculos de Construção de Paz para Desenvolver a Inteligência Emocional, Promover a Cura e Construir Relacionamentos Saudáveis. Disponível em: https://crianca.mppr.mp.br/arquivos/File/publi/tdhbrasil/guia_de_praticas_circulares_no_coracao_da_esperanca.pdf. Acesso em: 21 abr. 2023.

PIMENTEL, Roberto L. de Oliveira. *Negociação e mediação*: Conflitos difusos e coletivos. Belo Horizonte: Editora Del Rey, 2022.

PRANIS, KAY. *Processos circulares de construção de paz*. Prefácio Célia Passos. 4. ed. São Paulo: Palas Athena, 2010.

ROSENBERG, Marshall B. *Comunicação não violenta* – Técnicas para aprimorar Relacionamentos Pessoais e Profissionais. São Paulo: Ágora, 2006.

ROSENBERG, Marshall B. *O surpreendente propósito da raiva*. 4. ed. São Paulo: Palas Athena, 2022.

SCHIRCH, Lisa e CAMPT, David. *Diálogo para assuntos difíceis* – Um guia prático de aplicação imediata. São Paulo: Palas Athena, 2018.

SCHIRCH, Lisa. *Construção estratégica da paz*. São Paulo: Palas Athena, 2019.

URY, Willian. *O poder do não positivo* – como dizer NÃO e ainda chegar ao SIM. 17. ed., 17. tir. Rio de Janeiro: Elsevier, 2007.

MOBILIDADE URBANA: CONSIDERAÇÕES NO CONTEXTO DA POLÍTICA DE DESENVOLVIMENTO URBANO E DA GARANTIA DO DIREITO A CIDADES SUSTENTÁVEIS

Angela Seixas Pilotto

Mestre e doutoranda em Arquitetura e Urbanismo. Arquiteta e Urbanista.
Assessora do Ministério Público do Estado de São Paulo.

Sumário: 1. Introdução – 2. Fundamentos e contornos para as políticas públicas – 3. Atuais condições de deslocamento no Brasil – 4. Sobre alguns dos caminhos e desafios – 5. Considerações finais – 6. Referências.

1. INTRODUÇÃO

Carros elétricos, carros autônomos, mobilidade sustentável, ciclovias, desenvolvimento orientado ao transporte, tarifa-zero, transporte ativo, transporte sob demanda, visão zero, combustíveis renováveis, eletromobilidade. Há uma gama de noções, propostas e produtos que estão na agenda pública, na mídia, nos eventos, prometendo solucionar os problemas relacionados aos transportes e circulação, como congestionamentos, poluição, acidentes no trânsito, entre outros. Os anos de pandemia de Covid-19, com a necessidade do distanciamento social, agregaram a esse debate os impactos do home-office e das atividades de delivery, além da crise do transporte coletivo urbano.

Este artigo objetiva contextualizar a discussão sobre mobilidade urbana no Brasil, apresentando subsídios para sua análise crítica. As condições atuais de deslocamento cotidiano nas cidades brasileiras – caracterizadas a partir de um conjunto de dados e informações – são colocadas em face aos princípios e diretrizes definidos na legislação federal, num movimento que buscar enfatizar os desafios envolvidos, que extrapolam eventuais modismos. Alguns dos princípios e objetivos da política nacional de mobilidade urbana foram destacados para se debater possíveis caminhos e os desafios para atingi-los.

Além desta introdução e das considerações finais, o artigo apresenta fundamentos sobre a temática na legislação brasileira, tendo em vista a abordagem como política pública; em seguida, dados e informações que conformam um panorama sobre as condições de deslocamento cotidiano no Brasil ou sobre a "crise da mobilidade urbana"; além da discussão sobre os desafios que estão colocados para melhora da mobilidade urbana no contexto da urbanização brasileira.

2. FUNDAMENTOS E CONTORNOS PARA AS POLÍTICAS PÚBLICAS

O transporte está entre os direitos sociais e serviços públicos de caráter essencial da Constituição Federal (artigos 6º e 30) e é entendido como um dos elementos para a garantia do direito a cidades sustentáveis, nos termos das diretrizes da política urbana do Estatuto da Cidade (art. 2º da Lei Federal 10.257/01).

> I – garantia do direito a cidades sustentáveis, entendido como o direito à terra urbana, à moradia, ao saneamento ambiental, à infraestrutura urbana, ao transporte e aos serviços públicos, ao trabalho e ao lazer, para as presentes e futuras gerações.

É, portanto, uma das dimensões do direito à cidade e meio para se acessar a moradia, o trabalho, o lazer etc. Além disso, a "oferta de equipamentos urbanos e comunitários, transporte e serviços públicos adequados aos interesses e necessidades da população e às características locais" também é diretriz da política urbana (art. 2º, Lei Federal 10.257/01). O plano diretor, instrumento básico da política de desenvolvimento e expansão urbana, deve contemplar ou ser compatível com o plano de transporte urbano integrado, obrigatório para as cidades com mais de quinhentos mil habitantes (art. 41, Lei Federal 10.257/01).

O planejamento e as políticas de transportes urbanos nas últimas décadas incorporaram a noção de *mobilidade urbana*, o que se reflete no Brasil na abordagem conferida à Política Nacional de Mobilidade Urbana (PNMU) promulgada em 2012 por meio da Lei Federal 12.587/12.[1] Nela *mobilidade urbana* foi definida como "a condição em que se realizam os deslocamentos de pessoas e cargas no espaço urbano". Esta noção amplia aquela de transportes, na medida em que incorpora as pessoas que estão se deslocando (suas necessidades e capacidades) e não só os veículos.

> Art. 2º A Política Nacional de Mobilidade Urbana tem por objetivo contribuir para o acesso universal à cidade, o fomento e a concretização das condições que contribuam para a efetivação dos princípios, objetivos e diretrizes da política de desenvolvimento urbano, por meio do planejamento e da gestão democrática do Sistema Nacional de Mobilidade Urbana.

O Sistema Nacional de Mobilidade Urbana (art. 3º da Lei Federal 12.587/12) é constituído pelos modos de transporte (motorizados e não motorizados), além dos serviços de transporte (de passageiros ou de cargas; coletivo ou individual; público ou privado) e as infraestruturas de mobilidade urbana (vias e demais logradouros públicos, estacionamentos, terminais, estações, pontos para embar-

---

1. O projeto de lei que deu origem a Política Nacional de Mobilidade Urbana foi proposto em 2007.

que e desembarque, sinalização viária e de trânsito, equipamentos e instalações e instrumentos de controle, fiscalização etc.).

A Política Nacional de Mobilidade Urbana é orientada pelos princípios de (art. 5º da Lei Federal 12.587/12): "I – acessibilidade universal; II – desenvolvimento sustentável das cidades, nas dimensões socioeconômicas e ambientais; III – equidade no acesso dos cidadãos ao transporte público coletivo; IV – eficiência, eficácia e efetividade na prestação dos serviços de transporte urbano; V – gestão democrática e controle social do planejamento e avaliação da Política Nacional de Mobilidade Urbana; VI – segurança nos deslocamentos das pessoas; VII – justa distribuição dos benefícios e ônus decorrentes do uso dos diferentes modos e serviços; VIII – equidade no uso do espaço público de circulação, vias e logradouros; e IX – eficiência, eficácia e efetividade na circulação urbana".

Além disso, a Lei Federal define as diretrizes da PNMU (art. 6º da Lei Federal 12.587/12):

I – integração com a política de desenvolvimento urbano e respectivas políticas setoriais de habitação, saneamento básico, planejamento e gestão do uso do solo no âmbito dos entes federativos;

II – prioridade dos modos de transportes não motorizados sobre os motorizados e dos serviços de transporte público coletivo sobre o transporte individual motorizado;

III – integração entre os modos e serviços de transporte urbano;

IV – mitigação dos custos ambientais, sociais e econômicos dos deslocamentos de pessoas e cargas na cidade;

V – incentivo ao desenvolvimento científico-tecnológico e ao uso de energias renováveis e menos poluentes;

VI – priorização de projetos de transporte público coletivo estruturadores do território e indutores do desenvolvimento urbano integrado; e

VII – integração entre as cidades gêmeas localizadas na faixa de fronteira com outros países sobre a linha divisória internacional.

VIII – garantia de sustentabilidade econômica das redes de transporte público coletivo de passageiros, de modo a preservar a continuidade, a universalidade e a modicidade tarifária do serviço. (Incluído pela Lei 13.683, de 2018)

Cabe destacar também os objetivos da PNMU (art. 7º da Lei Federal 12.587/12):

I – reduzir as desigualdades e promover a inclusão social;

II – promover o acesso aos serviços básicos e equipamentos sociais;

III – proporcionar melhoria nas condições urbanas da população no que se refere à acessibilidade e à mobilidade;

IV – promover o desenvolvimento sustentável com a mitigação dos custos ambientais e socioeconômicos dos deslocamentos de pessoas e cargas nas cidades; e

V – consolidar a gestão democrática como instrumento e garantia da construção contínua do aprimoramento da mobilidade urbana.

Ademais, a Política Nacional de Mobilidade Urbana define as diretrizes para a regulação dos serviços de transporte público coletivo; os direitos dos usuários; as atribuições da União, Estados e Municípios; as diretrizes para o planejamento e gestão dos sistemas de mobilidade urbana; e os instrumentos de apoio à mobilidade urbana.

O Plano de Mobilidade Urbana (PlanMob), por sua vez, é importante instrumento da PNMU para o planejamento no âmbito municipal (art. 24 da Lei Federal 12.587/12). Ele é obrigatório para os municípios com mais de 20.000 habitantes; integrantes de regiões metropolitanas, regiões integradas de desenvolvimento econômico e aglomerações urbanas com população total superior a 1.000.000 de habitantes; e integrantes de áreas e interesse turístico, incluídas cidades litorâneas que têm a dinâmica de mobilidade alterada em função do turismo.

O PlanMob deve estar em consonância com os princípios, objetivos e diretrizes da Lei Federal e contemplar: os serviços de transporte público coletivo; a circulação viária; as infraestruturas do sistema de mobilidade urbana, inclusas ciclovias e ciclofaixas; acessibilidade para pessoa com deficiência e com restrição de mobilidade; a integração dos modos de transporte públicos e destes com os privados e os não motorizados; a operação e disciplinamento do transporte de carga na infraestrutura viária; os polos geradores de viagens; as áreas de estacionamento; as restrições e/ou controle de circulação em termos de áreas e horários; os mecanismos e instrumentos de financiamento; a sistemática de avaliação, revisão e atualização em prazo não superior a dez anos.

Quanto ao prazo para elaboração e aprovação do PlanMob, a última redação dada pela Lei 14.000/20 definiu a data limite de 12/04/22 para os municípios com mais de 250 mil habitantes e até 12.04.2023 para aqueles com até 250 mil habitantes. A sanção, caso o prazo não seja cumprido, consiste na impossibilidade de solicitar e receber recursos federais destinados à mobilidade urbana.

Importante não deixar de mencionar que as medidas relativas à política de mobilidade urbana passam também pela observação da Política Nacional sobre Mudança do Clima (Lei Federal 12.187/09) em virtude das emissões provenientes do setor de transporte e da necessidade de redução dos impactos em benefício das presentes e futuras gerações; e pelas diretrizes gerais do Estatuto da Metrópole (Lei Federal 13.089/15), na medida em que o transporte coletivo urbano e a circulação de pessoas e cargas constituem funções públicas de interesse comum em regiões metropolitanas e em aglomerações urbanas.

Qualquer pessoa que circule pelas cidades brasileiras, de grandes metrópoles a cidades pequenas e médias, observa, no entanto, que as diretrizes, objetivos e princípios da política urbana e, mais especificamente, da política nacional de mobilidade urbana não estão materializados nas condições de deslocamento da população.

3. ATUAIS CONDIÇÕES DE DESLOCAMENTO NO BRASIL[2]

No Brasil, o aumento das distâncias, dos tempos de deslocamento, dos acidentes de trânsito e dos congestionamentos; o crescimento da motorização por automóveis e motocicletas; as deficiências nos serviços de transporte coletivo (baixa cobertura, superlotação, oferta irregular e de baixa qualidade); e o aumento do comprometimento da renda familiar com transporte são alguns dos fatores que tem levado a consideração de que estamos vivendo nos últimos anos uma "crise de mobilidade urbana".[3]

A noção de *mobilidade urbana*, que de certa forma substituiu o uso genérico do termo transporte urbano, envolve olhar para o movimento das pessoas e não só dos veículos; é determinada pela possibilidade de relações, oportunidades e satisfação de necessidade, e não só expressa em termos de número de viagens, deslocamentos e passageiros; é determinada pela acessibilidade das pessoas a lugares e pela satisfação de suas necessidades de bens, produtos e serviços, em contraposição a visão restrita à eficácia, rapidez e fluidez dos veículos; considera que os movimentos têm valor em si mesmo, e não só como meio; dá maior ênfase na condição, gênero e idade das pessoas, ao invés de considerá-las como um grupo heterogêneo que se desloca.[4]

Para as duas primeiras décadas do século XXI no Brasil, os pesquisadores do Instituto de Pesquisa Econômica Aplicada (IPEA) identificaram tendência de aumento do consumo do transporte individual motorizado (com aumento da frota e da taxa de motorização de automóveis e motocicletas), enquanto houve queda da demanda pelo transporte coletivo e encarecimento do serviço, especialmente para as famílias mais pobres e nas cidades de pequeno e médio porte; além de aumento dos tempos de deslocamento casa-trabalho.[5] Consideram que o aumento

---

2. Dada a dimensão continental do Brasil e a grande diversidade entre suas cidades e regiões, não é possível generalizar as condições de deslocamento para toda população urbana. Ainda assim, optou-se por elaborar um panorama geral, de modo a contextualizar a problemática, mas sem analisar as especificidades regionais e urbanas.

3. O termo "crise de mobilidade urbana" foi utilizado por VASCONCELLOS (1995); ROLNIK e KLINTOWITZ (2011); RODRIGUES (2013); SOUZA (2013); SILVA (2022); entre outros.

4. Quadro comparativo entre os paradigmas do transporte e o paradigma da mobilidade, sintetizado por CONNOLLY (2015, p. 5) com base no documento elaborado pela Comisión de los Derechos Humanos del Distrito Federal (CDHDF), pelo Centro de Investigación Aplicada en Derechos Humanos (CIADH) e pelo Instituto de Políticas para el Transporte (ITDP-México).

5. PEREIRA, WARWAR et al (2021).

da renda das famílias, o controle de preço de combustíveis e os subsídios para compra e uso de veículos motorizados que ocorreram no período são fatores que contribuíram para a tendência identificada:

> O reflexo mais imediato dessas mudanças do padrão de consumo de bens e serviços de mobilidade tem sido o rápido aumento da frota de automóveis e motocicletas. Esse crescimento tem contribuído para a persistente deterioração nas condições de mobilidade urbana nas últimas décadas. (...) Outra consequência desse cenário tem sido a contínua queda da demanda de passageiros do transporte público. Isso tem alimentado um ciclo vicioso de pressão por aumento de tarifas e perdas adicionais de passageiros, o que vem comprometendo a competitividade e sustentabilidade dos sistemas de transporte público que, via de regra, são financiados fundamentalmente por receitas tarifárias sem subsídio. No todo, a fragilização dos sistemas de transporte coletivo em favor de um padrão de mobilidade individual traz consequências negativas para o meio ambiente e para a saúde; e gera um padrão de urbanização excludente, que compromete a economia e o bem-estar da população.[6]

A maior parte dos problemas relativos aos deslocamentos cotidianos se concentra nas regiões metropolitanas, com grandes distâncias a serem percorridas, maiores tempos de deslocamento, congestionamentos e baixa disponibilidade de serviços de transporte coletivo de média e alta capacidade.[7] Ao mesmo tempo, as cidades pequenas e médias passaram por grandes transformações nos padrões de mobilidade urbana nas últimas décadas, especialmente com o crescimento expressivo da motorização individual – automóveis e motocicletas.

Segundo o Mapa da Motorização Individual no Brasil, organizado pelo Observatório das Metrópoles, no período entre 2008 e 2018 a frota de automóveis no Brasil passou de 37,1 milhões para 65,7 milhões e a frota de motocicletas passou de 13 milhões para 26,7 milhões. As regiões metropolitanas têm importante papel no crescimento da frota de automóveis, enquanto as cidades menores e periferias metropolitanas se destacam no crescimento da frota de motocicletas.

O crescimento das frotas e das taxas de motorização (quantidade de veículos/ habitante – Gráficos 1 e 2) nesse período se relaciona, segundo o relatório, com o contexto de crescimento econômico, aumento da renda, desonerações fiscais que impulsionam vendas, preço acessível (no caso das motos), além das vantagens individuais relacionadas ao uso do transporte individual motorizado quando comparado ao transporte coletivo (conforto, privacidade, pontualidade, viagem porta a porta...).

> A despeito de parte dessas causas serem amplamente conhecidas e apesar das tendências apresentados neste relatório não serem totalmente inéditas, pouca atenção tem sido dada aos custos sociais da exagerada dependência do automóvel e da proliferação das motos no país. Além disso, o Estado, na implementação de políticas públicas de transporte, continua

---

6. PEREIRA, WARWAR et al (2021, p. 43).
7. MINISTÉRIO DAS CIDADES (2018).

se orientando pelo uso do automóvel, relegando a um plano secundário as políticas de transporte público de massa e reduzindo quase a zero a implementação de políticas para o transporte não motorizado.[8]

Gráfico 1. Taxa de motorização por automóveis (auto/100 hab) – 2008 a 2018

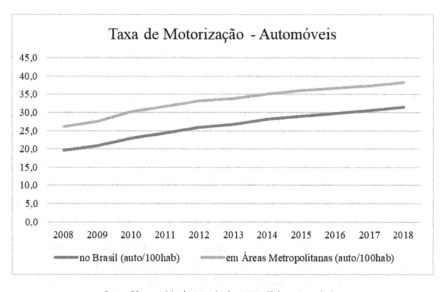

Fonte: Observatório das Metrópoles, 2019. Elaboração própria.

Gráfico 2. Taxa de motorização por motocicletas (motos/100 hab) – 2008 a 2018

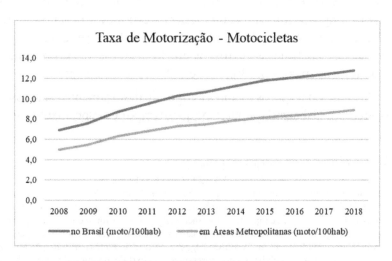

Fonte: Observatório das Metrópoles, 2019. Elaboração própria.

---

8. OBSERVATÓRIO DAS METRÓPOLES (2019, p. 5).

O relatório do Observatório das Metrópoles também identifica diferenças regionais da motorização individual, por exemplo: apesar da região sudeste ter a maior frota de automóveis, sua participação foi reduzida no período frente às regiões nordeste, norte e centro-oeste em que o crescimento foi mais significativo, aumentando a participação relativa; e no crescimento da frota de motos, o destaque foi para a região nordeste.[9] Importante mencionar que apesar da moto conferir rapidez às viagens, com baixo custo de manutenção e de consumo de combustível, seu uso está associado a altos índices de acidentes graves, o que acaba por sobrecarregar o sistema de saúde.[10]

No que se refere ao transporte coletivo, estima-se que menos de 20% da população das grandes metrópoles brasileiras vive próxima de uma estação de transporte coletivo de média e alta capacidade, que corresponde aos sistemas de metrô, trem, monotrilhos, VLTs (veículos leves sobre trilhos) e BRTs (*bus rapid transit*).[11] Ou seja, a cobertura desse serviço é muito baixa. A tendência de queda da demanda pelo transporte coletivo foi acentuada com a pandemia de Covid-19, quando a utilização do serviço foi bastante reduzida, e mesmo após o retorno às atividades normais, a demanda segue em queda.

Um dos motivos para a queda da demanda pode estar no tempo de deslocamento por transporte coletivo. Levantamento do aplicativo *moovit*[12] para 2022 mostra que no Rio de Janeiro, Recife, São Paulo e Belo Horizonte o tempo médio de deslocamento por transporte coletivo em uma única direção (trajeto) supera 60 minutos; enquanto em Brasília, Curitiba, Salvador, Fortaleza, Campinas e Porto Alegre varia entre 47 e 58 minutos. Quanto ao percentual de pessoas que faz trajetos longos, com 2 horas ou mais, corresponde a 12% no Rio de Janeiro, 9% no Recife, 7% em Belo Horizonte e 7% em São Paulo; enquanto o percentual de pessoas que faz trajetos curtos, de até 30 minutos, nessas mesmas capitais corresponde a apenas 19%, 18%, 21% e 21%, respectivamente.[13]

Vale mencionar que os maiores tempos de deslocamento estão associados às faixas de renda mais baixa da população e que o tempo de deslocamento por transporte

---

9. OBSERVATÓRIO DAS METRÓPOLES (2019).
10. PEREIRA, WARWAR, *et al.* (2021) e VASCONCELLOS (1995).
11. Disponível em: https://mobilidados.org.br/. Acesso em: 1º abr. 2023.
12. Disponível em: www.moovit.com. Acesso em: 1º abr. 2023. Os valores incluem o tempo despendido com caminhada, espera e tempo de deslocamento. Apesar do levantamento contemplar apenas o universo das viagens realizadas utilizando o aplicativo, os valores parecem confiáveis, pois se aproximam daquele apresentado na última Pesquisa Origem e Destino do Metrô para a Região Metropolitana de São Paulo e daqueles que vinham sendo apresentados pelo IBGE por meio do censo (última versão em 2010) e pela PNAD para as principais regiões metropolitanas (interrompido em 2015).
13. Segundo dados do mesmo aplicativo, o percentual de viagens curtas por transporte coletivo em metrópoles latino-americanas como Medelin, Buenos Aires e Santiago varia entre 25% e 30%. Na Europa o percentual sobe para 42% em Barcelona, 37% em Berlin, 33% em Lisboa e 31% em Madri.

individual motorizado é substancialmente menor do que o tempo de deslocamento por transporte coletivo. Na Região Metropolitana de São Paulo, por exemplo, o tempo médio de deslocamento por transporte individual motorizado em 2017 foi de 28 minutos, menos da metade daquele gasto com transporte coletivo, de 60 minutos.[14]

Tempos excessivos de viagens podem impedir os deslocamentos e com isso a participação em atividades; podem indicar indisponibilidade ou precariedade das opções de transporte; e insuficiência de atividades nas proximidades,[15] sendo que "quando esse tempo médio excede 60 minutos, podemos inferir que a população tem sua qualidade de vida comprometida".[16]

O transporte – coletivo ou individual – ocupa importante papel no orçamento das famílias brasileiras e passou a representar percentual maior nas despesas com consumo do que aquele com alimentação (Tabela 01). As análises do IPEA indicam elevado comprometimento da renda com transporte para as famílias mais pobres nas regiões metropolitanas, deixando-as em situação ainda mais vulnerável, com restrição nas possibilidades e quantidade de viagens para acesso aos equipamentos e oportunidades.[17]

Tabela 01. Evolução das despesas com transporte,
alimentação e habitação em domicílios urbanos – Brasil.

Despesas de consumo	2002-2003	2008-2009	2017-2018
Alimentação	19,6 %	19,0 %	16,9 %
Habitação	36,1 %	36,4 %	37,1 %
Transporte	18,5 %	19,5 %	17,9 %

Fonte: IBGE (2019, p. 47). Elaboração própria.

Custo e tempo de deslocamento são fatores que interferem e podem restringir as viagens cotidianas. Se articulam à noção de *acessibilidade* que se refere às possibilidades de acessar atividades, serviços, pessoas, lugares, mostrando o grau de integração socioespacial. É um atributo relativo à facilidade de deslocamento ou potencial de acesso a oportunidades que depende da proximidade (distância física), mas também das características da rede de transportes (frequência das linhas, conexões da rede etc.) e das restrições individuais ou da sociedade (tarifa, gênero, mobilidade física etc.).

---

14. Conforme dados da Pesquisa Origem e Destino do Metrô (METRÔ, 2019). Para análises sobre os resultados da Pesquisa OD na RMSP ver SILVA (2022) e PILOTTO e NOVASKI (2023).
15. LIMA e PORTUGAL (2019).
16. MINISTÉRIO DAS CIDADES (2018, p. 23). Cabe ponderar que o tempo de deslocamento afeta as pessoas de modos diferenciados, tendo diferentes implicações em virtude das experiências pessoais, modos de transporte e condição de renda, gênero, raça.
17. PEREIRA, WARWAR et al (2021).

As cidades brasileiras estão marcadas pelas desigualdades de acesso a oportunidades, conforme mostra o Projeto Acesso a Oportunidades[18] que simula o acesso a postos de emprego, serviços de saúde, educação e proteção social utilizando os diferentes modos de transporte. A acessibilidade varia conforme o local em que se reside – centro/periferia, a classe de renda – ricos/pobres, e a raça – brancos/negros. De modo geral, nas vinte cidades brasileiras analisadas, as áreas urbanas centrais e consolidadas tem maior nível de acessibilidade quando comparadas às regiões de periferia urbana; os mais ricos têm maior acesso a oportunidades de emprego do que os mais pobres; e a "população branca tende sistematicamente a ter mais fácil acesso aos serviços de saúde do que a população negra".[19] Ou seja, os autores destacam as desigualdades no espaço intraurbano das cidades objeto, que

> (...) se manifestam tanto em análises por níveis de renda quanto por cor/raça. A população mais rica e branca tem, em média, mais acesso a oportunidades do que a população pobre e negra em todas as cidades estudadas, independentemente do meio de transporte considerado. Essa persistente desigualdade nas cidades brasileiras é causa e, ao mesmo tempo, reflexo da segregação espacial e de questões estruturais geradas pela desigual distribuição espacial do sistema de transporte, da infraestrutura e do desenvolvimento urbano.[20]

Esse panorama crítico sobre as condições de mobilidade urbana se realiza sobre espaços urbanos que historicamente privilegiaram o transporte individual motorizado com consequências em termos de congestionamento, poluição, acidentes e consumo de espaço. Ou seja, o automóvel – e as infraestruturas e serviços a ele dedicadas – tem papel histórico na urbanização brasileira:

> O automóvel conformou as cidades e definiu, ou pelo menos foi o mais forte elemento a influenciar, o modo de vida urbano na era da industrialização. Aquilo que era inicialmente uma opção – para os mais ricos, evidentemente – o automóvel passou a ser uma necessidade de todos. E como necessidade, que envolve todos os habitantes da cidade, ele não apenas matou a cidade, mas a si próprio. Sair da cidade, fugir do tráfego, da poluição e do barulho passou a ser um desejo constante. Em outras palavras, o mais desejável modo de transporte, aquele que admite a liberdade individual de ir a qualquer lugar em qualquer momento, desde que haja infraestrutura rodoviária para essa viagem, funciona apenas quando essa liberdade é restrita a alguns.[21]

Essa "matriz rodoviarista" corresponde a um modelo de urbanização em que estacionamentos, avenidas, rodovias, viadutos, pontes, garagens, túneis têm prioridade na utilização do espaço urbano e do fundo público. O que se relaciona a uma gama de agentes e interesses econômicos envolvidos, que se beneficiam desse modelo, como o setor energético, de obras de infraestrutura, indústria automobilística, entre outros. A disseminação do automóvel possibilitou a configuração

---

18. Disponível em: https://www.ipea.gov.br/acessooportunidades/. Acesso em: 02 abr. 2023.
19. PEREIRA, BRAGA et al (2020, p. 36).
20. PEREIRA, BRAGA et al (2020, p. 39).
21. MARICATO (2011, p. 171).

MOBILIDADE URBANA **261**

dispersa e fragmentada das cidades,[22] com consequências negativas diversas em termos urbanos, sociais, ambientais e econômicos.

4. SOBRE ALGUNS DOS CAMINHOS E DESAFIOS

Frente a esse panorama crítico, quais medidas, projetos, instrumentos, devem e podem ser implementados para atingir as diretrizes, princípios e objetivos da Política Nacional de Mobilidade Urbana? Construção de anéis viários, vias expressas, túneis e viadutos? Ampliação da rede de transporte coletivo de média e alta capacidade? Uso generalizado do carro elétrico? Aumento da infraestrutura cicloviária? Aproximação dos locais de trabalho, equipamentos e serviços das áreas de moradia? Redução da tarifa do transporte coletivo?

Considerando a dimensão do problema, seu caráter histórico e estrutural, é certo que não há solução milagrosa. Elas precisam passar por um olhar reflexivo sobre o processo de urbanização das cidades brasileiras e integrado quanto aos diferentes fatores que estão envolvidos na mobilidade urbana. Notadamente, precisam ter aderência à Política Nacional de Mobilidade Urbana.

Nesse sentido, princípios e diretrizes da PNMU foram selecionados e confrontados com o panorama exposto anteriormente, para uma discussão sobre alguns dos desafios e caminhos possíveis, sem pretensão de esgotar o tema.

- Equidade no uso do espaço público de circulação, vias e logradouros

Apesar dos congestionamentos atingirem a todos que utilizam o sistema viário – tanto os usuários do transporte coletivo, quanto os do transporte individual motorizado – e terem consequências negativas para toda a sociedade (como a poluição), são os automóveis que contribuem mais intensamente para esse cenário.

O sistema de circulação no ambiente construído – que envolve a estrutura (vias públicas, calçadas, vias férreas, terminais) e os meios de circulação (veículos ou a pé) – está relacionado às necessidades de reprodução de grupos e classes sociais, sendo, portanto, objeto de disputa.[23] O sistema viário, em especial, como espaço público que é, está no centro das disputas pelos diferentes modais.

> Nas sociedades com grandes diferenças sociais e econômicas entre as classes e grupos sociais, a apropriação integral das vias é possível apenas para as pessoas com recursos variados, financeiros e de transportes. Portanto, do ponto de vista sociológico, as vias, em si mesmas, não são meios coletivos de consumo, a menos que condições adequadas de mobilidade e acessibilidade sejam garantidas àqueles sem acesso ao transporte individual, às crianças, aos pobres, aos idosos, aos portadores de deficiência física e à maioria da população rural.[24]

---

22. MARICATO (2011).
23. VASCONCELLOS (2001).
24. VASCONCELLOS (2005, p. 25).

É sabido que a ampliação da infraestrutura destinada ao transporte individual motorizado – construção de mais ruas e/ou ampliação das ruas existentes – não contribui para melhoria do trânsito ou para redução dos congestionamentos.[25] Ainda assim, essa solução foi ampla e historicamente adotada nas cidades brasileiras e segue sendo proposta atualmente. No entanto, não há espaço viário suficiente para a quantidade de automóveis, que é crescente, como já mostrado. Por exemplo, "no caso de São Paulo, as pessoas acham que no congestionamento do horário de pico da tarde a maioria dos veículos disponíveis está circulando simultaneamente, quando apenas 15% deles estão nas ruas".[26]

O caminho para maior equidade no uso do espaço público das vias passa, necessariamente, por ampliar o espaço destinado aos modos ativos (ou não motorizados) e ao transporte coletivo. O consumo individual de espaço viário pelo automóvel, que em geral transporta uma ou duas pessoas, "é cerca de dez vezes maior que o consumo das pessoas que usam o ônibus".[27] No entanto, como o espaço de circulação é finito, essa ampliação para os modos ativos e coletivos envolve a redução do espaço destinado aos automóveis, seja para sua circulação, seja para o estacionamento.[28]

Nesse sentido, a criação de corredores de ônibus e faixas exclusivas ou prioritárias ao transporte coletivo, assim como a implantação de ciclovias e ciclofaixas, além da ampliação das calçadas e calçadões são todas medidas amparadas nos princípios da Política Nacional de Mobilidade Urbana. As faixas exclusivas de ônibus podem aumentar a velocidade dos mesmos e conferir maior regularidade às viagens; enquanto as ciclovias e ciclofaixas contribuem para segurança dos ciclistas.

A conclusão mais importante para efeito de políticas públicas é que o patrimônio público representado pelas vias não é distribuído igualmente entre as pessoas e que, portanto, tratar os investimentos no sistema viário como democráticos e equitativos é um mito – na verdade, o mais poderoso mito que é operado para justificar a expansão indiscriminada do sistema viário.[29]

Nesse contexto, entende-se que o carro elétrico – como alternativa ao carro a combustão –, apesar de constituir solução menos poluente e que envolve o consumo de energia mais eficiente, não se apresenta como solução para os problemas de congestionamento e tempo de deslocamento, principalmente em grandes metrópoles, por se tratar de solução individual, que transporta poucos passageiros.

---

25. Sobre o tema, ver, por exemplo: https://www.mobilize.org.br/noticias/8905/por-que-a-construcao--de-mais-vias-nao-alivia-os-congestionamentos.html. Acesso em: 02 abr. 2023.
26. VASCONCELLOS (2013, p. 160).
27. VASCONCELLOS (2013, p. 130).
28. Vale lembrar que, conforme alerta Eduardo Vasconcellos, o estacionamento de veículos particulares no espaço público gratuitamente constitui um grande subsídio ao transporte individual motorizado.
29. VASCONCELLOS (2013, p. 132). Iniciativas da Prefeitura de São Paulo de direcionar os recursos do Fundo de Desenvolvimento Urbano (FUNDURB) inicialmente destinados no Plano Diretor Estratégico de 2014 para implantação dos sistemas de transporte público coletivo, cicloviário e de circulação de pedestres para melhorias nas vias estruturais, pavimentação e recapeamento ilustram bem o tema.

MOBILIDADE URBANA **263**

- Prioridade dos modos de transportes não motorizados sobre os motorizados e dos serviços de transporte coletivo sobre o transporte individual motorizado

Historicamente a urbanização das cidades brasileiras privilegiou os modos motorizados sobre os não motorizados (ou ativos) e os modos individuais sobre os coletivos. Essa priorização ocorre tanto por meio da utilização e gestão do espaço público, quanto na destinação dos orçamentos públicos, além da diferenciação dos subsídios destinados aos diferentes modos.

As dificuldades para os pedestres nas cidades brasileiras são inúmeras: má qualidade das calçadas (com inúmeros obstáculos, diferentes tipos de pavimentos, largura insuficiente, pouco iluminadas, ...); sinalização e tempos semafóricos que privilegiam os automóveis (quando existente o semáforo para pedestres); riscos de acidentes, entre outras. Para os ciclistas – que mais recentemente ganharam destaque nos deslocamentos cotidianos para trabalho/escola, e não só para lazer – se acrescenta a ausência e descontinuidade de ciclofaixas e ciclovias. Em cidades com topografia acentuada, os problemas se intensificam para pedestres e ciclistas.

Apesar desse descaso, os modos ativos se configuram como geradores de impactos positivos sobre a urbanização, pois consomem menos espaço e energia, não geram poluentes e têm baixo custo. Daí a importância das políticas públicas destinadas às calçadas; da distribuição equitativa dos empregos e dos equipamentos – de educação, saúde, lazer, assistência social – no espaço urbano; e das políticas de segurança viária que combatem os acidentes que têm os pedestres e ciclistas como o lado mais fraco. Ainda assim, sabe-se que os problemas relativos aos deslocamentos cotidianos em grandes metrópoles não serão resolvidos apenas pelos modos ativos, dada a baixa capacidade. Mas eles podem e devem ser incentivados, inclusive porque mesmo os motoristas de automóveis e motocicletas e os passageiros de transporte coletivo são, em algum momento, pedestres.

Cabe notar também que há condições no Brasil em que os deslocamentos a pé ou por bicicleta ocorrem por ausência de recursos financeiros das famílias, indicando uma situação de exclusão social. A análise dos dados envolvendo deslocamentos a pé e/ou de bicicleta deve interpretar essa situação de modo a direcionar as políticas públicas adequadamente.

Quanto à priorização do transporte coletivo sobre o individual motorizado, além dos aspectos abordados no item anterior, configura grande desafio a ampliação da cobertura da rede de transporte coletivo de média e alta capacidade, especialmente nas periferias das grandes cidades e nos municípios que compõem as regiões metropolitanas. Esse é um dos fatores para ampliar o acesso à cidade e às oportunidades. Além da proximidade ao transporte coletivo de média e alta capacidade é importante que as tarifas sejam acessíveis; que os trajetos envolvam condições de segurança e conforto (iluminação pública e calçadas acessíveis); e que os equipamentos urbanos (de saúde, educação, lazer) e os locais de trabalho estejam bem distribuídos pela cidade.

Ainda assim, não se pode ignorar que os investimentos em infraestrutura urbana estão inseridos no *processo de produção capitalista do espaço*.[30] As diferentes áreas da cidade se valorizam na medida em que investimentos públicos e privados são realizados e há um processo de apropriação diferenciada do espaço. Nesse sentido, até os investimentos em transporte coletivo – que supostamente deveriam melhorar as condições de acessibilidade – podem implicar valorização das áreas adjacentes e eventual expulsão da população residente.

Assim, a priorização almejada pela Política Nacional de Mobilidade Urbana – dos modos de transporte não motorizados sobre os motorizados e dos serviços de transporte coletivo sobre o transporte individual motorizado – precisa estar articulada à política de desenvolvimento urbano e envolver diferentes frentes de atuação: desde o direcionamento do orçamento destinado aos diferentes modos; passando pela melhor distribuição dos investimentos no espaço urbano, para reduzir as diferenciações socioespaciais; até a repartição do espaço público das vias.

Nesse sentido é que deveriam se inserir os debates e as propostas de "tarifa-zero" no transporte coletivo. Essa política – adotada em algumas cidades brasileiras como Maricá (RJ), Vargem Grande Paulista (SP), Caucaia (CE), Agudos (SP), entre outras – ganhou maior destaque, recentemente, com a notícia de que a Prefeitura de São Paulo pretende adotá-la.[31] Ela envolve objetivos de ampliação do acesso da população à cidade e de incentivo ao uso do transporte coletivo, mas também tentativa para resolver a crise do setor de transportes (das empresas concessionárias), agravada durante a pandemia de Covid-19 com o incremento da redução do número de passageiros. Se, por um lado, constitui projeto com vários obstáculos e dificuldades, especialmente em grandes cidades, de outro, experiências mostram que o número de usuários aumenta significativamente, com impactos positivos para a população em termos de acesso à cidade, mas também para o comércio e serviços.

Ainda quanto ao fundo público, a "disputa" entre os diferentes modos de transporte não se refere apenas à execução do orçamento público por meio de serviços e obras, mas também aos subsídios. O setor automobilístico teve, historicamente, uma série de subsídios, seja no apoio à indústria, nas reduções de IPI, nos subsídios aos combustíveis, nos recursos destinados à manutenção e operação do

---

30. Noção utilizada por diversos autores, com destaque para David Harvey.
31. Ver, por exemplo: https://summitmobilidade.estadao.com.br/tarifa-zero-qual-sua-viabilidade/, acesso em 10 abr 2023; e https://noticias.uol.com.br/ultimas-noticias/agencia-estado/2022/11/19/sp-estuda--adotar-tarifa-gratuita-de-onibus.htm. Acesso em: 10 abr. 2023.
    As ideias relacionadas à "tarifa-zero" foram debatidas nos anos 1990, na gestão da Prefeita Luiza Erundina, em São Paulo, encabeçadas por Lucio Gregório. Posteriormente, a bandeira foi adotada pelo Movimento Passe Livre (MPL). Sobre o tema ver GREGORI, WHITAKER et al (2020).

sistema viário e incentivos e renúncias fiscais. Também podem ser mencionadas a gratuidade de estacionamento nas vias públicas e a liberdade para circulação dos automóveis no espaço público.[32] Esse, em geral, são aspectos não contabilizados.

Planejamento, avaliação e monitoramento

Por fim, outro grande desafio se refere ao planejamento da mobilidade urbana nas diferentes esferas – federal, estadual e municipal. Desafio que esbarra na capacidade institucional dos municípios, na disponibilidade de recursos, na necessidade de dados e informações para o planejamento adequado, entre outros aspectos.

No âmbito municipal, o instrumento principal de planejamento da mobilidade urbana é o plano de mobilidade urbana, obrigatório para os municípios com mais de 20.000 habitantes; integrantes de regiões metropolitanas, regiões integradas de desenvolvimento econômico e aglomerações urbanas com população total superior a 1.000.000 de habitantes; e integrantes de áreas e interesse turístico, incluídas cidades litorâneas que têm a dinâmica de mobilidade alterada em função do turismo (Lei Federal 12.587/12).

Ele deve ser realizado observando-se as especificidades de cada município, ou seja, o porte do município, a inserção na rede de cidades, a capacidade institucional, as características históricas e do meio físico, entre outros fatores. A Associação Nacional dos Transportes Públicos (ANTP) e o "Caderno de Referência para Elaboração de Plano de Mobilidade Urbana",[33] por exemplo, adotam uma divisão dos municípios brasileiros em cinco categorias, conforme a dimensão da população, de modo a caracterizar o perfil da mobilidade urbana[34] e orientar o planejamento em âmbito local: entre 60 e 100 mil habitantes; entre 100 e 250 mil habitantes; entre 250 e 500 mil habitantes; entre 500 mil e 1 milhão de habitantes; e acima de 1 milhão de habitantes. Os conteúdos, etapas, metodologia e processo de elaboração do plano de mobilidade urbana vão variar de acordo com essas especificidades. Envolvem etapas preparatórias, pesquisas e levantamentos, análises e diagnósticos, propostas, simulações, permeados por audiências e debates públicos para garantia da gestão democrática.

No âmbito federal, tendo em vista a necessidade de monitoramento e avaliação dos objetivos da Política Nacional de Mobilidade Urbana, o Ministério das Cidades criou um Grupo de Trabalho que definiu 31 indicadores de mobilidade urbana,[35] distribuídos em sete eixos temáticos. Desse conjunto de indicadores,

---

32. VASCONCELLOS (2013).
33. MINISTÉRIO DAS CIDADES (2007).
34. Analisados no Sistema de Informações da Mobilidade Urbana da ANTP, disponível em: http://www.antp.org.br/sistema-de-informacoes-da-mobilidade/apresentacao.html.
35. O Ministério das Cidades publicou, em 2016, o relatório "Indicadores de efetividade da Política Nacional de Mobilidade Urbana: Relatório de atividades e resultados do grupo de trabalho para definição de

apenas 12 puderam ser apurados no levantamento de 2018 em virtude da indisponibilidade de dados para os demais. O quadro a seguir reproduz os indicadores de curto prazo calculados para monitoramento e avaliação da efetividade da PNMU, que estavam disponíveis em 2018.

Quadro 01. Indicadores de curto prazo calculados para monitoramento e avaliação da efetividade da PNMU

Eixo temático	Indicadores de curto prazo
Qualidade do sistema de mobilidade urbana	Percentual da população que gasta 1 hora ou mais no deslocamento casa--trabalho (total e por faixa de renda)
Desenvolvimento urbano integrado	Percentual da população vivendo próxima a terminais e estações de transporte de média e alta capacidade (total e por faixa de renda)
Sustentabilidade econômica e financeira	Percentual de receita extratarifária do sistema de transporte coletivo por ônibus
Gestão democrática e controle social	– possui apenas indicadores de longo prazo
Acesso e equidade	Peso do custo de transporte público na renda média Percentual de postos de trabalho próximos a terminais e estações de transporte de média e alta capacidade
Sustentabilidade ambiental	Percentual de combustíveis renováveis na matriz energética do transporte Emissões de Gases de Efeito Estufa (GEEs) per capita Emissões de poluentes locais per capita
Acidentes de transportes	Número de mortos em acidentes de trânsito por 100 mil habitantes (total e por modo de deslocamento) Número de feridos hospitalizados em acidentes de trânsito por 100 mil habitantes (total e por modo de deslocamento) Gasto com internações de feridos hospitalizados no SUS devido a acidentes de trânsito por 100 mil habitantes Gasto total com indenizações (mortes e invalidez) pagas pelo Seguro DPVAT

Fonte: MINISTÉRIO DAS CIDADES (2018, p. 19). Elaboração própria.

É inquestionável a importância do monitoramento da PNMU e da definição desses indicadores, contudo, se verificam limitações em virtude da ausência de dados para o monitoramento de grande parte dos indicadores e de alterações nas fontes de dados que estavam sendo utilizadas (como tempo de deslocamento que deixou de ser levantado pela PNAD/IBGE).

---

indicadores para monitoramento e avaliação da efetividade da Política Nacional de Mobilidade Urbana (PNMU)", com uma lista preliminar de indicadores por eixos temáticos e classificados de acordo com o prazo de apuração (curto, médio e longo); e, em 2018, o documento "Indicadores para monitoramento e avaliação da efetividade da Política Nacional de Mobilidade Urbana (PNMU)", em que constam os indicadores apurados, disponível em: https://www.gov.br/mdr/pt-br/assuntos/mobilidade-e-servicos-urbanos/indicadores-para-monitoramento-e-avaliacao-da-efetividade-da-politica-nacional-de--mobilidade-urbana. Acesso em: 23 out. 2022.

5. CONSIDERAÇÕES FINAIS

Mais do que apontar respostas e soluções para os problemas de mobilidade urbana no Brasil, este artigo buscou situar a política nacional de mobilidade urbana – seus fundamentos e o panorama atual das cidades brasileiras – de modo a estabelecer olhares críticos e reflexivos sobre o tema, nas suas múltiplas dimensões, evitando uma abordagem fragmentária.

A mobilidade urbana é componente fundamental da política de desenvolvimento urbano e o transporte é condição para garantia do direito a cidades sustentáveis. São políticas públicas que podem ampliar a equidade do acesso a cidade e a inclusão social,[36] na medida em que se comprometam com uma abordagem mais ampla – e focada nas pessoas – do que a visão tradicional sobre os transportes, que historicamente priorizou os modos individuais motorizados.

6. REFERÊNCIAS

BRASIL. Lei 13.089, de 12 de janeiro de 2015. Institui o Estatuto da Metrópole, altera a Lei 10.257, de 10 de julho de 2001, e dá outras providências. Disponível em: https://www.planalto.gov.br/ccivil_03/_ato2015-2018/2015/lei/l13089.htm. Acesso em: 10 abr. 2023.

BRASIL. Lei 12.587, de 3 de janeiro de 2012. Institui as diretrizes da Política Nacional de Mobilidade Urbana; revoga dispositivos dos Decretos-Leis 3.326, de 3 de junho de 1941, e 5.405, de 13 de abril de 1943, da Consolidação das Leis do Trabalho (CLT), aprovada pelo Decreto-Lei 5.452, de 1º de maio de 1943, e das Leis 5.917, de 10 de setembro de 1973, e 6.261, de 14 de novembro de 1975; e dá outras providências. Disponível em: https://www.planalto.gov.br/ccivil_03/_ato2011-2014/2012/lei/l12587.htm. Acesso em: 10 abr. 2023.

BRASIL. Lei 12.187, de 29 de dezembro de 2009. Institui a Política Nacional sobre Mudança do Clima – PNMC e dá outras providências. Disponível em: https://www.planalto.gov.br/ccivil_03/_ato2007-2010/2009/lei/l12187.htm Acesso em: 10 abr. 2023.

BRASIL. Lei 10.257, de 10 de julho de 2001. Regulamenta os arts. 182 e 183 da Constituição Federal, estabelece diretrizes gerais da política urbana e dá outras providências. Disponível em: http://www.planalto.gov.br/ccivil_03/leis/leis_2001/l10257.htm. Acesso em: 10 abr. 2023.

BRASIL. Constituição da República Federativa do Brasil de 1988. Disponível em: http://www.planalto.gov.br/ccivil_03/constituicao/constituicao.htm. Acesso em: 10 abr. 2023.

COMPANHIA DO METROPOLITANO DE SÃO PAULO – METRÔ. Pesquisa Origem e Destino 2017: 50 anos. A mobilidade urbana da Região Metropolitana de São Paulo em detalhes. Companhia do Metropolitano de São Paulo – METRÔ. São Paulo. 2019.

CONNOLLY, P. *La gobernanza de la movilidad*: para una evaluación crítica de la producción de los bienes y servicios de transporte. Medellín. 2015.

GREGORI, L. et al. *Tarifa Zero*: a cidade sem catracas. São Paulo: Autonomia Literária, 2020. ISBN 978-65-87233-10-9.

INSTITUTO BRASILEIRO DE GEOGRAFIA E ESTATÍSTICA. Pesquisa de Orçamentos Familiares 2017-2018: Primeiros Resultados. IBGE. Rio de Janeiro. 2019.

---

36. MINISTÉRIO DAS CIDADES (2007).

LIMA, C. L. D. S.; PORTUGAL, D. S. Exclusão social, mobilidade e acessibilidade. 33º Congresso de Pesquisa e Ensino em Transporte da ANPET. Balneário Camboriú: ANPET. 2019.

MARICATO, E. *O impasse da política urbana no Brasil*. Petrópolis: Vozes, 2011.

MARICATO, E. *Para entender a crise urbana*. São Paulo: Expressão Popular, 2015.

MINISTÉRIO DAS CIDADES. PlanMob: construindo a cidade sustentável. *Caderno de Referência para a Elaboração de Plano de Mobilidade Urbana*. Secretaria Nacional de Transporte e da Mobilidade Urbana – SeMob. [S.l.], p. 184. 2007.

MINISTÉRIO DAS CIDADES. *Indicadores para monitoramento e avaliação da efetividade da Política Nacional de Mobilidade Urbana (PNMU)*. Ministério das Cidades. Brasília. 2018.

OBSERVATÓRIO DAS METRÓPOLES. *Mapa da motorização individual no Brasil 2019*. Observatório das Metrópoles. Rio de Janeiro. 2019.

PEREIRA, R. H. M. et al. Desigualdades socioespaciais de acesso a oportunidades nas cidades brasileiras – 2019. *Texto para Discussão IPEA*, Brasília, n. 2535, janeiro 2020. Disponível em: http://repositorio.ipea.gov.br/handle/11058/9586. Acesso em: 28 ago. 2022.

PEREIRA, R. H. M. et al. Tendências e desigualdades da mobilidade urbana no Brasil I: o uso do transporte coletivo e individual. *Texto para discussão IPEA*, Rio de Janeiro, julho 2021.

PILOTTO, S.; NOVASKI, M. A. D. M. Indicadores de mobilidade urbana na RMSP a partir da pesquisa OD-Metrô. *Cadernos Metrópole*, São Paulo, 25, n. 56, 229-253, jan/abr 2023.

RODRIGUES, J. M. Transformações urbanas e a crise da mobilidade urbana no Brasil: hipóteses sobre o caso do Rio de Janeiro no contexto dos megaeventos. *e-metropolis Revista eletrônica de estudos urbanos e regionais*, Rio de Janeiro, n. 14, setembro 2013. 38-51. Disponível em: http://emetropolis.net/system/edicoes/arquivo_pdfs/000/000/014/original/emetropolis_n14.pdf?1447896350. Acesso em: 23 ago. 2022.

ROLNIK, R.; KLINTOWITZ, D. (I)Mobilidade na cidade de São Paulo. *Estudos Avançados*, v. 25, n. 71, p. 89-108, São Paulo, jan/abr 2011.

SILVA, B. D. Mobilidade Precária na Metrópole de São Paulo. *Caderno de Geografia*, 32, n. 68, 2022. 289-323. Disponível em: http://periodicos.pucminas.br/index.php/geografia/article/view/27311/19475. Acesso em: 23 ago. 2022.

SILVA, R. B. D. *Mobilidade Precária da Metrópole*: problemas socioespaciais dos transportes no cotidiano de São Paulo – Da exceção à regra. São Paulo: Faculdade de Filosofia, Letras e Ciências Humanas, Universidade de São Paulo, 2014. 416 p. Tese (Doutorado).

SOUZA, D. S. B. *Presos no círculo, prostrados no asflato*: tensões entre o móvel e o imóvel. São Paulo: Faculdade de Filosofia, Letras e Ciências Humanas, Universidade de São Paulo, 2013. 308 p. Tese (doutorado).

VASCONCELLOS,. A crise do planejamento de transportes nos países em desenvolvimento: reavaliando pressupostos e alternativas. *Transportes*, 3, n. 2, 24 abril 1995. Disponível em: https://www.revistatransportes.org.br/anpet/article/view/316. Acesso em: 23 ago. 2022.

VASCONCELLOS, E. A. *Transporte urbano, espaço e equidade*: análise das políticas públicas. São Paulo: Annablume, 2001.

VASCONCELLOS, E. A. *A cidade, o transporte e o trânsito*. São Paulo: Prolivros, 2005.

VASCONCELLOS, E. A. D. *Políticas de Transporte no Brasil*: a construção da mobilidade excludente. Barueri: Manole, 2013.